Michael Lohmann/Kn

Vogelpara

122 Biotope zwischen Wattenmeer und Bodensee

Band 1
Norddeutschland und Berlin mit 64 Gebietsbeschreibungen

Unter Mitarbeit zahlreicher
Feldornithologen und Gebietsbetreuer

Mit einem Vorwort von Professor Dr. **Josef Reichholf**

Mit 91 Farbfotos, 68 farbigen Karten und 75 Vogelzeichnungen

Verlag Paul Parey · Hamburg und Berlin

CIP-Titelaufnahme der Deutschen Bibliothek

Lohmann, Michael:
Vogelparadiese : 122 Biotope zwischen Wattenmeer und Bodensee / Michael Lohmann ; Knut Haarmann. Unter Mitarb. zahlr. Feldornithologen u. Gebietsbetreuer. Mit e. Vorw. von Josef Reichholf. [Kartogr.: Huw Edwards. Vogelzeichn.: Robert Gillmor u. a.]. - Hamburg ; Berlin : Parey.
ISBN 3-490-16618-3
NE: Haarmann, Knut:

Bd. 1. Norddeutschland und Berlin : mit 64 Gebietsbeschreibungen. - 1989
ISBN 3-490-16418-0

Kartographie: Huw Edwards.
Umschlagfoto: Brandseeschwalben von K. Wernicke
Vogelzeichnungen: Robert Gillmor u. a. mit freundlicher Genehmigung des British Trust for Ornithology aus „The Atlas of Breeding Birds in Britain and Ireland" und „The Atlas of Wintering Birds in Britain and Ireland", Poyser, Calton 1976 und 1986.

Anschriften: Spitalerstraße 12, D-2000 Hamburg 1,
Lindenstraße 44-47, D-1000 Berlin 61.

Lithographie: Fotolito Longo, I-39010 Frangarto
Gesamtherstellung: Druckerei Appl, D-8853 Wemding
Umschlaggestaltung: Jan Buchholz und Reni Hinsch, D-2000 Hamburg 73
Gesamtwerk ISBN 3-490-16618-3
Band 1 ISBN 3-490-16418-0

Inhaltsverzeichnis

Vorwort

Viele Naturschützer werden die Veröffentlichung dieses Buches mit großer Sorge betrachten. Verständlicherweise, weil sie darin eine Preisgabe des letzten bißchens Schutzes erblicken, das manchen Naturschutzgebieten durch Abgelegenheit und Unkenntnis der genauen Örtlichkeiten noch verblieben ist. Jetzt kann nun wirklich jeder die stillen Winkel und verborgenen Refugien finden, die zumindest theoretisch in erster Linie der Regeneration der Natur dienen sollen und erst in zweiter Linie dem Menschen, für den diese Natur geschützt wird und vor dem sie bewahrt werden muß.

Wer jedoch bei all den berechtigten und verständlichen Einwänden den Autoren unterstellen wollte, die Sache des Naturschutzes zu verraten, geht völlig fehl. Sie gehören vielmehr zu jener kleinen Garde hervorragender und überzeugter Naturschutzvorkämpfer an der vordersten Front, die teilweise schon in den euphorischen Wachstumsjahren der Nachkriegszeit mit allem Einsatz z. B. um eines der bedeutendsten Vogelschutzgebiete im Voralpenraum kämpften und nie aufgaben, für den Naturschutz zu werben. Von diesem Engagement ist auch dieses Buch getragen. Es beruht auf der Erkenntnis – die in zunehmendem Maße auch im bundesdeutschen Naturschutz Wurzeln schlägt – daß ein moderner Naturschutz den Sprung nach vorne wagen muß.

Die bisherige Form des Flächenschutzes reicht nicht aus, um dem Druck der verschiedenen Nutzergruppen standzuhalten. Allenthalb und fast ohne jede Ausnahme ist der Jagd, dem Angelsport, der Land- und Forstwirtschaft und vielen Formen der Freizeitgestaltung der freie und uneingeschränkte Zugriff auf die Naturschutzgebiete erhalten geblieben. Wo es Betretungsverbote gibt, werden in vielen Fällen gerade jene ausgesperrt, die ernsthaft an Natur interessiert sind; weil sie als einzige keine Nutzungsinteressen angemeldet und durchgesetzt haben. Vielfach werden sogar dem Schutzzweck dienenden Untersuchungen nur mit großen Schwierigkeiten und nach langen Wartezeiten (wonach es nicht selten zu spät ist) die notwendigen Ausnahmegenehmigungen erteilt – deren es nicht bedarf, wenn man im Besitz einer Angelkarte oder eines Jagdscheines für das betreffende Gebiet ist.

Mangelnde naturschutzfachliche Dokumentation und eine völlig unzureichende Kontrolle (die immer ein Freibrief für Rücksichtslose ist) sind die Folge. Nur in Ausnahmefällen war es möglich, die Auswirkungen von Jagd, Sportfischerei und unkontrolliertem Erholungsbetrieb in Schutzgebieten zu untersuchen und zu dokumentieren. Die Naturschutzbehörden haben so gut wie keine Überwachung und qualifizierte Dokumentation der Entwicklung in Naturschutzgebieten (die ständige Beobachtung voraussetzt) zustande gebracht. Dazu sind sie auch personell und organisatorisch gar nicht in der Lage. Der kleine Kreis ehrenamtlicher Mitarbeiter der Naturschutzwacht kann nie und nimmer das erreichen und garantieren, was in anderen Ländern durch ein geschultes, hochqualifiziertes und fest angestelltes Personal zur wissenschaftlichen und naturschutzfachlichen Betreuung der Schutzgebiete ganz selbstverständlich geleistet wird.

Die seit Jahrzehnten erfolgreiche praktische Naturschutzarbeit in den Niederlanden, in Großbritannien und vielen anderen Ländern hat längst bewiesen, daß es geht. Die dort ungleich besseren Rahmenbedingungen sind aber nicht nur eine Frage anderer Nationalität oder Mentalität, sondern vor allem auch eine Folge anderer Öffentlichkeitsarbeit.

Das Buch zeigt, daß es vielerlei Möglichkeiten gibt, Naturschutzgebiete kennenzulernen, ohne darin zu einem weiteren Störenfried zu werden. Wenn sich die lokal tätigen Naturschutzgruppen, welche sich um „ihre" Schutzgebiete kümmern, dieser Möglichkeiten annehmen, sollte sich nicht nur zusätzliche Störung vermeiden, sondern die Schutzsituation sogar wesentlich verbessern lassen. Dies nicht zuletzt dadurch, daß durch das wachsende öffentliche Interesse jener Druck erzeugt werden kann, mit dem allein eine Chance besteht, die eigentlichen Störenfriede aus den Schutzgebieten zu verbannen.

Die letzten Natur-Refugien dürfen im dichtbesiedelten und flächendeckend genutzten Mitteleuropa nicht mehr länger mit dem Vakuum-Image von Nutzungserwartungsland behaftet bleiben. Sie müssen im öffentlichen und politischen Ansehen zum Kulturbestandteil werden. Das geht nicht ohne intensive Betreuung und nicht unter Ausschluß der Öffentlichkeit. Wir müssen den Mut zum Risiko aufbringen, wenn wir den weiteren, schleichenden Verfall unserer Schutzgebiete verhindern wollen. In diesem Sinne sehe ich eine große Chance, mit einer Veröffentlichung wie dieser zur längst überfälligen Wende im Naturschutz beizutragen, zu einer Wende, die den wenigen noch schützenswerten Lebensräumen die öffentliche Wertschätzung einbringt, die für ihren wirksamen Schutz unumgänglich ist.

Professor Dr. Josef H. Reichholf

Neue Wege im Naturschutz

Wer ein Buch wie dieses schreibt, setzt sich dem Vorwurf aus, er trage zur Vermarktung der Natur und zu ihrer Zerstörung bei, indem er auf bisher vielleicht noch unentdeckte oder nur „Insidern" bekannte Gebiete aufmerksam macht.

Tatsächlich sind wir bei den Vorarbeiten zu diesem Buch in einigen Fällen auf Ablehnung des Vorhabens gestoßen. Sie reichte von der bloßen Auskunftsverweigerung bis zur Bitte oder Forderung, dieses oder jenes Gebiet nicht aufzunehmen. Wir haben in solchen Fällen entweder weitere Gebietskenner befragt (und dabei oft ganz entgegengesetzte Ansichten kennengelernt), oder wir haben versucht, uns selbst ein Urteil darüber zu bilden, ob bei einer Veröffentlichung in diesem Rahmen wirklich langfristig mit einer Beeinträchtigung zu rechnen sei.

Es wurden aus diesem Grund einzelne Gebiete nicht berücksichtigt, die von Größe und vogelkundlicher Bedeutung her hätten behandelt werden müssen. In einigen Fällen haben wir auch darauf verzichtet, besonders gefährdete (und besonders attraktive) Vogelarten zu erwähnen. In anderen Fällen haben wir uns aber doch über die Bedenken der Gebietskenner hinweggesetzt und ohne deren Unterstützung – was oft auch hieß, ohne aktuelle Daten – ein Gebiet und seine Vogelwelt aufgrund vorliegender Veröffentlichungen beschrieben.

Wir hätten dieses Buch gewiß nicht geschrieben, wenn wir uns davon nicht letztlich eine **Verbesserung** des Schutzes der Arten und Lebensräume versprächen.

Diesem Widerspruch – Angst vor zusätzlicher Belastung und Zerstörung einerseits, Hoffnung auf verbesserten Schutz andererseits – gilt es auf den Grund zu gehen.

Naturfreunde als Störfaktoren?

Es lassen sich heute im Hinblick auf die Einbeziehung der Öffentlichkeit zwei Strategien im Naturschutz (Vogelschutz) erkennen. Beide verfolgen zwar das gleiche allgemeine Ziel, nämlich bedrohte Lebensgemeinschaften vor Störungen und Zerstörungen zu bewahren, gehen dabei aber von so unterschiedlicher „Philosophie" aus und verfolgen im Detail so verschiedene Schutzmaßnahmen, daß es zwischen ihren Vertretern zu harten und gelegentlich recht unerfreulichen Auseinandersetzungen kommen kann.

Rotkehlchen

Stark vereinfacht, geht es den Vertretern der einen Richtung (nennen wir sie die „defensive“) darum, **Besucher** von schutzwürdigen Gebieten durch Verbotstafeln, Zäune und Geheimhaltung möglichst **fernzuhalten**. Vertreter der „offensiven“ Richtung hingegen sehen in der **Besucherlenkung** mittels geeigneter Wanderwege, strategisch plazierter Beobachtungseinrichtungen und Gebietsbetreuern die Lösung des Problems.

Nur scheinbar handelt es sich dabei um unvereinbare Gegensätze. In der Praxis hat sich gezeigt, daß beide Strategien für einen wirksameren Schutz **kombiniert angewendet** werden müssen. Beiden liegt ja die unbestreitbare Erkenntnis zugrunde, daß Menschen in der Natur grundsätzlich als Störfaktoren anzusehen sind. Deshalb ist Besucherlenkung immer auch mit der Einrichtung und strikten Respektierung von **Ruhe- und Tabuzonen** verbunden. Ja, sie ist das einzige Mittel, solche Zonen gegebenfalls total zu schützen, d.h. auch vor Einzelgängern und wenigstens zeitweise (Brutzeit) auch vor behördlich zugelassenen Nutzungen.

Der Mensch als Störfaktor – das gilt vor allem für jene, deren Tätigkeiten unmittelbar mit Eingriffen in die Natur verbunden sind: für Landwirte, Jäger, Fischer, Ingenieure des Straßen- und Wasserbaus oder der Flurbereinigung.

Ihrem Tun können Naturschutzverordnungen Grenzen setzen. Daß sie es in Wortlaut und Vollzug meist völlig unzureichend tun, sollte für jeden Anlaß sein, sich für schärfere Bestimmungen einzusetzen. **Hier** sollten Naturschutzverbände mehr Härte zeigen.

Aber auch die anderen (wir alle!), die Natur nur genießen – wandernd, Rad- oder Boot-fahrend, Tiere-beobachtend, Pflanzen-fotografierend –, sind Störfaktoren im verletzbaren Gewebe der Lebensgemeinschaften. 36% aller Naturschutzgebiete in Deutschland weisen erkennbare Narben durch Freizeitnutzung auf.

Aus diesen Tatsachen werden aber oft voreilige Schlüsse gezogen, z.B.:

- daß Natur- und Erholungsuchende als **Gegner Nr. 1** des Naturschutzes anzusehen seien;
- daß es sich beim Besucherproblem in erster Linie um ein **quantitatives Problem** handele (wenig Leute = wenig Schaden, viel Leute = viel Schaden).

Daß und warum dies so nicht zutrifft, läßt sich mit den Erfolgen jener Gebiete beweisen, in denen Besucher – oft in beträchtlichen Zahlen – zu wirklichen Partnern des Naturschutzes geworden sind (s.u.). Und es läßt sich begründen:

Natur ist kein Museum

Auf der einen Seite sollte man Naturschutzgebiete durchaus mit Museen oder anderen Kultureinrichtungen vergleichen. Wenn es nämlich darum geht, ihre kulturelle Bedeutung hervorzuheben und die daraus folgende Verpflichtung, auch genügend öffentliche Mittel für deren Betreuung bereitzustellen. Auf der anderen Seite können solche Vergleiche aber sehr in die Irre führen. Denn Natur ist nichts Statisches, wie ein Museumsgebäude. Sie befindet sich in ständiger Veränderung, in ständiger Entwicklung. Die hinlänglich bekannten Paragraphen der Naturschutz-Verordnungen (nicht lagern, nicht lärmen, kein Feuer machen...) sind ein Kompromiß, der Natur und Menschen gerecht werden will und beiden nicht gerecht werden kann.

Derselbe Störfaktor, etwa ein einzelner Spaziergänger, stört nämlich zu verschiedenen Jahreszeiten und an verschiedenen Orten in ganz unterschiedlichem Maße. Brutgebiete (um bei den Vögeln zu bleiben) sind meist nur während der Brutzeit besonders schonbedürftig. Und zwar in viel höherem Maße während der Nistplatzsuche als später, wenn Gelege und Junge eine starke Ortsbindung darstellen. Ein einziger Spaziergänger (womöglich mit freilaufendem Hund) kann die Ansiedlung und damit die Fortpflanzung eines Rohrweihen- oder Brachvogelpaares in der sensiblen Phase der Nistplatzsuche vereiteln. Andere Bereiche mögen zu anderen Zeiten besonders schonbedürftig sein, etwa zur Zeit der Entenmauser, des Limikolenzuges oder des Überwinterns von Schwimmvögeln.

Über das Maß der Störanfälligkeit von Arten und Lebensräumen zu bestimmten Zeiten machen sich auch gute Naturkenner oft nur unzureichende Vorstellungen. Gerade hier versagt die quantitative Vorstellung vollständig, wonach „ein paar Leute“ keinen großen Schaden machen. Dieser Fehleinschätzung haben wir den Verlust vieler Vogelarten zuzuschreiben. Denn wer aufgrund solcher Fehleinschätzungen auf die unzulänglichen Mittel unkontrollierter Verbote und illusorischer Geheim-

Der Federsee-Steg ist ein gelungenes Beispiel für Besucherlenkung. Bis 300.000 Menschen jährlich können hier Natur erleben, ohne zu stören. *Foto: Einstein*

haltung setzt, der mag zwar größeren Besucherandrang, nicht aber weiteren Artenschwund zu verhindern.

Es bedarf gründlicher biologischer Kenntnisse, um von Fall zu Fall entscheiden zu können, wo, wann und wie Menschen in der Natur stören oder nicht. Es ist darum nicht Verantwortungslosigkeit, sondern mangelndes Fachwissen, was die große Zahl der Naturbesucher zu Naturzerstörern werden läßt. Und auch hier werden falsche Rückschlüsse gezogen. Wer Unwissenheit mit Unmündigkeit verwechselt (und sich dann noch veralteter Pädagogik bedient), der mag wohl unerläuterte Verbote, verschlossene Türen (Zäune) und Geheimniskrämerei für geeignete Mittel der „Öffentlichkeitsarbeit" im Naturschutz halten.

Besucher schutzwürdiger Gebiete nicht abzuweisen, sondern anzuleiten, erscheint nicht nur die zeitgemäßere, sondern auch die **wirksamere Art von Naturschutz.** Nur durch intensive Betreuung eines Gebietes und seiner Besucher ist es möglich, auch hochsensiblen Arten und Biotopen jenen nahezu hundertprozentigen Schutz zu geben, den eine halbherzige Defensive aus Verbot und Verschweigen in der Paxis niemals zu leisten vermag. Besucherbetreuung bietet darüber hinaus bedeutende Möglichkeiten, im Sinne eines über Schutzgebiete weit hinausreichenden Naturschutzes zu wirken.

Bohlenwege (oder Stege) stören das Ökosystem Moor weniger als Kieswege und sind weitgehend „ausbruchsicher". Beispiel: Schwarzes Moor/Rhön. *Foto: Pretscher*

Die erzieherische Aufgabe des Naturschutzes

Bei der Ausweisung von Naturschutzgebieten steht der Schutz seltener Tier- und Pflanzenarten und ihrer Lebensstätten meist im Vordergrund. Dabei drohen viele gerade auch besonders engagierte Naturschützer ein weiteres zentrales Ziel des Naturschutzes aus dem Auge zu verlieren: seine erzieherische Aufgabe.

Jeder biologisch denkende Naturschützer weiß, daß die angestrebte Artenvielfalt weder auf 1% noch auf 2 oder 3% der Landesfläche in Naturschutzgebieten allein zu erhalten ist, wenn rundum vor allem auch durch Unwissenheit Natur im großen Maßstab weiterhin zerstört wird.

Mit anderen Worten: Der Wert von Naturschutzgebieten darf nicht allein an der Zahl der ängstlich behüteten, womöglich vor der Öffentlichkeit versteckten Rote-Listen-Arten bemessen werden. Vielmehr sind sie zumindest im gleichen Maße daran zu messen, welchen Beitrag sie zu der umfassenderen Aufgabe des Naturschutzes leisten, die Menschen zu einem rücksichtsvolleren Umgang mit der Natur hinzuführen. Mit Hochglanzbroschüren und Sammelbüchsen allein läßt sich Artenvielfalt in unserem Lande ebensowenig erhalten, wie in einigen abgeschotteten Reservaten, die bestenfalls als unverstandene, schlimmstenfalls als angefeindete Fremdkörper in einer ansonsten verödeten Landschaft von und für Raritätenexperten verteidigt werden. Naturschutz am Menschen vorbei oder gegen den Menschen verfehlt sein Ziel. Weil aber der Mensch weit mehr über die Anschauung, die sinnliche Erfahrung und das Gemüt zu motivieren ist als bloß über den Verstand, darum müssen auch Vogelgebiete und andere Reservate für bedrohte Arten einbezogen werden in die große erzieherische Aufgabe. Zumindest in dem Maße, als dadurch nicht der doppelte Zweck des Schutzgebietes (Artenschutz **und** Erziehung zu mehr Naturverantwortung) infrage gestellt wird.

In diesem Zusammenhang muß eine weitere Frage gestellt werden, auch wenn dies bereits als ketzerisch angesehen werden mag.

Was legitimiert Naturschutzgebiete?

In seiner mehrbändigen Avifauna Baden-Württembergs schreibt J. Hölzinger (1987): „Schutzgebiete lassen sich nur dann durchsetzen und auf Dauer halten, wenn diese Schutzgebiete auch im Bewußtsein und im Verständnis der Öffentlichkeit in ihrer Bedeutung für die Umwelt des Menschen verankert werden. Naturschutz unter einer Käseglocke oder Schutzgebiete als Betätigungsfeld weniger Spezialisten würden sehr bald den zugrundeliegenden Konsens über die Notwendigkeit bestimmter Schutzgebiete in Frage stellen; denn Naturschutzgebiete werden nicht nur durch Verordnungstexte gesichert, sondern müssen auch durch Öffentlichkeitsarbeit politisch durchgesetzt werden. Eine maßvolle Erschließung der Schutzgebiete ist in der Regel nötig und dient langfristig dem Schutz."

Die Frage, was Naturschutzgebiete legitimiert, schließt zwei Fragen ein: Welchen Zwecken dienen Naturschutzgebiete? Und: Sind diese Zwecke der Öffentlichkeit plausibel zu machen?

Leider wird, in diesem Zusammenhang von den interessierten Fachleuten viel blauer Dunst produziert. Wir meinen aber, daß mehr und vor allem besser betreute Naturschutzgebiete nur dann zu erreichen sind, wenn die Argumente dafür hieb- und stichfest und auch für die breite Öffentlichkeit einleuchtend sind.

Es dient der Sache nicht, wenn da mehr oder weniger rigorose Maßnahmen zum Schutz bedrohter Arten mit dem Argument gerechtfertigt werden, die Artenvielfalt trage zur ökologischen Stabilität und zur menschlichen Lebensqualität bei. Jeder nur leidlich ökologisch Bewanderte weiß, daß die Stabilität von Ökosystemen am allerwenigsten vom Vorkommen gerade jener Raritäten abhängt, um die es in Naturschutzgebieten geht. Und die Lebensqualität des Normalbürgers wird durch Raritäten, von denen man ihn geflissentlich fernhält, ebenfalls nicht gesteigert.

Selbst das Argument, in Schutzgebieten müßten Arten vor dem Aussterben bewahrt werden, steht auf schwachen Füßen, da die meisten unserer Rote-Listen-Arten (von denen ohnehin nur wenige allein in Schutzgebieten zu erhalten sind) nicht als Gesamtpopulation, sondern allenfalls in ihrem regionalen Vorkommen gefährdet sind: Der an der Küste noch häufige Rotschenkel gehört in Bayern zu den vom Aussterben bedrohten Brutvögeln; die anderswo sehr seltene Sibirische Schwertlilie bildet in manchen Gebieten Oberbayerns riesige Bestände. In vielen Fällen handelt es sich bei unseren bedrohten Arten um spärliche Randvorkommen von Populationen, die in ihren Hauptverbreitungsgebieten keineswegs selten und gefährdet sind.

Mit solchen Argumenten kann man allenfalls eine Zeitlang Laien beeindrucken. Auf die Dauer halten sie dem starken Druck anderer Interessen nicht stand. Vor allem sind sie ganz offensichtlich weder für Politiker noch für die Öffentlichkeit überzeugend genug, um auch nur für die größeren und bedeutenderen Schutzgebiete jenes Maß an Betreuung zu bekommen, das nötig ist, um aus ständig mißachteten Verordnungstexten lebendigen und wirksamen Biotop- und Artenschutz werden zu lassen.

Wer die Erhaltung bedrohter Arten und Lebensgemeinschaften in Schutzgebieten auch mit der Notwendigkeit begründet, die Öffentlichkeit damit für einen schonenderen Umgang mit Natur und Umwelt zu motivieren, der wird sicher mehr (politisches) Gehör finden und dadurch nicht nur mehr für den so dringend nötigen „Naturschutz im Alltag", sondern auch für den Artenschutz selbst erreichen. Voraussetzung ist allerdings, daß man sich mit dem Konzept der Besucherlenkung befreundet, denn mehr öffentliches Interesse wird man unter Ausschluß der Öffentlichkeit schwerlich erwekken. Mehr Öffentlichkeit ist in sensiblen Lebensgemeinschaften aber nur unter der Voraussetzung klarer Abgrenzungen zwischen Mensch und Natur möglich.

Besucherlenkung - aber wie?

Da jedes Gebiet seine Besonderheiten hat, können zur Art der Besucherlenkung keine Patentrezepte erteilt werden. Eins ist jedoch sicher nicht richtig - obwohl man es immer wieder zu hören bekommt: daß nur große Gebiete, wie Nationalparks, eine mit mehr Publikum verbundene Besucherlenkung verkraften können. Das nur 140 ha große Vogelschutzgebiet Halbinsel Mettnau am Bodensee sei als ein Beispiel, das benachbarte Wollmatinger Ried mit über 700 ha als ein anderes genannt. Die beiden Beispiele (aus mittlerweile einer ganzen Reihe vor allem norddeutscher Schutzgebiete mit Besucherlenkung) wurden nicht willkürlich gewählt. Sie repräsentieren verschiedene Lösungsmöglichkeiten.

Im Fall der **Mettnau** wurde das Gebiet nur mit einer möglichst „narrensicheren" Infrastruktur ausgestattet. Dies sind Rundwanderwege (niemand geht gerne denselben Weg zurück), die an kritischen Stellen durch einen Graben, eine Hecke, ein erklärendes Schild oder auch einmal durch einen Zaun „ausbruchsicher" und durch Aussichtsplattformen, Beobachtungsverstecke und Informationen attraktiv gemacht werden. Attraktiv bedeutet zwar auch, anziehend für **mehr** Besucher (was ja

Der „Ententeich" auf der Mettnau/Bodensee zeigt, wie mit gekonnter Biotopgestaltung und Besucherlenkung Artenschutz mit Tourismus zu verbinden ist. *Foto: Sokolovski*

durchaus im Sinn verstärkter Öffentlichkeitsarbeit ist), es bedeutet aber auch: Konzentration der Besucher auf Bereiche, in denen sie nicht stören. Da, wie wir oben erörterten, ab einer bestimmten (sehr niedrigen) Zahl von Besuchern weitere Menschen keine zusätzliche Störung darstellen, resultiert bereits aus solch **unbeaufsichtigter Besucherlenkung** zumeist eine deutliche Verbesserung der Schutzsituation.

Im zweiten Fall (das **Wollmatinger Ried** ist nur ein Beispiel von vielen) ist das Schutzgebiet für den freien Zugang gesperrt (ganzjährig oder temporär, insgesamt oder in bestimmten Bereichen), und Besucher haben nur **unter Führung** Zutritt. Die Zahl der Teilnehmer je Führung ist auf 30 Personen, die Zahl der täglichen Führungen auf 3–4 begrenzt. Das hat nicht nur den Vorteil absoluter Kontrolle, sondern auch maximaler Information. Außerdem kann unter solchen Bedingungen zum Teil auf bestimmte besucherlenkende Infrastruktureinrichtungen (s.o.) verzichtet werden. Mehrere Aufsichtspersonen (Naturschutz- oder Vogelwart mit einigen Zivildienstleistenden) müssen eine Überwachung des Gebietes gegebenfalls rund um die Uhr gewährleisten.

In der Regel untersteht der Wart einer Naturschutzorganisation mit kompetenten Fachleuten, die wiederum engen Kontakt zu den ent-

Unter fachkundiger Führung erlebt der Besucher mehr und stört weniger. Sogar ein Vogelgelege darf man dann kurz bewundern. *Foto: Pretscher*

Betreuungskonzept des Deutschen Bundes für Vogelschutz für das NSG Wollmatinger Ried

Aufgabenbereich	Maßnahmen	Träger/Einrichtungen
Pflege/Gestaltung (Biotope und Arten)	Pflegepläne	BNL Freiburg + DBV
	Biotoppflege	Forstamt Konstanz + DBV
	Biotopgestaltung	DBV (Teich, Brutinseln)
	Erhaltungskultur	Botan. Garten Berlin
Inventarisierung	Brutvogelerfassung	DBV
	Wasservogelzählung	Orn. Arge Bodensee + DBV
	Orn. Planbeobachtung	Orn. Arge Bodensee + DBV
	Pflanzenzählung	Naturschutzdienst + DBV
	Floren-Inventarisierung	Botan. Garten Berlin + DBV
Überwachung	Bewachung der Wasserfläche	Schwimmende DBV-Station
	Kontrollgänge	Naturschutzdienst + DBV
	Bes. Bewachung	DBV (z. B. Seeschwalben)
Öffentlichkeitsarbeit	Führungen	DBV (Plattform, Stege)
	Informationszentrum	DBV (Naturschutzzentrum)
	Jahresberichte	DBV
	Presseinformation	DBV
	Vorträge, Seminare	DBV

sprechenden Behörden pflegen. Der betreuenden Organisation obliegt nicht nur die Besucherlenkung, sondern vieles mehr, wie aus einer Zusammenstellung für das Wollmatinger Ried hervorgeht (s. o.).

Was die Kirche im Dorf, das ist das **Naturschutz- oder Informationszentrum** im Schutzgebiet. Es erfüllt zumindest drei wichtige Funktionen: Es dient der Information und als Anlaufstelle für Besucher, es bietet dem Personal Unterkunft und es hat die Funktion, den Naturschutz als öffentliche und wissenschaftliche Aufgabe sichtbar zu repräsentieren.

Die Bedeutung des letzten Punktes sollte man nicht unterschätzen. Ein Stück freier Natur wird - man mag es bedauern - von den meisten Menschen viel sorgloser behandelt, als eines, in dem eine verantwortliche Person oder Instanz erkennbar vertreten ist. Naturschutzzentren und die dort Tätigen repräsentieren diese verantwortliche Instanz. **Naturschutzzentren sollten daher keinesfalls schäbig und primitiv sein** - sie müssen auch psychologisch den Schutz fördern.

Da eine derartige Betreuung ein Maximum an Naturschutz in Verbindung mit einem Maximum an Öffentlichkeitsarbeit gewährleistet, muß man sie als die für jedes bedeutendere Schutzgebiet unbedingt anzustrebende Lösung, in vielen Fällen sogar als die einzig mögliche Lösung bezeichnen. Es sei allerdings nicht verschwiegen, daß in manchen Gebieten - aus welchen Gründen immer - das Konzept der Besucherlenkung

Beobachtungstürme dienen dem schonenden Naturerlebnis. Man kann sie sehr viel unauffälliger bauen als diesen in Wallnau auf Fehmarn. *Foto: Carstens*

zu negativen Ergebnissen geführt hat. So gelang es offenbar in der Diepholzer Moorniederung nicht, den Besucherandrang im nötigen Maße zu kanalisieren, was wohl einerseits an der Weiträumigkeit des Gebietes liegt, zum andern an der mangelnden Bereitschaft der Behörden, auf die Vorschläge der betreuenden Naturschutzverbände einzugehen. Sicher ist, daß Besucherlenkung zum Nulltarif nicht zu haben ist.

Die nötige Wende

Wir haben dieses Buch geschrieben, weil wir davon überzeugt sind, daß sich im deutschen Naturschutz, insbesondere bei der Betreuung von Vogel-Reservaten, vieles rascher als bisher ändern muß, wenn wir den Wettlauf mit dem allgemeinen Artensterben und der allgemeinen Umweltzerstörung gewinnen wollen. Dazu müssen wir im Bereich des Reservat-Naturschutzes aus der vielfach selbst verschuldeten Isolation, aus dem Spezialisten- und Raritätenghetto, aus der Defensive heraus.

Vogelparadiese und die in ihnen gelegenen Naturschutzgebiete als sichtbarste Repräsentanten naturschützerischen Tuns dürfen von der breiten Bevölkerung nicht länger überwiegend mit Negativeigenschaften in Verbindung gebracht werden: mit Verboten, deren Sinn oft nicht einzusehen ist und deren Form vielfach unpersönlich, unfreundlich, obrigkeitsstaatlich ist. Darüber hinaus müssen Naturschutzgebiete auch Grundeigentümern und Nutzungsberechtigten plausibel gemacht werden, ebenso wie Betretungsverbote den vielen Erholungsuchenden und Naturbeobachtern. Man muß ihnen zeigen, was es zu schützen gilt. Und wenn das nicht geht, muß man sich immer wieder bemühen, es zu erklären – vor Ort, Tag für Tag.

Im Laufe weniger Jahrzehnte mußten Vogel- und Naturschützer viel dazulernen:

- daß man viele Lebensräume nicht einfach sich selbst überlassen kann, sondern sie pflegen muß (Biotoppflege),

• daß man zur Erhaltung und Förderung bedrohter Arten oft gewisse Hilfestellungen geben muß (Biotopgestaltung, Bestandslenkung).

Die neue große Herausforderung des Naturschutzes ist die Notwendigkeit, Menschen zu gewinnen und zu diesem Zweck Möglichkeiten zu finden, Artenschutz und Besucherbetreuung miteinander zu verbinden.

Ziel dieser Veröffentlichung

Die Autoren dieses Bandes, die seit Jahrzehnten im Natur- und Vogelschutz tätig sind, bekennen offen, mit der Herausgabe dieses Buches nicht nur Naturschutzverbündete in der Leserschaft gewinnen, sondern auch sanften Druck auf Behörden, Naturschutzvereine und Gebietsbetreuer ausüben zu wollen.

In vielen Fällen hat sich gezeigt, daß erst unerträglicher Besucherdruck dazu führt, nach Lösungen zu suchen, die den bedrohten Arten und Lebensgemeinschaften einerseits und den Erwartungen und Bedürfnissen der Menschen andererseits besser gerecht werden. Ein klassisches Beispiel hierfür ist das Naturschutzgebiet an der oberen Isar. Erst als bis zu 20.000 erholungsuchende Menschen pro Tag aus dem nahen München die besonders schützenswerte Tier- und Pflanzenwelt dieser letzten großen Wildflußlandschaft im Voralpenbereich zu vernichten drohten, gelang es den Betreuern vor Ort zusammen mit den Behörden, eine Regelung und Organisation zu verwirklichen, die Hoffnung auf ein dauerhaftes Mit- und Nebeneinander zuläßt.

Wir halten daher das Risiko einer vorübergehend stärkeren Belastung durch Publikum, die möglicherweise eine Folge unserer Veröffentlichung ist, für vertretbar, wenn dann daraus die notwendigen Folgerungen für eine langfristig tragfähige Lösung gezogen werden. Dem schleichenden Niedergang mit voraussagbar negativem Ende – wie wir ihn hundertfach in den letzten Jahren erlebt haben – gilt es den Druck zur Wende entgegenzusetzen.

Durch verstärktes öffentliches Interesse (und darauf zielt dieses Buch ab) lassen sich die Forderungen des Naturschutzes auch gegenüber anderen Nutzungsinteressen besser durchsetzen. Wir müssen auch im Naturschutz lernen, nicht nur auf Sachargumente zu bauen, sondern auch die politische Kraft demokratischer Mehrheiten einzusetzen. Das ist im Umweltschutz zumindest teilweise gelungen, im Naturschutz noch nicht.

Raubwürger

Vögel beobachten

Keine andere Gruppe von Wildtieren genießt soviel Zuneigung und Interesse wie die Vögel.

Naturbeobachtung unterscheidet sich von anderen Arten des Naturgenusses, wie Jagd oder Sportfischerei, dadurch, daß sie nicht mit „materieller Aneignung“ verbunden ist. Und sie unterscheidet sich von modernen Formen sportlichen Naturgenusses, wie Pisten-Skifahren, Bootsport und dergleichen, dadurch, daß sie im wesentlichen ohne Eingriffe in die Landschaft auskommt.

Gleichwohl kann auch der Naturbeobachter als Störfaktor wirken, vor allem, wenn er mit den Besonderheiten eines Lebensraumes und der dort vorkommenden Arten nicht vertraut ist. Es liegt aber letztlich im Interesse des Naturbeobachters selbst, empfindliche Tier- und Pflanzenarten nicht zu vertreiben oder zu schädigen. Darum gilt für ihn in besonderem Maße als oberstes Gebot: **Der Schutz von Arten und Lebensräumen hat stets Vorrang.** Wer nicht bereit ist, diese moralische Verpflichtung

Rohrdommel

Oft gilt es abzuwägen zwischen Ästhetik und Naturschutz-Naturerleben: Beobachtungsturm Steinhuder Meer.

Foto: Pretscher

auf sich zu nehmen, sich den Regeln und Anweisungen von Gebietskennern und Fachleuten unterzuordnen, der muß sich gefallen lassen, ausgesperrt zu werden, wie jeder andere Uneinsichtige, der darf nicht auf die Kollegialität jener rechnen, die vor die individuellen Freuden der Naturbeobachtung die mühevolle Aufgabe stellen, Natur zu schützen und Artenreichtum zu fördern.

Der Vogelbeobachter trägt nicht nur große Verantwortung für die Vögel und ihre Lebensräume, sondern er muß auch vor all denen bestehen, die unser Hobby kritisch verfolgen und die wir gewinnen wollen für unser Ziel: die Erhaltung und Förderung einer mannigfaltigen Natur.

Voraussetzungen

Die Kunst des Vogelbeobachtens kann schon in der alltäglichen Umwelt ausgeübt und gelernt werden. Am winterlichen Futterhaus - dessen biologischer Nutzen eher gering, dessen pädagogischer Wert aber sehr hoch einzuschätzen ist - kann man ohne Fernglas bereits grundlegende Kenntnisse erwerben.

Da können wir Arten unterscheiden lernen, indem wir auf ihre augenfälligen Merkmale achten. Dazu gehören Größe, Gestalt, Färbung und Verhalten, die man anfangs wie Vokalbeln lernen muß. Bestimmungsbücher (wir kommen darauf zurück) helfen bei der Identifizierung und richtigen Benennung.

Schon bald erkennt man häufig beobachtete Vogelarten aber nicht mehr an ihren Einzelmerkmalen, sondern als „Gesamtgestalt“ - so wie man einen guten Bekannten erkennt, ohne viel nachdenken zu müssen.

Ein sehr wichtiges Erkennungsmerkmal bei Vögeln läßt sich am winterlichen Futterhaus leider nur ganz unzureichend studieren: ihre Lautäußerungen, vor allem ihre Gesänge. Hier helfen auch Bücher kaum weiter. Und auch von Vogelstimmen-Kassetten darf man sich nicht zuviel versprechen, wenn sie auch ein großer Fortschritt sind. Vogelstimmen lernt man am besten durch ständige Übung in freier Natur - wobei die Anleitung durch einen Kenner sehr hilfreich ist. Im Gegensatz zum Gesang auf Tonträger gibt einem nämlich der Aufenthaltsort des Sängers in der Natur bald

Verstecke ermöglichen Beobachtungen auf geringe Entfernung ohne zu stören. (Duvenstedter Brook bei Hamburg.) Foto: Helm

wichtige Hinweise: In einem reinen Schilfbestand kommen als Sänger völlig andere Arten in Betracht, als in einem Bergwald. Manche Arten singen bevorzugt von hohen Warten aus, andere lieber in bodennahem Gestrüpp. Solche Hinweise fehlen den „Klangkonserven", so daß auch Kenner manchmal ihre Schwierigkeiten damit haben.

Wie wichtig das Erkennen von Vogelstimmen für den ernsthaft Interessierten ist, geht aus der Tatsache hervor, daß Bestandsaufnahmen zur Brutzeit (besonders in dichter Vegetation) zu weit mehr als 50% nur über das Gehör möglich sind - jedenfalls mit begrenztem Zeitaufwand.

Flußseeschwalbe

Fernglas und Fernrohr

In einer Zeit, da beinah alles Geld kostet, liegt ein großer Vorteil der Vogelbeobachtung darin, daß man mit einem Minimum an Ausrüstung auskommt. Fernglas, Bestimmungsbuch und Notizblock reichen auch für Fortgeschrittene aus. Für diese Investition braucht man weniger als für ein Paar Skier. Über wetterfeste Kleidung und ein Paar Gummistiefel wird man als Naturfreund ohnehin verfügen. Dabei sollte freilich auf gute Qualität und Zweckmäßigkeit geachtet werden. Gummizeug, das bei Kälte steif wird und bei Wärme Schwitzen macht, ist ebensowenig geeignet, wie Kunstfasermaterialien, die bei jeder Bewegung Geräusche erzeugen. Auch auf Schockfarben wird man verzichten - wenn man deswegen für Vögel auch kaum unsichtbarer wird.

Vögel sind Augenwesen wie wir, nur viel scharfsichtiger. Die Fluchtdistanz der meisten Arten ist so groß, daß wir mit bloßem Auge oft nur Punkte in der Landschaft ausmachen können. Ein Fernglas ist daher wichtigste Voraussetzung für Vogelbeobachtungen in freier Natur. Gläser mit einer über 10- bis 12fachen Vergrößerung sind aus freier Hand kaum noch zitterfrei zu halten. Eine 7- bis 10fache Vergrößerung ist daher üblich und zu empfehlen.

Neben der Vergrößerung eines Glases spielt auch seine Lichtstärke eine gewisse Bedeutung, vor allem bei ungünstigen Lichtverhältnissen. Sie hängt mit dem Durchmesser der Objektive zusammen: je größer die Linsen am vorderen Ende des Fernglases sind, desto lichtstärker ist es. Vergrößerung und Objektivdurchmesser sind auf jedem Glas angegeben. 7×30 bedeutet 7fache Vergrößerung bei einem Objektivdurchmesser von 30 mm. Da sich die Lichtstärke aus dem Verhältnis von Objektivdurchmesser zu Vergrößerung errechnet, empfiehlt es sich, bei stärkeren Vergrößerungen auch größere Objektivdurchmesser zu wählen. 8×30 oder 10×40 sind geeignete Formate.

Es gibt Ferngläser mit befriedigender Leistung bereits zu Preisen unter 100 Mark. Markengläser, die sich durch größere Robustheit und besse-

Silbermöwe

re Optik auszeichnen, können aber bis zu 1500 Mark und mehr kosten. Brillenträger sollten darauf achten, ein Glas mit Okularen zu erwerben, die das Abnehmen der Brille ersparen.

Wer viel an Gewässern und ähnlich weiten Landschaften beobachtet, wird sich mit der Zeit ein stärker vergrößerndes Fernrohr anschaffen wollen. Man unterscheidet hier zwischen zusammenschiebbaren Linsenfernrohren (Spektiven) und feststehenden Prismenfernrohren. Neuerdings gibt es auch kurze und relativ leichte Prismenfernrohre, oft auch mit der Möglichkeit, verschiedene Vergrößerungen einzustellen. Solche Geräte sind freilich teuer, umständlicher in der Handhabung und schwieriger im Transport, da man ohne ein stabiles Stativ kaum auskommt. Wichtig ist auch hier, auf gute Bildschärfe und Lichtstärke zu achten.

Kolbenente

Bestimmungsbücher

Vogelbücher gibt es in großer Zahl, und mit der Zeit wird sich jeder Hobby-Ornithologe eine kleine Bibliothek zulegen. Denn auch die Vogelkunde ist bereits in viele Unterdisziplinen aufgespalten. Da gibt es Bücher über den Vogelzug, über Greif- oder Watvögel, über Schwimm- oder Singvögel, über Vogelverhalten, über Vogelstimmen – und es gibt viele Avifaunen, Beschreibungen der Vogelwelt eines bestimmten Gebietes. Schließlich gibt es die großen, mehrbändigen „Handbücher" für Fortgeschrittene.

Für den Anfänger kommen aber vor allem Bestimmungsbücher infrage. Sie sollen handlich sein und doch alle in Mitteleuropa zu erwartenden (400–500) Arten enthalten. Der wohl nach wie vor am meisten benutzte Feldführer ist der von Peterson-Mountfort-Hollom: Die Vögel Europas (Parey Verlag) mit sehr guten Abbildungen, zweifarbigen Verbreitungskarten und zuverlässigem Text. Auch „Pareys Vogelbuch" von Heinzel-Fitter-Parslow ist empfehlenswert, vor allem für Südland-Reisende, da es auch die Vögel Nordafrikas und des Mittleren Ostens enthält. Weitere gute Bestimmungsbücher sind u.a. die von Arnhem (bei Franckh), Bruun-Singer-König (Franckh), Ferguson-Willis (BLV), Hayman (Hallwag). Hilfreich sind auch Feldführer, die verstärkt auf Leben und Umwelt eingehen, wie Bezzels dreibändige „Vögel" (BLV) und Perrins „Vögel" (Parey), wobei Perrins „Das Leben der Vögel" anhängt, Bezzel es bei jeder Art beschreibt.

Weitere „Hilfsmittel“

Das teuerste Fernglas und das beste Bestimmungsbuch nützen wenig, wenn einer nicht die Grundvoraussetzungen für jegliche Naturbeobachtung mitbringt oder entwickelt: Geduld, Ausdauer und Liebe fürs Detail. Das schöne aber an der Vogelbeobachtung ist, daß diese Fähigkeiten wachsen, je mehr man sich mit der Sache befaßt. Darin liegt ihre geradezu therapeutische Wirkung: So manches Nervenbündel hat schon bei geduldiger Naturbeobachtung seine Seelenruhe wiedergefunden und braucht sie immer wieder als Ausgleich.

Natürlich gibt es auch bei Vogelbeobachtern individuelle Unterschiede. Der eine saust von Ort zu Ort, stets auf der Jagd nach Raritäten. Ein anderer hält es stundenlang am selben Fleck aus. Manchen liegt mehr die gründliche Erforschung ihrer näheren Umgebung am Herzen, andere zieht es in ferne Länder. Der eine mißt seinen Erfolg an der Zahl der an einem Tag festgestellten Vogelarten (eine nicht nur in Amerika verbreitete Sucht), andere bevorzugen ausgiebige Verhaltensstudien an einer einzigen Art. Dazu kommen Vogelfotografen, Beringer und jene Spezialisten, die mit Tonbandgerät und Parabol auf Vogelstimmenjagd gehen.

Der Anfänger muß sich auf dem weiten Feld der Feldornithologie erst einmal orientieren. Dazu sollte er – auch wenn er sich zu den Einzelgängern zählt – den Kontakt zu Gleichgesinnten und Erfahrenen suchen. Die Teilnahme an Vogelwanderungen unter kundiger Führung ist jedem dringend anzuraten; sie erspart viel Mühe und Irrungen.

Auch sollten alle, die ihr Interesse an der Vogelwelt weiterentwickeln oder in die Praxis umsetzen wollen – sei es mehr in Richtung Vogelbeobachtung oder in Richtung Vogelschutz – Kontakt aufnehmen mit den Orts- oder Kreisgruppen von Vereinen und Verbänden für Vogelkunde und Vogelschutz. Entsprechende Adressen finden Sie im Anhang.

Eisente

Lebensräume

In diesem Buch werden keine Vögel beschrieben, sondern deren Lebensräume. Und von den vielen verschiedenen Lebensräumen oder Biotopen, in denen Vögel vorkommen, finden Sie ganz überwiegend solche beschrieben, die noch einigermaßen „naturnah“ sind. Auch die Zentren von Großstädten und Landwirtschaftsflächen sind Vogelbiotope. Die Zahl der hier vorkommenden Arten ist freilich recht gering. Bereits in Vorstädten und ausgedehnteren Stadtparks kann man aber oft eine erstaunliche Zahl von Vogelarten beobachten und hören. Den städtischen Lebensraum haben wir gleichwohl nur in einigen Sonderfällen beschrieben. Für den, der die Kunst des Vogelbeobachtens erlernen möchte, sind aber gerade städtische Lebensräume besonders geeignet, nicht nur, weil sie für viele Menschen rasch erreichbar sind, sondern auch, weil Stadtvögel meist geringere Fluchtdistanzen haben und darum leichter zu beobachten sind.

Mit zunehmender Erfahrung wird der Ornithologe ganz von selbst immer mehr auch zum Ökologen. Denn sehr bald schon wird man feststellen, daß manche Vogelarten nur in bestimmten Lebensräumen vorkommen. Von den Schilf- und Waldbewohnern haben wir bereits gesprochen. Allerdings sind Lebensräume keine abgeschlossenen Räume und Vögel sehr beweglich. Außerdem gibt es Unterschiede: Feldlerchen oder Strandläufer wird man in einem Wald niemals antreffen, ebensowenig wie Schwimmvögel auf einer Hochgebirgsmatte. Andererseits findet man gerade während der Zugzeiten Vögel an Orten, wo sie normalerweise nicht hingehören. Und es gibt Arten, wie Bachstelze oder Kohlmeise, die an sehr verschiedenen Orten leben können.

Trotzdem spielen die Lebensräume eine ganz große Rolle bei der Vogelbeobachtung. Es ist kein Zufall, daß die in diesem Buch beschriebenen Vogelbiotope zum größten Teil zu den **Feuchtgebieten** gehören, worunter man Seen, Flüsse, Moore, Feuchtwiesen und Meeresküsten versteht. Hier findet man nämlich in der Regel entweder besonders viele Vögel oder besonders seltene - oft beides. Außerdem sind Gewässer, sofern sie nicht zufrieren, auch im Winter oft von vielen Vögeln bevölkert.

Für den Vogelbeobachter haben Feuchtgebiete einen weiteren Vorteil: Die Vögel lassen sich in diesen meist offenen Landschaften viel leichter beobachten, als etwa Waldvögel, die hoch in den Kronen der Bäume leben. Die ebenfalls weitsichtige Feldflur hingegen ist heute leider so artenarm, daß man hier kaum auf seine Kosten kommt.

Haussperlinge zu beobachten, kann recht interessant sein. Auf die Dauer will der Vogelbeobachter aber mehr. Immer neue Arten lernt er kennen und nach immer weiteren steht ihm der Sinn. Kaum einer ist ganz frei von der Leidenschaft aller „Sammler“: immer mehr, immer seltenere Spezies zu entdecken. Von

Säbelschnäbler

den weltweit etwa 8.600 bis 9.000 Vogelarten kann man in Mitteleuropa allerhöchstens 455 kennenlernen – wenn man von den Vögeln in Zoos, Tierhandlungen und Museen absieht und von denen, die aus solchen Haltungen entwichen sind.

Von diesen 455 Vogelarten werden 219 zu den Brutvogelarten der Bundesrepublik Deutschland gezählt, 16 zu den Brutgästen, 20 zu den ehemaligen Brutvögeln, 50 zu den regelmäßigen, hier nicht brütenden Gastvogelarten und etwa 150 zu den mehr oder weniger sporadischen Gästen.

Die Zahlen in den folgenden Gebietsbeschreibungen (leider nicht für alle verfügbar) zeigen, wie unterschiedlich der Arten- und Individuenreichtum ist. Das hängt von drei Faktoren ab: von der Größe des Gebietes, von seiner allgemeinen Lage und von seiner Biotopbeschaffenheit. Von Biotopbeschaffenheit und Größe hängt vor allem die Zahl der Brutvogelarten ab, während die Zahl der Gastvogelarten stark auch von der allgemeinen Lage bestimmt wird: Im Bereich von Zugleitlinien (Küsten, großen Flußtälern, am Alpenrand) ist die Zahl von Gastvögeln größer als im übrigen Land.

Haubenmeise

Brutvögel, Durchzügler, Wintergäste

Die Unterscheidung von Brut- und Gastvögeln spielt in der Feldornithologie eine große Rolle – weshalb wir im folgenden auch stets zwei verschiedene Artenlisten bringen. Bei den Gästen kann man unterscheiden zwischen Durchzüglern und Winter-, Mauser- oder Sommergästen. So kann eine Art, wie etwa die Tafelente, als Durchzügler und Wintergast sehr häufig, als Brutvogel aber sehr selten sein oder fehlen. Entsprechend verändert sich die Artenzusammensetzung eines Gebietes im Lauf des Jahres oft vollständig.

Nur etwa 30 der über 200 in der Bundesrepublik Deutschland brütenden Vogelarten bleiben ganzjährig im Gebiet. Alle anderen unternehmen mehr oder weniger ausgedehnte Wanderungen. In Nord- und Osteuropa brütende Vogelarten kommen im Winter zu uns und bevölkern besonders unsere Binnengewässer und Küsten.

Als Durchzügler bezeichnet man alle jene Vogelarten, die auf längeren Wanderungen bei uns nur Station machen. Manche davon bemerkt man kaum, z. B. Singvogelarten, die bei uns auch als Brutvögel vorkommen. Andere fallen durch ihre Größe auf, wie Störche oder Kraniche, oder dadurch, daß sie eben nur zu den Zugzeiten, also im Frühjahr und Herbst zu beobachten sind: Watvögel sind für diese Gruppe ein gutes Beispiel, weil sie schon durch ihr Auftreten in Trupps besonders auffallen. Unregelmäßig, dann aber oft in großen Zahlen auftretende Arten, wie Seidenschwanz oder Bergfink, nennt man Invasionsvögel.

Kolkrabe

Zur Bedeutung von Vogelgebieten

In den folgenden Gebietsbeschreibungen gibt es jeweils auch einen Abschnitt „Bedeutung“. Der Leser wird bald feststellen, daß es nicht ganz einfach ist, den Wert eines Gebietes für die Vogelwelt zu beurteilen. Es hat eine Reihe von Versuchen gegeben, zu einer objektiven Bewertung insbesondere der großräumigen Bedeutung zu gelangen, wobei Rastvogelzahlen eine besondere Rolle spielen.

Darüber hinaus kann ein Gebiet selbstverständlich auch als Brutgebiet örtliche, regionale, nationale oder internationale Bedeutung haben. Nur müssen dazu völlig andere Maßstäbe angelegt werden. Allgemein kann man sagen, ein Gebiet hat um so größere Bedeutung als Brutplatz, je mehr Tiere einer bestimmten Art sich dort fortpflanzen. Für den Vogelbeobachter haben aber nicht unbedingt Gebiete den höchsten Wert, in denen ausschließlich etwa 10.000 Lachmöwen brüten, sondern solche, wo viele verschiedene Vogelarten brüten.

Wie reich ein Gebiet an Brutvogelarten ist, hängt vor allem von zwei Faktoren ab: von seiner Biotopstruktur und von seiner Größe. In welcher Weise die Art des Lebensraumes die Zahl der Brutvogelarten beeinflußt, wurde vom Institut für Vogelkunde in Bayern untersucht.

Wie die Zahl der Brutvogelarten mit der Größe eines Gebietes zusammenhängt, hat J. Reichholf (1980) an mitteleuropäischen Gebieten untersucht. Begreiflicherweise lassen sich für kleine Gebiete kaum allgemeine Werte errechnen, da hierbei Unterschiede in der Biotopbeschaffenheit zu stark ins Gewicht fallen. Je größer die betrachtete Fläche, desto eher läßt sich ein allgemeiner Zusammenhang zwischen Größe und Artenzahl aus den Daten errechnen.

Vereinfacht kann man sagen: Auf einem Quadratkilometer (100 ha) kann man in Mitteleuropa mit durchschnittlich 41 Brutvogelarten rechnen, auf 10 qkm mit 59, auf 100 qkm mit 82 Arten, auf 1000 qkm mit 102 Arten usw. Diese Zahlen bieten die Möglichkeit, den Wert eines Gebietes aufgrund seiner Brutvogelwelt objektiv einzuschätzen: Je höher die Zahl der aktuell in einem Gebiet brütenden Arten über der für diese Fläche errechneten liegt, desto „wertvoller“ kann man es nennen.

Unberücksichtigt bleibt dabei allerdings der Seltenheitswert der einzelnen Arten. Man gibt deshalb häufig gesondert die Zahl der in einem Gebiet brütenden Rote-Liste-Arten an, um seine Schutzbedürftigkeit hervorzuheben. Wir haben im folgenden zumeist darauf verzichtet, um keinen Raritätenwettbewerb anzufachen.

Die aktuelle Zahl der Vögel und Vogelarten in einem Gebiet spiegelt unter unseren mitteleuropäischen Verhältnissen immer auch das Ausmaß menschlicher Störungen wider – direkter und indirekter. Die indirekten Einwirkungen des Menschen beeinflussen den Lebensraum, die direkten die Vögel selbst. Um die Schutzwürdigkeit eines Gebietes aufzuzeigen, genügt es daher nicht, nur den vorhandenen Artenbestand anzuführen. Er kann durch vielerlei direkte Störungen ja weit unter dem vom Lebensraum her möglichen liegen. Hier fehlt es leider an allgemein verbindlichen Bezugswerten. Vergleiche mit ähnlichen Gebieten sind zwar möglich, in der Regel aber nicht sonderlich überzeugend, um den Fehlbestand darzustellen.

Noch aus einem anderen Grund muß man die Zahl der in einem Gebiet festgestellten Arten mit Vorsicht aufnehmen. Sie spiegelt nämlich auch die Zahl und Tüchtigkeit der dort beobachtenden Ornithologen wider. Gerade die Brutvögel größerer Gebiete können von einem oder wenigen Feldornithologen oft nicht vollständig erfaßt werden. Noch mehr wirken sich Quantität und Qualität der Beobachter auf die Zahl der Gastvogelarten aus.

Generell kann man wohl sagen, daß Gebiete, in denen mehr als 200 Vogelarten insgesamt festgestellt wurden, nicht nur zu den guten Gebieten gehören, sondern auch wenigstens zeitweise intensiv von versierten Beobachtern untersucht wurden. Ab etwa 250–280 Vogelarten sind Profis am Werk; da weisen die Artenlisten bereits eine Anzahl nur sehr selten zu beobachtende Irrgäste auf und Arten, die nur noch bei bester Ausrüstung und großer Erfahrung zu bestimmen sind. Über 300 Arten wurden in Deutschland unseres Wissens bisher nur auf Helgoland und am Bodensee festgestellt.

Trotz aller Schwierigkeiten, Vogelbiotope einigermaßen objektiv zu bewerten, lassen sich doch jene Gebiete unschwer erkennen, die von ihrer Größe, ihrer Biotopausstattung und/oder von ihrem Vogelreichtum her eindeutig zu jener Kategorie zählen, die bundes-, landesweites oder regionales Interesse beanspruchen können. Wir glauben, daß wir sie im wesentlichen alle in diesem Buch berücksichtigt haben, und empfehlen sie dem Schutz unserer Leser an.

Steinwälzer

Zu diesem Buch

Die Gebietsbeschreibungen in diesem Buch zeigen deutlich, daß bei weitem nicht nur ein „Vogel-Baedeker“ das Ziel war. Vielmehr sollte beim Leser auch Verständnis geweckt werden für die vielen Probleme, mit denen die Erhaltung der Vogelparadiese verbunden ist. Nicht zuletzt sollte auch darauf hingewiesen werden, daß der Leser selbst, als Naturgenießer, als Vogelbeobachter, zu einem Problem werden kann, wenn er sich falsch verhält.

Wir beabsichtigen mit diesem Buch in der Tat beides: Wir wollen mehr Menschen für die liebenswerte Kunst des Vogelbeobachtens gewinnen. Und wir wollen noch mehr Menschen dazu anregen, wenn schon nicht aktive Naturschützer, so doch verantwortungsvolle Naturbenützer zu werden. Beides hängt zusammen. Denn wem die Geschöpfe der Natur gleichgültig sind, der wird auch durch noch so ausführliche Darstellungen der Probleme nicht zum Naturschützer.

Gebietsauswahl

Bis zuletzt haben uns Fragen der Gebietsauswahl viel Kopfzerbrechen gemacht: Welche Gebiete soll man aufnehmen, welche weglassen? Welche sollen wir zu einem Kapitel zusammenfassen, welche gesondert beschreiben?

Abgesehen davon, daß es an einheitlichen Bewertungskriterien hapert, bzw. an Zahlenmaterial zur Anwendung vorhandener Kriterien, erschien es auch nicht sinnvoll, die Gebiete allein etwa nach überregionalen Gesichtspunkten auszuwählen: Ein Stadtpark oder ein kleiner Stausee kann als Beobachtungsgebiet in einer an solchen Biotopen armen Gegend mehr Bedeutung haben (für Vögel und Vogelbeobachter!) als etwa einer von vielen Küstenabschnitten, der viel vogelreicher ist.

Wir haben die Gebiete also nicht nur nach ihrer naturkundlichen sondern auch nach ihrer lokalen Bedeutung ausgewählt. Eine subjektive Auswahl, die man kritisieren kann und in der man viele Vogelbiotope vermissen wird. Hätte man die Texte knapper und die Zahl der Gebiete reichlicher bemessen sollen? Uns lag an einer gründlicheren Darstellung der Biotope und ihrer Probleme.

Verständlich für den Vogelbeobachter dürfte die Bevorzugung von **Feuchtgebieten** sein. Bekanntlich findet man hier in der Regel nicht nur den größeren Artenreichtum, sondern auch die besseren Beobachtungsbedingungen.

Artenlisten

Besondere Mühe haben uns die Listen der Brut- und Gastvögel gemacht. Dennoch wird mancher berechtigte Kritik daran üben: Bei der Artenauswahl dominieren entschieden die Bewohner von Feuchtgebieten und damit die Nicht-Singvögel (Non-Passeres). Es ging uns dabei weniger um „sensationelle“ Arten, als vielmehr (vor allem bei den Gastvögeln) um typische und häufige. Auch um der Vergleichbarkeit willen haben wir (besonders bei den Brutvögeln) auch gewöhnliche Arten (Stockente, Bleßhuhn. .) aufgeführt – wenn auch vielleicht nicht konsequent genug.

Mancher Leser wird eine grundsätzliche Abneigung gegen Listen mit womöglich noch mehreren Zahlenkolonnen haben. Obwohl wir wissen, wie schwer lesbar sie sind, halten wir sie dennoch für unverzichtbar, weil sie für den Kenner die kürzeste und objektivste Charakterisierung eines Gebietes darstellen – vorausgesetzt, die Zahlen bzw. Kommentare geben einen Eindruck nicht nur vom augenblicklichen Bestand, sondern auch von den Entwicklungstendenzen. Listen ohne Zahlen/Kommentare haben wir in der Hoffnung gebracht, daß sie Leser zur Vervollständigung anregen. Wir haben solche Lücken durch ... markiert.

Fragwürdig sind die Maximalzahlen der Gastvogellisten. Sie können eigentlich nur im Vergleich zwischen den Gebieten einen recht groben Anhaltspunkt für die „Kapazität" eines Gebietes geben. In vielen Fällen mag es sich aber um ausnahmsweise hohe Zufallswerte handeln (kurz rastende Trupps), die über das Gebiet kaum etwas aussagen. Leider waren aber in den meisten Fällen die viel aussagekräftigeren Durchschnittshöchstwerte (gemittelt über mehrere Jahre) nicht verfügbar. Hier sollte man – wenn schon mehrjährige Zahlen nicht vorliegen – für spätere Ausgaben des Buches lieber auf durchschnittliche „Erfahrungswerte" hinsteuern.

Karten

Auch die Karten weisen (neben formalen) noch inhaltliche Mängel auf. Hier sind die Autoren besonders auf die Mitarbeit von Gebietskennern angewiesen. Nur sie können in der Regel die schwierige Entscheidung treffen, welche Wege (unterbrochene Linien) und Beobachtungsorte (Aussichtssymbol) man Besuchern empfehlen kann. Dies ist vielfach auch eine Gratwanderung zwischen dem Artenschutz und der Naturschutz-Öffentlichkeitsarbeit. Außerdem standen als Vorlagen nicht immer die besten und neuesten Karten zur Verfügung, so daß wir in jeder Hinsicht für Ergänzungen dankbar sind.

Literatur

Über deutsche Vogelbiotope gibt es eine Menge Literatur. Unser Literaturverzeichnis am Ende dieses Bandes gibt einen schwachen Abglanz davon. Dennoch hat es sich als bemerkenswert schwierig erwiesen, auch nur die wichtigeren Vogelbiotope der Bundesrepublik in einer einigermaßen einheitlichen Art und Weise aufgrund vorliegender Veröffentlichungen zu beschreiben. Zu unterschiedlich sind die Kriterien, nach denen die einzelnen Autoren ihr Material erheben und auswerten. Selbst in so qualifiziert erforschten Gebieten, wie es etwa der Untere Inn ist, fehlt oft das, was man gewöhnlich als Minimum ansieht: eine veröffentlichte kommentierte Artenliste. In sehr viel mehr Fällen fehlen quantitative Angaben zu Brut- und Gastvögeln. Unsere Listen zeigen, welche Lücken da bestehen.

Mitarbeit

Aus diesen Gründen waren wir bei der Beschreibung der Gebiete und ihrer Vogelwelt in hohem Maße auf die Mithilfe von Gebietskennern angewiesen. Wegen der zuvor bereits behandelten Problematik (Vogelschutz und Besucher), haben einige Gebietsbetreuer die Mitarbeit verweigert, andere konnten uns aus zeitlichen Gründen nicht behilflich sein. Deshalb ist manches unvollständig geblieben, und einzelne Fehler ließen sich nicht vermeiden.

Den vielen Gebietskennern, die in oft aufopfernder Weise unsere Texte und Listen überarbeitet und ergänzt haben, können wir an dieser Stelle nur pauschal unseren herzlichen Dank sagen. Am Ende eines jeden Kapitels tun wir dies auch namentlich.

Wenn sich diese erste einigermaßen umfassende Übersicht über die wichtigsten Vogelbiotope der Bundesrepublik Deutschland mit der Zeit auch bei denen durchsetzt, die jetzt noch skeptisch bis ablehnend sind, besteht Hoffnung, das Material alle paar Jahre präzisiert, erweitert und aktualisiert neu herauszugeben. Nur mit **Ihrer** Mithilfe können die VOGELPARADIESE das werden, was wir damit anstreben: ein zuverlässiger Vogel-Exkursionsführer und ein Beitrag zu mehr und besserem Vogel- und Naturschutz. Bitte schikken Sie Korrekturen, Ergänzungen und Neubeschreibungen an: Dr. Michael Lohmann, Goethestr. 9, 8210 Prien. Berücksichtigen Sie dabei die in diesem Band verwendete Art der Darstellung, insbesondere bei den Artenlisten (Beispiel Chiemsee).

Wenn Sie in einem der hier beschriebenen Gebiete Vögel beobachten wollen, so sollten Sie, wenn irgend möglich, vorher mit den lokalen Betreuern Kontakt aufnehmen. Sie erfahren dadurch, wo sich zu dem Zeitpunkt Beobachtungen besonders lohnen, worauf zu achten ist und auch, wohin Sie nicht gehen sollten. Versuchen Sie auf jeden Fall, Kontakt mit den Orts- oder Kreisgruppen von DBV und LBV aufzunehmen. Und wir meinen, es sollte zunehmend zur Selbstverständlichkeit werden, eine Kopie seiner Beobachtungsprotokolle den Kollegen zu schicken, die sich um die Gebiete kümmern.

Zuletzt noch eine Erklärung der **Autoren:** In diesem Gemeinschaftsprojekt ist die Verantwortung folgendermaßen verteilt: M.L. ist der Initiator, der für Konzeption, Endfassung aller Texte, Gestaltung, Bildauswahl, Karten sowie die herstellerische Seite verantwortlich zeichnet. Er schrieb die einleitenden Kapitel, die Gebietsbeschreibungen 3/14–16 sowie die Kapitel 5–8. K.H. verfaßte die Entwürfe für die Gebietsbeschreibungen der Kapitel 1–4 (außer 3/14–16) und lieferte inhaltliche Ergänzungen zu den Texten von M.L.

Rotmilan

1 Ostseeküste - Elbe - Stapelholm

Der äußerste Nordosten der Bundesrepublik Deutschland weist in dem gewählten Kartenausschnitt von der Ostseeküste über die ostholsteinischen Seen bis zur Elbe (und Lüneburger Heide) sehr verschiedene Landschaften auf. Die im folgenden beschriebenen 20 Gebiete lassen sich zunächst einmal in 8 an der Ostseeküste und 12 im Binnenland liegende unterteilen.

Im Gegensatz zu den Vogelbiotopen der deutschen Nordseeküste findet man in denen an der Ostsee keine so ins Auge springenden großen Brutvogelbestände. Das liegt daran, daß hier zum einen die unerschöpflichen Nahrungsreserven des Watts fehlen, zum andern aber auch geeignete Brutplätze etwa für Seeschwalben. Die einzigen Vogelarten, die hier in hohen Zahlen brüten, sind Sturmmöwen und Uferschwalben. Weitere charakteristische Brutvögel der deutschen Ostseeküste sind: Rothalstaucher, Mittel- und Gänsesäger.

Schwerpunkte ihrer Verbreitung in der Bundesrepublik haben in der Region (einschließlich der Binnengebiete): Schwarzstorch (Mittelelbe und südlich der Elbe im Gebiet Lüneburg-Uelzen), Graugans, Schnatter-, Tafel- und Schellente, Seeadler, Kranich, Saatkrähe und Kolkrabe sowie ausgesprochen östliche Arten wie Sprosser und auch Sperbergrasmücke (die einen weiteren Schwerpunkt im Elbe-Weser-Winkel südlich Cuxhaven besitzt). Weitere östliche Arten, die hier auftreten, sind Zwergschnäpper und Karmingimpel.

Die Sorge-Treene-Niederung (Stapelholm) gilt als Weißstorch-Zentrum in Schleswig-Holstein. In den Gebieten 1/6 und 1/13 bestehen die einzigen größeren Binnenkolonien des Kormorans in Norddeutschland. Auch der Schwarzhalstaucher besitzt in Ostholstein seine einzigen bedeutenderen Vorkommen im gesamten norddeutschen Bereich.

Interessant ist, daß einige Brutvogelarten der schleswig-holsteinischen Westküste an der Ostküste fast vollständig fehlen, so Eiderente und Seeregenpfeifer.

Auch die Zusammensetzung der Gastvogelwelt ist an der Ostseeküste ganz anders als im Watt. Vor allem fehlen die riesigen Watvogelschwärme und auch die großen Ansammlungen nordischer Gänse. Die Ostseeküste spielt im Vogelzug mehr für Enten, Sing- und Greifvögel eine Rolle. Größere Wasservogelzahlen betreffen hauptsächlich Enten, die sich auf den ostholsteinischen Seen zur Mauser und vor der Ostseeküste zur Überwinterung einfinden.

Neben den im folgenden behandelten Vogelbiotopen sei noch der **Naturpark Aukrug** zwischen Itzehohe und Neumünster erwähnt, eine abwechslungsreiche Geestlandschaft mit Auen, Teichen, Wäldern, moorigen Niederungen, Heideflächen, Wiesen und Knicks. Mit 5 Paaren brüten hier 75% der schleswig-holsteinischen Schwarzstörche, außerdem Wespenbussard, Schwarz- und Rotmilan, Rohrweihe, Eisvogel, Schwarz- und Mittelspecht.

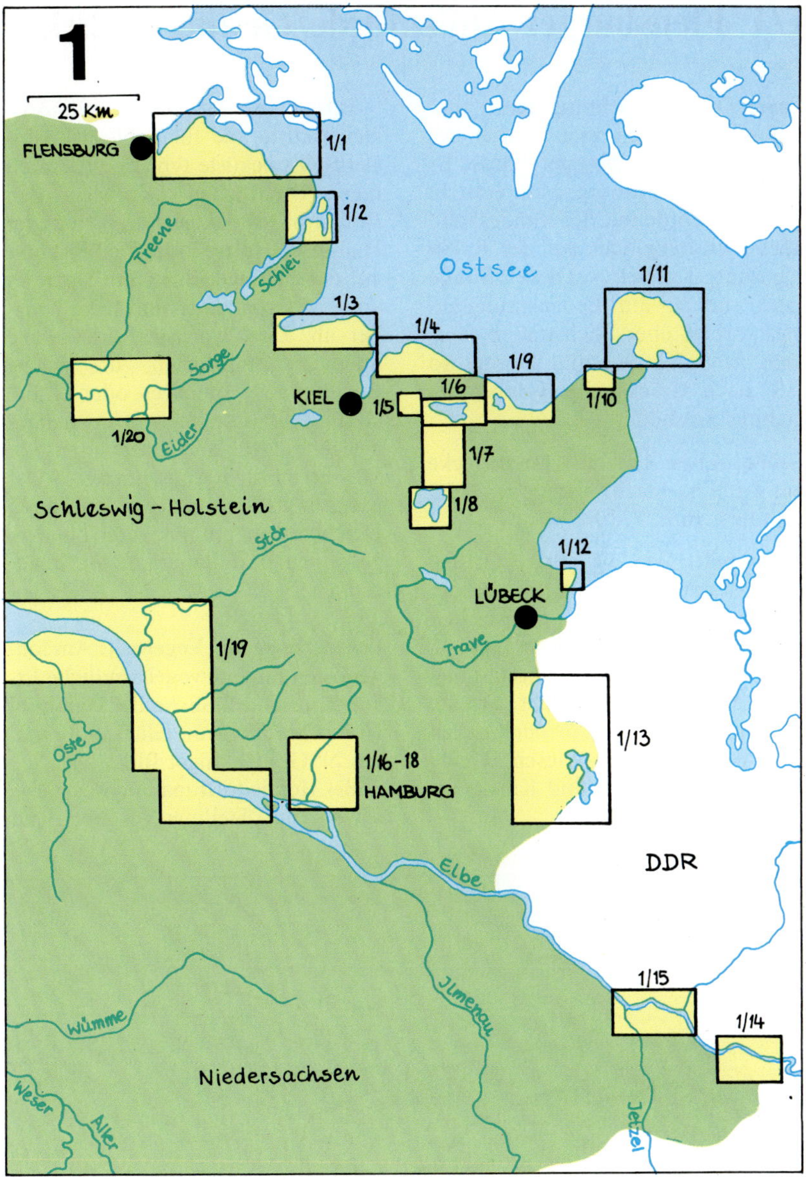
1
25 Km
FLENSBURG
1/1
1/2
Treene
Schlei
Ostsee
1/11
1/3
1/4
Sorge
1/9
1/6
KIEL
1/5
1/10
1/20
Eider
1/7
1/8
Schleswig - Holstein
Stör
1/12
LÜBECK
Trave
1/19
1/13
Oste
1/16-18
HAMBURG
DDR
Elbe
1/15
1/14
Jlmenau
Wümme
Niedersachsen
Weser
Aller
Jetzel

1/1 Flensburger Außenförde/Geltinger Birk

Lage: Das Beobachtungsgebiet umfaßt die östlichen zwei Drittel des Südufers der Flensburger Förde. Es liegt östlich Flensburg. Man erreicht die Außenförde mit der Bundesbahn über Flensburg oder auf der B 199 Flensburg-Kappeln. Diese Straße führt südlich am Beobachtungsgebiet vorbei; über Stichstraßen fährt man nach Norden und kommt so z.B. nach Glücksburg/Holnis oder Gelting/Falshöft.

Größe: Etwa 42 km Küstenstrecke mit 4.100 ha Flachwasserzone. NSG Geltinger Birk: 773 ha.

Landschaft: Wie die übrige Ostseeküste ist auch die Landschaft an der Flensburger Förde von der letzten Eiszeit geprägt worden. Das Land ist mit Grundmoränen bedeckt und bietet sich dem Auge als leicht gewellte Ackerlandschaft dar, in der Senken und Bachtäler mit Wiesen, kleine Wälder, Feldgehölze und Knicks für Abwechslung sorgen.

Das Fördeufer gehört zur Ausgleichsküste, die für Schleswig-Holsteins Ostseeküste typisch ist: An einigen Orten trägt das Meer den Boden ab (Steilküsten z.B. auf der Halbinsel Holnis oder bei Falshöft auf der Geltinger Birk) und lagert an anderen Orten Sand und Geröll wieder ab. Dort wachsen Strandwälle oder Nehrungshaken, die flache Buchten als Strandseen oder Noore vom Meer abtrennen oder niedrig gelegenes Grünland (Salzwiesen) vor Wassereinbrüchen schützen. Der Mensch griff hier gelegentlich durch Deichbau ein, um nutzbares Land zu gewinnen und dauerhaft zu schützen.

Lebensräume und Vogelwelt: Am lohnendsten für eine vogelkundliche Erkundung sind Besuche der Halbinsel Holnis nördlich von Glücksburg und des NSGes Geltinger Birk.

Bei Holnis trifft man an der Küste sowohl auf Steilufer als auch auf

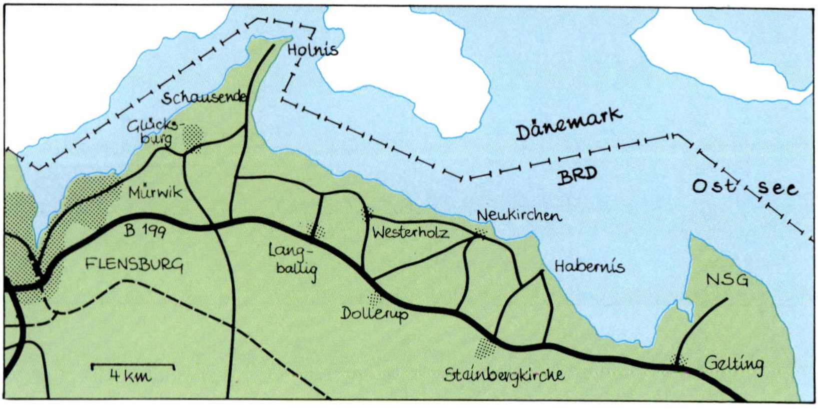

Flachstrände mit Sandbänken, Salzwiesen und Strandwällen. Holnis liegt günstig für Vogelbeobachtungen vor allem im Herbst, wenn Singvögel die Förde an dieser schmalsten Stelle überfliegen oder Wasservögel der Förde landeinwärts auf dem Weg nach Westen folgen. Am Strand rasten Watvögel und die ufernahen Wasserzonen dienen Enten, Sägern und Tauchern als Nahrungs- und Rastplatz.

Die Fördeküste bis zur Geltinger Birk ist zwar auch Rast- und Überwinterungsgebiet für Wasservögel (s. Artenliste), doch steigt die Zahl der Vögel erst in der Geltinger Birk im Bereich des NSGes zu bemerkenswerter Höhe an. Zum NSG gehört im Westen der Geltinger Bucht eine etwa 1 km breite Flachwasserzone. Diese endet im Südosten im Geltinger Noor, einer mit Strandwällen fast ganz vom Meer abgeschlossenen Bucht.

Für die Vögel sind der Windschutz und der Nahrungsreichtum entscheidend: Die salzige Geltinger Bucht bietet mit Seegrasbeständen, Muscheln, Schnecken und kleinen Fischen reichlich Nahrung. Das stärker ausgesüßte Noor steht ihr mit Brackwasserorganismen darin nicht viel nach.

Am Ufer liegt ein Salzwiesenstreifen, der mit Tümpeln und Wasserläufen Watvögeln, Enten und Möwen Rast- und Nahrungsmöglichkeiten bietet. Höher gelegene Zonen sind als Trockenrasen und Silbergrasfluren ausgebildet. Hier liegen die wichtigsten Brutplätze der Küstenvögel.

Zur Lebensraumvielfalt im NSG tragen weiterhin kleine Wäldchen in der Nähe von Falshöft (Stieleichen-

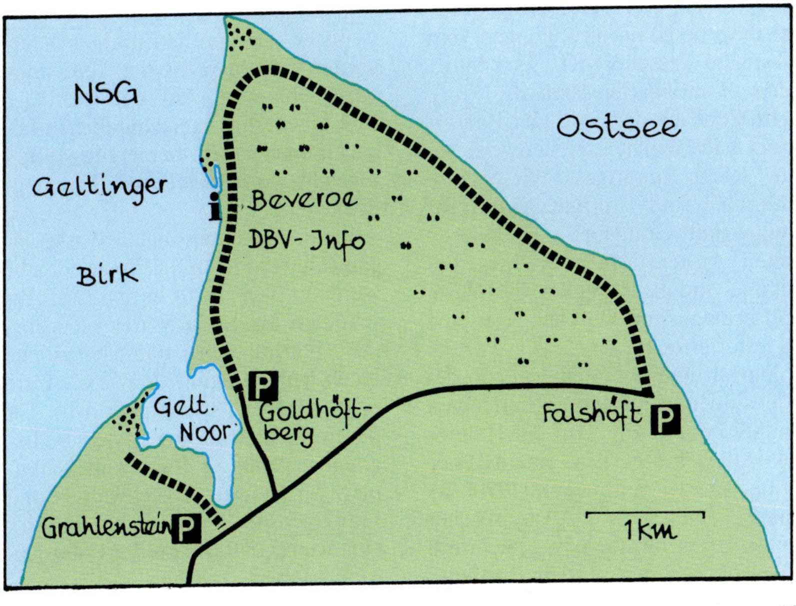

Die Geltinger Birk an der Flensburger Außenförde. *Foto: Berndt*

Niederwald, Nadelholzforst) und Beveroe bei. Der „Gespensterwald" bei Beveroe ist ein krüppeliger, vom Westwind geschorener Eichenniederwald mit allerlei Gebüsch.

Im Zentrum der Geltinger Birk erstreckt sich feuchtes, stellenweise sogar leicht mooriges Wiesenland. Röhrichte sind Brutplatz für Rohrweihe und Graugans. Die Wiesen bieten Austernfischer, Kiebitz, Bekassine und Rotschenkel Nistplätze und ermöglichen Durchzüglern eine ungestörte Rast.

Die Brutvorkommen am Fördeufer sind mit Ausnahme derjenigen im NSG nur gering: Auf der Halbinsel Holnis brüten u.a. einige Paare Mittelsäger, Rotschenkel (1970: 23 Paare), Brandgänse, Austernfischer sowie Uferschwalben in einer rund 200 Röhren umfassenden Brutkolonie. Gänsesäger, weitere Uferschwalben, möglicherweise auch Brandgänse nisten auch an den übrigen Uferpartien, sofern nicht der Tourismus allzu sehr stört. Auf der Geltinger Birk bieten die unterschiedlichen Lebensräume einer bemerkenswerten Vielzahl von Vogelarten Brutmöglichkeiten.

Bei den Internationalen Wasservogelzählungen im Winterhalbjahr wurden (1966–1976) in den fünf Abschnitten am Südufer der Flensburger Förde sehr unterschiedliche Höchstzahlen ermittelt. Wie die Liste zeigt, bietet die Geltinger Birk für die meisten Arten die besten Bedingungen. Auch als Rast- und Schlafplatz für Möwen, Seeschwalben und Limikolen spielt die Geltinger Birk eine wichtige Rolle an der Ostseeküste Schleswig-Holsteins.

Bedeutung: Wegen der hohen Zahl der überwinternden bzw. rastenden Wasservögel (in der gesamten Förde rasten bis zu 18.000 Reiher- und Bergenten sowie 20.000 Eiderenten) besitzt die Flensburger Außenförde internationale Bedeutung. Das NSG Geltinger Birk ist eines der wenigen sorgsam überwachten Vogelbrutgebiete an der Ostsee, das sich überdies durch interessante geomorphologische Formen auszeichnet. Insgesamt sind auf der Geltinger Birk rund 380 Pflanzen und über 150 Vogelarten nachgewiesen worden. Die Zahl der Brutvogelarten beträgt 77.

Schutz, Gefährdung, Betreuung: Die Naturschutzbehörden haben die Strandwiesen und Sandbänke auf der Nordspitze von Holnis gesperrt. Die Steilküste am Westufer ist geologisches Naturdenkmal und darf nicht betreten werden. Im NSG Geltinger Birk ist nur die Umwanderung in Küstennähe erlaubt. Seit 1977 wird es vom DBV-Landesverband Schleswig-Holstein betreut. Von April bis Oktober ist ein Vogelwart anwesend, der Informationen und Führungen anbietet und Verstöße gegen die Schutzverordnung zu verhindern trachtet (z. B. das Einfahren von Sportbooten in die Wasserzone des NSGes).

Nachdem das NSG schon 1952 erweitert worden war, hat die Stiftung Naturschutz in Schleswig-Holstein 1983 weitere Wiesen für 1,3 Millionen Mark erworben, die nun mit Hilfe genau abgestimmter Beweidung, Mahd und verminderter Entwässerung allein als Vogelbrutgebiet gepflegt werden. Die Nadelbäume des Wäldchens bei Falshöft sollen allmählich einer natürlichen Laubholzbestockung weichen. Seit 1987 würde das NSG nochmals um 291 ha größer. Neben Land- kamen auch weitere Meeresflächen hinzu.

Beobachtungsmöglichkeiten: Am lohnendsten erscheint eine vogelkundliche Wanderung im Herbst, Winter oder Frühjahr auf der Halbinsel Holnis vom Parkplatz beim Kurstrand Drei aus. Die Geltinger Birk erkundet man das ganze Jahr über am besten von kleinen Abstellplätzen bei Falshöft oder bei der Windmühle „Charlotte" aus. Reizvoll ist schließlich ein kleiner Weg zur Halbinsel Quisnis von einem Parkplatz bei Grahlenstein aus. Die Hütte des Vogelwartes liegt am Rande des Gespensterwaldes bei Beveroe.

Eiszeitliches Kliff bei Holnis, Brutplatz der Uferschwalbe. *Foto: Berndt*

Adressen:

DBV-Landesverband Schleswig-Holstein, Forsthof Friedrichsholz, 2211 Oelixdorf (04821-92684)

DBV-Gebietsreferent: Wilfried Ludwig Hestoft 3, 2390 Flensburg (0461-37031)

DBV-Ortsgruppe Flensburg, Hans Clausen, Dietrich-Nacke-Str. 38, 2390 Flensburg

Stiftung Naturschutz Schleswig-Holstein, Düsternbrookerweg 104, 2300 Kiel (0431-5961)

WWF-Wattenmeerstelle Schleswig-Holstein, Norderstr. 22, 2250 Husum (04841-65944)

R.K. Berndt, Helsinkistr. 68, 2300 Kiel

H.-J. Tech, Waldblick 1, 2340 Kappeln-Mehlby

Literatur:

M. Kranz, P. Schwennsen und H.-J. Tech (1978); O.G. Meier (1980); P. Prokosch u.K. Kirchhoff (1983); R.K. Berndt (1983); M. Diehl u.D. Diehl (1986); W. Riedel u. R. Polensky (1986); H.-J. Tech (1987).

Mittelsäger

Uferschwalbe

Brutvögel - Geltinger Birk (1979)	Brutpaare
Graugans (Anser anser)	7
Brandgans (Tadorna tadorna)	13
Krickente (Anas crecca)	-
Knäkente (Anas querquedula)	-
Mittelsäger (Mergus serrator)	4
Rohrweihe (Circus aeruginosus)	2
Tüpfelsumpfhuhn (Porzana porzana)	-
Teichhuhn (Gallinula chloropus)	1
Austernfischer (Haematopus ostral.)	3
Kiebitz (Vanellus vanellus)	3
Sandregenpfeifer (Charadrius hiat.)	4
Bekassine (Gallinago gallinago)	1
Silbermöwe (Larus argentatus)	1
Sturmmöwe (Larus canus)	6
Lachmöwe (Larus ridibundus)	-
Küstenseeschwalbe (Sterna paradisea)	2
Zwergseeschwalbe (Sterna albifrons)	...
Brandseeschwalbe (Sterna sandvicensis)	1
Uferschwalbe (Riparia riparia)	(800)
Schafstelze (Motacilla flava)	-
Wiesenpieper (Anthus pratensis)	7
Neuntöter (Lanius collurio)	2
Schilfrohrsänger (Acrocephalus sch.)	...
Braunkehlchen (Saxicola rubetra)	...
Sprosser (Luscinia luscinia)	...

Gastvögel - Flensburger Außenförde (1966-76)
S.- W. = Schausende bis Westerholz, W.- G. = Westerholz bis Gelting, G.B. = Geltinger Birk

	Höchstzahlen		
	S.- W.	W.- G.	G.B.
Haubentaucher (Podiceps cristatus)	25	95	40
Zwergtaucher (Podiceps ruficollis)	11	-	18
Höckerschwan (Cygnus olor)	133	120	134
Singschwan (Cygnus cygnus)	17	-	30
Graugans (Anser anser)	16	-	142
Ringelgans (Branta bernicla)	63	-	14
Brandgans (Tadorna tadorna)	69	43	149
Pfeifente (Anas penelope)	35	-	290
Krickente (Anas crecca)	12	50	300
Stockente (Anas platyrhynchos)	1.000	1.950	1.360
Tafelente (Aythya farina)	210	10	80
Reiherente (Aythya fuligula)	5.700	575	4.000
Bergente (Aythya marila)	5.060	940	17.500
Eiderente (Somateria molissima)	1.870	1.440	11.870
Eisente (Clangula hyemalis)	-	40	75
Trauerente (Melanitta nigra)	13	545	1.450
Samtente (Melanitta fusca)	-	85	160
Schellente (Bucephala clangula)	750	600	945
Mittelsäger (Mergus serrator)	250	100	100
Gänsesäger (Mergus merganser)	200	90	46
Bleßhuhn (Fulica atra)	1.950	2.320	2.880

Eiderente

1/2 Die Schleimündung

Lage: Nordufer in der Nähe der Mündung dieser Förde (Strecke Kappeln bis Schleimünde). Die Schlei beginnt tief im Landesinneren bei Schleswig, das man mit der Bahn auf der Hauptstrecke Neumünster Flensburg oder über die A 7 (E 3) erreicht. Die zweite größere Stadt an ihren Ufern ist Kappeln, das rund 10 km oberhalb der Schleimündung liegt. Man gelangt hierher mit dem Bus von der Bahnstation Süderbarup aus. Außerdem treffen sich hier drei Bundesstraßen: die B 203 von Ekkernförde, die B 199 von Flensburg und die B 201 von Schleswig. Nördlich Kappeln zweigt von der B 199 eine Straße nach Maasholm ab. Zum NSG Oehe-Schleimünde gelangt man nur nach je 2 km Fußmarsch über Deiche von Parkplätzen in Maasholm oder beim Gut Oehe.

Größe: Die Schlei ist eine maximal 3–4 km breite Förde, die sich von der Ostseeküste aus in südwestlicher Richtung 43 km tief ins Land hinein erstreckt. Behandelt werden vornehmlich zwei Teilgebiete: Das NSG Oehe-Schleimünde (seit 1927, vergrößert 1970 auf 250 ha und 1987 auf 362 ha) und die beiden Wasservogelzählstrecken von Gut Oehe bis Schleimünde (4 km Ostseeufer) von Schleimünde bis Kappeln (4 km Schleiufer).

Landschaft: Die Schleiförde entstand in der letzten Eiszeit. Sie steht mit der Ostsee in offener Verbindung und gilt deshalb als Küstengewässer. Die Förde zeichnet sich durch den

Wechsel breiterer Becken mit Engstellen aus. Sie ähnelt einer Kette von Seen, die durch einen Fluß verbunden sind. Die zahlreichen Buchten (Noore) sind ein Charakteristikum. Manche besitzen nur einen ganz engen Wasserdurchlaß zur Schlei.

Die Schlei ist im Mittel 3–4 m tief, in den Nooren flacher, in den Engen stellenweise 10–16 m tief. Der Salzgehalt verringert sich mit zunehmender Entfernung von der Ostsee. Man kann die Schlei darum als Brackwassergebiet bezeichnen. In den Nooren leben bereits nur Süßwasserfische.

Lebensräume und Vogelwelt: Das NSG Oehe-Schleimünde ist eine Besonderheit: Eine Halbinsel schließt als Nehrung die Schleimündung fast völlig von der Ostsee ab. Sie besteht aus Sand und Geröllmaterial, das hauptsächlich von Süden herantransportiert wird, insbesondere vom 5 km entfernten, 20 m hohen Schönhagener Kliff, das jährlich etwa 80 cm Land verliert.

Durch die Anlage einer Fahrrinne und den Bau von Steinbuhnen ist die Nehrung zur Ostsee hin durchbrochen worden. Daher kann sich die Schleimündung nun nicht mehr verlagern. Die Halbinsel selbst verändert aber weiterhin fortwährend ihre Gestalt.

Hauptlebensräume im NSG sind Strand, Strandwall, kleine Dünen, Salzwiesen, im Westen ein Streifen Ostsee und im Osten Lagunen, Wasserarme sowie Windwatt des sogenannten Schleihaffs.

Die sich westlich anschließenden Abschnitte am Nordufer der Schlei bilden ein günstiges Rastgebiet für Wasservögel, weil das meist weniger als 2 m tiefe Schleihaff und das Wormshöfter Noor westlich Maasholm als windgeschützte Buchten den Vögeln Ruhe und reichlich Futter bieten. Die für Enten vorteilhafte Flachwasserzone bis 10 m Tiefe ist hier zwischen 2 und reichlich 3 km breit.

Das Gebiet der Schleimündung galt bisher als zweitgrößter Brutplatz des Mittelsägers und der Sturmmöwe in Schleswig-Holstein. Nach dem Verschluß einer zweiten Mündung, der Alten Schlei, und wegen der immer dichter werdenden Vegetation auf Dünen und Strandwällen im NSG konnten jedoch vermehrt eier- und jungvögelfressende Säugetiere eindringen. Dadurch gingen die Brutbestände mancher Küstenvögel teilweise erheblich zurück.

Küstenlandschaft Schleimünde mit Mauerpfeffer und Meerkohl. *Foto: Augst*

Neben den in der Liste genannten Brutvögeln brüten gelegentlich Spieß- und Tafelente, Teichhuhn, Bekassine, Alpenstrandläufer, Kampfläufer oder Schwarzkopfmöwe. Die Brandseeschwalbe nistete noch 1979 in 62 Paaren, von denen allerdings 57 ihr Gelege verloren, weil Menschen die Nester plünderten. 1984 fehlte sie als Brutvogel, 1985 brüteten wieder 6 Paare.

Als Rastgebiet gilt die Schleimündung als eines der bedeutendsten für Singschwäne und Pfeifenten. Weitere Arten und Zahlen sind der Gastvogel-Tabelle zu entnehmen.
An der übrigen Schlei kommen als sporadische Brutvögel die Brandgans, sowie Mittel- und Gänsesäger vor. In den Nooren leben Vögel der Binnengewässer wie Haubentaucher, Rohrweihe, Tafel- und Reiherente, Rohrsänger, Rohrschwirl und Bartmeise. Vor Schleswig liegt in der Kleinen Breite der „Möwenberg" mit einer Brutkolonie von Lach-, Sturm- und Silbermöwen sowie einigen Küstenseeschwalben.

Bedeutung: Die Schlei besitzt aufgrund der großen Bestände (insgesamt halten sich hier bis zu 220 Singschwäne, 15.000 Reiherenten und 2.000 Gänsesäger auf) internationale Bedeutung als Rast- und Überwinterungsgebiet für Wasservögel. Das NSG Oehe-Schleimünde ist einer der wichtigsten Vogelbrutplätze an der Ostseeküste Schleswig-Holsteins.

Schutz, Gefährdung, Betreuung: An der Schlei fehlt eine flächendeckende Planung, die den Erholungs- und Freizeitbetrieb ordnet. Es müssen zahlreiche Ruhezonen für Pflanzen und Tiere (vor allem in den Nooren) festgelegt werden. Die Schlei ist außerdem stark mit Abwasser belastet.

Das NSG Oehe-Schleimünde wird seit 1922 vom Verein Jordsand betreut. Von April bis August ist dort ein Vogelwart tätig, der Störungen im Schutzgebiet verhindert und Führungen sowie Informationen anbietet. In dem von ihm bewohnten Blockhaus an der Nordgrenze des NSGes ist eine kleine Ausstellung untergebracht.

Der Verein bemüht sich, die Vogelbestände durch eine geeignete Beweidung der Salzwiesen, durch Schaffung vegetationsfreier Sand- und Geröllflächen sowie durch Anlage sicherer Brutbereiche auf kleinen Inseln im Schleihaff zu fördern. Im Lotsenhaus ganz im Süden der Halbinsel hat der Verein Jordsand Räume für die Forschung und für Seminare gemietet. Seit 1987: Institut für Natur- und Umweltschutzforschung (INUF).

Beobachtungsmöglichkeiten: Das NSG Oehe-Schleimünde ist nur vom 1.4.–15.8. im Rahmen der Führungen zugänglich. Die Wasservögel auf der Schlei beobachtet man am besten von Maasholm aus. In manchen Orten richtet man bei strengem Frost mit viel Eis und Schnee Futterstellen ein, die dann besonders gute Einblicke ins Vogelleben gestatten.

Für seine Mithilfe danken wir Herrn Hans-Joachim Ulrich.

Adressen:

Verein Jordsand (Uwe Schneider), Haus der Natur Wulfsdorf, 2070 Ahrensburg (04102-31656)

DBV-Ortsgruppe Schleswig, Hans-Joachim Ulrich, Knud-Laward-Str. 34, 2380 Schleswig
DBV-Ortsgruppe Nordschwansen, Karl Plaumann, Schulstr. 29, 2340 Kappeln

Literatur:

P. Prokosch und K. Kirchhoff (1983); M. Diehl und D. Diehl (1986); R. K. Berndt (1983); C. Degn und U. Muuß (1984); U. Muuß, M. Petersen und D. König (1973); M. Kranz, P. Schwennsen und H.-J. Tech (1978); W. Riedel und R. Polensky (1986); D. Moritz (1984).

Brutvögel - Oehe-Schleimünde (1980-84)

	Brutpaare
Höckerschwan (Cygnus olor)	35-40
Graugans (Anser anser)	5
Brandgans (Tadorna tadorna)	23-210
Stockente (Anas platyrhynchos)	6-40
Reiherente (Aythya fuligula)	1
Mittelsäger (Mergus serrator)	5-25
Gänsesäger (Mergus merganser)	1
Rohrweihe (Circus aeruginosus)	5-10
Bleßhuhn (Fulica atra)	6
Austernfischer (Haematopus ostr.)	24-90
Kiebitz (Vanellus vanellus)	8-35
Sandregenpfeifer (Charadrius h.)	6-20
Rotschenkel (Tringa totanus)	8-90
Säbelschnäbler (Recurvirostra av.)	52-78
Silbermöwe (Larus argentatus)	80-200
Sturmmöwe (Larus canus)	1.000
Lachmöwe (Larus ridibundus)	70-350
Flußseeschwalbe (Sterna hirundo)	20-42
Küstenseeschwalbe (Sterna parad.)	110-250
Zwergseeschwalbe (Sterna albifr.)	12
Feldlerche (Alauda arvensis)	25
Wiesenpieper (Anthus pratensis)	30
Steinschmätzer (Oenanthe oenanthe)	1

Informationszentrum und Unterkunft für den Vogelwart *Foto: Augst*

Gastvögel - Oehe-Schleimünde (1966-76)
O. S. = Oehe-Schleimünde,
M. K. = Maasholm-Kappeln

	Höchstzahlen	
	O. S.	M. K.
Haubentaucher (Podiceps c.)	-	53
Zwergtaucher (Podiceps ruf.)	17	58
Höckerschwan (Cygnus olor)	240	260
Singschwan (Cygnus cygnus)	120	26
Graugans (Anser anser)	320	200
Ringelgans (Branta bernicla)	23	-
Brandgans (Tadorna tadorna)	100	54
Pfeifente (Anas penelope)	2.000	400
Krickente (Anas crecca)	220	30
Stockente (Anas plat.)	3.550	385
Spießente (Anas acuta)	420	-
Löffelente (Anas clypeata)	-	10
Tafelente (Aythya ferina)	20	200
Reiherente (Aythya fuligula)	1.200	3.760
Eiderente (Somateria mol.)	2.750	-
Bergente (Aythya marila)	65	225
Eisente (Clangula hyemalis)	300	-
Trauerente (Melanitta nigra)	320	-
Schellente (Bucephala cl.)	210	360
Zwergsäger (Mergus albellus)	-	12
Mittelsäger (Mergus serrator)	34	150
Gänsesäger (M. merganser)	200	120
Bleßhuhn (Fulica atra)	800	4.500

1/3 Eckernförder Bucht Südufer

Lage: Die Eckernförder Bucht ist die mittlere der drei breiten Förden an der schleswig-holsteinischen Ostseeküste. Das Beobachtungsgebiet liegt am Südufer der Bucht und reicht von Kiekut östlich Eckernförde um das Bülker Huk herum bis Strande, das schon an der Kieler Förder liegt. Man erreicht das Fördeufer mit der Bahn über Eckernförde (Strecke Kiel-Flensburg) oder von der B 76 oder B 503 Kiel-Eckernförde aus über Stichstraßen nach Aschau, Noer, Surendorf, Dänisch-Nienhof oder Strande.

Größe: Das Südufer ist 26 km lang. Die sich anschließende Flachwasserzone ist zwischen 200 und 900 m breit, sie erstreckt sich über etwa 2.850 ha. - Bei den internationalen Wasservogelzählungen ist die Gesamtstrecke in zwei Teilbereiche unterteilt worden: Kiekut-Surendorf (14 km) und Surendorf-Strande (12 km). Zum Strandbereich gehört ein NSG, die bewaldete Düne bei Noer (47 ha seit 1981).

Landschaft, Lebensräume, Vogelwelt: Für das Vorkommen der Wasservögel ist vor allem die Flachwasserzone des südlichen Fördeufers entscheidend. Hier bilden sich besonders starke Vogelkonzentrationen über Muschelbänken vor Noer und Bülk. Außer Sichtweite liegen weiter draußen in der Ostsee noch weitere Flachgründe, wo sich ebenfalls im Winterhalbjahr viele Wasservögel aufhalten. Zwischen beiden Aufenthaltsgebieten findet ein lebhaftes Hin und Her der Enten, Taucher und Möwen statt. Der schmale, sandige bis steinige Strand geht entweder in einen Strandwall oder in ein

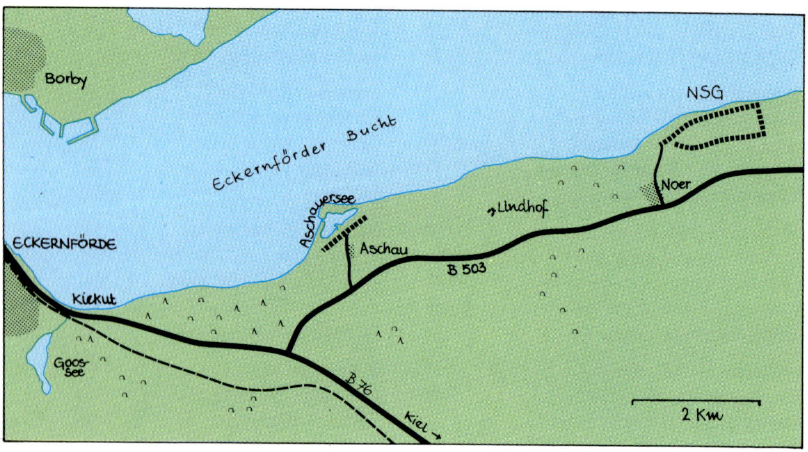

Abbruchufer (Steilküste) über. Den Strandwällen können örtlich kleine Dünen aufgesetzt sein. Ihnen folgen oft niedrig gelegene Flecken von Grünland. An mehreren Stellen finden sich küstennahe Laubwälder mit größeren und kleineren Altholzanteilen. Die Steilküste ist um 15 m hoch und geht an ihrer Oberkante oft unmittelbar in Ackerland über. In den Abbruchufern haben sich vielfach Uferschwalben angesiedelt. Die größte Brutkolonie liegt bei Surendorf und umfaßt bis zu 400 Röhren.

Zwei Eigentümlichkeiten verdienen besondere Erwähnung: Bei Aschau befindet sich am Strand eine kleine, windgeschützte Lagune. Abgesehen von winterlichen Vogelansammlungen ermöglicht der Aschauer See die Jungenaufzucht von Brandgänsen, Mittel- und Gänsesägern, die in der Nähe brüten.

Auch wenn der Tourismus zahlreiche Strandabschnitte entwertet, so

Zwergseeschwalbe

kommt dem Ufer zwischen Aschau und Surendorf doch eine erhebliche Bedeutung als Brutgebiet zu. Er ist wichtigster Küstenbrutplatz für den Gänsesäger mit heute 5–10 (um 1974 noch 15–20) Brutpaaren. Außerdem kommen Mittelsäger, Brandgans, Rotschenkel, Schellente und Zwergseeschwalbe vor. Dies war wesentlicher Anlaß für die Einrichtung eines kleinen Artenschutzgebietes im Bereich des äußeren Strandwallufers am Aschauer See.

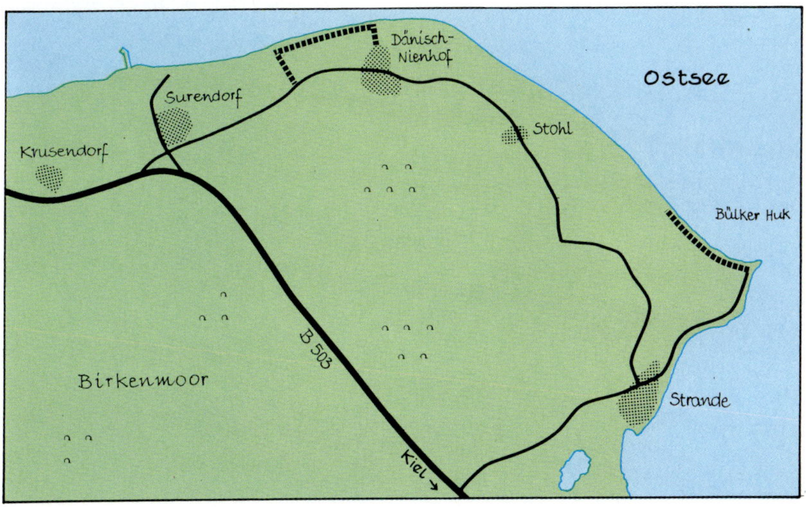

An diesen Brutvorkommen hat das NSG „Bewaldete Düne bei Noer“ einen gewissen Anteil. Brandgans und Mittelsäger können dort in verlassenen Kaninchenbauten oder unter dichtem Gestrüpp brüten. Für Schellente und Gänsesäger hat man Nistkästen aufgehängt - eine zwar nützliche Aktion, die aber leider auch als Alibi dient, alte Laubbäume zu fällen. Besonders charakteristisch für das NSG ist ein krüppeliger und windgekrümmter Eichen-Buchen-Wald, der sich auf einem etwa 1 km langen Dünenzug entwickelt hat.

Der östliche Abschnitt des Südufers der Eckernförder Bucht spielt als Brutplatz eine geringe Rolle. An ein oder zwei Stellen brüten Brandgänse oder Gänsesäger. Am Surendorfer Strand kommt der Sandregenpfeifer vor. In den Abbruchufern nisten Uferschwalben. Anders verhält es sich mit den Gastvögeln: Für Tauchenten stellt dieser Bereich für Schleswig-Holstein einen der wichtigsten Rastplätze an der Ostsee dar. Die Artenzahlen erreichen höchste Werte. In den Steinbuhnen am Bülker Huk überwintert regelmäßig der auf felsiges Substrat angewiesene Meerstrandläufer. Die Reiherenten und Bleßhühner konzentrieren sich am Ausfluß des Kieler Klärwerkes.

Bedeutung: Tageshöchstsummen von über 20.000 Wasservögeln geben dem Südufer der Eckernförder Bucht seine internationale Bedeutung als Rast- und Überwinterungsplatz. Allein bis zu 28.000 Eiderenten rasten hier.

Schutz, Gefährdung, Betreuung: Die streng geschützten Flächen sind nur sehr gering. Die Düne bei Noer ist

Am Aschauer See. *Foto: Berndt*

Eigentum des Landesjagdverbandes; er betreut sie auch und sorgt für gefährdete Pflanzen- und Tierarten. Leider wird aber nicht auf die Ausübung der Jagd verzichtet; das Gebiet dient auch als Hege-Lehrrevier.

Das Artenschutzgebiet am Aschauer See darf vom 1.4.-20.7. nicht betreten werden. Die bewaldete Düne bei Noer ist eingezäunt und ist überhaupt nicht zugänglich. Der Besucher kann jedoch am Nordrand des Waldes (Strand) entlanggehen. Durch den Zaun konnte das Zertreten der Vegetationsdecke mit nachfolgender Bodenzerstörung durch Winderosion in diesem zwischen Campingplätzen eingezwängten NSG wirksam unterbunden werden.

Beobachtungsmöglichkeiten: Zu empfehlen ist ein Besuch des Südufers der Eckernförder Bucht am ehesten im Winterhalbjahr, um etwa bei Noer, Surendorf, Dänisch-Nienhof oder in der Nähe von Bülk Wasservögel zu beobachten. Eine Wanderung auf der Steilküste bietet den besten Überblick.

Herrn R. K. Berndt danken wir herzlich für die Überarbeitung dieses Kapitels.

Brutvögel - Eckernförder Bucht (Jahr?)

	Brutpaare
Brandgans (Tadorna tadorna)	...
Schellente (Bucephala clangula)	...
Mittelsäger (Mergus serrator)	...
Gänsesäger (Mergus merganser)	5-10
Sandregenpfeifer (Charadrius hiat.)	...
Rotschenkel (Tringa totanus)	...
Zwergseeschwalbe (Sterna albifrons)	17
Uferschwalbe (Riparia riparia)	400

Adressen:

DBV-Ortsgruppe Eckernförde, Helmut Jönck, Birkenweg 20, 2303 Gettorf

R. K. Berndt, Helsinkistr. 68, 2300 Kiel

Landesjagdverband Schleswig-Holstein, Postfach 1214, 2223 Meldorf-Wolmersdorf

Literatur:

P. Prokosch und K. Kirchhoff (1983); R.K. Berndt (1983); M. Diehl und D. Diehl (1986).

Samtente

Gastvögel - Eckernförder Bucht (1966-76)

K.- S. = Kiekut bis Surendorf,
S.- St. = Surendorf bis Strande

	Höchstzahlen	
	K.- S.	S.- St.
Stockente (Anas platyrh.)	2.000	1.200
Reiherente (Aythya fuligula)	2.700	5.300
Eiderente (Somateria mol.)	2.200	5.100
Bergente (Aythya marila)	2.400	5.200
Eisente (Clangula hyemalis)	40	1.600
Trauerente (Melanitta nigra)	1.600	6.500
Schellente (Bucephala clang.)	1.500	4.800
Mittelsäger (Mergus serrator)	140	40
Bleßhuhn (Fulica atra)	5.100	2.500
Meerstrandläufer (Cal. mar.)	...	...

1/4 Die Küste der Probstei mit Bottsand und Barsbeker See

Lage: Dieser Küstenstreifen Schleswig-Holsteins liegt im Osten der Kieler Förde und gehört zum Landkreis Plön. Das etwa 25 km von Kiel entfernte Gebiet ist von Kiel aus mit dem Bahnbus zum Schönberger Strand, mit dem Auto über die B 502 zu erreichen. Stichstraßen führen zu Küstenorten wie Stein, Heidkate, Schönberger Strand oder Hubertsberg.

Größe: Die Küste der Probstei zwischen Laboe und Hubertsberg ist rund 25 km lang. Vor ihr liegen etwa 5700 ha große Flachwasserzonen der Ostsee.

Landschaft: Die küstennahe Landschaft in der Probstei ist im östlichen Teil durch weite Ackerflächen gekennzeichnet, die teilweise noch von Knicks durchzogen sind. Sie reichen vor allem östlich von Schönberger Strand bis an die Ostsee, wo bei Todendorf Steilufer ausgebildet sind. Andererseits erstrecken sich hinter dem Westabschnitt der Probsteiküste tiefer gelegene (ehemalige Salz-) Wiesenbereiche, die früher immer wieder von Sturmfluten heimgesucht wurden, ehe sie ab 1882 durch Deiche vor der See geschützt wurden. Das Ostseeufer bestand hier früher aus niedrigen Strandwällen, die heute jedoch überall durch Deiche und Buhnen ersetzt worden sind.

Die Küste der Probstei wird im Sommer touristisch intensiv genutzt. Neben den beiden Tourismus-Schwerpunkten Marina Wendtorf und Holm gibt es außerdem Wochenendhaussiedlungen, viele Campingplätze und ausgedehnte Badestrände.

Lebensräume und Vogelwelt: Bei derart starkem Erholungsbetrieb bleiben zur Brutzeit als Brennpunkte des Wasservogellebens nur noch die beiden NSGe Bottsand und Barsbeker See einigermaßen ungestört. Erst vom Herbst bis ins Frühjahr kehrt auf den flachen Küstengewässern der Ostsee soviel Ruhe ein, daß sich rastende und überwinternde Wasservögel einstellen.

Für das winterliche Vogelleben

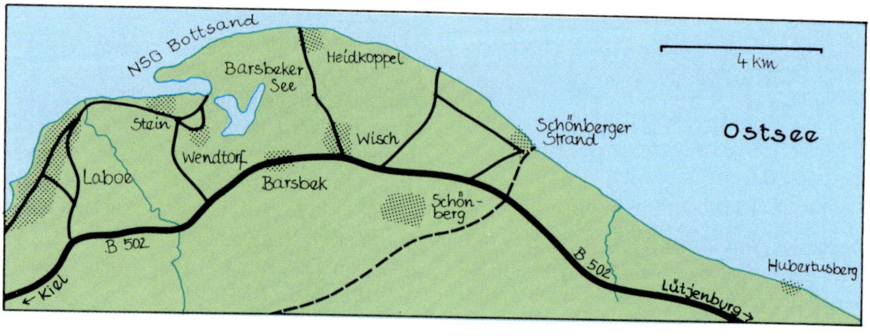

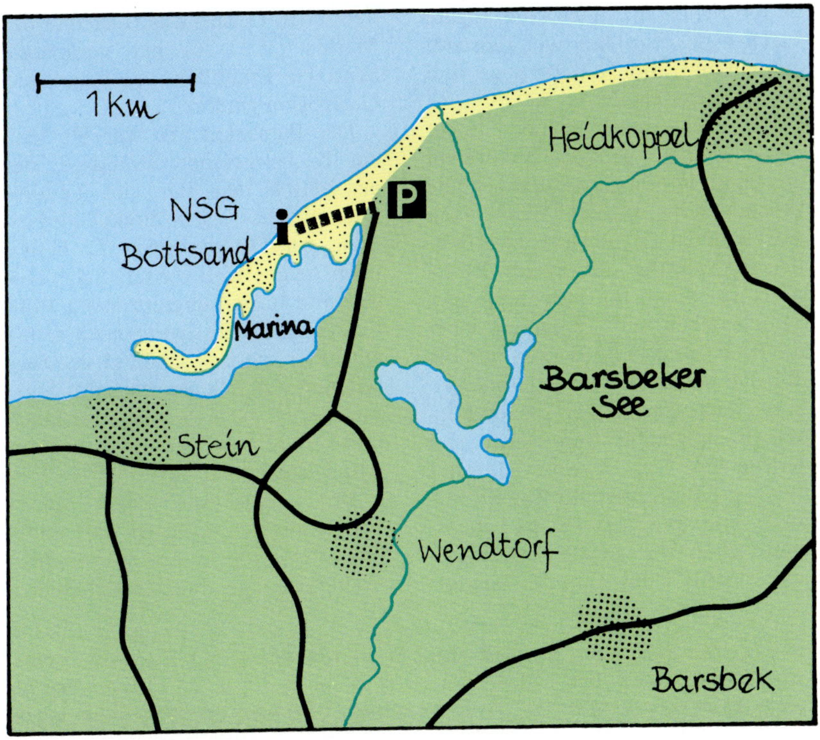

auf der Ostsee ist entscheidend, daß vor dem sandigen bis steinigen Ufer die 10 m-Tiefenzone des Wassers erst 1400–3700 m weit vor der Küste beginnt. In diesem Bereich, der zahlreiche vorgelagerte Sandbänke und bei anhaltend starken westlichen Winden auch trockenfallende Teile (Windwatt) aufweist, finden die Wasservögel ihre Nahrung.

Für Brut- und Gastvögel gleichermaßen wichtig ist der Bottsand – in geringerem Umfang auch der von ihm knapp 1 km entfernte Barsbeker See: Kern des NSGes Bottsand ist ein 1,5 km langer, stark gegliederter, in Südwestrichtung verlaufender Nehrungshaken, der nach dem Deichbau durch Sandverfrachtung entstanden ist. Besonders bei Herbst- und Winterstürmen führen küstenparallele Meeresströmungen von Osten her Fein- und Grobsand herbei und lassen so den Bottsand wachsen. Seit der Vollendung des Yachthafens verhindert jedoch dessen Steinmole (zum Schutz der Fahrrinne) ein weiteres Wachstum in Richtung Stein.

Der Nehrungshaken besteht seeseitig aus Spülsaum, Strand und bis zu 3 m hohen Dünen. Letztere gehen im Nordteil des Gebietes schnell in Trockenrasenzonen über. Deichwärts haben sich im Osten des NSGes Salzwiesen ausgebildet. Kleine Röhrichte, aber auch kurzrasigere Flächen mit Raritäten wie Tausendgüldenkraut und Natternzunge sind dort anzutreffen.

Die sich anschließende Bucht wird „Bodden“ genannt. Sie besteht aus Sand- und Schlickwattzonen, die besonders bei starken Westwinden trockenfallen (Windwatt). Der Bodden ist Nahrungs-, Rast- und Ruheraum vor allem für Enten, Möwen, Seeschwalben und Limikolen. Über die Brutvögel des Bottsandes gibt die Tabelle Auskunft. Die Ornithologen bezeichnen dieses NSG als wichtigsten Rastplatz für Brandgänse und Krickenten, als zweitwichtigstes Watvogel-Rastgebiet zur Zugzeit (bis zu 28 Arten pro Tag) und als Lebensstätte einer der größten Zwergseeschwalben-Kolonien an der bundesdeutschen Ostseeküste. Der Bau der Marina (1972–76) hat vorübergehend zu Einbußen bei Brut- und Gastvögeln geführt.

Der Barsbeker See war bis 1882 ein buchtenreicher Strandsee, der erst durch den Bau des Landesschutzdeiches seine direkte Verbindung zur Ostsee verlor. Er besitzt noch heute Brackwasser. Salzpflanzen sind in den angrenzenden Röhrichten und Wiesen nur noch wenig zu finden, da das Umland des Sees seit langer Zeit landwirtschaftlich genutzt wird. Der See ist nur noch 0,5–1 m tief und verlandete seit der Abriegelung zur Hälfte.

Der Barsbeker See bietet Schwimmenten, Gänsen und anderen Wasservögeln bei stürmischem Wetter einen geschützten Ruheplatz.

Probstei: Das Schutzgebiet Bottsand. Mit einfachsten Mitteln lassen sich Mensch und sensible Natur trennen.
Foto: Pretscher

Bei den Wasservogelzählungen wird die Küste der Probstei in drei Abschnitte eingeteilt. Die beiden westlichen weisen höhere Bestände auf als der östliche Abschnitt zwischen Schönberger Strand und Hubertsberg. Im mittleren Zählbereich verzeichnete man im Frühjahr ungewöhnliche Rothalstaucher-Vorkommen auf See. Anscheinend warten sie hier auf Tauwetter, um dann die Binnenseen der Probstei besiedeln zu können. Wegen der Muschelbänke liegen hier auch die größten Ansammlungen einiger Tauchenten. Der östliche Zählabschnitt wird weniger von Touristen aufgesucht. Hier brüten am Strand noch bis zu 10 Paare des Sandregenpfeifers, und 200 Uferschwalbenpaare nisten im Steilufer. Außerhalb der Wasservogelzählungen wurden bis zu 8.000 Trauerenten, 20.000 Bergenten und 40.000 Eiderenten beobachtet.

Bedeutung: Die Küste der Probstei besitzt als Rast- und Winterquartier für Wasservögel wegen der hohen Bestände internationale Bedeutung. Das NSG Bottsand hat als Brutplatz überregionale Bedeutung. Hier wurden seit 1965 insgesamt 178 Vogelarten beobachtet; 32 Arten haben (z.T. einmalig) zwischen 1977 und 1987 hier gebrütet (s. Liste).

Schutz, Gefährdung, Betreuung: Das NSG Bottsand besteht seit 1939 und wurde 1987 auf 92 ha vergrößert. Das NSG Barsbeker See umfaßt 149 ha.

Besonders der Bottsand hat unter negativen Auswirkungen des Tourismus gelitten. Er wird landwärts mit einem Drahtzaun gesichert. 270 m

Hänfling

seines Strandes im Norden sind im Sommer als FKK-Gelände ausgewiesen. Wider aller Erwartungen hat sich dies für den Schutz des Gebietes positiv ausgewirkt: Seitdem hat der Vogelwart des DBV kaum noch Probleme mit unbefugten Eindringlingen. Lediglich auf der Seeseite anlandende Surfer und andere Wassersportler müssen bisweilen aus dem NSG verwiesen werden.

Die günstigen Lebensbedingungen im Bereich der direkt angrenzenden Camping- und Badeplätze ließen die Zahl von Krähen, Ratten, Wieseln und anderen Raubsäugern so ansteigen, daß diese auch den Brutvögeln gefährlich wurden. Deren Gelege werden deshalb mit einer mehrere Kilometer langen Elektrozaunanlage seit 1982 mit außerordentlich gutem Erfolg geschützt.

Seit 1984 hat der DBV im Mehrzweckgebäude der Gemeinde Wendtorf am Deich, unmittelbar am NSG, ein Informationszentrum, das von Mai bis September an den Wochenenden von Mitgliedern der Gruppe Kiel betreut wird. Der Vogelwart kann aufgrund der Naturschutzverordnung keine Führungen anbieten.

Beobachtungsmöglichkeiten: Das NSG Bottsand ist ganzjährig für Besucher gesperrt. Es bestehen jedoch sehr gute Beobachtungsmöglichkeiten vom alten Landesschutzdeich aus, von dem das gesamte Boddengebiet überblickt werden kann. Von Norden aus lassen sich auch Trokkenrasen und Dünen gut einsehen. Am Infozentrum des DBV steht ein Spektiv zur Verfügung.

Das NSG Barsbeker See besitzt keine Wege und ist nur teilweise von alten Deichresten am Rand aus zu überblicken. - Die Wasserflächen vor der Küste sind vom Deich oder Steilufer aus überall einsehbar.

Für seine Mithilfe danken wir Herrn Dr. H. Behmann.

Adressen:

DBV-Gebietsreferent: Dr. H. Behmann Dorfstr. 24, 2307 Stohl-Schwedeneck, (04308-793 und 0431-321011)

Betreuung des DBV-Info-Zentrums: Frau K. Hagelberg, Harderkoppel 38, 2306 Schönberg (04344-1282)

DBV-Ortsgruppe Kiel, Horst Dohm, Zeppelinring 155, 2300 Kiel 14

DBV-Ortsgruppe Preetz/Probstei, Dr. M. Bölter, Wollbergsredder 2H, 2300 Kiel-Rammsee

Literatur:

P. Prokosch und K. Kirchhoff (1983); O.G. Meier und E. Lüthje (1980); R.K. Berndt (1983); M. Diehl und D. Diehl (1986); U. Muuß, M. Petersen und D. König (1973); H. Behmann (1983 u. 1988); S. Bräger und G. Nehls (1987).

Brutvögel - Bottsand (1977-87)
(+) = hat zugenommen, (–) = hat abgenommen

	Brutpaare
Höckerschwan (Cygnus olor)	unregelm.
Brandgans (Tadorna tadorna)	3-26 (+)
Stockente (Anas platyrhynchos)	unregelm.
Mittelsäger (Mergus serrator)	2-9 (+)
Rebhuhn (Perdix perdix)	1-4 (+)
Fasan (Phasianus colchicus)	unregelm.
Bleßhuhn (Fulica atra)	unregelm.
Austernfischer (Haematopus o.)	2-7 (+)
Kiebitz (Vanellus vanellus)	unregelm.
Sandregenpfeifer (Charadr. h.)	20-30
Flußregenpfeifer (Charadr. d.)	unregelm.
Rotschenkel (Tringa totanus)	8-20 (+)
Alpenstrandläufer (Calidris a.)	unregelm.
Säbelschnäbler (Recurvir. av.)	0-2
Silbermöwe (Larus argent.)	unr.(+)
Sturmmöwe (Larus canus)	unr.(+)
Küstenseeschwalbe (Sterna par.)	1-2
Zwergseeschwalbe (Sterna alb.)	20-30
Feldlerche (Alauda arvensis)	15-30
Uferschwalbe (Riparia riparia)	unregelm.
Rauchschwalbe (Hirundo rustica)	unregelm.
Schafstelze (Motacilla flava)	10-50 (–)
Bachstelze (Motacilla alba)	1-6
Wiesenpieper (Anthus pratensis)	20-50
Schilfrohrsänger (Acroc. sch.)	unregelm.
Teichrohrsänger (Acroc. scirp.)	unregelm.
Steinschmätzer (Oenanthe oe.)	unregelm.
Rohrammer (Emberiza schoen.)	6-15 (–)
Hänfling (Carduelis cannabina)	1-8 (–)

Brandgans

Bergente

Larolimikolen - NSG Bottsand (1985/86)

	Höchstzahlen
Kiebitz (Vanellus vanellus)	4.300
Kiebitzregenpfeifer (Pluvialis squ.)	135
Goldregenpfeifer (Pluvialis apr.)	3.800
Großer Brachvogel (Numenius arquata)	120
Pfuhlschnepfe (Limosa lapponica)	85
Rotschenkel (Tringa totanus)	185
Knutt (Calidris canutus)	230
Zwergstrandläufer (Calidris minuta)	10
Alpenstrandläufer (Calidris alpina)	600
Sichelstrandläufer (C. ferruginea)	60
Sanderling (Calidris alba)	20
Säbelschnäbler (Recurvirostra avos.)	60
Brandseeschwalbe (Sterna sandvic.)	100

Gastvögel - Bottsand/Probstei (1966-86)

L.- B. = Laboe bis Bottsand (1966-76),
B.- S. = Bottsand bis Schönberg (1966-76),
S.- H. = Schönberg bis Hubertberg (1966-76)

	Höchstzahlen		
	L.- B.	B.- S.	S.- H.
Haubentaucher (Podeceps cristatus)	-	56	-
Rothalstaucher (Podiceps griseigena)	-	32	-
Höckerschwan (Cygnus olor)	250	30	40
Singschwan (Cygnus cygnus)	25	-	-
Saatgans (Anser fabalis)	13	-	-
Graugans (Anser anser)	17	-	-
Ringelgans (Branta bernicla)	-	150	-
Brandgans (tadorna tadorna)	320	-	-
Pfeifente (Anas penelope)	135	100	-
Schnatterente (Anas strepera)	40	-	-
Krickente (Anas crecca)	230	-	-
Stockente (Anas platyrhynchos)	350	260	50
Spießente (Anas acuta)	-	25	-
Löffelente (Anas clypeata)	36	-	-
Tafelente (Aythya ferina)	80	-	-
Reiherente (Aythya fuligula)	950	140	24
Bergente (Aythya marila)	460	4.500	50
Eiderente (Somateria molissima)	1.550	3.940	2.040
Eisente (Clangula hyemalis)	140	1.770	500
Trauerente (Melanitta nigra)	950	1.250	50
Schellente (Bucephala clangula)	360	1.060	260
Mittelsäger (Mergus serrator)	85	40	-
Gänsesäger (Mergus merganser)	30	20	-
Bleßhuhn (Fulica atra)	1.170	150	785

1/5 Der Dobersdorfer See bei Kiel

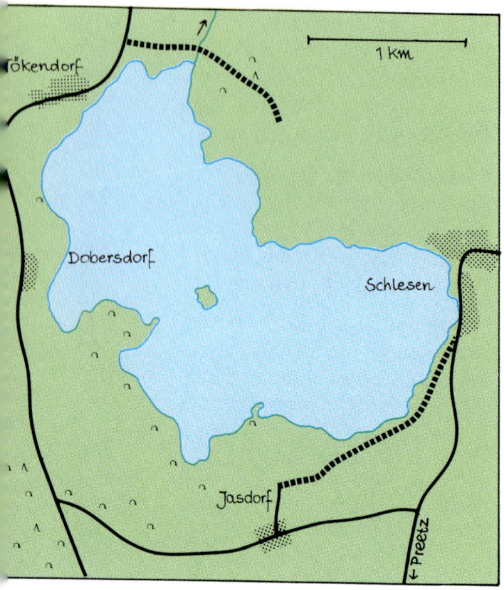

Lage: Der Dobersdorfer See liegt rund 6 km östlich von Kiel. Landstraßen führen von Schönkirchen aus zum Gut Dobersdorf und nach Tökendorf am Westufer. Von Preetz aus kommt man nach Schlesen am Ostufer.

Größe: Die Wasserfläche des Sees umfaßt 353 ha, seine Tiefe mißt maximal 19,5 m und beträgt im Mittel 5 m. Der gesamte See, dessen Ufer fast 10 km lang sind, befindet sich in Privatbesitz.

Landschaft: Zusammen mit den eng benachbarten Kasseteichen und dem Passader See bildet der Dobersdorfer See die Nordwestecke der Plöner Seenplatte. Wie der Selenter oder der Große Plöner See verdankt auch er seine Entstehung der Eiszeit und ist in eine Jungmoränenlandschaft eingebettet, die heute von der Landwirtschaft meist ackerbaulich geprägt ist.

Lebensräume und Vogelwelt: Ökologen beschreiben den Dobersdorfer See als flachscharigen, also flach einfallenden und nährstoffreichen See. Er friert bei längeren Kälteperioden vollständig zu und hat nur einen kleinen Ausfluß, die 650 m lange Jarbek, die ihn nach Norden mit dem Passader See verbindet. Der Dobersdorfer See ist zwar buchtenarm, besitzt aber eine für die rastenden Wasservögel wichtige windgeschützte Waldbucht in der Südwestecke.

Die Ufer sind überwiegend unverbaut. Bis 1979 bestand das Nordufer aus Wiesen, die dann umgebrochen und in Maisäcker umgewandelt wurden. Im Südwesten grenzt zwischen Gut Dobersdorf und Jasdorf feuchter Bruchwald ans Ufer. Die Verlandungszone am Rande der Wasserfläche besteht überwiegend aus einem schmalen bis mittelbreiten Schilfröhricht. Im See liegen zwei kleine und eine größere Insel, auf denen Möwen brüten.

Pfeifente

Neben den in den Listen aufgeführten Brut- und Gastvögeln kann man am Dobersdorfer See vom Frühling bis zum Herbst folgende in den Wäldern der Umgebung brütende Greifvögel sehen: Rotmilan, Wespen- und Mäusebussard und Baumfalke. Vor allem im Winterhalbjahr erscheinen im Herbst und Frühjahr Fischadler, und während der ganzen Zeitspanne sogar der Seeadler. Hauptsächlich ab August sind am Seeufer auch rastende Watvögel in geringer Zahl zu beobachten.

Bedeutung: Insgesamt wurden bisher etwa 30 Wasservogelarten beobachtet; an einem Exkursionstag waren es bis zu 16. Die höchste Wasservogelsumme an einem Tag belief sich auf über 2.000 Vögel. Die Ornithologen Schleswig-Holsteins messen dem Dobersdorfer See hinsichtlich der im Winter rastenden Wasservögel nationale Bedeutung zu. Seit dem Umbruch der ufernahen Wiesen wurden die Scharen der Graugänse leider wesentlich kleiner.

Lachmöwe

Schutz, Gefährdung, Betreuung: Der Dobersdorfer See wird fischereilich genutzt und die Eier der Möwen werden gesammelt. Seit 1980 sind Segeln und Angeln am See zugelassen. Außerdem entstand ein Cam-

Der Dobersdorfer See bei Bockhörn. *Foto: Berndt*

pingplatz. Zwischen Jasdorf und Schlesen wurde um 1979 in Ufernähe ein Wanderweg auch durch Erlenbruchwald gelegt.

Diesen Gefährdungsfaktoren und Verlusten an Natürlichkeit und Ruhe steht kein angemessener Schutz gegenüber. Zwar ist für den Süden des Sees ein NSG geplant, zu fordern wäre es aber auf der ganzen Fläche, verbunden mit allgemeinen Verbot für Wassersport. Ein Teil der Wasserfläche ist zwar für den Bootsverkehr gesperrt, doch wird gegen das Verbot immer wieder verstoßen. Die verbliebenen Wiesen müssen erhalten bleiben, die am Nordufer umgebrochenen Wiesen sollten zurückverwandelt werden. - Ein Uferstück des Dobersdorfer Sees wird vom DBV betreut.

Beobachtungsmöglichkeiten: Die Ufer des Dobersdorfer Sees sind kaum zugänglich, will man Privatgelände nicht betreten und die Vögel nicht unnötig stören. Vom neuen Wanderweg zwischen Jasdorf und Schlesen und bei Tökendorf sind aber Ausblicke auf den See möglich.

Für die Durchsicht des Manuskriptes danken wir Herrn R. K. Berndt.

Adressen:

DBV-Ortsgruppe Kiel, Horst Dohm, Zeppelinring 155, 2300 Kiel 14

Axel Guta, Alte Dorfstr. 60, 2316 Probsteierhagen

R. K. Berndt, Helsinkistr. 68, 2300 Kiel

Literatur:

U. Muuß, M. Petersen, D. König (1973); D. Scholl (1970); R. K. Berndt (1983).

Brutvögel - Dobersdorfer See (Stand 1970)

	Brutpaare
Haubentaucher (Podiceps crist.)	35-40
Rohrdommel (Botaurus stellaris)	...
Graugans (Anser anser)	20-25
Brandgans (Tadorna tadorna)	1-2 F
Schnatterente (Anas strepera)	bis 11
Kolbenente (Netta rufina)	1-2 F.
Tafelente (Aythya ferina)	um 2
Reiherente (Aythya fuligula)	bis 19
Schellente (Bucephala clangula)	Brut ?
Gänsesäger (Mergus merganser)	unr. 1
Rohrweihe (Circus aeruginosus)	1-2
Sturmmöwe (Larus canus)	um 20
Lachmöwe (Larus ridibundus)	bis 2.500
Flußseeschwalbe (Sterna hirundo)	bis 30
Drosselrohrsänger (Acroc. arund.)	2 Sänger
Sprosser (Luscinia luscinia)	3 Sänger

Gastvögel - Dobersdorfer See (1966-76)

	Höchstzahlen
Haubentaucher (Podiceps cristatus)	550
Singschwan (Cygnus cygnus)	30
Zwergschwan (Cygnus bewickii)	25
Bleßgans (Anser albifrons)	90
Graugans (Anser anser)	600
Kanadagans (Branta canadensis)	20
Nonnengans (Branta leucopsis)	13
Brandgans (Tadorna tadorna)	16
Pfeifente (Anas penelope)	100
Schnatterente (Anas strepera)	540
Krickente (Anas crecca)	380
Stockente (Anas platyrhynchos)	750
Reiherente (Aythya fuligula)	2.000
Schellente (Bucephala clangula)	150
Zwergsäger (Mergus albellus)	50
Gänsesäger (Mergus merganser)	340
Bleßhuhn (Fulica atra)	340

1/6 Der Selenter See

Lage: Der Selenter See liegt rund 20 km östlich von Kiel. Man erreicht ihn über die B 202 Kiel-Lütjenburg, die südlich am See entlangführt. Auf Landstraßen kann man den See umfahren und kommt dabei durch die Orte Selent im Süden, Giekau im Nordosten, Pülsen im Norden und Fargau im Westen.

Größe: Neben dem Großen Plöner See ist der Selenter See der zweitgrößte See in Schleswig-Holstein. Von West nach Ost mißt er etwa 8 km, von Süd nach Nord rund 3 km. Die Wasserfläche bedeckt 2.239 ha, die Ufer sind 26 km lang. Als größte Tiefe ist 34 m gemessen worden; im Mittel beläuft sie sich auf 15 m. Der gesamte See befindet sich in Privatbesitz. Im Nordosten besteht ein 705 ha großes NSG.

Landschaft: Der Selenter See gehört zur ostholsteinischen Seenplatte und liegt in einem Moränenhügelland, das aus der letzten Eiszeit stammt. Der See verdankt seine Hohlform verschüttetem Gletschereis (Toteis). Ähnliche Toteisseen findet man im Alpenvorland. Das holsteinische Hügelland wird landwirtschaftlich genutzt und ist vielfach noch von Knicks (Hecken) durchzogen. Leider sind viele Wiesen heute in Ackerland umgewandelt worden. Noch ist die Landschaft abwechslungsreich und spielt als Ferien- und Naherholungsgebiet eine nicht unbedeutende touristische Rolle.

Lebensräume und Vogelwelt: Die Ufer des Selenter Sees fallen zwar relativ flach zum Seegrund ab. Trotzdem ist eine Röhrichtzone nicht oder

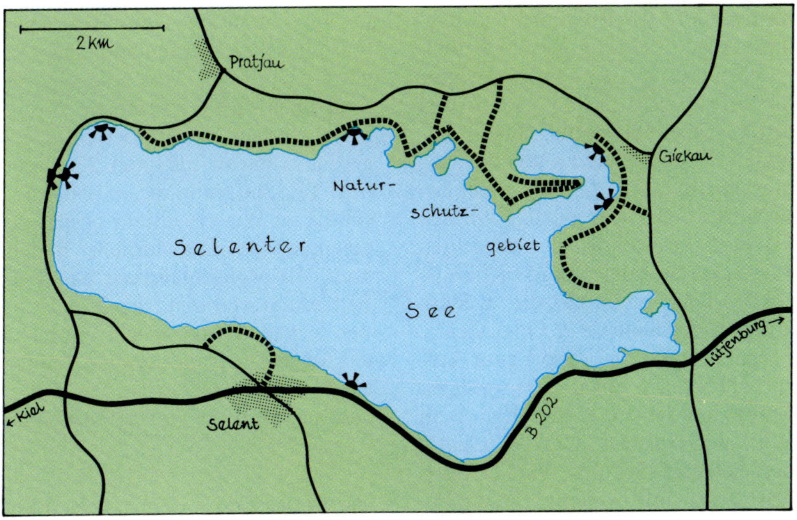

nur schmal ausgebildet, da lange Uferpartien einer kräftigen Brandung ausgesetzt sind. Das Wasser hat einen mittleren Nährstoffgehalt (ist mesotroph), wird aber durch Einleitungen zunehmend nährstoffreicher.

Im Winter können die Wasservögel lange auf dem See bleiben, da er wegen seiner weiten, ungeteilten Wasserfläche, die voll dem Wind ausgesetzt ist, erst als letzter See Schleswig-Holsteins zufriert. Nur am Nordufer liegen mehrere geschützte Buchten, die eine breite Verlandungszone mit reichem Pflanzenwuchs zulassen. Hier konzentrieren sich Röhrichtvögel und Schwimmenten.

Im See liegen nahe am Ufer und teilweise über Schilfbestände mit dem Land verbunden fünf kleine, bewaldete Inseln. Der See besitzt keine nennenswerten oberirdischen Zuflüsse.

Trotz der Schutzbemühungen sind einige Brutvogelarten im Laufe der letzten Jahre verschwunden, so Rothalstaucher, Mittelsäger, Mittelspecht und die Trauerseeschwalbe, die zuletzt 1970 mit 15 Paaren hier nistete. Eine interessante Neuansiedlung stellt eine Kolonie von 40 Kormoranpaaren dar. Die auf einer Insel brütenden Vögel werden von den Fischern argwöhnisch beobachtet. Versteckte Störungen sind nicht auszuschließen, wodurch die weitere Existenz der Kolonie in Frage steht.

Der Selenter See gehört zum Aufenthaltsbereich eines der wenigen, streng bewachten Seeadlerpaare in Schleswig-Holstein. Um 1970 hatte der Selenter See als Wasservogel-Rastgebiet mit weitem Einzugsbereich noch große Bedeutung: Damals wechselten auf ihm im Hochsommer bis über 10.000 Reiherenten, 1500 Haubentaucher und 500 Schellenten ihr Gefieder. Auch die Kolbenente hatte hier ihren einzigen, im überregionalen Vergleich allerdings ziemlich unbedeutenden Mauserplatz in Schleswig-Holstein.

Nach der beschränkten Freigabe des Sees für den Wassersport um die Mitte der siebziger Jahre gingen die Bestände der Mauservögel stark zurück: Die Reiherente erreicht nur noch etwa 4000 Vögel, mausernde Haubentaucher und Schellenten blieben fast ganz aus. Dafür mausern neuerdings einige hundert Tafel- und Schnatterenten. Treu blieben dem See nur weniger empfindliche Arten wie das Bleßhuhn und die sich in der Vegetation versteckende Graugans mit maximal 25.000 bzw. 600 Vögeln.

Bedeutung: Schellente und Bleßhuhn erreichen am Selenter See ihre größten Ansammlungen im schleswig-holsteinischen Binnenland. Das Tagesmaximum an Wasservögeln beträgt über 15.500 Exemplare; insgesamt wurden 27 Wasservogelarten gesehen, davon maximal 18 an einem Tag. Aufgrund dieser hohen Bestände im Winterhalbjahr besitzt der Selenter See internationale Bedeutung. Als Mausergewässer hat er an Bedeutung verloren, wenn auch in den letzten Jahren wieder ein leichter Anstieg bei mausernden Reiherenten zu beobachten ist, der möglicherweise auf die zunehmend besse-

Der Selenter See. *Foto: Berndt*

re Beachtung der Sperrzone zurückzuführen ist. – Als Brutgewässer ist der See bedeutsam für Haubentaucher, Gänsesäger und Graugans.

Schutz, Gefährdung, Betreuung: 1971/72 wurden viele Seen Schleswig-Holsteins, darunter auch der Selenter See, nach Inkrafttreten des neuen Landeswassergesetzes für Freizeitaktivitäten geöffnet. Baden, Segeln, Surfen, Paddeln und Rudern wurden beschränkt erlaubt. Motorboote blieben verboten. Die Wirkung dieser Maßnahme war verheerend: Die mausernden Wasservögel wurden so oft aufgescheucht, daß sie schließlich den Selenter See mieden. Das daraufhin geschaffene NSG im vogelreichsten Teil des Sees änderte am desolaten Zustand wenig, da entlang der über 5 km langen Wassergrenze mangels wirksamer Aufsicht immer wieder Boote und Surfer eindrangen. Die Ausübung der Fischerei durch einen Berufsfischer blieb im NSG ganzjährig gestattet; ebenso die Jagd im Schutzgebiet.

Auch der ufernahe Verlauf einzelner Wanderwegabschnitte muß als Störfaktor bezeichnet werden.

Beobachtungsmöglichkeiten: Der interessanteste Teil des Selenter Sees, das NSG bei Giekau, ist nicht zugänglich. Das muß jeder respektieren. Man kann das Seeufer jedoch an verschiedenen Stellen erreichen und von dort den See mit dem Fernglas nach Vögeln absuchen: Bei Fargau und Grabensee am Westufer, bei Pülsen am Nordufer, bei Giekau am Ostufer und bei Selent am Südufer. Das Südufer hat reizvolle, ufernahe Wanderwege.

Adressen:

R. K. Berndt, Helsinkistr. 68, 2300 Kiel

Literatur:

R. K. Berndt (1983); U. Muuß u. a. (1973); P. Prokosch und K. Brehm (1974); G. A. J. Schmidt und K. Brehm (1974).

Brutvögel – Selenter See (Stand 1986)

	Brutpaare
Haubentaucher (Podiceps crist.)	um 130
Kormoran (Phalacrocorax carbo)	bis 50
Rohrdommel (Botaurus stellaris)	2
Graugans (Anser anser)	um 30
Schnatterente (Anas strepera)	...
Stockente (Anas playrhynchos)	...
Tafelente (Aythya ferina)	...
Reiherente (Aythya fuligula)	...
Schellente (Bucephala clangula)	5
Gänsesäger (Mergus merganser)	5
Drosselrohrsänger (Acroc. arund.)	um 10
Sprosser (Luscinia luscinia)	30–40

Gastvögel – Selenter See (Stand 1986)

	Höchstzahlen
Haubentaucher (Podiceps crist.)	4.800
Kormoran (Phalacrocorax carbo)	800
Singschwan (Cygnus cygnus)	50
Bleßgans (Anser albifrons)	170
Graugans (Anser anser)	600
Schnatterente (Anas strepera)	140
Stockente (Anas plyrhynchos)	1.330
Kolbenente (Netta rufina)	80
Tafelente (Aythya ferina)	1.600
Reiherente (Aythya fuligula)	4.200
Schellente (Bucephala clangula)	950
Zwergsäger (Mergus albellus)	35
Gänsesäger (Mergus merganser)	70
Bleßhuhn (Fulica atra)	25.000

1/7 Die Fischteiche zwischen Selent und Plön

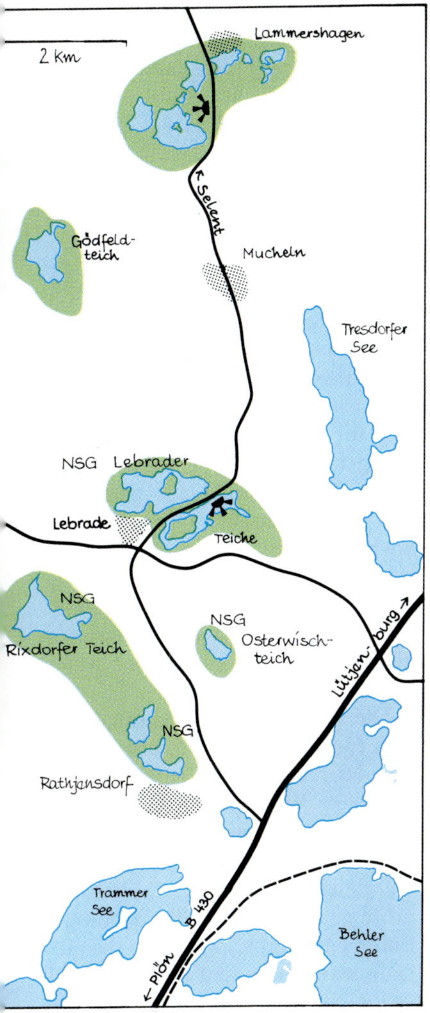

Lage: Das aus einer Gruppe von 18 Teichen bestehende Feuchtgebiet liegt etwa 30 km südöstlich von Kiel. Die Teiche verteilen sich auf eine Strecke von 15 km rechts und links der von Plön nach Selent führenden Landstraße, die bei Plön von der B 430 abzweigt und die Orte Rathjensdorf, Rixdorf, Lebrade, Mucheln und Lammershagen verbindet.

Größe: Die als NSG seit 1974 geschützte Teichgruppe bei Rixdorf und Rathjensdorf umfaßt 7 Teiche mit 112 ha. Das aus zwei Teichen bestehende, 1938 ausgewiesene NSG Vogelfreistätte Lebrader Teich hat eine Fläche von 146 ha. Der Gödfeldteich westlich Mucheln und die 8 Gewässer beim Gut Lammershagen tragen mit rund 150 ha zur ornithologisch interessanten Fläche bei. Daraus ergibt sich eine Gesamtfläche von etwa 400 ha. Die nur durch den Straßendamm getrennten Teiche von Lebrade besitzen zusammen eine Wasserfläche von 67 ha; sie sind im Mittel nur 0,5–1 m tief.

Landschaft, Lebensräume, Vogelwelt: Die Teiche gehören zur ostholsteinischen Seenplatte und liegen in einer von Knicks durchzogenen Hügellandschaft. Die Fischteiche wurden in Geländesenken durch Anstau geschaffen. Manche mögen schon Jahrhunderte alt sein, denn erste Nachweise der Fischereiwirtschaft stammen bereits aus dem 14. Jahrhundert. Obwohl die Teiche im Winter abgelassen werden und deren Boden dann gekalkt und gedüngt wird, entsprechen sie im Sommer nährstoffreichen, flachen Naturweihern. Dem Kundigen fällt allerdings auf, daß nur ein vielfältig gegliederter Röhrichtsaum vorhanden ist, während eine ebenso reiche Unterwas-

Schnatterente

ser- und Schwimmblatt-Vegetation fehlt.

Solange die Fischproduktion nicht allzu intensiv betrieben wird, bieten die Fischteiche ideale Entwicklungsmöglichkeiten für ein reiches Wasservogelleben. Vor allem die Verlandungsgürtel aus Schilf, Rohrkolben, Schwertlilien, Binsen, Seggen und Weidengebüsch, die die Ufer säumen oder auch größere oder kleinere Inseln bilden, geben günstige Neststandorte ab. Hinzu kommen da und dort sich daran anschließende Seggenriede, Feuchtwiesen, Gebüschstreifen und Feldgehölze.

Die Lachmöwe brütete bis etwa 1973 auf der großen Insel im östlichen Lebrader Teich in einer Kolonie mit bis zu 1.000 Paaren. Die Nester befanden sich in einem Seggenried. Als die Seggen durch Schilf verdrängt wurden (Ursache?), verließen die Lachmöwen den Teich fast völlig. Die gerne in ihrer Nähe nistenden Schwarzhalstaucher, Schnatter-, Tafel- und Reiherenten nahmen gleichfalls stark ab. Wohl ebenfalls mit dem Verschwinden der Lachmöwe hängt zusammen, daß die Flußseeschwalbe nur 1968 einmal mit 15 Paaren bei der Möwenkolonie vorkam.

Die Graugans war früher mit bis zu 100 Paaren an den Lebrader Teichen heimisch. Auch ihre Zahl nahm drastisch ab, als Wildschweine die Schilfinseln erreichen konnten und die Gelege zerstörten. Deshalb werden für 1983 nur 10–15 Brutpaare angegeben.

Für Naturfreunde aus der Mitte der Bundesrepublik ist vielleicht noch das Vorkommen des Kolkraben im Gebiet interessant; einige Paare brüten in den umliegenden Wäldern. Außerdem gehört das Gebiet zum Nahrungsrevier des Seeadlers.

Die Gastvögel im Winterhalbjahr sind für die Lebrader Teiche aufgelistet. Hier wurden an einem Tag bis zu 1.700 Wasservögel gezählt und insgesamt 22 Arten festgestellt. Auf den übrigen Fischteichen rasten etwa die gleichen Wasservögel, allerdings oft in geringerer Zahl. Bei Störungen findet ein Wechsel zwischen den Teichen statt. Insgesamt bilden die Teiche wichtige Rastplätze für Gründelenten; Tauchenten spielen nur eine geringe Rolle.

Im Spätsommer wechseln auf den Fischteichen bis zu 400 Tafelenten und an die 700 Schnatterenten ihr Gefieder. Man kann die Schnat-

Schwarzhalstaucher

terente geradezu als Charaktervogel der Fischteiche Selent-Plön bezeichnen: Sie besitzt hier nicht nur ihren wichtigstens Mauserplatz in der Nordhälfte der Bundesrepublik Deutschland, sondern auch einen bedeutenden Brut- und Rastplatz. - Wenn die Teiche im Herbst abgelassen werden, finden sich viele Bekassinen, gelegentlich auch Alpenstrandläufer und andere Watvögel ein.

Bedeutung: Als Mauser- und Rastplatz für die Schnatterente besitzen die Fischteiche Selent-Plön für das Überleben dieser Entenart eine internationale Bedeutung.

Schutz, Gefährdung, Betreuung: Mit den beiden NSGen sind die wichtigsten Bereiche der Fischteiche im Raum Selent-Plön nur in gewisser Hinsicht besser geschützt als die übrigen Teiche: In ihnen ist das Auflassen der Teiche sowie das Baden und das Befahren mit Booten verboten. Die Jagd und die Fischerei unterliegen jedoch keiner Beschränkung. Hier ist der Naturschutz auf den guten Willen der Eigentümer angewiesen, auf eine Intensivierung der Fischzucht zu verzichten und die Jagd auf Wasservögel schonend auszuüben oder ganz einzustellen.

Bisher fand der Wunsch der Ornithologen kein Gehör, durch Gestaltungsmaßnahmen das Schilf zurückzudrängen, um die Wiederkehr der Lachmöwen und der in ihrem Schutz brütenden Wasservögel zu ermöglichen.

Beide NSGe gehören leider nicht zu den Bereichen, die von einem Naturschutzverband regelmäßig betreut werden.

Die Rixdorfer Teiche. *Foto: Pretscher*

Beobachtungsmöglichkeiten: Die Teiche befinden sich in Privatbesitz und sind überwiegend nicht zugänglich. Überdies erschwert die hohe und dichte Ufervegetation häufig den Einblick. Zwischen den beiden Lebrader Teichen verläuft aber auf dem Damm die Straße Selent-Plön. Sie bietet die günstigsten Plätze für Ausblicke auf das Wasser und die Schilfinseln. Der starke Verkehr ist allerdings störend und gefährlich. Geschwindigkeitsbegrenzungen auf dem viel begangenen Teilstück wären dringend erforderlich.

Bei Herrn R.K. Berndt bedanken wir uns für die Überprüfung des Textes.

Brutvögel - Fischteiche Selent-Plön (1970-82)
L.T. = Lebrader Teiche (um 1982),
G.G. = Gesamtgebiet (18 Teiche, 1970-75)

	Brutpaare (max.)	
	L.T.	G.G.
Haubentaucher (Podic. cr.)	1-2	50
Schwarzhalstaucher (P.n.)	5 (35)	38
Rohrdommel (Botaurus st.)	bis 2	2-x
Graugans (Anser anser)	10-15	66
Schnatterente (Anas strep.)	bis 13	43
Krickente (Anas crecca)	0-1	...
Knäkente (Anas querqu.)	...	...
Löffelente (Anas clypeata)	...	...
Kolbenente (Netta rufina)	...	1-2
Tafelente (Aythya ferina)	einige	65
Reiherente (Aythya fulig.)	einige	55
Schellente (Bucephala cl.)	1	8
Rohrweihe (Circus aerug.)	um 5	5-x
Wasserralle (Rallus aquat.)	...	...
Tüpfelsumpfhuhn (Porzana p.)	...	...
Rohrschwirl (Locust. lusc.)	bis 5	5-x
Drosselrohrsänger (Acr. ar.)	...	...
Sprosser (Luscinia l.)	...	...

Graugans

Adressen:

B. Koop, Brückenstr. 5, 2320 Plön

R.K. Berndt, Helsinkistr. 68, 2300 Kiel

Literatur:

U. Muuß, M. Petersen und D. König (1973); P. Prokosch und K. Kirchhoff (1983); R.K. Berndt (1983); C. Degn, U. Muuß und H.-P. Jorzik (1984).

Gastvögel - Lebrader Teiche (Fischteiche Selent-Plön - 1966-76)

	Höchstzahlen
Schwarzhalstaucher (Podiceps nigr.)	14
Höckerschwan (Cygnus olor)	37
Singschwan (Cygnus cygnus)	40
Zwergschwan (Cygnus bewickii)	26
Bleßgans (Anser albifrons)	150
Graugans (Anser anser)	1.000
Schnatterente (Anas strepera)	1.830
Krickente (Anas crecca)	500
Stockente (Anas platyrhynchos)	600
Spießente (Anas acuta)	30
Löffelente (Anas clypeata)	80
Tafelente (Aythya ferina)	600
Reiherente (Aythya fuligula)	140
Schellente (Bucephala clangula)	40
Bleßhuhn (Fulica atra)	450

1/8 Der Große Plöner See

Lage: Der Große Plöner See bildet das Zentrum der ostholsteinischen Seenplatte. Er ist von weiteren kleineren Seen umgeben, die zum Teil nur durch schmale Landbrücken von ihm getrennt sind. An seinem Nordufer liegt die Kreisstadt und Bahnstation Plön, rund 30 km südöstlich von Kiel. Man erreicht Plön von Kiel, Eutin oder Lübeck aus über die B 76 und von Neumünster aus über die B 430.

Größe: Die Gesamtfläche des Großen Plöner Sees beträgt 3038 ha. Damit ist er der größte See Norddeutschlands. Sein Wasser erreicht eine mittlere Tiefe von 16 m, maximal eine von 60 m. Die Ufer sind über 40 km lang. Nur ein 9,5 ha großer Teilbereich steht unter Naturschutz.

Landschaft, Lebensräume, Vogelwelt: Die Ufer des Plöner Sees fallen lang-

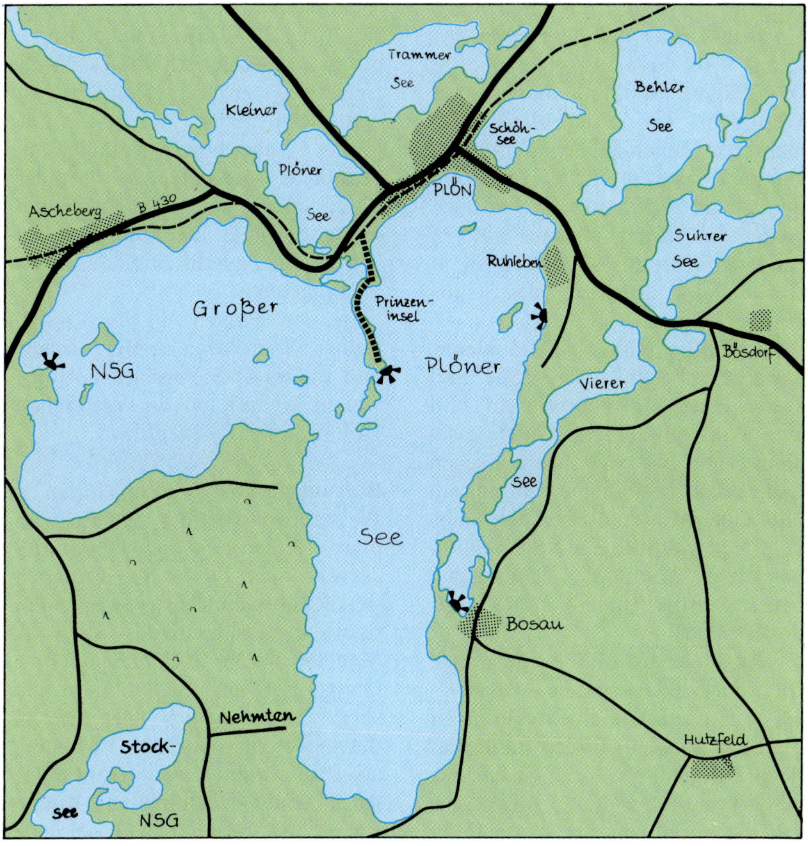

sam ab, das früher nährstoffarme Wasser gilt heute wegen der Verschmutzungen als eutroph. Den meisten Wasservögeln macht dieser ökologische Niedergang das Sees (noch) nichts aus; sie ernähren sich von Weißfischen, Dreikantmuscheln, Schnecken und Wasserpflanzen, die von der verschlechterten Wasserqualität (zunächst) profitieren.

Der Plöner See besitzt noch über längere Strecken naturnahe Ufer. Rund einem Fünftel der Uferlinie sind Schilfröhrichte vorgelagert. Andere Uferpartien sind mit Erlenbruchwald und anschließendem Hochwald oder mit Uferwiesen gesäumt. Größere Schilfgebiete gibt es bei Waade, Störland und in der Westbucht der Prinzeninsel. An mehreren Stellen führen Schilfbrükken zu kleinen, ufernahen Inseln. In den letzten 20 Jahren war aber auch hier – wie in den meisten anderen Binnengewässern Mitteleuropas – ein deutlicher Rückgang des Schilfs zu verzeichnen.

Es gibt im Plöner See 15 kleine, bewaldete Inseln, zwei große und zwei kleine Möwenbrutinseln und eine Wieseninsel. Drei davon, zwei kleine, mit Eichen, Ulmen, Eschen und Erlen bestandene Waldinseln und eine Möweninsel bilden nahe dem Nordwestufer ein NSG. Auf einer dieser Waldinseln, dem Ascheberger Warder, brütete früher sogar der Seeadler.

Wegen seiner Größe und Tiefe friert der See erst spät zu. Wasservögel, die vereiste kleinere Gewässer verlassen müssen, finden dann hier noch Zuflucht. Ein- und Ausfluß der Schwentine behalten sogar bei schärfster Kälte offenes Wasser. Hier sind dann zahlreiche Schwimmvögel aus nächster Nähe zu beobachten.

Trotz des starken Tourismus brüten am Großen Pläner See erstaunlich viele Vögel, was im wesentlichen auf die Unzugänglichkeit der Möweninseln zurückzuführen ist. Bei mehr Ruhe und weniger Umweltzerstörung würden die Bestände mindestens einiger Arten noch wesentlich höher liegen. Bei der Schellente ist in letzter Zeit der Bruterfolg durch systematische Eierdiebstähle sehr gesunken; ebenso bei der Graugans.

Erfreulich sind die jüngsten Ansiedlungsversuche des Kormorans. Doch wurden erfolgreiche Bruten bisher von Gegnern dieses Fische fressenden Vogels verhindert. Auf dem Ruhlebener Warder ist die größte Silbermöwen-Kolonie der Seenplatte entstanden; sie hat allerdings Sturm- und Lachmöwen teilweise verdrängt. Die Flußseeschwalben-Kolonie gilt als eine der größten im Binnenland.

In der Umgebung des Großen Plöner Sees leben weitere seltene und interessante Vogelarten. Hingewiesen sei nur auf die Saatkrähen-Kolonie bei Ascheberg.

Bedeutung: Das Tagesmaximum an Wasservögeln beträgt 23.400 Exemplare. Reiher- und Schellente erreichen auf dem Plöner See ihre höchsten Rastbestände im schleswig-holsteinischen Binnenland. Auch die Mengen von Haubentauchern, Graugänsen und Bleßhühnern sind vergleichsweise hoch. Der See hat deswegen internationale Bedeutung als Rast- und Überwinterungsplatz. Auch seine Bedeutung als Brutgewässer ist beachtlich. Reiherente,

Schellente und Graugans haben hier die größten Brutbestände des Landes.

Schutz, Gefährdung, Betreuung: Angesichts der Größe des Sees und seiner intensiven Nutzung ist die Liste der Negativfaktoren für das Vogelleben leider recht lang: Tourismus mit Baden, Surfen, 9 Campingplätze, Sportboote, Wanderwege in Ufernähe, Berufsfischerei und Hobbyangeln, Absammeln der Möweneier.

Die Gruppe Plön des DBV pachtete mehrere Inseln, doch ließ sich dadurch ihr Mißbrauch für Picknicks, Lagerfeuer und lärmende Feste nicht verhindern. Nachts auf dem See ankernde Kajütboote machen auch in abgelegenen Seebereichen den Tieren den Lebensraum streitig.

Das einzige, sehr kleine NSG „Ascheberger Warder" (seit 1955) reicht als Ruhezone nicht aus. Zugunsten mausernder und brütender Wasservögel müssen die Sperrzonen deutlich erweitert werden. Vom 01.11. bis 31.03. muß der Bootsbetrieb sogar ganz ruhen. Die Boote müssen gekennzeichnet werden, damit Verstöße angezeigt werden können.

Beobachtungsmöglichkeiten: Die Uferwege ermöglichen an vielen Stellen des Sees wertvolle Beobachtungen. Besonders empfehlenswert ist die südwestlich von Plön sich 1,5 km weit in den See erstreckende Prinzeninsel, über die ein beliebter Spazierweg zu einem Gasthof führt. Hier kann man im Mai/Juni etwa zehn Sprosser im Bruchwald singen hören. Einen schönen Einblick in Landschaft und Vogelwelt vermittelt auch die Rundfahrt mit einem Mo-

Großer Plöner See mit balzenden Haubentauchern. *Foto: Berndt*

torschiff. Im Sommer sind außerdem Spaziergänge bei Ascheberg oder Bosau zu empfehlen, sowie ein Blick auf die Möwenkolonie bei Ruhleben.

Die Verteilung der Wintergäste hängt von Wetter und Vereisung ab.

Brutvögel - Großer Plöner See (Stand 1986)

	Brutpaare
Haubentaucher (Podiceps crist.)	200-280
Rothalstaucher (Podiceps gris.)	0-1
Zwergtaucher (Podiceps rufic.)	3-5
Kormoran (Phalacr. carbo)	8 (1982)
Rohrdommel (Botaurus stellaris)	3-4 Rufer
Höckerschwan (Cygnus olor)	15
Graugans (Anser anser)	300-1000
Schnatterente (Anas strepera)	15-18
Stockente (Anas platyrhynchos)	90
Löffelente (Anas clypeata)	0-1
Kolbenente (Netta rufina)	5-10
Tafelente (Aythya ferina)	30-35
Reiherente (Aythya fuligula)	140-300
Schellente (Bucephala clangula)	bis 50
Gänsesäger (Mergus merganser)	1
Seeadler (Haliaeetus albicilla)	1
Rohrweihe (Circus aeruginosus)	3-4
Wasserralle (Rallus aquaticus)	18-20
Teichhuhn (Gallinula chloropus)	18-20
Bleßhuhn (Fulica atra)	210
Kiebitz (Vanellus vanellus)	5
Silbermöwe (Larus argentatus)	180
Sturmmöwe (Larus canus)	700
Schwarzkopfmöwe (Larus melanoc.)	1-2
Lachmöwe (Larus ridibundus)	2.500
Flußseeschwalbe (Sterna hirundo)	150-200
Rohrschwirl (Locustella lusc.)	...
Schlagschwirl (Locustella fluv.)	...
Schilfrohrsänger (Acroceph. sch.)	1-3
Teichrohrsänger (A. scirpaceus)	um 120
Drosselrohrsänger (A. arundinac.)	um 10
Sprosser (Luscinia luscinia)	35-40

Da verläßt man sich am besten auf sein Beobachterglück.

Für die Mühen, die sich Herr R. K. Berndt auch mit diesem Kapitel gemacht hat, danken wir ihm sehr.

Adressen:

DBV-Ortsgruppe Plön, Erhard Drews, Brückenstr. 7, 2320 Plön

B. Koop, Brückenstr. 5, 2320 Plön

R. K. Berndt, Helsinkistr. 68, 2300 Kiel

Literatur:

U. Muuß, M. Petersen und D. König (1973); G. A. J. Schmidt und K. Brehm (1974); Naturmagazin draußen Heft 13 (1981); R. K. Berndt (1983); P. Prokosch und K. Kirchhoff (1983).

Gastvögel - Großer Plöner See (1966-80)

	Höchstzahlen/MHV	
Haubentaucher (Podiceps cr.)	1.700	Dez.
Zwergtaucher (P. ruficollis)	10	...
Kormoran (Phalacr. carbo)	800	...
Höckerschwan (Cygnus olor)	110	Nov.
Bleßgans (Anser albifrons)	420	...
Graugans (Anser anser)	1.750	Sept.
Pfeifente (Anas penelope)	70	...
Schnatterente (A. strepera)	360	Okt.
Stockente (A. platyr.)	1.650	...
Löffelente (Anas clypeata)	520	Sept.
Tafelente (Aythya ferina)	750	Sept.
Reiherente(Aythya fuligula)	11.200	Jan.
Schellente (Bucephala cl.)	670	...
Zwergsäger (Mergus albellus)	40	...
Gänsesäger (M. merganser)	140	...
Bleßhuhn (Fulica atra)	9.200	Dez.
Kiebitz (Vanellus vanellus)	7.900	Sept.
Sturmmöwe (Larus canus)	1.240	Jan.
Zwergmöwe (Larus minutus)	2.000	Okt.
Trauerseeschwalbe (Chlid. n.)	2.100	Aug.

1/9 Die Hohwachter Bucht

Lage: Die Hohwachter Bucht ist ein Teil der Kieler Bucht. Der zu ihr gehörende Küstenstreifen liegt zwischen Kiel (40 km) und Fehmarn (30 km). Die Zufahrt ist möglich über die B 202. In ihrem Abschnitt zwischen Lütjenburg und Oldenburg (Holstein) führen Stichstraßen zu Küstenorten wie Hohwacht, Sehlendorf oder Weißenhäuser Strand.

Größe: Die innere Hohwachter Bucht umfaßt rund 18 km Küste. (Die Anschlußstrecken im Osten und Westen sind nicht zugänglich.) Die für die Wasservögel bedeutsame Zone flachen Wassers in der Ostsee bedeckt rund 2000 ha. Hinzu kommen noch rund 1200 ha Fläche mit Strandseen und Salzwiesen, die sich unmittelbar südlich an den Strand anschließen.

In der Hohwachter Bucht liegen vier NSGe:

- Kleiner Binnensee und angrenzende Salzwiesen (106 ha, 1957 ausgewiesen),
- Sehlendorfer Binnensee (214 ha, 1980),
- Weißenhäuser Brök (57 ha, 1942),
- Wesseker See (246 ha, 1961).

Landschaft, Lebensräume, Vogelwelt: Zum Beobachtungsgebiet Hohwachter Bucht gehören ein Teil der Küste und die direkt mit ihr verbundenen strandnahen Stillgewässer. Die Küste besteht teils aus Sandstrand mit Strandwällen und kleinen Dünenfeldern, teils aus Steilufern von etwa 8–15 m Höhe. Das Hinterland bietet sich überwiegend als eine leicht kuppige Moränenlandschaft dar, die intensiv als Ackerland, gelegentlich

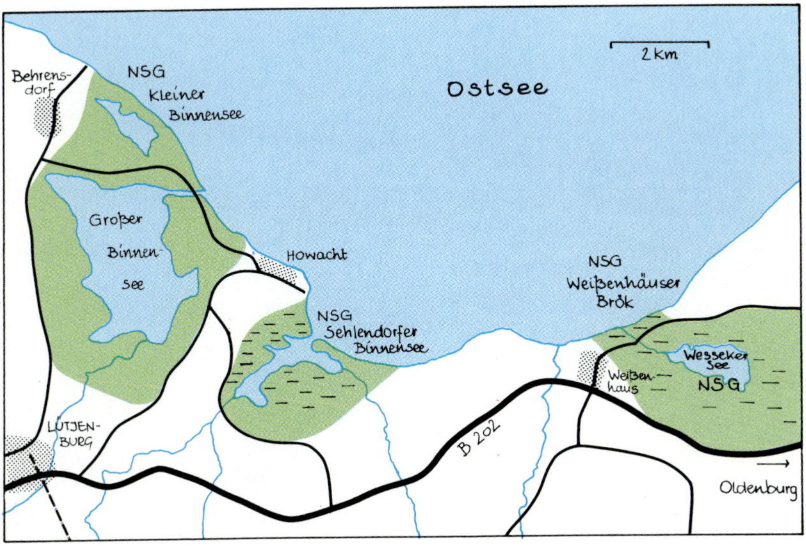

auch als Weideland genutzt wird. Sie ist von Knicks durchzogen.

Für die Vogelvorkommen von entscheidender Bedeutung ist zunächst die Bucht selbst als Rast- und Winterquartier von Enten, Möwen, Tauchern etc. Die 10 m-Tiefenlinie verläuft etwa 1–2 km vom Ufer entfernt, so daß den Wasservögeln genügend Aufenthalts- und Nahrungsraum zur Verfügung steht.

Die Attraktivität der Hohwachter Bucht beruht aber auch auf den Strandseen und den sie umgebenden Niederungen. Sie liegen gleich hinter dem Strandwall und sind alte Meeresbuchten. Sie wurden durch abgelagerten Sand und Geröll von der Ostsee abgeriegelt und stehen mit ihr nur noch über schmale Ausflüsse in Verbindung. Diese Strandseen sind einerseits Brutgebiet von an der Küste und an Binnenseen lebenden Vögeln und bieten andererseits bei stürmischem Wetter Seevögeln einen geschützten Aufenthalt.

Das größte dieser Stillgewässer ist der Große Binnensee (630 ha), der nur 2–3 m tief und nährstoffreich ist. Er bietet im Hochsommer bis zu 1.000 Graugänsen Lebensraum, im Winter wurden beispielsweise 150 Singschwäne und bis zu 3.000 Bergenten auf ihm beobachtet.

Während der Kleine Binnensee mit einem Deich von der Ostsee abgeschlossen ist, besitzt der Sehlendorfer Binnensee noch seine natürliche Verbindung zum Meer. Das ist einmalig an der Ostseeküste Schleswig-Holsteins.

Der Wesseker See ist leider sehr stark verlandet; wahrscheinlich ist sein Wasserspiegel auch durch Entwässerung des umliegenden Grünlandes abgesenkt worden. Der sehr

Hohwachter Bucht: Kleiner Binnensee. *Foto: Augst*

breite Röhrichtgürtel gestattet keinen Einblick. Der See bietet wohl Enten und Rallen Brutmöglichkeiten; das Verschwinden der Trauerseeschwalbe seit 1968 ist aber ein Indiz für die verschlechterte ökologische Situation. Namentlich Gründelenten finden auf ihm zur Zugzeit ein geeignetes Rastquartier.

Die Vogellisten spiegeln nur Teilbereiche des Vogellebens wider. Sing- und Greifvögel, Möwen, Watvögel u.a. Gruppen kommen zu kurz, weil entsprechende Informationen nicht vorlagen. Nur drei Einzelheiten sollen die Vielfalt, die der Naturbeobachter entdecken kann, andeuten: Im Steilufer zwischen Hohwacht und Weißenhaus brüten 900 Uferschwalbenpaare. Bei Weißenhaus bezieht der Gänsesäger Höhlen in alten Bäumen. Der Sehlendorfer See ist im Winter tagsüber Rast- und Schlafplatz von Reiherenten.

Für den Kleinen Binnensee sind in letzter Zeit rund 40 Brutvögel nachgewiesen. Neben den in der Liste aufgeführten Arten brüten hier 136 Singvogelpaare in 14 Arten. Außerhalb der Brutzeit wurden bisher etwa 150 Vogelarten beobachtet.

Für den Sehlendorfer Binnensee wird ähnliches mitgeteilt: 34 Brutvögel und ca. 88 Rastvögel hat es bisher gegeben. Beim Kleinen Binnensee nicht erwähnte Brutvögel sind hier Bartmeise, Küstenseeschwalbe und Rohrweihe. Die Flußseeschwalbe nahm laufend ab: 1986 waren noch 20 Paare anwesend, 1973 15 und 1978 zuletzt 8. Seitdem wurde keine Brut mehr verzeichnet.

Bedeutung: Die Hohwachter Bucht gilt als der nach Fehmarn zweitwichtigste Eisenten-Rastplatz und als einer der wichtigsten Eiderenten-Rastplätze an der Ostseeküste Schleswig-Holsteins. Sie ist der einzige regelmäßig besetzte Küstenrastplatz der Samtente.

Hinweistafel am Grünen Brink.
Foto: Pretscher

Die Hohwachter Bucht ist mitsamt ihren Strandseen aufgrund der großen Bestände ein international bedeutender Rast- und Überwinterungsplatz für Wasservögel.

Schutz, Gefährdung, Betreuung: Auch dieser Abschnitt der Ostseeküste leidet unter einem noch immer zunehmenden Erholungsbetrieb. Selbst drei der vier NSGe blieben nicht frei davon: Wege führen durch sie hindurch, Campingplätze, Badestrand und Parkplätze umgeben sie oder liegen sogar im geschützten Bereich. Weitere Klagepunkte sind die Beweidung der Salzwiesen sowie die Erlaubnis des Angelns und der winterlichen Wasservogeljagd.

Das NSG Kleiner Binnensee soll noch um westlich anschließende Salzwiesen erweitert werden. Es wird schon seit 1952 vom DBV-Landesverband Schleswig-Holstein betreut. Der Vogelwart bietet auch Führungen an.

Beobachtungsmöglichkeiten: Gute Einblicke in die Hohwachter Bucht hat man vom Ufer bei Weißenhaus und Hohwacht aus. Am Kleinen Binnensee und am Sehlendorfer Binnensee führen Strandwege entlang, von denen beide NSGe hinreichend zu überblicken sind. Großer Binnensee und Wesseker See sind unzugänglich. Strandabschnitte am West- und Ostrand der Hohwachter Bucht gehören zu Militär-Übungsplätzen und sind daher gesperrt.

Brutvögel - Hohwachter Bucht (1976)

	Brutpaare
Haubentaucher (Podiceps cristatus)	2
Höckerschwan (Cygnus olor)	3
Brandgans (Tadorna tadorna)	10
Schnatterente (Anas strepera)	3
Stockente (Anas platyrhynchos)	7
Knäkente (Anas querquedula)	2
Löffelente (Anas clypeata)	9
Tafelente (Aythya ferina)	3
Reiherente (Aythya fuligula)	1
Mittelsäger (Mergus serrator)	2
Gänsesäger (Mergus merganser)	1
Rebhuhn (Perdix perdix)	6
Teichhuhn (Gallinula chloropus)	4
Bleßhuhn (Fulica atra)	58
Austernfischer (Haematopus ostr.)	7
Kiebitz (Vanellus vanellus)	90
Sandregenpfeifer (Charadrius hiat.)	10
Bekassine (Gallinago gallinago)	15
Uferschnepfe (Limosa limosa)	1
Rotschenkel (Tringa totanus)	38
Alpenstrandläufer (Calidris alpina)	7
Kampfläufer (Philomachus pugnax)	5
Säbelschnäbler (Recurvirostra avos.)	17
Silbermöwe (Larus argentatus)	2
Sturmmöwe (Larus canus)	33
Lachmöwe (Larus ridibundus)	60
Zwergseeschwalbe (Sterna albifrons)	12
Uferschwalbe (Riparia riparia)	1.900

Adressen:

DBV-Ortsgruppe Lütjenburg, Lothar Sielmann, Bergstr. 7, 2322 Lütjenburg

Rolf Winkler, Hasselkamp 20, 2300 Kronshagen

AG Geobotanik Schlesw.-Holst. und Hamburg, Biolog. Zentrum der Universität, Haus 41a, Olshausenstr. 40-60, 2300 Kiel

Literatur:

H.P. Prokosch und K. Kirchhoff (1983); R.K. Berndt (1983); M. und D. Diehl (1986); O.G. Meier und E. Lüthje (1980).

Gastvögel - Hohwachter Bucht (1966-76)

	Höchstzahlen
Haubentaucher (Podiceps cristatus)	32
Ohrentaucher (Podiceps auritus)	29
Kormoran (Phalacrocorax carbo)	24
Höckerschwan (Cygnus olor)	29
Singschwan (Cygnus cygnus)	106
Kanadagans (Branta canadensis)	14
Ringelgans (Branta bernicla)	24
Pfeifente (Anas penelope)	10
Krickente (Anas crecca)	32
Stockente (Anas platyrhynchos)	815
Tafelente (Aythya ferina)	680
Reiherente (Aythya fuligula)	1.900
Eiderente (Somateria molissima)	10.000
Bergente (Aythya marila)	6.750
Eisente (Clangula hyemalis)	6.180
Trauerente (Melanitta nigra)	1.570
Samtente (Melanitta fusca)	350
Schellente (Bucephala clangula)	910
Mittelsäger (Mergus serrator)	80
Gänsesäger (Mergus merganser)	40
Bleßhuhn (Fulica atra)	3.900

1/10 Binnensee und Graswarder bei Heiligenhafen

Lage: Das Beobachtungsgebiet liegt direkt nördlich des heutigen Ostsee-Heilbades Heiligenhafen (Bahnstation). Erreichbar sind Binnensee und Graswarder über die E 4 (B 207) bis Heiligenhafen. Man kann über den Fährdamm zum Parkplatz am „Gillhus" fahren und beginnt dort die Umwanderung des Binnensees oder den Gang zum Graswarder.

Größe: Der Binnensee umfaßt rund 75 ha und besitzt eine Uferlänge von 4200 m. Der Graswarder ist ganz als NSG ausgewiesen. Es ist seit 1987 mitsamt umgebendem Wasser 229 ha groß. Die Halbinsel selbst besitzt eine Länge von 2,9 km und ist bis zu 700 m breit.

Landschaft: Der Graswarder gehört zu einer ständig wachsenden Nehrungshalbinsel. Vom Steilufer westlich Heiligenhafen wird durch die küstenparallele Strömung Boden im Meer nach Osten transportiert. Das Material (Sand und Geröll bis zu Kopfgröße) wird weiter östlich abgelagert und bildet hier den Steinwarder, auf dem Kur- und Tourismusanlagen errichtet wurden, und ganz im Osten den Graswarder.

Der Graswarder besteht aus einer fächerartigen Serie von Sekundärhaken, die Strandwälle aus Geröll und Sand tragen. Zwischen ihnen befinden sich seichte Lagunen mit oder ohne Verbindung zur Ostsee, kleine Wattzonen und vor allem Salzwiesen.

Stein- und Graswarder riegeln einen Streifen Ostsee von der übrigen Meeresfläche ab, der jetzt nur noch im Osten mit der See in Verbindung steht. Der gewerbliche Hafen der Stadt und Sportboothäfen sind in dieser Bucht angelegt worden. Die östliche Hälfte der Meeresbucht ist durch den Fährdamm zu einer Brackwasserlagune geworden. Die Ufer dieses „Binnensees" sind teilweise mit Steinen befestigt, sandiger Schlick bildet den Grund. Eine Uferpromenade, die Stadt und das riesige Ferienzentrum umgeben ihn.

In Heiligenhafen ist der Tourismus tonangebend. Die Vogellebensstätten werden von Bootshäfen, Fe-

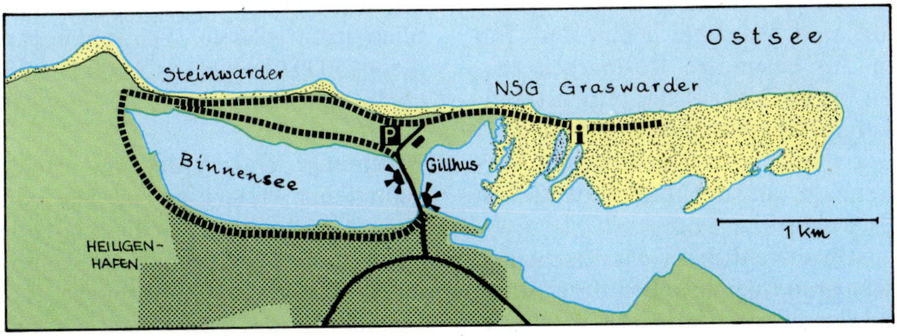

rienhäusern, Badestränden und anderen Freizeitanlagen stark eingeengt. Nur konsequenter Schutz garantiert den Fortbestand des NSGes als Brut- und Rastplatz für Küstenvögel.

Lebensräume und Vogelwelt: Der Binnensee ist im Sommerhalbjahr vogelarm. Empfindlichere Vogelarten können an seinen Ufern nicht mehr brüten, höchstens einzelne Stockenten oder Mittelsäger führen ihre Jungen hierher.

Im Winter hingegen gilt der Binnensee als eines der wichtigsten Rast- und Überwinterungsgebiete für Wasservögel an der Ostseeküste. Bei starkem Frost bleibt an der engsten Stelle (Brücke) das Wasser eisfrei, und man kann dann viele verschiedene Wasservogelarten aus nächster Nähe beobachten.

Der Graswarder ist demgegenüber eine sehr viel abwechslungsreichere Naturlandschaft. Er bietet einer großen Anzahl von Vögeln Aufenthalts-, Nahrungs- und Brutmöglichkeiten. Rund 40 Vogelarten wurden als Brutvögel festgestellt: vor allem Möwen (größte Sturmmöwen-Brutkolonie an Schleswig-Holsteins Ostseeküste), Seeschwalben (die Zwergseeschwalbe kommt hier leider nur noch in einem kleinen Restbestand vor) und Watvögel geben den Ton an. Als besondere Kostbarkeit brüten bis zu 5 Paare des Alpenstrandläufers. Der Mittelsäger hat auf dem Graswarder sein bedeutendstes Vorkommen an der bundesdeutschen Ostseeküste.

Sehr erfreulich ist das Erscheinen der Brandseeschwalben. Sie stammen wohl von der Insel Langenwer-

Graswarder: Informationszentrum des DBV. *Foto: Pretscher*

der in der Wismarer Bucht, wie Ringfunde ausweisen. 1976 fand der erste Brutversuch statt, 1980 siedelten 42 Paare mitten in der Lachmöwenkolonie, und 1982 wurden sogar 165 Brandseeschwalbenpaare gezählt (1988: 65 Paare).

All dies zeigt, daß konsequente Schutz- und Betreuungsarbeit trotz der Gefahren einer so nah benachbarten Stadt zu erfreulichen Ergebnissen führen kann. Für die gute Schutzarbeit spricht auch die Stabilität der Flußseeschwalben-Population, die sich zwischen 1973 und 1980 mit 40–50 Paaren halten konnte, inzwischen allerdings auf etwa 20 Paare zurückgegangen ist. Auch die Küstenseeschwalben hielten sich zunächst mit 210–340 Paaren recht gut, nahmen inzwischen aber auf 100 Paare ab. Die Sturmmöwen-Kolonie blieb trotz größerer Schwankungen (2500–5000 Gelege) mit 3.500 Paaren (1988) sehr stark.

Bedeutung: Graswarder und Heiligenhafener Binnensee werden von den Ornithologen Schleswig-Holsteins zum Feuchtgebiet internationaler Bedeutung „Westbucht des Fehmarnsundes“ gerechnet. Sie begründen ihre Einschätzung mit der hohen Zahl rastender und überwinternder Wasservögel: Tagesmaximum 5.000–12.000 Exemplare. Der Graswarder ist einer der wichtigsten Rastplätze für Pfeifenten an der Ostseeküste Schleswig-Holsteins. Neben Oehe-Schleimündung ist er wohl das wichtigste Schutzgebiet für brütende Küstenvögel an der bundesdeutschen Ostseeküste.

Schutz, Gefährdung, Bedeutung: Der Heiligenhafener Binnensee benötigt keine besondere Fürsorge. Der Graswarder wurde 1968 als NSG ausgewiesen und wird seit 1971 vom DBV-Landesverband Schleswig-Holstein betreut. Von März bis Oktober ist ein Vogelwart anwesend. Seiner Unterkunft auf dem Graswarder ist ein Informationszentrum angegliedert. Dort nehmen auch die täglichen Führungen ihren Ausgang, an denen z. B. 1976 rund 10.000 Menschen teilgenommen haben. Hierfür wird aber nur ein Achtel der Schutzgebietsfläche in Anspruch genommen, die übrige Fläche ist Tabuzone, auf der die Vögel ungestört leben können.

Trotz teilweise sinkender Brutergebnisse, weisen die Vogelbestände Graswarder als eines der wenigen NSGe aus, wo der Schutz erfolgreich verbessert werden konnte.

Trotzdem gibt es immer noch Anlaß zur Klage: Sportboothäfen sind bedrohlich nahegerückt und Windsurfer „verirren“ sich in die Lagunen. Der Fahrweg auf dem Graswarder und die an ihm liegende Ferienhausreihe am Nordufer bilden leider Fremdkörper, von denen viele Störungen im NSG ausgehen.

Graswarder: Salzwiesen mit Grasnelken und Sturmmöwen. *Foto: Pretscher*

Beobachtungsmöglichkeiten: Am Binnensee lohnt sich eine Umwanderung im Winter vor allem zu Beginn oder während strengem Frostwetter. Der Graswarder darf nur unter Führung des Vogelwartes betreten werden.

Wir danken Herrn Klaus Dürkop für die Durchsicht des Textes.

Adressen:

DBV-Ortsgruppe Heiligenhafen, Dr. C. Nolte, Hafenstr. 37, 2447 Heiligenhafen

DBV-Referent: Klaus Dürkop, Wikinger Str. 7, 2447 Heiligenhafen

Literatur:

K. Dürkop (1975/81/86); M. Diehl u. D. Diehl (1986); P. Prokosch u. K. Kirchhoff (1983); R.K. Berndt (1983); O.G. Meier u. E. Lüthje (1980).

Brutvögel - Graswarder (1980/88)

	Brutpaare	
	1980	1988
Höckerschwan (Cygnus olor)	12	7
Graugans (Anser anser)	13	10
Brandgans (Tadorna tadorna)	25	20
Stockente (Anas platyr.)	28	21
Löffelente (Anas clypeata)	...	10
Reiherente (Aythya fulig.)	...	4
Eiderente (Somateria mol.)	...	1
Mittelsäger (Mergus serr.)	29	25
Teichhuhn (Gallinula chl.)	1	...
Bleßhuhn (Fulica atra)	1	...
Austernfischer (Haematopus o.)	45	30
Kiebitz (Vanellus vanellus)	2	4
Sandregenpf. (Charadrius h.)	18	8
Rotschenkel (Tringa totanus)	4	4
Säbelschnäbler (Recurv. a.)	...	20
Silbermöwe (Larus argentatus)	95	300
Sturmmöwe (Larus canus)	2.500	3.500
Lachmöwe (Larus ridibundus)	...	70
Flußseeschwalbe (Sterna hir.)	40	21
Küstenseeschwalbe (Sterna p.)	250	100
Zwergseeschwalbe (Sterna alb.)	...	5
Brandseeschwalbe (Sterna s.)	42	65
Feldlerche (Alauda arvensis)	...	12
Wiesenpieper (Anthus prat.)	...	10
Steinschmätzer (Oenanthe o.)	1	1

Gastvögel - Heiligenhafen (Mittwinterzählung 1986-87)

	Höchstzahlen
Kormoran (Phalacrocorax carbo)	12
Höckerschwan (Cygnus olor)	110
Singschwan (Cygnus cygnus)	36
Graugans (Anser anser)	1.000
Brandgans (Tadorna tadorna)	94
Pfeifente (Anas penelope)	1.700
Krickente (Anas crecca)	28
Stockente (Anas platyrhynchos)	1.500
Löffelente (Anas clypeata)	40
Tafelente (Aythya ferina)	2.500
Reiherente (Aythya fuligula)	6.800
Eiderente (Somateria molissima)	2.400
Bergente (Aythya marila)	620
Eisente (Clangula hyemalis)	35
Trauerente (Melanitta nigra)	180
Samtente (Melanitta fusca)	6
Schellente (Bucephala clangula)	320
Mittelsäger (Mergus serrator)	6
Gänsesäger (Mergus merganser)	60
Bleßhuhn (Fulica atra)	2.500
Pfuhlschnepfe (Limosa lapponica)	20
Zwergstrandläufer (Calidris minuta)	25
Alpenstrandläufer (Calidris alpina)	250
Sichelstrandl. (Calidris ferruginea)	50
Sumpfohreule (Asio flammeus)	8

1/11 Die Ostsee-Insel Fehmarn

Lage: Fehmarn liegt vor dem Nordende der Halbinsel Wagrien, die die Kieler von der Lübecker Bucht trennt. Die Entfernung zum Festland beträgt nur gut 1 km; sie wird seit 1963 von einer Eisenbahn-Straßenbrücke überspannt. Fehmarn ist auf der nach Skandinavien führenden Vogelfluglinie (E 47, B 207) und mit dem Zug von Lübeck aus zu erreichen (Bahnstationen Burg oder Puttgarden).

Größe: Mit 185 qkm ist Fehmarn die größte Insel der Bundesrepublik Deutschland. Auf Fehmarn gibt es drei NSGe: Grüner Brink an der Nordküste (1938, 81,5 ha), Wallnau an der Westküste (1977, 297 ha) und der Krummsteert/Sulsdorfer Wiek (1980, 298 ha) in der Südwestecke der Insel. Größere Binnegewässer sind: Nördlicher Binnensee (227 ha) und Salzensee (45 ha).

Landschaft: Fehmarn ist eine flache Insel mit leicht welligem Gelände. Ihr Bodenrelief verdankt die Insel der letzten Eiszeit (Grundmoränen). Das Landschaftsbild im Inneren wird von weiten Ackerflächen beherrscht. Kleine Dörfer, einzelne Baumreihen und Knicks lockern die Weitflächigkeit etwas auf.

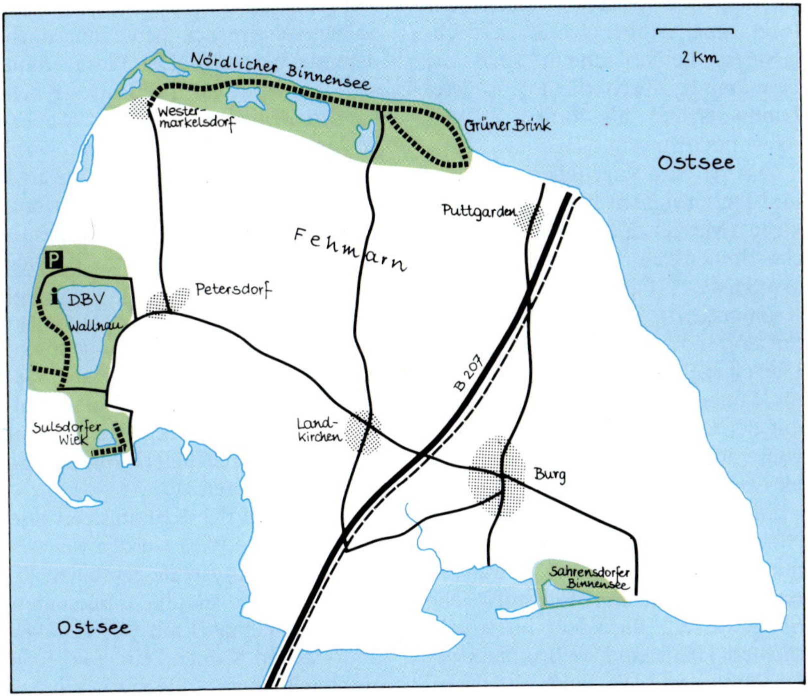

Im Osten der Insel ist eine bis 12 m hohe Steilküste entstanden, von der das Meer jährlich 2–3 m abträgt. Die übrigen Küsten Fehmarns sind niedriger. Hinter den Strandwällen findet man flache Strandseen. Durch Überflutung gefährdete Bereiche werden mit Deichen und Dämmen geschützt. Dies gilt auch für einzelne von der Ostsee abgeriegelte ehemalige Meeresbuchten.

Im Windschutz einiger Deiche pflanzte man kleine Wäldchen, die aber nicht über ein Kümmerstadium hinauskommen. Sie werden von durchziehenden Singvögeln gerne zur Rast aufgesucht.

Lebensräume und Vogelwelt: Fehmarn ist für den Feldornithologen ein lohnendes Ziel. Das Innere der Insel kann er aber getrost vernachlässigen. Leider scheint auch die Grauammer durch die intensivierte Landwirtschaft als Brutvogel verschwunden zu sein.

Das reichste Vogelleben zur Brut- und Durchzugszeit bieten die Nordküste (Markelsdorfer Huk, Nördliche Binnenseen, Grüner Brink), die Westküste (Fastensee, Wallnau, Krummsteert) und im Südwesten Sulsdorfer Wiek und Flügger Teiche. Die übrige Küste ist eigentlich nur im Winterhalbjahr als Ausguck nach auf der Ostsee rastenden oder überwinternden Wasservögeln empfehlenswert.

Die nördlichen Binnenseen waren einmal Strandseen. Man schützte sie mit einem Deich, und sie verwandelten sich in flache, nährstoffreiche Süßgewässer, die der Fischzucht dienten. Heute sind sie Brutplatz vieler Sumpf- und Wasservögel.

Nur der Bereich des Grünen Brinks sowie des Salzen- und Fastensees blieben in direktem Kontakt mit der Ostsee. Das heutige NSG besteht aus einer Abfolge mehrerer Sand- und Kieshaken. Zwischen ihnen liegen kleine Salzsümpfe und brackige Gewässer, deren Wasserstand noch zeitweise von der Ostsee beeinflußt wird. Auf den Haken und in Deichnähe findet der Botaniker ein Mosaik aus Strand-, Dünen-, Küstenheide- und Trockenrasenvegetation. Zu den kostbarsten Pflanzen zählen Stranddistel, Meerkohl und Natternzunge.

Das NSG litt sehr unter den Auswirkungen des Tourismus (Baden und Lagern). Das hat sich sehr gebessert, seit ein Naturschutzwart des DBV das Gebiet betreut. Auch die Salzwiesen werden heute nur noch extensiv beweidet. Die Flora erholt sich langsam, und die Brutvogelwelt hat ihren einstigen Reichtum wiedergewonnen. Rothalstaucher und Brandgans brüten regelmäßig und mit gutem Erfolg. Weniger erfolgreich sind Mittelsäger, Austernfischer, Sandregenpfeifer, Kiebitz, Rotschenkel, Säbelschnäbler und Flußseeschwalbe. Zu den unregelmäßigen Brutvögeln gehören: Krick-, Knäk-und Kolbenente, Küsten-, Zwerg- und Brandseeschwalbe. Im Spätsommer und Herbst sieht man viele Durchzügler (Wat-, Sing-, Greifvögel, Enten etc.).

Im Bereich des Krummsteert und der Sulsdorfer Wiek werden vier verschiedene Ökosysteme geschützt: Eine vom Meer ständig umgestaltete Nehrungshalbinsel mit Strandwällen und flachen Dünen, ein Teil einer anschließenden Flachwasserbucht der Ostsee, Salzwiesen mit Brackwassertümpeln und eine abgedeichte, ehemalige Meeresbucht, die sich zu einem von dichtem Röhricht umgebenen, nährstoffreichen Süßwasserteich entwickelt hat.

Unter den Brutvögeln findet man sowohl Küstenvögel als auch Teich- und Sumpfbewohner: Neben Brandgans, wenigen Zwerg- und Küstenseeschwalben, Austernfischer, Sandregenpfeifer, Säbelschnäbler und Rotschenkel kommen binnendeichs Rothals- und Haubentaucher, Löffel-, Tafel- und Reiherente, Rohrdommel, Wasserralle und Bartmeise vor. Zur Zugzeit wird das Bild noch bunter. In die Sulsdorfer Wiek hat man vom Deich aus einen ausgezeichneten Einblick, so daß man nicht vom Weg abzugehen braucht.

Auch das heutige NSG Wallnau war einmal eine flache Meeresbucht, die eingedeicht und schließlich als Fischzuchtanlage bewirtschaftet wurde. Dem DBV, Landesverband Schleswig-Holstein, gelang es 1977 mit Hilfe des Landes und vieler Spender wichtige Teilflächen aufzukaufen und daraus einen idealen Wasservogellebensraum zu gestalten. Verschiedene Teiche, Gräben, Tümpel, Röhrichte liegen inmitten feuchten Grünlandes. Im Westen gehören Strand (mit Strandwällen und kleinen Dünenbereichen) sowie zwei kleine Waldparzellen und ein Streifen offenes Meer zum Schutzgebiet.

Wallnau hat sich zu einem wahren Mekka für Vogelfreunde entwickelt und wurde in Teilbereichen gezielt für die Naturbeobachtung ausge-

Das DBV-eigene Teichgut Wallnau dient ausschließlich dem Vogelschutz und der Naturbeobachtung. *Foto: Pretscher*

baut. Ungefähr 50 Vogelarten brüten regelmäßig, weitere 30 gelegentlich. Von ihnen können rund 40 als Wasser- und Feuchtlandvögel gelten. Über 25 Brutvögel stehen auf der „Roten Liste" der gefährdeten Vogelarten in der Bundesrepublik Deutschland.

Gastvögel verweilen im Winterhalbjahr sowohl auf der Ostsee vor Wallnau als auch vor allem während der Zugzeiten im Herbst und Frühjahr auf den Teichen und in den Wiesen. Es wurden bisher 27 Watvogelarten in Wallnau beobachtet, darunter Seltenheiten wie das Odinshühnchen.

Zu den Nördlichen Binnenseen gehören drei größere (Altenteiler, Wenkendorfer, Gammendorfer See) und zwei kleine Stillgewässer. Es sind nährstoffreiche, von breiten, meist aus Schilf bestehenden Verlandungsgürteln umgebene Gewässer, die höchstens 1 m tief und zusammen 227 ha groß sind. Im Wenkendorfer See liegt eine Möweninsel. Über einige Brutvögel und Wintergäste informieren die Listen. Der am Nordufer entlanglaufende Deich gestattet gelegentliche Einblicke auf die Wasserflächen. Mit der Bezeichnung Salzensee sind zwei Strandseen auf der Nordwestspitze Fehmarns beim Markelsdorfer Huk gemeint. Sie werden als Brackwasserlagunen bezeichnet, die nur durch den gelegentlich überspülten Strandwall von der Ostsee getrennt sind; vom Binnenland sind sie durch einen Deich abgeschlossen.

Die zusammen 45 ha großen Seen besitzen einen schmalen Schilfsaum, der sich an einer Stelle in ein größeres Schilfgebiet ausweitet. Sie bieten

Beobachtungsversteck (Hide) in Wallnau.
Foto: Carstens

besonders im Winter Enten Schutz vor starkem Wind und dienen daher als Ruhe- und Schlafplatz.

Fischerei, Angeln und ganz besonders ein Campingplatz sorgen im Sommer für so viel Unruhe, daß viele Brutvögel den Salzensee ganz verlassen haben. Um die Vögel nicht zu stören, sollten sich die Beobachter mit dem Überblick vom Deich aus begnügen.

Vor allem im Herbst (am besten um die Monatswende September/Oktober) kann man auf Fehmarn herrlich den sichtbaren Vogelzug (Greifvögel, Finken, Pieper, Tauben, Schwalben u.a.) verfolgen. Die Nordküste ist dafür ein guter Beobachtungspunkt. Die Vögel kommen überwiegend von der Südspitze Schwedens (Falsterbo), überfliegen die dänischen Inseln und den Fehmarn-Belt und überqueren schließlich Fehmarn in südwestlicher Richtung. Der Kundige wird leicht 20–30 Vogelarten erkennen und manche Seltenheit registrieren darunter Kornweihen und Schneeammern.

Bedeutung: Für den weltweiten Schutz der Wasservögel besitzen die Küstengewässer Fehmarns als Rast- und Überwinterungsplatz internationale Bedeutung. Gleicher Wertschätzung erfreuen sich die Teiche im Südwesten Fehmarns, weil hier mehrere Tausend Graugänse im August/September rasten. Dem Grünen Brink wird als Rastplatz eine regionale Bedeutung zugesprochen.

Schutz, Gefährdung, Betreuung: Die drei NSGe machen nur rund 3% der Landfläche Fehmarns aus. Durch sie ist auch nur ein Teil der schutzwürdigen und schutzbedürftigen Lebensräume berücksichtigt.

Die NSGe betreut sich der DBV-Landesverband Schleswig-Holstein. Wallnau ist seit 1978 zu einem bundesweit beispielhaften Informationszentrum ausgebaut worden. In einem Gebäude werden Ausstellungen gezeigt sowie Vorträge, Kurse und Seminare abgehalten; es gibt Führungen durch einen Teil des NSGes, der als Besucherzone mit Lehrpfad, Ansitzen und einem Beobachtungsturm gestaltet ist.

Vogelbeobachter sollten unbedingt die NSGe und andere Brutbereiche der Küstenvögel schonen und dafür um so ausgiebiger vom Informationsangebot in Wallnau Gebrauch machen. Dort werden über 40.000 Besucher im Jahr gezählt. Der Krummsteert darf nicht betreten werden. Am Grünen Brink ist ein Lehrpfad ausgeschildert.

Beobachtungsmöglichkeiten: Trotz aller Schäden ist Fehmarn zu jeder Jahrenszeit eine ornithologische Studienreise wert. Am vielfältigsten ist das Vogelleben wohl während der Zugperioden im März/April und September/Oktober. Schwerpunkte sind im Winter die Flachwasserzonen der Ostsee. Die Strandseen und Teiche im Norden, Westen und Südwesten der Insel bieten reiche Erlebnisse das ganze Jahr über, sofern sie nicht mit Eis bedeckt sind. Wallnau sollte unbedingt in jeden Besuch mit einbezogen werden.

Das Informationszentrum im Teichgut Wallnau dient auch als Tagungsstätte.
Foto: Pretscher

Adressen:

Horst Paustian (Grüner Brink), Haus 24, 2449 Sahrensdorf

Dr. R. Fritze (Krummsteert/Sulsdorfer Wiek), Danzigerstr. 34, 2400 Lübeck 1

Reservatsverwaltung Wallnau, Jürgen Schindler, 2449 Westfehmarn (04372-1002)

DBV-Ortsgruppe Fehmarn, Gerhard Marks, Sonnenwinkel, 2448 Bannesdorf/Fehmarn

Klaus Dürkop, Wikingerstr. 7, 2447 Heiligenhafen

Brutvögel - Fehmarn (1980)

Wallnau = 1980/1987
N. B. = Nördlicher Binnensee (Jahr?)

	Brutpaare	
	Wallnau	N. B.
Haubentaucher (Podiceps c.)	15/9	...
Rothalstaucher (Podiceps g.)	20/30	...
Schwarzhalstaucher (P. nigr.)	...	...
Zwergtaucher (P. ruficollis)	10/1-2	...
Rohrdommel (Botaurus st.)	2/2	...
Graugans (Anser anser)	50/80	20
Brandgans (Tadorna tadorna)	8/9	...
Pfeifente (Anas penelope)	...	...
Schnatterente (Anas strep.)	10/10	...
Krickente (Anas crecca)	2/1-3	...
Spießente (Anas acuta)	...	...
Knäkente (Anas querquedula)	5/4	...
Löffelente (Anas clypeata)	15/›15	...
Kolbenente (Netta rufina)	3/3	15
Tafelente (Aythya ferina)	20/30	8
Reiherente (Aythya fuligula)	10/10	...
Mittelsäger (Mergus serrator)	3/2-3	30
Rohrweihe (Circus aerugin.)	.../4	...
Tüpfelsumpfhuhn (Porzana p.)	3/‹5	...
Austernfischer (Haemat. o.)	58/8	...
Sandregenpfeifer (Char. hiat.)	10/10	...
Bekassine (Gallinago g.)	8/7-10	...
Uferschnepfe (Limosa limosa)	3/13	...
Rotschenkel (Tringa totanus)	10/33	...
Alpenstrandläufer (Calidr. a.)	1/–	...
Kampfläufer (Philom. pug.)	10/5	...
Säbelschnäbler (Recurv. av.)	5/66	...
Sturmmöwe (Larus canus)	-/2-3	20-30
Trauerseeschwalbe (Chlid. n.)	10/0-4	...
Flußseeschwalbe (Sterna hir.)	und	
Küstenseeschwalbe (St. par.)	.../10	1-2
Zwergseeschwalbe (St. alb.)	1/2	...
Schilfrohrs. (Acroc. schoen.)	20/5	...
Bartmeise (Panurus biarmicus)	...	...

Literatur:

K.-H. Bruster u. J. Dien (1985); M. Carstens u. a. (1983); M. Diehl u. D. Diehl (1986); J. Dien (1984); K. Dürkop (1975, 1986); G. A. J. Schmidt u. K. Brehm (1974); R. K. Berndt (1983); O. G. Meier u. E. Lüthje (1980).

Gastvögel - Fehmarn (1972-85/87)

	Höchstzahlen
Prachttaucher (Gavia arctica)	8/2
Sterntaucher (Gavia stellata)	30/
Haubentaucher (Podiceps cr.)	30/14
Kormoran (Phalacr. carbo)	370/122
Höckerschwan (Cygnus olor)	200/822
Singschwan (Cygnus cygnus)	450/443
Zwergschwan (Cygnus bew.)	300/
Saatgans (Anser fabalis)	100/1.800
Bleßgans (Anser albifrons)	400/135
Graugans (Anser anser)	4.000/67
Kanadagans (Branta canad.)	20/1.830
Ringelgans (Branta bernicla)	20/
Brandgans (Tadorna tadorna)	50/
Pfeifente (Anas penelope)	1.100/590
Schnatterente (Anas strepera)	100/
Krickente (Anas crecca)	200/
Stockente (Anas platyr.)	4.000/3.200
Spießente (Anas acuta)	50/
Löffelente (Anas clypeata)	50/
Tafelente (Aythya ferina)	1.000/250
Reiherente (Aythya fuligula)	34.000/19.000
Eiderente (Somateria mol.)	40.000/22.600
Bergente (Aythya marila)	12.600/14.400
Eisente (Clangula hyemalis)	10.000/930
Trauerente (Melanitta nigra)	2.800/140
Samtente (Melanitta fusca)	50/5
Schellente (Bucephala cl.)	3.500/1.400
Zwergsäger (Mergus alb.)	100/130
Mittelsäger (Mergus serr.)	400/700
Gänsesäger (M. merganser)	400/430
Bleßhuhn (Fulica atra)	13.000/360

1/12 Das Brodtener Ufer bei Travemünde

Lage: Das Brodtener Ufer ist ein Teil der schleswig-holsteinischen Ostseeküste und liegt in der Lübecker Bucht unmittelbar nordwestlich der Travemündung zwischen den Seebädern mit Bahnstation Timmendorfer Strand/Niendorf und Travemünde. Das Beobachtungsgebiet ist von diesen Orten oder vom knapp 1 km landeinwärts liegenden Dorf Brodten aus zu erreichen.

Größe: Das Brodtener Ufer ist ein rund 5 km langer Steilhang. Der für die Vogelbeobachtung günstige Weg von Niendorf bis Travemünde erstreckt sich über 8 km. Das Hauptaufenthaltsgebiet der Strand- und Wasservögel besteht aus einer rund 1.700 ha großen flachen Meereszone unmittelbar vor dem Ufer.

Landschaft: Das Brodtener Steilufer ist ein beliebtes Ziel für Spaziergänge von beiden Seebädern aus. Man blickt aus 16 bis 20 m Höhe weit über die Ostsee. Im Rücken hat man dann eine überwiegend ackerbaulich genutzte Kulturlandschaft. Brandung, Niederschläge und Frost sorgen für immer neue Abbrüche und den Abtransport des steinigen Sand- und Lehmbodens. Der am Rand der Steilküste entlangführende Weg muß deshalb ständig landeinwärts verlegt werden. Das abgetragene Material trägt einerseits zum Aufbau der ausgedehnten Flachwasserzone vor dem

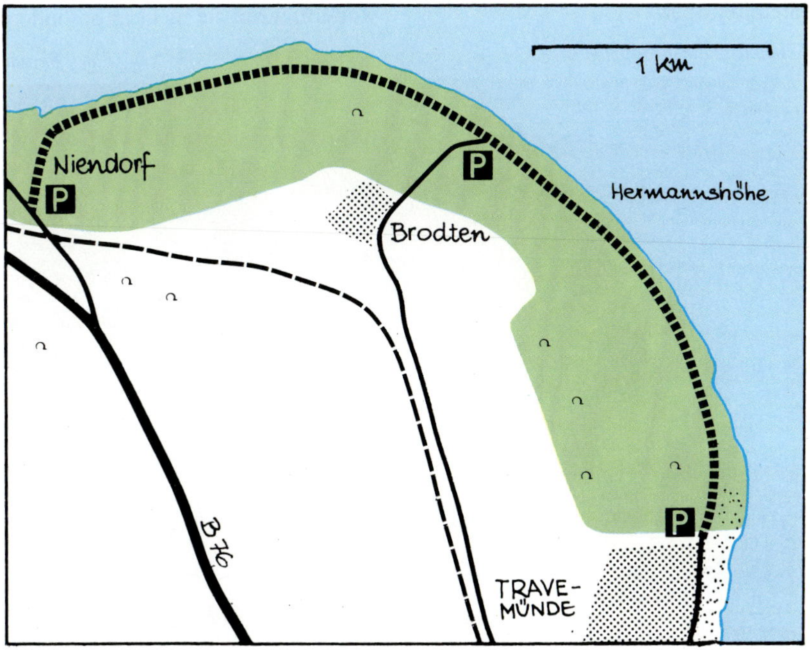

Steilufer bei, andererseits wird soviel Material nach Westen transportiert, daß dort Badestrände entstanden und die Hemmelsdorfer Förde abgeriegelt wurde, auf deren Mündung heute Timmendorfer Strand liegt.

Lebensräume, Vogelwelt: Für die Vogelvorkommen besonders wichtig sind zum einen das Steilufer selbst (Brutkolonien der Uferschwalbe) und zum anderen die ufernahe Flachwasserzone für Wasservögel. Die 10 m-Tiefenlinie verläuft etwa 500 bis 4.000 m vom Strand entfernt, so weit draußen, wie sonst nirgends in der Lübecker Bucht.

Weitere erwähnenswerte Charakteristika fehlen diesem Küstenabschnitt. Das Ufer ist meist frei von Pflanzenbewuchs. Der Sandstrand geht direkt in das sandig-lehmige Steilufer über.

Im Sommer ist das Vogelleben am Brodtener Ufer arm an Attraktionen. Möwen, Seeschwalben oder einige Enten sind zwar auch dann zu entdecken; aber brütende Wat- und Wasservögel fehlen fast völlig. Die Brutkolonie der Uferschwalben im Steilufer gilt allerdings mit ihren bis zu 2.600 Röhren als die bedeutendste in Mitteleuropa. Die meisten anderen Kolonien sind viel kleiner und fast nur noch in vom Menschen geschaffenen Lebensstätten, in Sand- und Kiesgruben, zu finden.

Erst im Winterhalbjahr entfaltet sich in der flachen Küstenzone das für die deutsche Ostseeküste typische Wasservogelleben. Überwiegend Tauchenten und Bleßhühner, daneben in geringerer Zahl auch Taucher, Schwäne und Gänse rasten hier auf dem Durchzug oder überwintern, wenn sie nicht in besonders

Steilküste am Brodtener Ufer. *Foto: Berndt*

kalten Jahren vom Eis vertrieben werden.

Die Wasservogelzahlen schwanken allerdings sehr stark - je nach Zugverhalten der einzelnen Arten und je nach dem Wetter. Bei starkem Wind und entsprechendem Seegang weichen die Vögel auf geschütztere Buchten an der Ostsee aus. Bei Frost hingegen finden sie vor dem Steilufer auch dann noch eine Bleibe, wenn Buchten und Binnengewässer (z.B. die Untere Trave) schon längst zugefroren sind. Zusätzlich zu den in der Gastvogelliste aufgeführten Arten, kann man entdecken: Taucher, einzelne Alken, Watvögel oder den Felsenpieper am Strand zwischen den Steinen.

Bedeutung: Bis zu 30.000 Wasservögel insgesamt haben die Ornithologen während einer Exkursion am Brodtener Ufer schon gezählt. Damit besitzt es internationale Bedeutung als Rastplatz für Durchzügler und als Nahrungsraum für überwinternde Gastvögel.

Schutz, Gefährdung, Betreuung: Das Brodtener Ufer ist nicht als NSG ausgewiesen. Den Wasservögeln drohen zwar auch hier die allgemeinen, aus Ölpest und Meeresverschmutzung entstehenden Gefahren und immer wieder geraten welche in die Stellnetze der Fischer und ertrinken jämmerlich. Doch sonst gibt es zur Zeit keinen schwerwiegenden Grund zur Klage. Die Kormorane profitieren sogar von den Stellnetz-Pfählen, auf denen sie in Ruhe ihr Gefieder trocknen können.

Beobachtungsmöglichkeiten: Von den Uferpromenaden, aber besonders auch vom Steilküsten-Wanderweg aus hat man bei klarem und ruhigem Wetter eine gute Übersicht. Die reichhaltigsten Vorkommen sind im Winter zu Beginn kälterer Perioden zu erwarten.

Herr R.K. Berndt hat sich auch dieses Kapitels angenommen, wofür wir ihm danken.

Adressen:

DBV-Ortsgruppe Timmendorfer Strand, Felix Gräfe, Postfach 12, 2408 Timmendorfer Strand

DBV-Ortsgruppe Bad Schwartau, Uwe Bremse, Clever Landstr. 39, 2407 Bad Schwartau

G. Sparr, Dornestr. 32a, 2400 Lübeck 1

R.K. Berndt, Helsinkistr. 68, 2300 Kiel

Literatur:

P. Prokosch und K. Kirchhoff (1983); R.K. Berndt (1983).

Gastvögel - Brodtener Ufer (Stand 1987)

	Höchstzahlen
Stockente (Anas platyrhynchos)	6.200
Tafelente (Aythya ferina)	1.500
Reiherente (Aythya fuligula)	21.000
Eiderente (Somateria molissima)	600
Bergente (Aythya marila)	8.400
Eisente (Clangula hyemalis)	200
Schellente (Bucephala clangula)	4.400
Mittelsäger (Mergus serrator)	150
Gänsesäger (Mergus merganser)	100
Bleßhuhn (Fulica atra)	21.300

1/13 Die Lauenburgischen Seen

Lage: Der Naturpark Lauenburgische Seen liegt im Südosten Schleswig-Holsteins zwischen dem Elbe-Lübeck-Kanal im Westen, der Grenze zu Mecklenburg im Osten und den Städten Lübeck im Norden und Büchen im Süden. Die Lauenburger Seen sind von Lübeck auf der B 207, von Bad Oldesloe auf der B 208 und von Hamburg auf der nach Berlin führenden A 24 zu erreichen. Mit der Eisenbahn gelangt man auf der Strecke Lüneburg-Lübeck nach Mölln und Ratzeburg. Als Mittelpunkt der Seenplatte kann der kleine Ort Salem gelten.

Größe: Der gesamte Naturpark umfaßt 40.000 ha, davon entfallen etwa 4.000 ha auf die rund 40 Seen, wobei allerdings die kleinsten Waldseen und Weiher nicht mitgezählt sind.

Landschaft, Lebensräume, Vogelwelt: Der Naturpark und ganz besonders sein Mittelpunkt um Salem herum werden als Land der Seen und Wälder gerühmt. Etwa ein Viertel des Naturparks ist bewaldet. Das ist ein für Schleswig-Holstein hoher Wert, da im Durchschnitt der Waldanteil hier nur 9% beträgt. Noch stärker ist freilich die Landwirtschaft mit 60% vertreten, und zwar herrscht Ackerland eindeutig vor.

Die rund 40 Seen variieren stark in der Größe: Während der Schaalsee fast 2.300 ha erreicht (er wird durch die Grenze zur DDR in zwei Hälften geteilt), bringt es die Schwarze Kuhle auf nur etwas über 3 ha. Dabei repräsentieren die Lauenburger Seen in geradezu klassischer Weise die unterschiedlichen Seentypen. Es gibt sie mit flach und steil abfallendem Ufer, mit geringem Nährstoffgehalt (Garren-, Plötscher- und Krebssee) oder mit hohem Nährstoffgehalt (Großer Mustiner See, Kittlitzer und Pfuhlsee). Dann findet man welche mit moorigem Wasser: Schwarze Kuhle, Dorotheenhofer See. Schließlich tragen noch vom Menschen geschaffene, verkrautete Teiche zur Vielfalt der Gewässer bei.

Heidelerche

Der Schaalsee ist durch einzelne, bewaldete Inseln und Halbinseln (Werder) sehr buchtenreich und erreicht eine höchste Tiefe von über 70 m. Wegen der meist steilen Ufer ist die Röhrichtzone nur schmal und geht über einen schütteren Seerosengürtel rasch in die offene Wasserfläche über. Am Land folgt ein Bruchwaldgürtel aus Schwarzerlen. Große Uferstrecken des Schaalsees sind aus Gründen des Naturschutzes für den allgemeinen Zugang gesperrt.

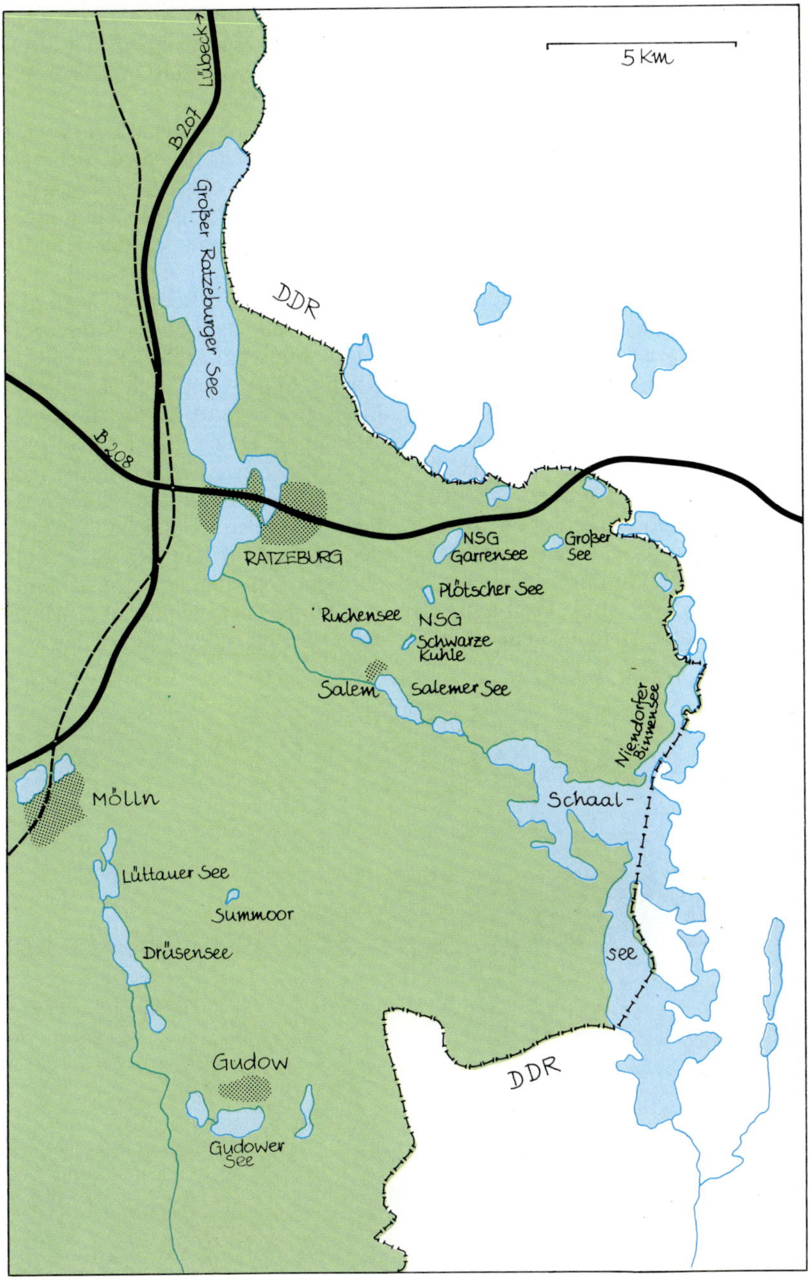
5 Km
Lübeck
B207
Großer Ratzeburger See
DDR
B 208
RATZEBURG
NSG
Garrensee
Großer
See
Plötscher See
Ruchensee
NSG
Schwarze
Kuhle
Salem
Salemer See
Niendorfer
Binnensee
Mölln
Schaal-
see
Lüttauer See
Summoor
Drüsensee
Gudow
Gudower
See
DDR

Im Salemer Moor behielt der Kranich einen sicheren Brutplatz. Er wird von der Projektgruppe Kranichschutz des WWF betreut und bewacht, wie 20 weitere Kranichbrutgebiete im Kreis Herzogtum Lauenburg. Aus verständlichen Gründen sind diese Brutgebiete während der Brutzeit für den öffentlichen Zugang gesperrt. Jeder, der sich nicht an die Absperrungen und Verbote hält, läuft Gefahr, bei der Polizei angezeigt zu werden. Nur dieses rigorose Vorgehen garantiert ein Überleben dieses selten gewordenen Großvogels.

Von der ebenen Sandlandschaft im Süden des Naturparks blieben nur kleine Heideflecken übrig. Weite Kiefernforste bestimmen nun das Bild. Von den einstmals hier lebenden Vögeln wie Triel, Großtrappe, Nachtschwalbe, Heidelerche oder Brachpieper sind vor allem wegen der Aufforstungen nur noch Einzelpaare von den letzten drei Arten erhalten geblieben.

Besonders im Mai und Juni wird die Vielfalt der Brutvögel der verschiedenen Waldgesellschaften deutlich. Als geeignete Beobachtungsgebiete kommen die Wälder Hundebusch, Strücken, Helbachtal und Garrenseeholz in Betracht. Man findet hier alle typischen Waldvogelarten einschließlich Kernbeißer, Klein-, Mittel- und Schwarzspecht, Pirol, Trauer- und Zwergschnäpper, Hohltaube, Dohle, Roter Milan und Kolkrabe. Der Zwergschnäpper lebt hier an der Westgrenze seines Verbreitungsgebietes. Gleiches gilt für den Sprosser, der in den Bruchwäldern der Lauenburger Seen seit einigen Jahren in zunehmendem Maße neben der Nachtigall vorkommt.

Lauenburgische Seen: Salemer Moor. *Foto: Pretscher*

Die Feldmark ist von hohen und dichten Hecken durchzogen und mit kleinen Feldgehölzen durchsetzt. Zu den seltener werdenden Arten dieses Lebensraumes gehören Dorngrasmücke, Grauammer, Neuntöter, Nachtigall und Rebhuhn sowie Schafstelze, Steinschmätzer und Braunkehlchen. In den Dörfern gibt es noch etwa 5 Paare des Weißstorchs.

Die Seen sind an Brutvögeln relativ arm, weil ihnen ein genügend breiter Verlandungsgürtel fehlt. In vergleichsweise wenigen Paaren brüten: Teich- und Drosselrohrsänger, Rohrschwirl, Hauben- und Zwergtaucher, Stock-, Tafel- und Reiherente, Lachmöwe, Graureiher, Rohrdommel (an mehreren Seen), Rohrweihe und Gänsesäger (5–10 Brutpaare am Ratzeburger See). An den Grambeker Teichen südlich von Mölln brüten verschiedene Entenarten und 2–3 Paare des Rothalstauchers.

Wintergäste trifft man in größerer Zahl nur am Ratzeburger See und auf den Seen um Mölln. Als Möllner Seen werden sieben, zusammen 210 ha große Gewässer bezeichnet. Die sie verbindenden Wasserläufe bleiben im Winter eisfrei. Die dort beobachteten Gastvogel-Ansammlungen sind der Liste zu entnehmen. Bisher wurden an den Möllner Seen 15 Wasservogelarten mit maximal 2.500 Tieren an einem Tag gesehen.

Der Ratzeburger See ist nährstoffreich und besitzt steil abfallende Ufer. Seine Wasserfläche beträgt 1.470 ha. Im Winter bleiben meistens einige eisfreie Stellen. Hier wurden bisher 17 Wasservogelarten mit maximal 4.360 Tieren an einem Tag beobachtet.

Lauenburgische Seen: Garrensee. *Foto: Pretscher*

Der Schaalsee ist ein wichtiger Mauserplatz für den Haubentaucher und neuerdings auch für die Reiherente (bis 2.500 Ex.). Er dient auch einigen hundert Graugänsen regelmäßig als Rastplatz. Positiv wirken sich hier die grenznahen Ruhezonen aus.

Bedeutung: Es gibt keine zusammenfassende Darstellung der Vogelwelt. Die hier mitgeteilten Informationen können darum nur als Aufforderung verstanden werden, weitere Erkenntnisse zusammenzutragen.

Die abgeschiedene Lage des Naturparks und die große Vielfalt an Lebensräumen sind der Grund für eine artenreiche Vogelwelt. Daß der Kranich hier wieder brütet, ist im wesentlichen ein Verdienst insbesondere der WWF-Projektgruppe Kranichschutz, die in guter Zusammenarbeit mit Grundeigentümern, Forstverwaltung und Vogelkundlern alle Kranichbrutpaare in Schleswig-Holstein und einige in Niedersachsen betreut und bewacht. – Hervorhebenswert ist, daß der Kolkrabe hier seinen dichtesten Brutbestand in Norddeutschland hat. Die Zahlen der auf dem Schaalsee rastenden Graugänse (bis 1.500) verleihen diesem internationale Bedeutung.

Schutz, Gefährdung, Betreuung: Im Bereich der Lauenburger Seen liegen folgende NSGe: Salemer Moor (77 ha), Schwarze Kuhle (5 ha), Garrensee und Ruschensee (438 ha), Oldenburger See und Umgebung (123 ha) sowie Hellbachtal mit Lottsee, Krebssee und Schwarzsee (157 ha). Damit sind derzeit insgesamt nur etwa 2% der Naturparkfläche strenger geschützt.

Das Gebiet der Lauenburger Seen dient dem Tourismus und der Naherholung – in verstärktem Maße, seit die Autobahn Berlin-Hamburg fertiggestellt wurde. Negative Auswirkungen bleiben nicht aus: Die Seen sind durch Badebetrieb, Wassersport und Nährstoffeinschwemmung gefährdet. Naturnahe Bereiche gehen durch Entwässerung, Verfüllen von Tümpeln, Bachbegradigung, verstärkte Düngung und Aufforstung von Heide-, Brach- oder Trockenflächen verloren.

Kormoran

Beobachtungsmöglichkeiten: Am reizvollsten ist ein Besuch der Lauenburger Seen im späten Frühjahr, wenn die große Vielfalt der Brutvögel anwesend ist. Für Wanderungen erscheinen die Umgebung von Salem, des Schaalsees und der Raum Mölln am lohnendsten. Im Winter kann der Uferweg am Westrand des Ratzeburger Sees besonders empfohlen werden; allerdings wurde er gegen den Willen des Naturschutzes durch wertvollste Uferbiotope gelegt, wodurch viele Brutplätze in Schilf und Erlenbruch verloren gingen.

Herrn Thomas Neumann danken wir für die Durchsicht des Textes und der Listen.

Brutvögel - Lauenburgische Seen (1988)
+ = zunehmend, – = abnehmend,
– ! = drastisch zurückgegangen,
+ / – = gleichbleibend

	Bp/Tendenz
Haubentaucher (Podiceps cr.)	...
Zwergtaucher (Podiceps ruf.)	winterabh.
Kormoran (Phalacrocorax carbo)	400
Graureiher (Ardea cinerea)	+
Rohrdommel (Botaurus stellaris)	›10
Weißstorch (Ciconia ciconia)	– !
Schwarzstorch (Ciconia nigra)	1-2
Stockente (Anas platyrhynchos)	+
Tafelente (Aythya ferina)	+
Reiherente (Aythya fuligula)	+
Gänsesäger (Mergus merganser)	›10
Rotmilan (Milvus milvus)	–
Schwarzmilan (Milvus migrans)	...
Seeadler (Haliaeetus albicilla)	0-1
Wespenbussard (Pernis apivorus)	schwankend
Rohrweihe (Circus aeruginosus)	10-20
Kranich (Grus grus)	20-25
Waldwasserläufer (Tringa och.)	5-10
Ziegenmelker (Caprimulgus)	...
Eisvogel (Alcedo atthis)	...
Schwarzspecht (Dryoc. martius)	+ / –
Heidelerche (Lullula arborea)	...
Uferschwalbe (Riparia riparia)	...
Brachpieper (Anthus campestris)	...
Rohrschwirl (Locustella luscin.)	...
Drosselrohrsänger (Acroceph. a.)	- !
Schilfrohrsänger (A. schoenob.)	- !
Zwergschnäpper (Ficedula parva)	+ / –
Grauammer (Emberiza calandra)	- !
Pirol (Oriolus oriolus)	+ / –
Kolkrabe (Corvus corax)	...

Adressen:

WWF-Naturschutzstelle Nord, T. Neumann, (Anfragen nur in dringenden Fällen), Kuckucksredder 8, 2413 Breitenfelde

DBV-Ortsgruppe Mölln, Ernst Fokuhl, Mittelstr. 9, 2410 Mölln

Orn. Arge Schleswig-Holstein, R.K. Berndt, Helsinkistr. 68, 2300 Kiel

Literatur:

U. Muuß, M. Petersen und D. König (1973); G.A.J. Schmidt und K. Brehm (1974); B. Heydemann und J. Müller-Karch (1980); Naturmagazin draußen Heft 18 (1982); R.K. Berndt (1983).

Gastvögel: Lauenburgische Seen (1966-79)
M.S. = Möllner See,
R.S. = Ratzeburger See

	Höchstzahlen	
	M.S.	R.S.
Haubentaucher (Podiceps c.)	175	210
Zwergtaucher (P. ruficollis)	12	23
Höckerschwan (Cygnus olor)	17	23
Singschwan (Cygnus cygnus)	14	-
Krickente (Anas crecca)	18	-
Stockente (Anas plat.)	1.400	1.500
Tafelente (Aythya ferina)	22	50
Reiherente (Aythya fuligula)	270	2.400
Schellente (Bucephala cl.)	45	125
Gänsesäger (Mergus merg.)	170	350
Bleßhuhn (Fulica atra)	1.500	3.500

Die Elbaue zwischen Lauenburg und Schnackenburg

Im Nordosten Niedersachsens bildet die Mittelelbe auf rund 100 km die Grenze zur DDR. Hier hat sich eine noch vielseitige Auenlandschaft erhalten, die Heimat einer artenreichen Brut- und Gastvogelwelt ist. Die Zahl der rastenden Wasservögel erreicht so hohe Werte, daß nahezu die gesamte Flußstrecke als Feuchtgebiet internationaler Bedeutung ausgewiesen ist. Außerdem brüten hier einige in der Bundesrepublik sehr selten gewordene Vogelarten, wie der Kranich.

Das Vogelleben konzentriert sich an drei Schwerpunkten:

- Bleckeder Marsch im nordwestlichen Teil, zwischen Lauenburg und Neu-Darchau,
- Dannenberger Marsch im mittleren Teil, zwischen Hitzacker und Pretzetze/Laase,
- Elbniederung bei Gartow im südöstlichen Teil zwischen Pretzetze/Laase und Schnackenburg.

Die beiden zuletzt genannten Bereiche werden hier stellvertretend für das ganze Gebiet beschrieben.

1/14 Die Elbniederung bei Gartow

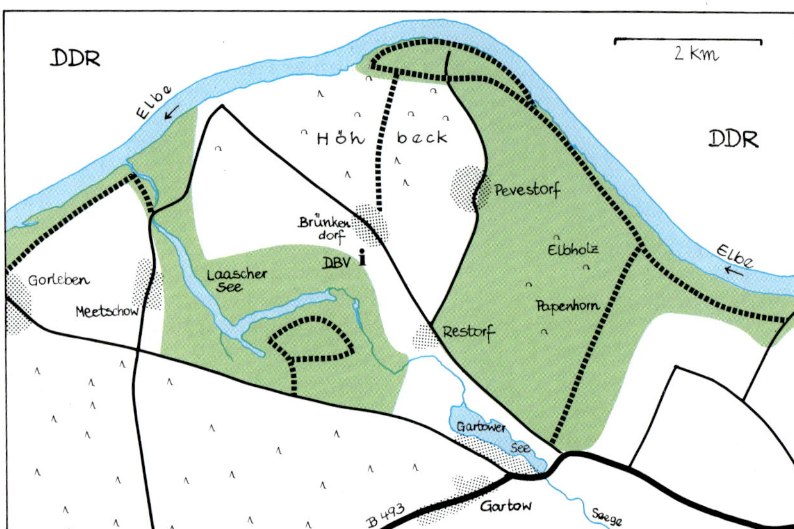

Lage: Als Ausgangspunkt für Exkursionen bietet sich der Ort Gartow an. Man erreicht ihn mit dem Auto von Lüneburg aus auf der B 216 bis Dannenberg und weiter auf der Elbuferstraße oder der L 256 über Gorleben, oder von Uelzen aus über die B 493, die bis Schnackenburg führt. Die nächste Bahnstation ist Dannenberg.

Größe: Die Elbniederung bei Gartow wird im Norden von etwa 20 km Elblauf zwischen Gorleben und Schnackenburg, im Süden vom Waldgebiet Gartower Tannen und im Osten von der Grenze zur DDR bei Schnackenburg umgrenzt. Sie umfaßt rund 7.000 ha.

Landschaft, Lebensräume, Vogelwelt: Besonders die Juni-Überschwemmungen behinderten die Landwirtschaft in diesem Landstrich, so daß man bereits im frühen Mittelalter begann, Deiche zu bauen, die seither

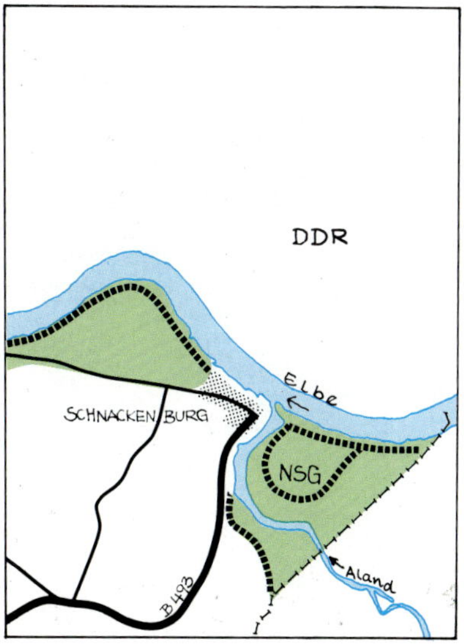

ständig verbessert wurden. Trotz der Deiche, zahlreicher Abzugsgräben und Pumpwerke blieb zumindest bisher auf weiten Strecken der feuchte Charakter der Landschaft erhalten.

Fährt man von Gartow nach Pevestorf, das mitten im Beobachtungsgebiet liegt, dann fällt der Höhbeck sofort ins Auge, ein bis zu 60 m hoch aus der flachwelligen Niederung aufsteigender Geländerücken. Er ist eine Geestinsel im Urstromtal, auf dessen armen Sandböden nur spärliche Kiefernforste gedeihen. Das trocken-warme Kleinklima begünstigt aber eine interessante Flora und ein reiches Insektenleben. Außerdem finden wir hier als Brutvögel Sperbergrasmücke, Wendehals, Turteltaube, Heidelerche und Neuntöter.

Zu Füßen des Höhbeck liegt die Flußmarsch mit weiten Wiesen und Weiden und einigen Äckern. Die feuchteren Wiesen sind Brutplatz von Rotschenkel, Bekassine, Uferschnepfe, Kiebitz, Braunkehlchen und Schafstelze. Kraniche und Weißstörche suchen dort nach Nahrung.

Noch bedeutender als Zentren des Vogellebens sind die ihnen eingelagerten Gewässer, wie der Laascher See oder die Qualmwassertümpel hinter dem Deich. Der Laascher See liegt in der Niederung der Seege. Besonders bei hohem Wasserstand der Elbe bilden sich durch Rückstau weite Überschwemmungsbereiche, die vor allem im Februar-März von durchziehenden Wasservögeln gerne aufgesucht werden: Schwäne, Gänse und Enten finden sich dann auf den weiten Wasserflächen zu Hunderten ein. Im Spätsommer, wenn bei niedrigem Wasserstand schlammige Ufer trockenfallen, rasten Limikolen am See - meist Wasserläufer und Schnepfen, aber auch einzelne Strandläufer.

Ratsam ist es, von Pevestorf zum Elbdeich zu wandern und dann elbaufwärts in Richtung Elbholz. Vom Deich blickt man in eine sumpfige Zone mit Röhricht und Tümpeln. Dieser Qualmwasserbereich beherbergt als Brutvögel Gründel- und Tauchenten, Rohrweihe, Rallen, Rohrsänger und den Feldschwirl. Von der Deichkrone aus kann man in aller Ruhe das Vogelleben betrachten, ohne zu stören.

Vorm Deich erstreckt sich Grasland mit Altwassern und Tümpeln und einzelnen mächtigen, teilweise bereits abgestorbenen Eichen. In dieser urigen Szenerie kann man mit Rot- und Schwarzmilan, ausnahmsweise auch mit Schwarzstorch, See- und Fischadler rechnen.

Das Elbholz ist ein weitgehend natürlich erhaltener Eichenauwald. Es ist durch einen bemerkenswerten Vogelreichtum gekennzeichnet, z. B. Hohltaube, Spechte, Fliegenschnäpper, Grasmücken, Nachtigall. Wenn man großes Glück hat, bekommt man von der Allee zwischen Elbholz und Quarnstedt, im Gebiet der Papenhornwiesen auch den Kranich zu sehen. Er brütet in der Umgebung an unzugänglichen und sorgsam bewachten Stellen.

Bedeutung: Von 1976 bis 1985 wurden im 1.220 qkm großen Kreis Lüchow-Dannenberg (also weit über die Gartower Elbniederung hinaus) 257 Vogelarten nachgewiesen, davon die erstaunlich hohe Zahl von 148 Brutvögeln. In diesem Zeitraum ist

Elbniederung bei Gartow: Das Elbholz bei Pevesdorf. *Foto: Augst*

nur die Saatkrähe als Brutvogel verschwunden, die zuletzt 1974 eine kleine Kolonie bei Vietze am Höhbeck hatte.

Schutz, Gefährdung, Betreuung: Die Natur der Gartower Elbniederung ist in den letzten Jahrzehnten durch ihre abgeschiedene Lage vergleichsweise wenig zerstört worden. Doch drohten auch hier Flurbereinigung, Deichbau und die Ankurbelung des Fremdenverkehrs (z. B. Bau des Freizeitgewässers Gartower See) viele natürliche Lebensräume zu vernichten. Daß so manches abgewendet werden konnte, ist unter anderem das Verdienst des hier seit rund 15 Jahren stark engagierten DBV-Landesverbandes Hamburg. Er kauft gefährdete Biotope auf, pflegt und bewacht sie und nimmt Einfluß auf alle Eingriffsvorhaben, wo immer dies möglich ist. Er sorgt überdies für die Neuanlage von Kleingewässern als Ersatz für zugeschüttete Tümpel und kümmert sich konsequent um den Kranich, dessen Brutgebiete hermetisch abgeriegelt sind.

Seit einigen Jahren greift auch die Kreisgruppe Lüchow-Dannenberg des BUND immer stärker Umweltprobleme an der Mittelelbe auf.

Erst seit 1986 gibt es ein erstes, 315 ha großes NSG („Aalandniederung/Garbe“) zwischen Schnackenburg und Gummern. Die Schutzverordnung für die untere Seegeniederung (über 700 ha um den Laascher See) ist 1987 erlassen worden.

Beobachtungsmöglichkeiten: Die Gartower Elbniederung verspricht zu jeder Jahreszeit erlebnisreiche Vogelbeobachtungen. Zur Brutzeit müssen bestimmte Bereiche (z. B.

Qualmwasserzone am Elbdeich bei Pevesdorf. *Foto: Plinz*

Teile des Elbholzes und seiner Umgebung) aus Gründen des Artenschutzes gesperrt werden. Sie sollten von jedem Naturfreund strengstens respektiert werden, damit empfindliche Brutvogelarten keinen Schaden nehmen.

Zwischen Brünkendorf und dem Laascher See hat der DBV ein Teichgebiet geschaffen, das man von einem Beobachtungsstand aus gut überblicken kann. - Als Ausgangspunkt für Exkursionen sind Brünkendorf, Pevestorf, Restorf, Gartow und Schnackenburg gleichermaßen geeignet.

Adressen:

Avifaunistische Arbeitsgemeinschaft für Lüchow und Dannenberg, H. Görlich, Pevestorf 19, 3131 Höhbeck

BUND-Kreisgruppe Lüchow-Dannenberg, Heide Filoda, Berlinerstr. 45, 3130 Lüchow

DBV-Landesverband Hamburg, Habichtstr. 125, 2000 Hamburg 60

Informationszentrum des DBV, Juweldorf, 3136 Gartow

WWF-Naturschutzstelle Nord, T. Neumann, Kuckucksredder 8, 2413 Breitenfeld

Dr. Frank Neuschulz, Gartenstr. 7, 3131 Gorleben

Werner Plinz, Willerstwiete 19, 2000 Hamburg 62

Literatur:

Naturmagazin draußen: Der Naturpark Elbufer-Drawehn; W. Meier (1969); W. Meier-Peithmann, F. Neuschulz u. W. Plinz (1986); W. Plinz (1978).

Brut- und Gastvögel - Gartower Elbniederung (siehe nächstes Kapitel)

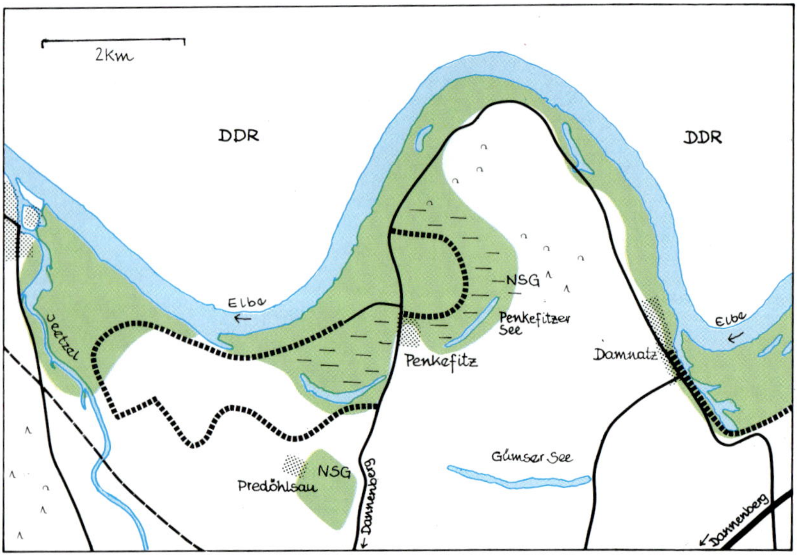

1/15 Die Dannenberger Marsch

Lage: Als Ausgangspunkt für Exkursionen eignet sich Dannenberg (Bahnstation), das man von Lüneburg auf der B 216 und von Uelzen auf der B 191 erreicht. Von Dannenberg führt eine Kreisstraße in die Marsch hinein. So gelangt man nach Penkefitz, Jasebeck und Damnatz an der Elbe. Die B 191 endet an der zerstörten Elbbrücke nach Dömitz.

Größe: Die Nordgrenze der Dannenberger Marsch wird auf etwas über 20 km von der Elbe gebildet. Insgesamt gehören rund 5.500 ha Land und Gewässer zur Dannenberger Marsch.

Landschaft, Lebensräume, Vogelwelt: Weithin waldfreies, flaches Land bestimmt das Landschaftsbild im Urstromtal der Elbe. Wenn wir von Dannenberg aus in die Marsch hineinfahren, wird deutlich, wie stark die Elbaue von intensiver Landwirtschaft geprägt ist. Feuchtere und naturnah gebliebene Bereiche, wie Altwasser und Feuchtwiesen, sind als kleinflächiges Mosaik anzutreffen, ein Grund dafür, daß es hier noch eine interessante Vogewelt gibt.

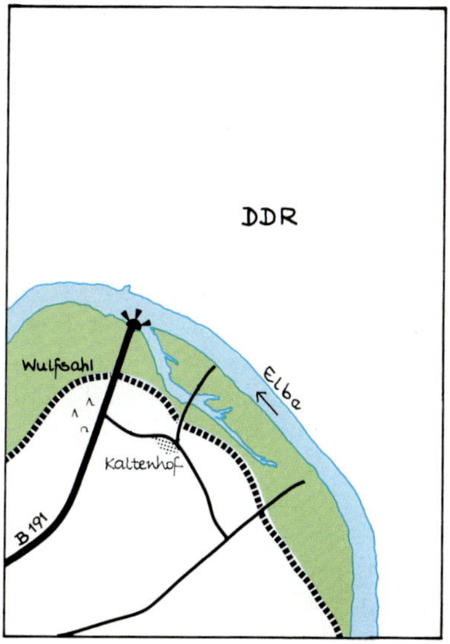

Links und rechts der Straße treffen wir zuerst auf die „Bracks" bei Predöhlsau. Sie bilden eine Kette von 20 kleinen Tümpeln und Weihern in einer Altwasserrinne und sind von Auwaldresten aus Weiden, Erlen und Eichen umgeben.

Wenn wir im Mai den Deich am Südrand des westlichen Gebietsteils entlang wandern, bekommen wir einen guten Überblick über die vielen Brutvögel. 1972–76 wurden 69 Arten ermittelt, von denen besonders die zahlreich singenden Nachtigallen, Grasmücken, Drosselrohrsänger sowie die Rohrweihe zu erwähnen sind. Daß hier auch Frösche, Kröten, Unken und Molche sowie Libellen ideale Lebensbedingungen finden, versteht sich von selbst.

Vom Dorf Predöhlsau ist es über den Deich nicht weit zu einem weiteren Altwasser, der Tauben Elbe. Sie ist etwa 2,5 km lang und besitzt eine Wasserfläche von 13 ha, die im Sommer fast ganz mit Teichrosen zuwächst. Auch hier gestattet der Deich von Süden aus einen hervorragenden Rundblick. Vom Osten führt die Kreisstraße bei Penkefitz an diesem Gebiet entlang. Dort liegen zwischen Kopfweiden weitere kleine Weiher (Bracks) mit einer interessanten Flora und Fauna. Lachmöwe, Trauerseeschwalbe, Tüpfel-, Teich-, Bleß- und Wiesenralle, Bekassine, Löffelente und Drosselrohrsänger zählen zu den Brutvögeln der Taube Elbe.

Die rings von Deichen umgebene Taube Elbe ist über ein Schöpfwerk mit der Elbe verbunden. Damit trotzdem Überschwemmungen der Röhrichte und Feuchtwiesen möglich bleiben, beginnt es mit dem Abpumpen erst bei einem Wasserstand von mehr als 12 m über NN. Bei solchen Hochwassern ist im Winterhalbjahr mit Sägern, Tauchenten und Gänsen auf der Tauben Elbe selbst und mit Schwänen und Gründelenten in den Überschwemmungszonen zu rechnen. Im August profitieren durchziehende Limikolen, wie Wasserläufer, Uferläufer und Schnepfen vom Nahrungsangebot der Schlammbänke.

Als ornithologisch ebenfalls interessant sei hier noch der Penkefitzer See erwähnt, ein langer, bogenförmiger Altarm beim gleichnamigen Dorf.

Zwischen diesen drei Gewässern liegen baumlose Flächen, die nur noch zum Teil Feuchtwiesencharakter haben, zumeist aber in Hochleistungsgrünland oder Äcker umgewandelt wurden. Östlich der Jeetzel und südlich vom Penkefitzer See trifft man immerhin noch Kiebitz, Bekassine, Wiesenpieper, Schafstelze, Braunkehlchen und Grauammer als Brutvögel an.

Reizvoll ist schließlich noch eine Deichwanderung im Osten der Dannenberger Marsch, etwa von Wulfsahl aus, wo Deich und B 191 sich kreuzen. Binnendeichs beherbergen

Dannenberger Marsch: Der Penkefitzer See. *Foto: Neuschulz*

vor allem die durch Sickerwasser gespeisten Qualmwasserzonen reiche Amphibien-, Insekten- und Vogelvorkommen. (Z.B. Kreuz- und Knoblauchkröte, Moor- und Laubfrosch sowie Rotbauchunke, unter den Brutvögeln Knäk-, Tafel- und Reiherente sowie Feldschwirl.)

Der nicht mehr befahrene Eisenbahndamm bei Kaltenhof trägt dichtes Gebüsch, in dem Sperbergrasmücke, Neuntöter und Nachtigall vorkommen. Horste vom Weißstorch findet man in Brandleben, Kaltenhof, Wulfsahl (Baumhorst), Penkefitz, Predöhlsau, Grabau und Neuwedel.

Das bis zu 1 km breite Deichvorland besteht aus flachwelligen Wiesen und Weideland mit vielen Tümpeln und Altarmen, Schilfzonen, Seggenbeständen und einzelnen alten Eichen und Gebüsch. Hier kann man Greifvögel wie Rot- und Schwarzmilan beobachten, Graureiher oder Weißstörche suchen ihre Nahrung, Bekassine, Uferschnepfe und Rotschenkel brüten in den Wiesen – und im Winter rasten hier Gänse, Enten und Schwäne in Scharen.

Bedeutung: Die Dannenberger Marsch gehört wegen der zahlreichen rastenden Wasservögel zu den Feuchtgebieten internationaler Bedeutung. Die hohe Zahl der hier heimischen bedrohten Vogel- und Amphibienarten rechtfertigt ihre Einstufung als Naturbereich nationaler Bedeutung.

Gefährdung, Schutz, Betreuung: Die Dannenberger Marsch ist als Lebensraum durch Wünsche der Landwirte nach weiterer Kultivierung be-

Krebsscheren-Bestand an der Tauben Elbe bei Penkefitz. *Foto: Neuschulz*

droht. Der Elbdeich ist bei Hitzacker und bei der Tauben Elbe verstärkt worden, so daß Elbhochwasser nicht mehr so oft zu den für Wasservögel so wichtigen Überschwemmungen führen. Teilen des Elbvorlandes bei Jasebeck droht die Vernichtung, weil hier eine Flutrinne zur besseren Ableitung des Elbwassers bei Treibeisstau geschaffen werden soll.

Bisher sind (seit 1976) nur die Bracks bei Predöhlsau (65 ha) und der Penkefitzer See (177 ha) als NSG gesichert. Die Taube Elbe, das gesamte Deichvorland und die Feuchtwiesen südlich des Penkefitzer Sees sind als Naturschutzprojekte in Arbeit. Die Bundesregierung ist bereit, den Landesbehörden zu helfen und den Naturschutz in der Dannenberger Marsch mit mehreren Millionen Mark zu fördern, wenn Abstriche bei der Intensivierung der Landwirtschaft gemacht werden. Die Meinung der Bauern dazu kann man auf einer großen Holztafel bei Jasebeck lesen: „Bauernschutzgebiet - Ökotouristen unerwünscht."

Das Gebiet wird ornithologisch von der Avifaunistischen Arbeitsgemeinschaft Lüchow und Dannenberg betreut.

Beobachtungsmöglichkeiten: Fußwanderungen auf den Deichen erlauben einen guten Überblick und stören die Vögel am wenigsten (vgl. Landschaftsbeschreibung).

Herrn Dr. Frank Neuschulz danken wir sehr herzlich für die Zahlenangaben der Gastvogelliste.

Adressen:

Avifaunistische Arbeitsgemeinschaft Lüchow und Dannenberg, H. Görlich, Pevestorf 19, 3131 Höhbeck (05845-370)

Gastvögel - Landkreis Lüchow-Dannenberg (1.220 qkm, 1976-1985)

	Höchstzahlen
Haubentaucher (Podiceps cristatus)	100
Kormoran (Phalacrocorax carbo)	200
Graureiher (Ardea cinerea)	200
Höckerschwan (Cygnus olor)	900
Singschwan (Cygnus cygnus)	1.800
Zwergschwan (Cygnus bewickii)	2.100
Saatgans (Anser fabalis)	3.200
Bleßgans (Anser albifrons)	7.000
Graugans (Anser anser)	250
Pfeifente (Anas penelope)	2.000
Krickente (Anas crecca)	1.500
Stockente (Anas platyrhynchos)	5.100
Spießente (Anas acuta)	670
Knäkente (Anas querquedula)	300
Löffelente (Anas clypeata)	280
Tafelente (Aythya ferina)	900

	Höchstzahlen
Reiherente (Aythya fuligula)	1.000
Schellente (Bucephala clangula)	130
Zwergsäger (Mergus albellus)	270
Gänsesäger (Mergus merganser)	1.600
Seeadler (Haliaaetus albicilla)	5
Fischadler (Pandion haliaetus)	8
Kiebitz (Vanellus vanellus)	15.000
Bekassine (Gallinago gallinago)	1.000
Großer Brachvogel (Numenius arquata)	600
Dunkler Wasserläufer (Tringa erythr.)	200
Rotschenkel (Tringa totanus)	60
Grünschenkel (Tringa nebularia)	300
Bruchwasserläufer (Tringa glareola)	200
Flußuferläufer (Tringa hypoleucos)	100
Alpenstrandläufer (Calidris alpina)	50
Kampfläufer (Philomachus pugnax)	300

BUND-Kreisgruppe Lüchow-Dannenberg, Heide Filoda, Berlinerstr. 45, 3130 Lüchow

W. Meier-Peithmann, Am Taterberg, 3134 Bergen a.d. Dumme

Literatur:

W. Meier (1969, 1974, 1986); H. Wilkens (1983).

Brutvögel - Landkreis Lüchow-Dannenberg (1.220 qkm, 1976-1985)
(−) = abnehmend, (+) = zunehmend

	Brutpaare
Haubentaucher (Podiceps cristatus)	2-15
Zwergtaucher (Podiceps ruficollis)	0-4
Graureiher (Ardea cinerea)	0-6
Zwergdommel (Ixobrxchus minutus)	0-2
Rohrdommel (Botaurus stellaris)	1-4
Weißstorch (Ciconia ciconia)	36-29 (−)
Schwarzstorch (Ciconia nigra)	0-2 (−)
Graugans (Anser anser)	2-15
Brandgans (Tadorna tadorna)	0-2
Schnatterente (Anas strepera)	0-3
Spießente (Anas acuta)	0-1
Knäkente (Anas querquedula)	0-4
Löffelente (Anas clypeata)	0-3
Tafelente (Aythya ferina)	1-7
Reiherente (Aythya fuligula)	0-6
Sperber (Accipiter nisus)	2-10
Habicht (Accipiter gentilis)	10-30
Rotmilan (Milvus milvus)	25-50
Schwarzmilan (Milvus migrans)	0-4 (−)
Wespenbussard ((Pernis apivorus)	-5
Rohrweihe (Circus aeruginosus)	15-30
Kornweihe (Circus cyaneus)	0-1 (−)
Wiesenweihe (Circus pygargus)	0-4
Baumfalke (Falco subbuteo)	8-10
Wachtel (Coturnix coturnix)	4-17
Kranich (Grus grus)	5-15 (+)
Wasserralle (Rallus aquaticus)	5-20
Tüpfelsumpfhuhn (Porzana porzana)	3-13
Wachtelkönig (Crex crex)	1-22
Austernfischer (Haematopus ostralegus)	0-2 (+)
Kiebitz (Vanellus vanellus)	...
Flußregenpfeifer (Charadrius dubius)	0-8
Bekassine (Gallinago gallinago)	80-120

	Brutpaare
Waldschnepfe (Scolopax rusticola)	40-50
Großer Brachvogel (Numenius arquata)	40-60
Uferschnepfe (Limosa limosa)	20-30 (−)
Rotschenkel (Tringa totanus)	10-15 (−)
Waldwasserläufer (Tringa ochropus)	0-1
Flußuferläufer (Actitis hypoleucos)	2-4 (−)
Kampfläufer (Philomachus pugnax)	0-3
Lachmöwe (Larus ridibundus)	0-13 (−)
Trauerseeschwalbe (Chlidonias niger)	5-36 (−)
Hohltaube (Columba oenas)	130-150
Steinkauz (Athene noctua)	0-2
Rauhfußkauz (Aegolius funerus)	0-4
Ziegenmelker (Caprimulgus europaeus)	60-70
Eisvogel (Alcedo atthis)	0-4
Wiedehopf (Upupa epops)	0-4
Mittelspecht (Dendrocopus medius)	15-20
Uferschwalbe (Riparia riparia)	80-200
Brachpieper (Anthus campestris)	4-60
Raubwürger (Lanius excubitor)	2-12
Rohrschwirl (Locustella luscinoides)	15-25
Schlagschwirls (L. fluviatilis)	3-10
Schilfrohrsänger (Acrocephalus schoen.)	...
Drosselrohrsänger (A. arundinaceus)	5-20 (−)
Sperbergrasmücke (Sylvia nisoria)	200-250
Zwergschnäpper (Ficedula parava)	0-3
Braunkehlchen (Saxicola rubetra)	...
Schwarzkehlchen (Saxicola torquata)	0-15
Sprosser (Luscinia luscinia)	...
Nachtigall (Luscinia megarhynchos)	...
Beutelmeise (Remiz pendulinus) (1986)	0-5
Grauammer (Emberiza calandra)	200-300
Ortolan (Emberiza hortulana)	550
Kolkrabe (Corvus corax)	15-40

1/17 Der Duvenstedter Brook (Hamburg)

Lage: Der Duvenstedter Brook liegt im äußersten Nordostzipfel des Hamburger Staatsgebietes zwischen dem Landschaftsschutzgebiet an der Oberalster um Rade und Wulksfelde im Westen und dem NSG Klein-Hansdorfer Brook im Osten. Mit dem Auto fährt man nach Wohldorf, das südwestlich vom Duvenstedter Brook liegt. Hier stehen vier Parkplätze zur Verfügung. Der Duvenstedter Brook ist außerdem mit der U 1 bis zur Endhaltestelle Ohlstedt zu erreichen. Von hier aus sind noch rund 40 Minuten Fußweg durch das NSG Wohldorfer Wald zurückzulegen, die übrigens ebenso vielfältige Vogelbeobachtungen versprechen wie im Duvenstedter Brook. Auch ein Bus verkehrt halbstündlich zwischen U-Bahn und Duvenstedt.

Größe: Der Duvenstedter Brook umfaßt 780 ha und ist seit 1958 in dieser Größe als NSG ausgewiesen.

Landschaft, Lebensräume, Vogelwelt: Betritt man den Duvenstedter Brook

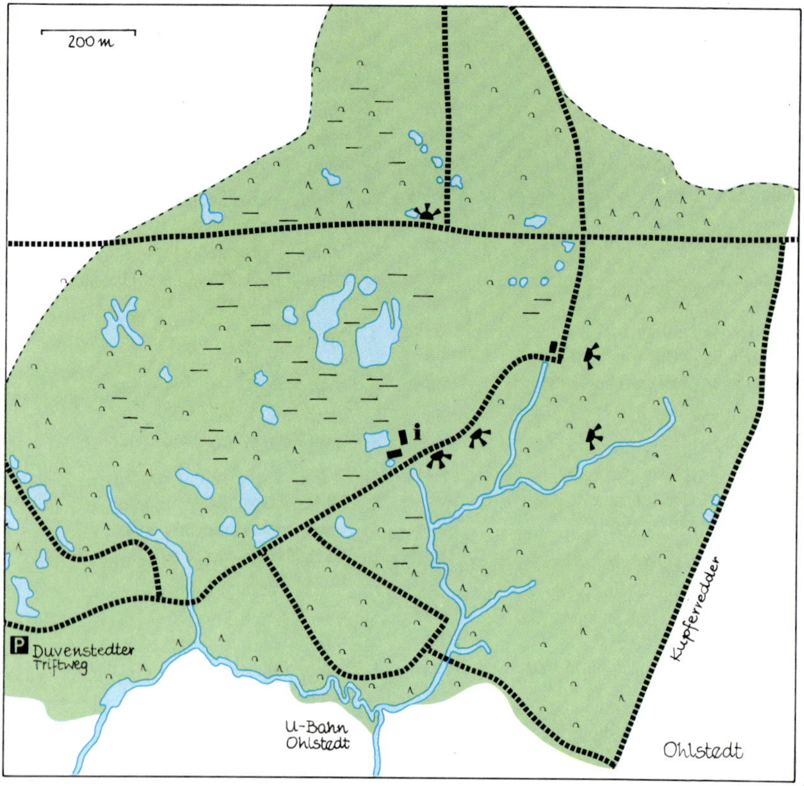

zum ersten Mal, so fühlt man sich zunächst in eine typische schleswig-holsteinische Landschaft versetzt: Das ebene Land wird teils als Acker, teils als Wiese oder Weide genutzt. Es ist von Knicks und einzelnen gehölzgesäumten Bächen durchzogen. Kleine Wälder sorgen für ein abwechslungsreiches Landschaftsbild.

Als Besonderheiten machen jedoch außerdem weite Moor- und Heideflächen sowie Birken- und Erlenwälder den Duvenstedter Brook für Pflanze, Tier und Naturfreund gleichermaßen attraktiv.

Der Mensch hat Teile des Moor- und Heidegebietes trockengelegt und in Acker- bzw. Grünland verwandelt; Torfstiche blieben als Zeugen der Brenntorfgewinnung zurück. Birken und Kiefern drohten das entwässerte Land zu erobern und die Moor- oder Heidevegetation zu überwuchern. Durch Anstau des Regenwassers wurden diese Gefahren in jüngster Zeit jedoch abgewendet, und in den Torfstichen begann die Regeneration des Moores mit einem üppigem Wachstum von Seggen, Torfmoos, Sumpfcalla, Sonnentau.

Im Nordosten des Duvenstedter Brooks entstanden auf nährstoffreichem und kalkhaltigem Lehm Erlen- und Birkenbruchwälder sowie Röhrichtflächen mit Schilf. Auch hier hat der Mensch Land urbar gemacht und Wiesen geschaffen; sie sind aber ziemlich sumpfig und bieten Orchideen Lebensraum, wenn kein Mineraldünger ausgestreut wird. Leider wurden einige Röhrichtflächen aufgeforstet, so daß dort eintönige Erlen-Stangenhölzer entstanden sind.

Der überwiegend feuchte bis nasse Duvenstedter Brook beherbergt eine der Lebensraumvielfalt entspre-

Im Duvenstedter Brook. *Foto: Helm*

chend reichhaltige Tierwelt. In den dreißiger Jahren wurden Rot- und Damhirsche in einem großen Gatter gehalten. Seit etwa 40 Jahren leben sie frei. Sie haben sich auf etwa 120 bzw. 40 Tiere vermehrt, und ihr Bestand soll jetzt streng nach Naturschutzgesichtspunkten reguliert werden, zumal zu den viel zu hohen Rotwildbeständen auch noch etwa 100 Rehe und 30 Stück Schwarzwild kommen.

Überaus reizvoll ist die Vogelwelt, die sowohl Bewohner des offenen Landes als auch des Waldes aufweist. Unter den Brutvögeln vertreten Stock- und Krickente die Wasservögel, Bekassine, Großer Brachvogel und Kiebitz die Watvögel. Raubwürger, Nachtschwalbe und Birkhuhn sind leider ausgestorben. Dies galt bis 1981 auch für den Kranich, der noch um 1890 brütete. Seitdem hat sich aber wieder ein Paar in einem sumpfigen Birkenbruch angesiedelt und bis 1986 zehn Jungvögel großgezogen. Im Bruchwald und Röhricht sind Waldschnepfe, Wasserralle, Teichhuhn, Pirol und viele andere Vogelarten zu Hause.

Bedeutung: Für den Duvenstedter Brook wurden 179 Vogelarten nachgewiesen, von denen 98 als Brutvögel gelten. Als Rastplatz für Gastvögel spielt der Brook kaum eine Rolle; die meisten Gastvögel werden überfliegend beobachtet.

Schutz, Gefährdung, Betreuung: Die Zeiten der Kultivierung und Entwässerung sind im Duvenstedter Brook vorbei. Die Naturschutzbehörden Hamburgs sorgen für eine Regeneration von Heide und Moor durch Zurückhalten des Wassers und die Ent-

Landschaftsangepaßter Beobachtungsstand im Duvenstedter Brook. *Foto: Helm*

fernung unerwünschter Gehölze. Begradigte Bäche werden wieder in ihr altes Bett zurückverlegt, so daß die Kleinfische Steinbeißer und Ellritze erneut in ihnen leben können.

Banngebiete wurden ausgewiesen. Sie dürfen nicht betreten werden, damit dort Pflanze und Tier wirklich ungestört bleiben. Dies gilt ganz besonders für den Kranich, der seit 1981 jährlich von 30 Bewachern des DBV und WWF ständig betreut worden ist. Einzelne Wege sind darum zeitweise gesperrt; dies gilt auch während der Hirschbrunft vom 1.9. bis 20.10. von 16 bis 8 Uhr.

Seit 1983 betreibt der Landesverband Hamburg des DBV ein Informationshaus am Duvenstedter Triftweg im Herzen des Gebietes. Hier bekommt man naturkundlichen Rat, und es werden öffentliche Führungen angeboten. Der Duvenstedter Brook wird von einer Arbeitsgemeinschaft betreut. Es sind der DBV, der BUND, der Botanische Verein und die Naturwacht. Für die Aufsicht im Gelände sorgen die Naturwacht und ein Flurwart.

Beobachtungsmöglichkeiten: Das Duvenstedter Brook ist mit Wander- und Reitwegen erschlossen. Auch Fahrradfahren ist möglich. Trotz der Stadtnähe und guten Erreichbarkeit bleibt eine ungestörte Naturbeobachtung gewährleistet. Diese lohnt sich zu jeder Jahreszeit. Doch erhält man von der Vogelwelt wohl zwischen Ende April und Anfang Juni den nachhaltigsten Eindruck.

Wolfgang Pflugradt hat sich die Mühe gemacht, dieses Kapitel zu überarbeiten.

Adressen:

Informationshaus, Duvenstedter Triftweg 203, 2000 Hamburg 65 (040-6072466)

Betreuer: Hanno G. Streng, Wendenstr. 29, 2000 Hamburg 1

Betreuer: Wolfgang Pflugradt, Osterbekstr. 114, 2000 Hamburg 76

DBV-Landesverband Hamburg, Bachstr. 81, 2000 Hamburg 62

WWF-Naturschutzstelle Nord (T. Neumann), Kuckucksredder 8, 2413 Breitenfelde

Literatur:

D. Brüchmann und W. Pflugradt (o.J.)

Brutvögel - Duvenstedter Brook (1986)
(+)=zunehmend, (−)=abnehmend

	Brutpaare
Zwergtaucher (Podiceps ruf.)	3
Weißstorch (Ciconia ciconia)	1 (−)
Krickente (Anas crecca)	7 (+)
Löffelente (Anas clypeata)	3 (+)
Sperber (Accipiter nisus)	3 (+)
Rohrweihe (Circus aeruginosus)	1 (+)
Baumfalke (Falco subbuteo)	1 (+)
Kranich (Grus grus)	1 (+)
Wasserralle (Rallus aquaticus)	2 (+)
Bekassine (Gallinago gallinago)	10 (+)
Waldschnepfe (Scolopax rust.)	7 (+)
G. Brachvogel (Numenius arq.)	1 (−)
Steinkauz (Athene noctua)	1 (−)
Eisvogel (Alcedo atthis)	3
Mittelspecht (Dendr. medius)	3
Kleinspecht (Dendr. minor)	3
Bergstelze (Motacilla cinerea)	3
Neuntöter (Lanius collurio)	2
Braunkehlchen (Saxicola rub.)	2
Nachtigall (Luscinia meg.)	1
Pirol (Oriolus oriolus)	2
Kolkrabe (Corvus corax)	1

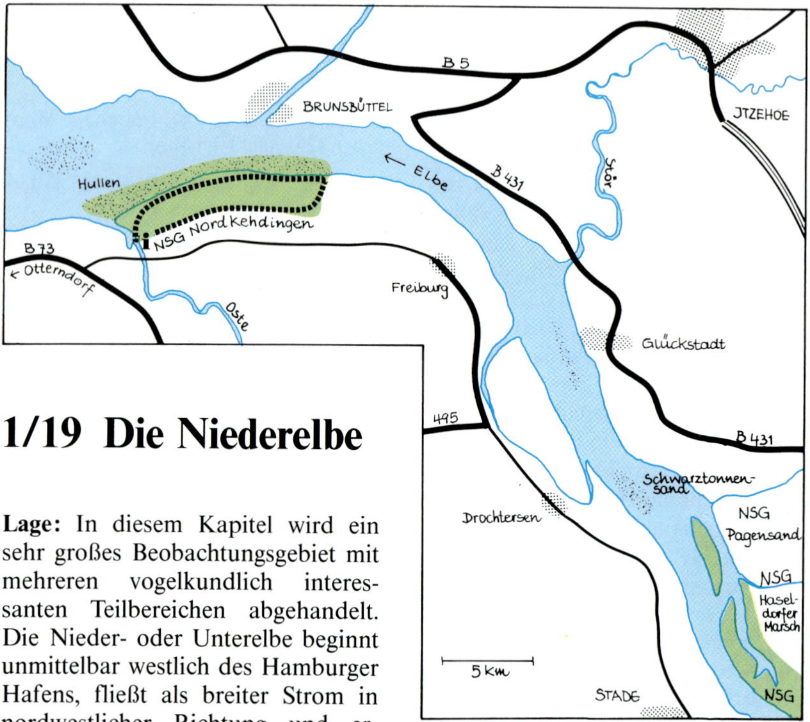

1/19 Die Niederelbe

Lage: In diesem Kapitel wird ein sehr großes Beobachtungsgebiet mit mehreren vogelkundlich interessanten Teilbereichen abgehandelt. Die Nieder- oder Unterelbe beginnt unmittelbar westlich des Hamburger Hafens, fließt als breiter Strom in nordwestlicher Richtung und erreicht die Nordsee bei Cuxhaven. Als Ausgangspunkt für Exkursionen sind ganz im Osten die hamburgische Elbinsel Finkenwerder und der Ort Neuenfelde zu empfehlen. Am schleswig-holsteinischen Nordufer bieten sich dafür Wedel, Hetlingen und Haseldorf an. Am niedersächsischen Südufer fährt man am besten nach Freiburg oder Neuhaus an der Oste. Mit der Bahn erreicht man Stade sowie Wedel, Glückstadt und Brunsbüttelkoog.

Größe: Die Niederelbe ist rund 80 km lang und 1,5–4 km breit. Vom Deich aus kann man das gegenüberliegende Ufer oft kaum erkennen. Die als Vogellebensraum bedeutsamen Vorländereien erreichen heute, nach Vollendung mehrerer Deichbauprojekte, nur noch eine Breite von 200–500 m, nur selten sind sie bis 1.400 m breit. Es gibt im Bereich der Niederelbe 10 NSGe, von denen 8 zusammen mit weiteren Vorland, Watt- und Wasserflächen zu dem 11.760 ha großen Feuchtgebiet internationaler Bedeutung „Niederelbe zwischen Barnkrug und Otterndorf“ gehören. 2600 ha davon wurden außerdem vom Internationalen Rat für Vogelschutz mit dem Prädikat „Europareservat“ ausgezeichnet. Obwohl vergleichsweise groß, bedecken die NSGe insgesamt nur einen sehr kleinen Teil des Niederelbegebietes.

Der südlichste Zipfel des Marschlandes am Nordufer, die Wedeler Marsch, umfaßt allein immerhin rund 1.000 ha!

Landschaft: Die Niederelbe ist der größte von den Meeresgezeiten beeinflußte Strom in der Bundesrepublik Deutschland. In ihrer Trichtermündung reichen Ebbe und Flut bis zu der 1959 errichteten Staustufe Geeesthacht oberhalb von Hamburg. Der Tidenhub beträgt rund 3 m, und Sturmfluten wirken sich bis über den Hamburger Hafen hinaus aus.

Das Süßwasser reicht in der Elbe normalerweise bis etwa Glückstadt, es folgt eine Brackwasserzone bis Cuxhaven, die dann in die offene Nordsee übergeht. Die Grenzen sind fließend: Bei geringem Abfluß von Elbwasser kann sich die Brackwasserzone bis zur Insel Pagensand hinaufschieben.

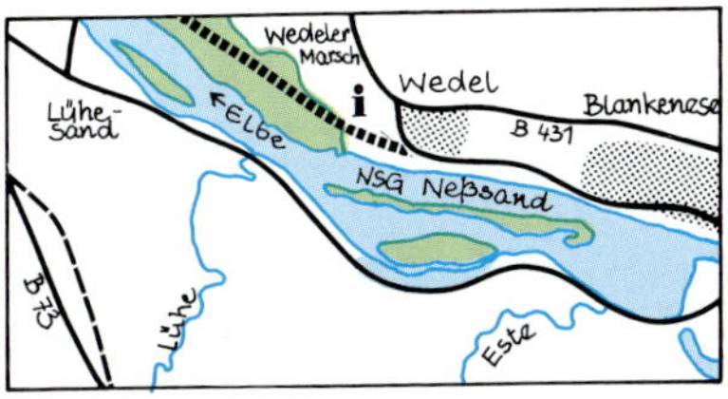

Lebensräume und Vogelwelt: Für die Vögel sind folgende Teile der Niederelbe-Landschaft besonders wichtig: Der Fluß ist von Natur aus nur rund 6 m tief, wurde aber für große Seeschiffe bis auf 13,5 m bei Niedrigwasser ausgebaggert. Die dabei geförderten Sand- und Schlickmassen wurden vor allem auf den zwischen Finkenwerder und Glückstadt gelegenen Inseln aufgespült, die dadurch vergrößert und aufgehöht wurden. Neßsand, Lühesand, Pagensand, Schwarztonnensand und die Rhinplate wurden dadurch stark verändert und tragen nun neben Röhricht, Weiden- und Pappelwäldchen sowie Grünland auch Aufforstungen, Ackerland und Sandflächen. Insbesondere letztere entwickelten sich für die Brutvögel zu wichtigen Sekundärlebensräumen. Neben im Binnenland verbreiteten Wat- und Wasservögeln nisten hier auch Küstenvögel, wie die Artenlisten für Lühe-, Pagen- und Schwarztonnensand zeigen.

Vor den Ufern der Niederelbe liegt auf weiten Strecken periodisch überflutetes bzw. freifallendes Brack- oder Süßwasserwatt aus Sand oder Schlick. Am bekanntesten ist das Wattgebiet vor der Wedeler Marsch, ein von vier Steinbuhnen (Stacks) zerteilter, rund 4 km langer und 800 m breiter Bereich. Es ist mit Horsten meterhoher Simsen bewachsen, und im Boden leben Kleintiere in unvorstellbarer Menge.

Das dem Hochwasser ausgesetzte, vor dem Deich gelegene Grünland erstreckte sich vor der Sturmflut 1962 über 336 qkm. Seitdem sind davon rund 250 qkm eingedeicht worden. In Nordkehdingen sind die Vorlandflächen nur noch wenige hundert Meter bis einen Kilometer breit. Sie können nur sparsam beweidet oder in Maßen gemäht werden und gehören deshalb als Brut-, Ruhe- oder Nahrungsplatz zum Habitat vieler Wat- und Wasservögel.

In der Wedeler Marsch blieb der Deichbau (vorerst?) ohne größere Folgen, weil über die Wedeler Au weiterhin normale Tidebewegungen in das Grünland hineinreichen.

Überschwemmungen des Graslandes mit Düngeeffekt werden nun jedoch durch ein Sperrwerk an der Mündung verhindert. Watvögel und Enten hielten in der Wedeler Marsch zwar im allgemeinen ihre Brutdichte; Enten, Gänse und Schwäne verloren aber wichtige Rastflächen auf überschwemmten Wiesen und fanden in zwei Bodenentnahmestellen, die sich rasch zu naturnahen Teichen entwickelt haben, nur einen teilweisen Ersatz.

Das Vogelleben an der Niederelbe ist trotz aller Beeinträchtigungen reichhaltig geblieben. Seine Beobachtung lohnt sich zu jeder Jahreszeit. In der Wedeler Marsch zum Beispiel wurden bisher rund 270 Arten, das sind etwa 60% der in Europa vorkommenden Vogelformen, beobachtet; rund 80 davon gelten als Brutvögel. Für Neßsand werden 150 Vogelarten (ca. 60 Brutvögel) angegeben.

Im April/Mai bestimmen die balzenden Watvögel (Uferschnepfe, Rotschenkel, Kiebitz, Bekassine etc.) in und über den Wiesen das Vogelleben. Ab Juli beginnt schon wieder der Durchzug der Vögel mit dem Auftreten der ersten Wasserläufer, Strandläufer, Trauerseeschwalben etc.. Er erreicht im September/Oktober seinen Höhepunkt, wenn wieder Enten, Gänse und Zwergschwäne erscheinen. Viele von ihnen werden erst durch strengen Frost im Dezember vertrieben.

Im August oder September werden von besonders heftigen Stürmen Seeschwalben oder Möwen von der Küste in die Elbmündung verschlagen, oder es geraten dann Hochseevögel wie Eissturmvogel oder Baßtölpel derart tief ins Binnenland.

Niederelbe: Naturschutzgebiet Neßsand. *Foto: Augst*

Regelmäßiger kann man in der Wedeler Marsch um die Monatswende September/Oktober bei leichtem Ost- bis Südostwind in den frühen Morgenstunden mit beeindruckendem Vogelzug rechnen: Finken, Pieper, Schwalben, Meisen, Drosseln, Lerchen, Tauben, Greifvögel etc. Viele von ihnen scheuen sich, bei solcher Wetterlage die Niederelbe zu überfliegen und folgen dann dem Ufer in Richtung Hamburg.

Bedeutung: Die Niederelbe gehört zu den wichtigsten Wasservogel-Rastgebieten Europas. Es können allein in Nord- und Südkehdingen bis zu 35% des Weltbestandes des Zwergschwans (das sind etwa 4000 Vögel) oder 36% der an der Nordsee durchziehenden Nonnengans zur Rast einfallen. Unter den bei den Internationalen Wasservogelzählungen in der Bundesrepublik Deutschland erfaßten Gebiete nimmt die Niederelbe hinsichtlich der Vogelmenge einen der ersten Ränge ein. Zu den Brutvögeln zählen mehr als 28 Arten, die als gefährdet auf der „Roten Liste" stehen.

Schutz, Gefährdung, Betreuung: Auf zwei Inseln sowie hauptsächlich im Deichverband und im Watt gibt es derzeit zehn NSGe mit zusammen 7.210 ha Fläche.

Und doch ist die Niederelbe kein Naturparadies mehr. Seit 1965 entwickelt sie sich immer mehr zu einer Industrie- und Agrarlandschaft: Bei Stade-Bützfleth und Brunsbüttel entstanden vor allem Kernkraftwerke und chemische Großindustrie; auch im Hamburger Hafenbereich siedelten sich weitere Betriebe an. Bei Cuxhaven/Altenbruch und in Glückstadt sind immer noch Großvorhaben in Planung. Bei Lühesand führen zwei Stromleitungen über die Elbe mit Masten so hoch wie der Kölner Dom. Zahlreiche Vögel prallen nachts gegen die über dem Strom tief durchhängenden Kabel, verletzen sich oder kommen um.

Das Elbwasser wird – trotz neuer Kläranlagen – durch die Industriekomplexe, aber auch durch vermehrte Einleitungen aus Hamburg und der DDR immer stärker mit gifthaltigem Abwasser belastet. Sauerstoffschwund führt alljährlich im Sommer zwischen Hamburg und Pagensand zu biologisch toten Zonen. 1983 forderte eine Botulismus-Epidemie in der Wedeler Marsch mindestens 20.000 Opfer unter den Wasservögeln.

Der Landesverband Hamburg des DBV fing als erster mit der Betreuung von Brutplätzen auf Lühe- und Pagensand durch je einen Vogelwart an. 1952 wurde der Neßsand als erstes NSG ausgewiesen. Erst 1970 folgte das Vogelschutzgebiet Hullen als nächstes. Hier betreut der Verein Jordsand die Brutvögel. Gleiches tut er mindestens seit 1981 auf dem Schwarztonnensand.

Weitere acht NSGe kamen seitdem hinzu, aber sie bilden insgesamt keinen Ausgleich zu den schweren Eingriffen. Auch die Verwirklichung noch weiterer Pläne für NSGe (z. B. Asseler Sand und Wedeler Marsch) wird daran nichts ändern.

In Niedersachsen kann die Jagd auf Wasservögel eingeschränkt oder untersagt werden, indem bestimmte Bezirke als Wildschutzgebiete ausgewiesen werden. Das ist in den

NSGen Nordkehdingens der Fall. Hier ist übrigens außerdem einer der ganz wenigen hauptamtlichen Naturschutzwarte in der Bundesrepublik Deutschland tätig. Er beaufsichtigt die geschützten Bereiche und bemüht sich, Übertretungen der Schutzverordnung, z. B. Verstöße gegen das Betretungsverbot, zu unterbinden.

In Schleswig-Holstein ist die Ausweisung von für den Artenschutz wichtigen Bereichen möglich. So ist die Graureiherkolonie bei Haseldorf, in der 1983 fast 200 Paare horsteten, derart geschützt. Sie darf nicht betreten werden.

Beobachtungsmöglichkeiten: Die weiten Entfernungen zu den Vögeln im Watt oder im Grünland machen ein gutes Fernglas erforderlich. Nicht alle Bereiche sind ohne weiteres oder jederzeit zugänglich. Die Inseln sind nur mit dem Boot erreichbar. Die NSGe dürfen entweder gar nicht (z. B. Ostemündung oder Hullen), nur auf den Wegen (Neßsand, Haseldorfer Binnenelbe) oder lediglich zeitweise auf einzelnen freigegebenen Deichstrecken (Nordkehdingen I und II, Allwördener Außendeich) betreten werden. Jeder Vogelbeobachter muß strikt die unter den NSG-Tafeln angebrachten Gebotsschilder beachten!

Trotzdem gibt es genügend Möglichkeiten zum Studium der Vogelwelt: Die Finkenwerder Elbbucht (Mühlenberger Loch) erreicht man über Finkenwerder oder Neuenfelde. Vom Deich aus kann man die Wasser- und Wattflächen nach Vögeln absuchen. Das Gebiet entwik-

NSG Haseldorfer Binnenelbe mit Zwergschwänen. *Foto: Augst*

kelte sich erst nach der Abdämmung der Alten Süderelbe (1963) zu einem Wasservogelreservat. Da die Strömung ausblieb, lagerte sich vermehrt Schlick ab. Bei Niedrigwasser fallen entsprechend weite Wattflächen frei, die namentlich im September/Oktober, weniger auch im März/April von Enten, Möwen und Watvögeln aufgesucht werden.

Am leichtesten erreichbar und am bequemsten begehbar sind die Haseldorfer und Wedeler Marsch. Dieses Gebiet gilt zurecht als ein Mekka der Hamburger Feldornithologen. Man fährt am besten mit der S-Bahn bis Wedel und geht dann elbeabwärts auf dem Deich über Fährmanns- und Giesensand bis Hetlingen (6 km) oder Haseldorf (15 km). Man kann von dort mit dem Bus nach Wedel zurückkehren.

Mit dem Auto steuert man am besten den Parkplatz bei Fährmannssand oder den Ort Scholenfleth bei Haseldorf an. Blicke vom Deich ins Watt und in die Wiesen lohnen sich das ganze Jahr über. Für die Beobachtungen besonders vorteilhaft ist natürlich auflaufendes Wasser oder Hochwasser. Dann verlagern sich die Vogelschwärme näher ans Ufer oder in die binnendeichs gelegenen Wiesen.

Von Feldornithologen geführte Exkursionen in die Wedeler und Haseldorfer Marsch und Besuche des Informationszentrums (Herrmann-Kroll-Haus) stehen ständig im Programm des DBV und des Deutschen Jugendbundes für Naturbeobachtung (s. Adressen).

Im Bereich der Vordeichung Nordkehdingen sind jederzeit Führungen durch den vom Landkreis Stade angestellten, hauptamtlichen Naturschutzwart möglich. Empfehlenswert sind zur Vogelbeobachtung auch Radtouren auf dem neu angelegten Wegenetz innerhalb der Vordeichung, zumal man hier auch einige der für Vogelschutzzwecke hergerichteten Bodenentnahmestellen einsehen kann.

In der Nähe des Ostesperrwerkes errichtet der Landkreis Stade derzeit ein Naturkundemuseum mit Vogelbeobachtungsstation.

Adressen:

DBV-Landesverband Hamburg, Bachstr. 81, 2000 Hamburg 62 (040-225454)

DBV-Ortsgruppe Elmshorn, H. H. Dürnberg, Wrangelpromenade 10, 2200 Elmshorn

DBV-Ortsgruppe Glückstadt, Ulf Ostermann, Königstr. 44, 2208 Glückstadt

DBV-Ortsgruppe Uetersen, Michael Kruse, Großer Wulfhagen 39, 2082 Uetersen

DBV-Ortsgruppe Wilstermarsch, G. Grünhagen, Rumfletherstr. 11, 2213 Wilster

Staatliche Vogelschutzwarte, Steindamm 22, 2000 Hamburg 1 (040-248251)

Verein Jordsand, Haus der Natur Wulfsdorf, 2070 Ahrensburg (04102-32656)

Dieter Klaehn, Karl-Kühlke-Str. 56, 2160 Stade

Gerhard Großkopf, Zum Pulverberg 5, 2160 Stade

Hans Jacobi, Liethfeld 11, 2000 Wedel/Holstein

Literatur:

G. Großkopf und D. Klaehn (1983); B. Hälterlein (1984); C. Holzapfel, O. Hüppop und R. Mulsow (1984); G. Helm (1986); H. Jacobi u. V. Dinse (1985); H.-J. Spitzenberger (1984); R. Wagner (1984).

Brutvögel - Niederelbe (1978-84)

1 = Wedeler Marsch, 2 = Lühesand, 3 = Pagensand, 4 = Schwarztonnensand, 5 = Nordkehdingen (Deichvorland Freiburg bis Ostemündung, ohne Hullen), 6 = Hullen

	Brutpaare					
	1	2	3	4	5	6
Brandgans (Tadorna tadorna)	...	0-10	25	10	30	4
Krickente (Anas crecca)	...	-	2	...	13	2
Stockente (Anas platyrhynchos)	40	3-5	20	25	85	6
Knäkente (Anas querquedula)	20	-	2	1	25	2
Löffelente (Anas clypeata)	45	0-1	6	25	58	4
Reiherente (Aythya fuligula)	...	1-2	-	-	35	4?
Rohrweihe (Circus aeruginosus)	...	-	-	-	13	-
Wiesenweihe (Circus pygargus)	-	-	-	-	1	-
Wachtelkönig (Crex crex)	1-3	-	-	-	-	-
Bleßhuhn (Fulica atra)	-	1-2	1	-	65	-
Austernfischer (Haematopus ostralegus)	5-10	10	20	25	100	37
Kiebitz (Vanellus vanellus)	200	0-2	35	15	240	60
Sandregenpfeifer (Charadrius hiaticula)	...	-	5	3	20	4
Flußregenpfeifer (Charaddrius dubius)	...	-	3	2	1	-
Seeregenpfeifer (Charadrius alexandrinus)	-	-	1	2	2	-
Bekassine (Gallinago gallinago)	40	-	7	-	9	-
Waldschnepfe (Scolopax rusticola)	-	-	1	-	-	-
Großer Brachvogel (Numenius arquata)	-	-	2	5	-	-
Uferschnepfe (Limosa limosa)	60	-	6	20	100	8
Rotschenkel (Tringa totanus)	65	-	9	5	150	20
Kampfläufer (Philomachus pugnax)	5-15	-	-	4	14	4
Säbelschnäbler (Recurvirostra avosetta)	...	-	4	20	335	46
Silbermöwe (Larus argentatus)	-	50	-	60	12	-
Sturmmöwe (Larus canus)	-	620	70	200	50	50
Lachmöwe (Larus ridibundus)	-	-	-	-	1250	2500
Flußseeschwalbe (Sterna hirundo)	-	-	-	-	360	240
Küstenseeschwalbe (Sterna paradisaea)	-	-	1	-	17	4
Zwergseeschwalbe (Sterna albifrons)	-	-	4	-	-	-
Sumpfohreule (Asio flammeus)	-	-	-	-	13	-
Feldlerche (Alauda arvensis)	180	15	25	-	...	-
Schafstelze (Motacilla flava)	35	4	16	-	-	-
Wiesenpieper (Anthus pratensis)	65	-	-	...	...	24
Schilfrohrsänger (Acrocephalus schoenob.)	-	-	...	-	-	-
Braunkehlchen (Saxicola rubetra)	...	-	-	-	-	-
Steinschmätzer (Oenanthe oenanthe)	-	...	-	-	-	-
Beutelmeise (Remiz pendulinus)	-	...	...	-	-	-

Gastvögel - Niederelbe (um 1980)
1 = Mühlenberger Loch / Finkenwerder Elbbucht, 2 = Süßwasserwatten Wedeler und Haseld. Marsch, 3 = Nordkehdingen

	Höchstzahlen		
	1	2	3
Haubentaucher (Podiceps cristatus)	100	-	10
Kormoran (Phalacrocorax carbo)	100	40	10
Höckerschwan (Cygnus olor)	30	60	50
Singschwan (Cygnus cygnus)	60	300	65
Zwergschwan (Cygnus bewickii)	30	880	2.000
Saatgans (Anser fabalis)	90	400	1.000
Kurzschnabelgans (Anser brachyrhynchus)	25	100	150
Bleßgans (Anser albifrons)	170	900	5.000
Graugans (Anser anser)	40	2.500	5.000
Kanadagans (Branta canadensis)	-	20	120
Nonnengans (Branta leucopsis)	350	130	15.000
Brandgans (Tadorna tadorna)	2.000	770	2.000
Pfeifente (Anas penelope)	150	3.000	4.000
Schnatterente (Anas strepera)	13	25	50
Krickente (Anas crecca)	8.000	8.700	4.000
Stockente (Anas platyrhynchos)	4.700	5.000	10.000
Spießente (Anas acuta)	100	1.500	700
Knäkente (Anas querquedula)	20	70	-
Löffelente (Anas clypeata)	1.100	400	200
Tafelente (Aythya ferina)	3.540	-	600
Reiherente (Aythya fuligula)	8.000	-	20
Schellente (Bucephala clangula)	1.000	-	100
Zwergsäger (Mergus albellus)	200	-	100
Gänsesäger (Mergus merganser)	100	190	200
Bleßhuhn (Fulica atra)	150	400	100
Austernfischer (Haematopus ostralegus)	...	50	600
Kiebitz (Vanellus vanellus)	...	4.000	5.000
Sandregenpfeifer (Charadrius hiaticula)	...	60	300
Flußregenpfeifer (Charadrius dubius)	...	30	10
Kiebitzregenpfeifer (Pluvialis squat.)	...	50	100
Goldregenpfeifer (Pluvialis apricaria)	...	1.000	10.000
Bekassine (Gallinago gallinago)	...	300	350
Dunkler Wasserläufer (Tringa erythropos)	...	40	3.000
Rotschenkel (Tringa totanus)	...	140	300
Flußuferläufer (Tringa hypoleucos)	...	110	50
Alpenstrandläufer (Calidris alpina)	...	400	1.000
Kampfläufer (Philomachus pugnax)	...	500	500

1/20 Stapelholm: Eider-Sorge-Treene-

Lage: Die Landschaft Stapelholm mit der von Eider, Sorge und Treene durchflossenen Niederung liegt zwischen Husum und Rendsburg. Die B 202 von Friedrichstadt nach Rendsburg führt durch die Niederung. Den Gebietsteil an der Alten Sorge erreicht man, indem man bei Christiansholm nach Norden in Richtung Meggerdorf/Bergenhusen abbiegt. Zwischen beiden Orten liegt die Alte-Sorge-Niederung.

Größe: Die gesamte Eider-Sorge-Treene-Niederung umfaßt grob 10.000 ha, davon rund ¼ unter Meeresniveau. Der Alte-Sorge-Niederung kann man rund 900 ha zurechnen. Davon wurden 600 ha 1986 als NSG einstweilen sichergestellt.

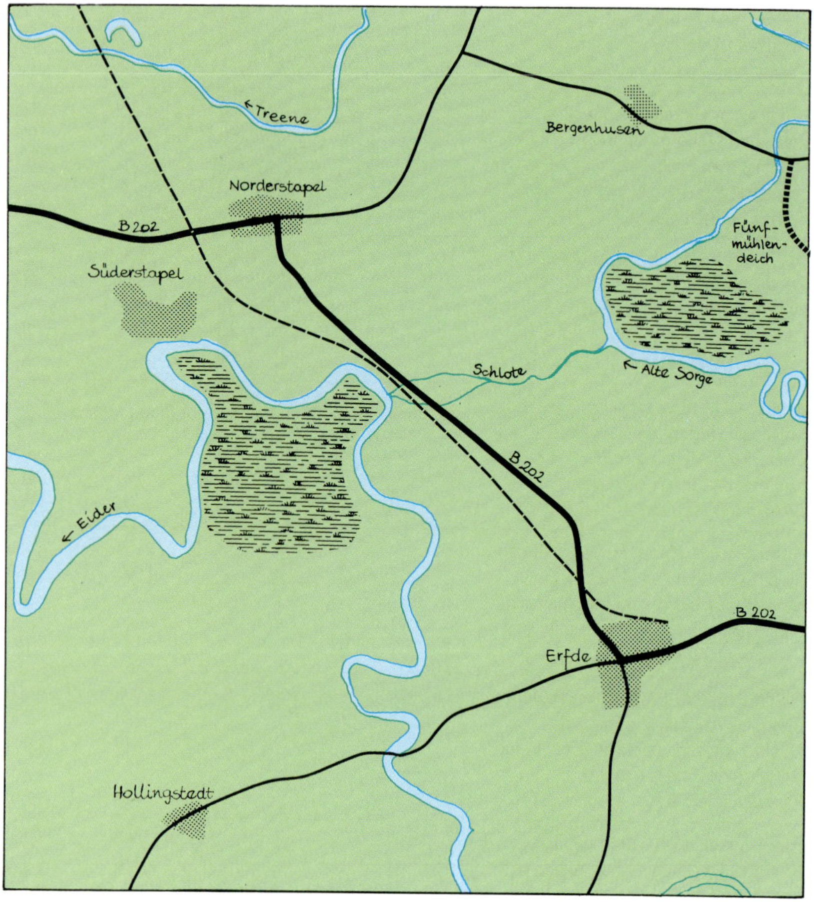

Niederung

Landschaft, Lebensräume, Vogelwelt: Bereits seit dem 16. Jahrhundert bemüht man sich, durch Eindämmung der Flüsse, durch Kanäle und Windpumpen die Niederung urbar zu machen. 1845 wurde der umdeichte Meggersee in 14 Tagen mit einer Dampfmaschine leergepumpt. Dem folgten weitere Maßnahmen, gekrönt vom Eidersperrwerk 1968.

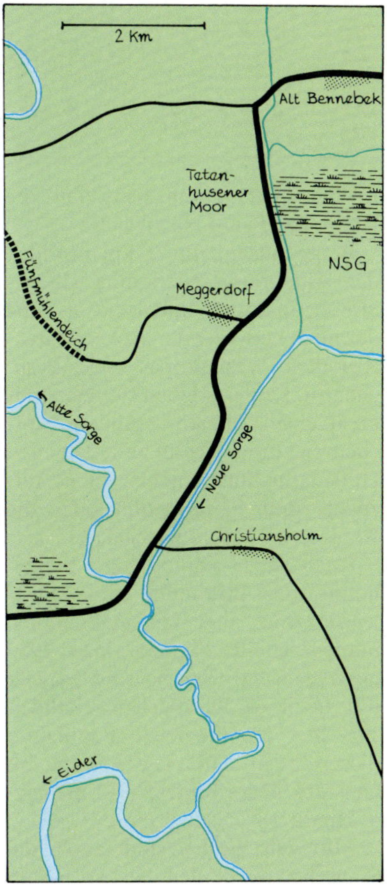

Das alles trug zum Bild der heutigen Niederungs-Landschaft bei: Weite, fast baumlose, von Gräben, Kanälen und Flüssen durchzogene und nahezu unbesiedelte Grünlandflächen. Nur stellenweise sorgen Geestinseln mit von Knicks durchzogenem Ackerland, Flachmoore mit Schilf und Weidengebüsch sowie durch Torfstich zerstückelte Hochmoore für etwas Abwechslung. Als einziger See blieb der 1 qkm große und nur 1–1,5 m tiefe Hohner See erhalten.

Die durch Deiche und eine Schleuse abgedämmte Alte Sorge windet sich in prachtvollen Mäandern durch das Herz der Eider-Sorge-Treene-Niederung. In der größten Schleife sind alle Lebensräume der Landschaft Stapelholm beispielhaft vertreten: Die Alte Sorge fließt kaum noch, erreicht eine Breite um 50 m und wird am Ufer von Schilf, Wasserschwaden, Seggen und Sumpfdotterblumen gesäumt. Auf dem Wasser breiten sich Teichrosen und Froschbiß aus. Dies ist einer der wenigen Orte in Schleswig-Holstein (und in ganz Deutschland), wo der fast schon ausgerottete Fischotter noch vorkommt. Er lebt dort so heimlich, daß man ihn eigentlich nie zu Gesicht bekommt.

Im Zentrum der Alten-Sorge-Niederung liegen die Reste des Colsrack-Moores. Dies ist ein durch Handtorfstich, Entwässerungsgräben und Parzellierung verändertes Hochmoor, in dem nur noch besonders feuchte Bodenvertiefungen die typischen Moorpflanzen zeigen. Weite Flächen sind in Grünland umgewandelt, tragen Pfeifengras- und Gagelvegetation oder sind mit Birken zugewachsen. Standortfremde Fichtenforste zeigen ebenso wie Flächen mit Glocken- und Besenheide die Austrocknung des Moores an. Nordwestlich vom Hochmoor liegt ein kleines Flachmoor, wo Schilf und Weidengebüsch vorherrschen.

Die Landschaft Stapelholm gilt heute als klassischer Wiesenbrüterbiotop. Die hier lebenden Arten können nur überleben, wenn die traditionelle Grünlandnutzung weitergeführt wird, was erfreulicherweise auf weiten Flächen, besonders auch in der Alten-Sorge-Niederung, der Fall ist.

Das weite Wiesen- und Weideland in der Alten-Sorge-Niederung gilt als Verbreitungsschwerpunkt der Uferschnepfe in Schleswig-Holstein, als der Platz mit der höchsten Brutdichte dieser Art. Dennoch sind bestimmte Alarmzeichen unübersehbar: Die Bekassine hat stark abgenommen. Der Kampfläufer war noch vor wenigen Jahrzehnten häufig; sein Bestandsrückgang begann wahrscheinlich schon nach der Eiderabdämmung bei Nordfeld 1936. Die Doppelschnepfe ist seit 80, der Alpenstrandläufer seit 30, die Trauerseeschwalbe seit 20 und der Raubwürger seit etwa 10 Jahren als Brutvogel ausgestorben.

Von den Vögeln, die in der Umgebung der Alten-Sorge-Niederung brüten, sie aber regelmäßig zur Nahrungssuche anfliegen, gehören die Wiesenweihe (1981: 16 Paare in Stapelholm) und der Weißstorch. Letzterer gilt als Barometer für die Umweltqualität in Stapelholm und zeigt seit langem durch Abnahme der Horstpaare eine Verschlechterung an:

Storchenpaare

Jahr	Summe in Stapelholm	davon in Bergenhusen
1934	166	46
1939	177	59
1946	83	32
1958	87	34
1963	86	25
1965	80	20
1971	84	25
1973	53	13
1981	44	23
1982	50	16
1983	...	17
1984	23	12
1985	25	8
1986	22	10
1987	21	9
1988	...	9

In manchen Jahren hatte nur die Hälfte der Paare Nachwuchs.

Bergenhusen, nur 2 km nördlich der Alten-Sorge-Niederung gilt als Storchenparadies und lockt als eine der noch bedeutenderen Weißstorch-Kolonien Westeuropas viele Besucher an. Leider erleben sie heute nur noch einen Abglanz früheren Storchenreichtums. Daran änderten auch Hilfsmaßnahmen nichts: Eine Aufzucht- und Pflegestation oder die Anlage von Nahrungsteichen.

Auch ein Hochmoorvogel Stapelholms, das Birkhuhn, wird gegenwärtig trotz aller Hilfsmaßnahmen immer seltener. Sprach man 1980 noch von 100–200, so sind es jetzt nur noch ca. 50 Vögel. Es handelt sich hier um die letzte Population dieser Art in Schleswig-Holstein. Im Colsrack-Moor brütete 1981 die letzte Henne.

Mit den Enten sind auch die Singschwäne in den letzten Jahren als Wintergäste ausgeblieben. Im Januar 1981 waren noch 40 Vögel zu sehen. Der Zwergschwan hingegen tritt erst seit 10–15 Jahren auf und bringt es in jedem Winter auf Trupps von 100–200 Vögeln. Anscheinend ist er nicht so sehr auf flach überschwemmtes Grünland angewiesen.

Bedeutung: Die Landschaft Stapelholm ist ein weiträumiger, noch nicht allzu intensiv bewirtschafteter Grünlandbereich, wie er für Schleswig-Holstein typisch ist. Sie gilt als größtes, zusammenhängendes Wiesenvogelbrutgebiet des Landes (Uferschnepfe) und ihr wird auf Grund der hohen Zahlen rastender Watvögel internationale Bedeutung zugeschrieben. (Vergleichen Sie die Gastvogelliste.)

Schutz, Gefährdung, Betreuung: Bisher ist für den Naturschutz in Stapelhom wenig geschehen. Es gibt drei NSGe in Nieder- und Hochmooren. Mit dem Projekt Alte-Sorge-Niederung (das jetzt von der Stiftung Naturschutz Schleswig-Holstein betreut wird) wurde aber jüngst erstmals damit begonnen, auch Grünland unter Beibehaltung der herkömmlichen Nutzung zu erhalten. Es wird von der Bundes- und Landesregierung aufgekauft und an die Bauern mit Nutzungsauflagen (geringere Düngung, spätere Mahd, sparsamere Beweidung u.ä.) zu einem verbilligten Preis wieder verpachtet. Man hofft, damit sowohl der traditionellen Landwirtschaft als auch Tieren und Pflanzen die Weiterexistenz zu ermöglichen.

Stapelholm: Alte Sorge Niederung. (SH-571/309) *Foto: Augst*

Ein Teil des Grünlandes soll im Februar/März flach mit Wasser überstaut werden, um wieder Schwäne und Enten anzulocken. Das Colsrack-Moor wird wieder vernäßt und die hindurchführenden Wege werden unpassierbar gemacht. Der Flachmoorbereich bleibt sich selbst überlassen.

Beobachtungsmöglichkeiten: Man kann in der Landschaft Stapelholm leicht von der Straße oder von Wegen aus die charakteristischen Vögel beobachten. Das übersichtliche Gelände gestattet kilometerweite Einblicke, ein Fernrohr wird da gute Dienste leisten. Einen schönen Überblick gewinnt man vom Fünfmühlendeich aus, der zwischen Meggerdorf und Alter Sorge verläuft. Die Alte-Sorge-Niederung ist zu Fuß oder mit dem Rad auf zwei Wirtschaftswegen zugänglich. Von ihnen darf nicht abgewichen werden. Am empfehlenswertesten ist ein Besuch im Mai, wenn die Watvögel balzen und die Wiesen zu blühen beginnen.

Adressen:

DBV-Ortsgruppe Bergenhusen, Jens Paarmann, Hersbarg 18, 2381 Bergenhusen

WWF-Naturschutzstelle Nord, Th. Neumann, Kuckucksredder 8, 2413 Breitenfelde

Stiftung Naturschutz Schleswig-Holstein, Düsternbrookerweg 104, 2300 Kiel (0431-5961)

Literatur:

H. Kuschert (1983); P. Prokosch u. K. Kirchhoff (1983); C. Degn u. U. Muuß (1984).

Bekassine

Brutvögel - Stapelholm (Stand 1981)

	Brutpaare
Rohrdommel (Botaurus stellaris)	4
Wespenbussard (Pernis apivorus)	3
Schwarzer Milan (Milvus migrans)	2
Rohrweihe (Circus aeruginosus)	50
Wiesenweihe (Circus pygargus)	16
Birkhuhn (Lyrurus tetrix)	20
Wachtelkönig (Crex crex)	5
Kiebitz (Vanellus vanellus)	2.000
Bekassine (Gallinago gallinago)	235
Großer Brachvogel (Numenius arquata)	3-x
Uferschnepfe (Limosa limosa)	220
Rotschenkel (Tringa totanus)	85
Kampfläufer (Philomachus pugnax)	Brut ?
Trauerseeschwalbe (Chlidonias niger)	7
Sumpfohreule (Asio flammeus)	1-5

Gastvögel - Stapelholm

	Höchstzahlen
Kiebitz (Vanellus vanellus)	44.000
Goldregenpfeifer (Pluvialis apricaria)	10.000
Bekassine (Gallinago gallinago)	20.000
Kampfläufer (Philomachus pugnax)	1.200

2 Nordseeküste, westliches und nördliches Niedersachsen

Bereits die Zahl der in diesem Abschnitt beschriebenen Vogelbiotope macht deutlich, welche Bedeutung die deutsche Nordseeküste für die Vogelwelt unseres Landes besitzt. Die für den Binnenländer unvorstellbar großen Zahlen der hier rastenden, mausernden, überwinternden und brütenden Vögel haben von jeher das Interesse der Menschen geweckt.

Man darf es als ein wahres Glück bezeichnen, daß sich in diesen Vogelparadiesen bereits frühzeitig, nämlich um die Jahrhundertwende, Naturfreunde für den Schutz der Vögel und ihrer Lebensräume eingesetzt haben. Bald entstanden daraus Naturschutzvereine, wie der Mellumrat, der Verein Jordsand und andere, teils lokal, teils regional tätige Vereinigungen. Ihrem Wirken ist es zu verdanken, daß so mancher Lebensraum für die Küstenvögel bewahrt und damit so manche Art als Brutvogel bei uns erhalten werden konnte. Der Seevogelschutz entwikkelte sich zum Vorreiter des Vogelschutzes in Deutschland. Noch heute sind viele Seevogelschutzgebiete Modelle für fachkundigen Biotop- und Artenschutz, für Ökomanagement und Besucherlenkung.

Die **Brutvogelwelt** der deutschen Nordseeküste unterscheidet sich, wie schon gesagt, sowohl quantitativ als auch qualitativ von der der Ostseeküste. Vor allem die großen Anzahlen fallen dem Besucher sofort ins Auge. Das Geschrei einer Möwen- oder Seeschwalben-Kolonie, die Rufe der Austernfischer und Rotschenkel, das gehört zur Wattenlandschaft, wie der Wind und die Brandung, wie der Tanggeruch und der weite Himmel, die Dünen und die Marsch.

Reichlich zwei Drittel aller an der Nordseeküste brütenden Nicht-Singvögel gehören den Möwenartigen an: Lach- und Silbermöwen, Fluß-, Küsten- und Brandseeschwalben hauptsächlich. Das restliche Drittel wird von Watvögeln gestellt: Austernfischer, Rotschenkel, Säbelschnäbler sind die häufigsten. Von sonstigen Wasser- und Ufervögeln können mit diesen dominierenden Arten auch Brandgans, Eiderente, Stock- und Löffelente und selbst der vergleichsweise häufige Kiebitz nicht mithalten.

Rotschenkel

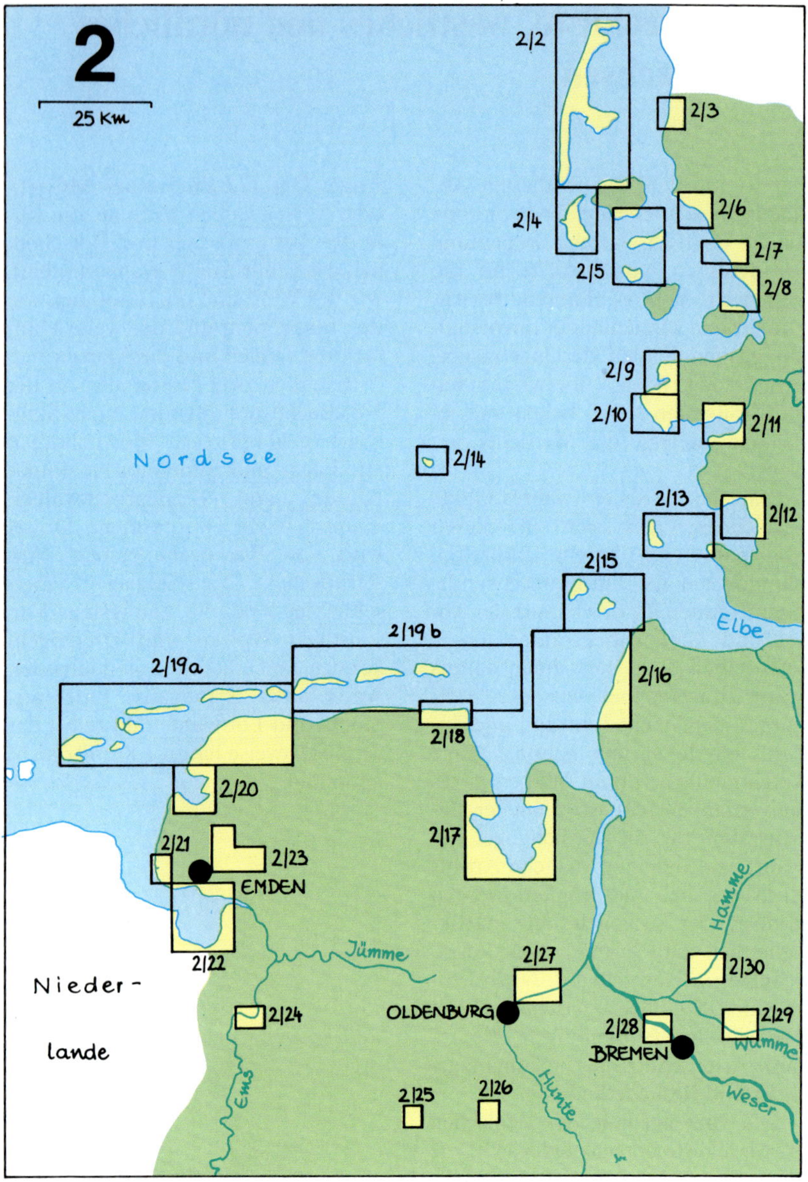

2
25 Km
2/2
2/3
2/4
2/5
2/6
2/7
2/8
2/9
2/10
2/11
Nordsee
2/14
2/13
2/12
2/15
Elbe
2/19 b
2/19a
2/16
2/18
2/20
2/17
2/21
2/23
EMDEN
Hamme
2/22
Jümme
2/27
2/30
Nieder-
lande
2/24
OLDENBURG
2/28
2/29
BREMEN
Wümme
Ems
Hunte
Weser
2/25
2/26

Vielleicht noch spektakulärer sind die großen Schwärme und Trupps von **Durchzüglern.** Die Nordseeküste stellt ja in Europa eine wichtige Leitlinie für nord- und osteuropäische Brutvogelarten dar. Manche Arten, wie die Brandgans, versammeln sich hier zu längerer Mauserrast; Nonnen- und Ringelgänse verbringen hier regelmäßig und in großen Scharen den Winter, ebenso Pfeif- und Eiderenten. Die überragende Bedeutung des Wattenmeers für den internationalen Vogelschutz liegt in der Tatsache, daß dieser nahrungsreiche Lebensraum oft dem gesamten Bestand einer Art (z.B. Nonnengans) als unersetzliches Winter- oder Rastquartier dient.

Auch für die nach Zehntausenden zählenden Limikolen-Schwärme, die vor allem im Herbst zu beobachten sind, stellt das Nordseewatt mit seinen Rast- und Nahrungsmöglichkeiten eine entscheidende Rast- und Nahrungsstation auf dem Zugweg dar. Die größten Schwärme bilden Knutts und Alpenstrandläufer, die zwischen August und Oktober das deutsche Watt mit je etwa 200.000 Vögeln bevölkern. Kaum weniger zahlreich tritt der Austernfischer im Spätsommer und Herbst auf, gefolgt von Pfuhlschnepfe, Großem Brachvogel und den beiden großen Regenpfeifern, Gold- und Kiebitzregenpfeifer (vgl. S. 128).

Gegenüber diesen sehr auffälligen Vogelschwärmen geraten die durchziehenden und zum Teil auch überwinternden **Singvögel** leicht ein wenig ins Hintertreffen. Dabei treten auch hier manche Arten in großer Zahl auf und gehören zu den Charakterarten dieser Landschaft im Winterhalbjahr. Insbesondere Wasserpieper, Ohrenlerchen, Berghänflinge und Schneeammern trifft man regelmäßig an.

Kampfläufer

Neben den im folgenden beschriebenen Gebieten sei noch die **Tinner und Staverner Dose** nordöstlich von Meppen und 8 km östlich von Haren/Ems (Niedersachsen) erwähnt. Es handelt sich dabei um ein weitgehend intaktes Hochmoorgebiet, in dem u.a. folgende Arten brüten: Krickente (25 Bp), Wiesenweihe (1–2), Goldregenpfeifer (1–2), Bekassine (50–60), Großer Brachvogel (35–40), Uferschnepfe (10–15), Rotschenkel (30–35), Brachpieper (10–15), Steinschmätzer (10).

Austernfischer

2/1 Das schleswig-holsteinische Wattenmeer

Da man an vielen Stellen der Küste Vögel beobachten kann, müssen wir uns hier darauf beschränken, zuerst einen kurzen, allgemeinen Überblick zu geben, um dann die wichtigsten Zentren im einzelnen zu beschreiben. – Was im folgenden über das Wattenmeer gesagt wird, gilt im wesentlichen auch für das Watt der ostfriesischen Inseln (siehe S. 199).

Lage: Das schleswig-holsteinische Wattenmeer liegt zwischen der Elbemündung im Süden und der Grenze zu Dänemark im Norden. Man unterteilt es gewöhnlich in einen nördlich der Halbinsel Eiderstedt liegenden Teil: das Nordfriesische Wattenmeer – und einen südlichen Abschnitt: das Dithmarscher Wattenmeer.

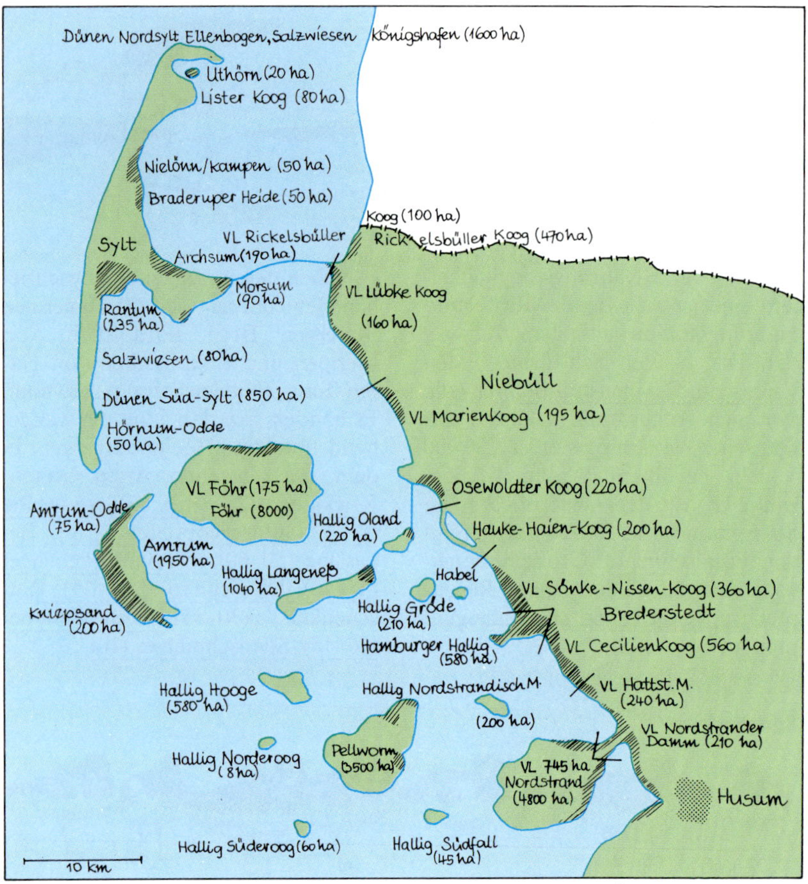

Die vogelkundlich bedeutenden Vorländer (schraffiert) der schleswig-holsteinischen Wattenküste. *Nach Hälterlein.*

Die nordfriesische Küste erreicht man über die Städte Husum, Bredstedt und Niebüll, den südlichen Teil über Brunsbüttel, Marne, Meldorf, Büsum, Heide und Tönning. Der bedeutendste Ort der Halbinsel Eiderstedt ist St. Peter-Ording. Die B 5 verläuft von Brunsbüttel bis Niebüll entlang der Küste, die Eisenbahnlinie nach Sylt führt parallel dazu.

Größe: Mit einer Gesamtfläche von ungefähr 285.000 Hektaren bildet das schleswig-holsteinische Wattenmeer etwa zwei Fünftel des gesamten Wattenmeers in der Deutschen Bucht, das sich von Den Helder in den Niederlanden bis nach Esbjerg in Dänemark erstreckt. Davon nehmen die Teilgebiete eine Fläche ein von:

- nordfr. Wattenmeer = 166.000 ha
- Dithm. Wattenmeer = 119.000 ha

Als Grenze des Wattenmeeres zur offenen Nordsee ist die 10-m-Tiefenlinie festgelegt worden. Der äußere Bereich einschließlich der tiefen Priele und Rinnen ist ständig von Wasser bedeckt. Die Flächenanteile der verschiedenen Bereiche betragen vor der schleswig-holsteinischen Nordseeküste:

- vom Meer ständig bedeckte Flächen:
  nordfr. Wattenmeer: 32%,
  Dithm. Wattenmeer: 50%;
- vom Meer nur bei Hochwasser bedeckte Bereiche (Watt):
  nordfr. Wattenmeer: 62%,
  Dithm. Wattenmeer: 46%;
- Vorland und Salzwiesen einschließlich niedrig bedeichter Halligen:
  nordfr. Wattenmeer: 4%,
  Dithm. Wattenmeer: 2%
- hochwasserfreie Sände:
  nordfr. Wattenmeer: 2%,
  Dithm. Wattenmeer: 2%.

Die größeren Inseln werden also nicht zur Fläche des Wattenmeers gerechnet, auch nicht das Eiderwatt und die Meldorfer Speicherköge.

Landschaft und Lebensräume: Das Besondere dieser Landschaft ist ihre unermeßliche Weite und ihr amphibischer Charakter, der sich durch den räumlichen wie zeitlichen Wechsel von Wasser und Land darstellt: Alle sechs Stunden verändert sich der Anblick: wo eben noch das Meer rauschte, erstrecken sich kurz danach feucht glänzende Sand- und Schlickflächen. Hier im Wattboden ist der enorme Nahrungsreichtum dieses auf der Erde einzigartigen Ökosystems versteckt, der auch die Erklärung für die riesigen Vogelscharen ist.

Der ständige Wechsel von Ebbe und Flut ist an der Entstehung des Watts wesentlich beteiligt – allerdings in ganz verschiedener Weise. Vor Dithmarschen ist das Wattenmeer durch die Anhäufung von Sinkstoffen im Wasser entstanden. Auch heute noch wird die Küste zwischen Elbe und Eiderstedt ausreichend mit Sedimenten versorgt.

In Nordfriesland verlief die Entwicklung etwas anders. Dort, wo heute das Wattenmeer liegt, hatten sich ursprünglich im Schutz von Strandwällen ausgedehnte Moore, Schilfsümpfe und Bruchwälder gebildet. Dann senkte sich das Land, und die Nordsee überflutete es immer häufiger und bedeckte es mit fruchtbarem Schlick. Bis zum Ende des Mittelalters hatte der Mensch die so entstandenen Marschflächen durch Deiche dem Meer wieder abgerungen.

Gegen die schweren Sturmfluten vom Ende des 14. bis zum 17. Jahrhundert konnten die damaligen Deiche aber nicht gehalten werden. Die durch Entwässerung und Salztorfabbau abgesenkten Siedlungsflächen gerieten in den täglichen Tideeinfluß und wurden zum heutigen Wattenmeer. Deshalb ist das nordfriesische Wattenmeer viel breiter als in anderen Küstenbereichen. Es ist aber auch durch Brandung und Gezeitenströmung stärker gefährdet.

Als Watt im engeren Sinne bezeichnet man die Flächen, die bei Niedrigwasser freifallen. Je geschützter ein Watt liegt (z. B. hinter Inseln), je flacher seine Neigung und je größer die Fläche, auf der sich das Meer bei Hochwasser ausbreiten kann, desto geringer werden die Strömungsgeschwindigkeiten. Dort können sich auch sehr feine Schwebstoffe ablagern, es entsteht Schlickwatt. Je höher andererseits die Fließgeschwindigkeit bei Ebbe und Flut, desto grobkörniger, sandiger ist das Watt. Zwischen Sand- und Schlickwatt liegt das Mischwatt.

In und auf dem sandigen und schlickigen Boden beherbergt das Watt eine große Fülle hochspezialisierter Kleinorganismen: Je Quadratmeter können es zehntausende bis hunderttausende von Kleinkrebsen, Schnecken, Muscheln, Borstenwürmern und anderen Kleintieren sein. Rechnet man die Kieselalgen, das Seegras und die vielen mikroskopisch kleinen Organismen hinzu, so kommt man auf eine Biomasse von durchschnittlich 500 Gramm/qm. Damit erreicht das Ökosystem Wattenmeer eine ähnlich hohe Produktivität wie der tropische Regenwald.

Diese sich ständig erneuernde Biomasse bildet eine unerschöpfliche Nahrungsquelle für Jungfische, die zunächst im Wattenmeer heranwachsen und dann erst in die freie Nordsee hinausschwimmen. In gleicher Weise profitieren die Vögel von diesem Massenangebot. Sie weiden den Pflanzenbewuchs ab, sammeln Nahrhaftes von der Wattoberfläche auf oder stochern mit langem Schnabel im Wattboden danach.

Dort, wo das Land nur noch gelegentlich (bei Sturmfluten oder Springtiden) überflutet wird, findet man Salzwiesen und Sandflächen. Salzwiesen entstehen, wenn der Wattboden so weit aufschlickt, daß Landpflanzen auf ihm Fuß fassen

Nordstrand, im Hintergrund Eiderstedt. (SH-571/306) *Foto: Augst*

können. Der Pflanzenbewuchs führt dann dazu, daß noch mehr Schlick zurückgehalten wird und der Boden weiter in die Höhe wächst. Dieser Vorgang wird durch den Bau von Lahnungen beschleunigt.

Wenn dagegen durch Brandung und Strömung Sand aus dem Unterwasserbereich aufgespült wird, entstehen Sände und Strände. Sie bestehen aus grobem Sand, der nur wenig Nährstoffe enthält und überdies ständig bewegt wird; deshalb können sich keine Pflanzen auf ihm halten. Erst weiter landeinwärts, auf den Dünen, ändert sich das Bild.

Die gesamte Uferlinie des Festlands ist gegen Überflutung mit Deichen gesichert. Hinter ihnen liegt fruchtbare Marsch mit Grün- und Ackerland. Die Salzwiesen vor dem Deich nennt man Vorland (in Ostfriesland Heller oder Groden). Dieser Streifen ist nur selten über einen Kilometer breit und wird fast überall in Schleswig-Holstein intensiv von Schafen beweidet. Durch ein ausgeklügeltes Schlickfangsystem versucht man diese Flächen zur Landgewinnung ständig weiter aufzuhöhen.

Wenn solche Flächen eingedeicht und damit dem Einfluß des Meeres entzogen werden sollen (wie jüngst bei Nordstrand), entbrennt stets ein Kampf zwischen Naturschutz und Küstenschutz: Salzwiesen gehören zu den bedrohten und seltenen Lebensräumen unseres Landes, und ihre Umwandlung in Weiden und Äkker ist gesamtgesellschaftlich und volkswirtschaftlich (angesichts landwirtschaftlicher Überproduktion) nicht mehr zu verantworten – zumal die Kosten von der Allgemeinheit getragen werden müssen.

Die Vögel des Wattenmeers: Für den Bestand vieler europäischer Vogelarten hat das Wattenmeer existentielle Bedeutung, und zwar als Brutplatz ebenso wie als Rast- und Überwinterungsquartier. Sein Einzugsgebiet reicht im Norden von Grönland bis Sibirien. Deutlicher als alle Worte zeigen die folgenden Listen, welchen Rang das schleswig-holsteinische Wattenmeer für die Vogelwelt besitzt. Neben bedeutenden Brutbeständen halten sich allein im nordfriesischen Wattenmeer alljährlich (vor allem im Oktober) nahezu 300.000 Enten, Gänse und Schwäne sowie (vor allem im August) oft bis zu 1 Mio. Watvögel oder Limikolen auf. Für manche Arten stellt das Gebiet einen traditionellen Mauserplatz dar, z. B. für Brandgänse aus dem gesamten nördlichen Europa. Das Dithmarscher Wattenmeer gilt unter Vogelbeobachtern als weniger bedeutend als das nordfriesische. Vielleicht weil ihm die vielfältige Inselwelt aus Sänden, Halligen, bedeichten Marsch- und Geestinseln weitgehend fehlt. Eingriffe des Menschen, wie große Deichbauten, die Förderung von Erdöl und militärische Aktivitäten, tragen zum Negativ-Image bei. Gleichwohl kann auch dieser Küstenbereich mit stattlichen Zahlen aufwarten: Im September erreichten Enten, Gänse und Schwäne bis zu 150.000 Vögel, und die Zahl der Limikolen beträgt im gleichen Monat bis zu 280.000 Tiere.

Auch als Seevogelbrutgebiet ist die Küste zwischen Eiderstedt und Elbe durchaus von Bedeutung. Nach einer Zusammenstellung von B. Hälterlein (1986) brüten allein auf Trischen und Helmsand, in den Meldorfer Speicherkögen und im Katinger Vorland rund 18.100 Seevogelpaare. Das entspricht fast 29% aller Brutpaare der schleswig-holsteinischen Westküste.

Neben den typischen Seevogelarten kann man zu den Zugzeiten vor allem auf den Inseln des Wattenmeers und an der Küste große Mengen durchziehender Singvögel beobachten. Sie bevölkern dann selbst kleinste Baum- und Buschgruppen.

Schutz und Gefährdung: Der außerordentliche Vogelreichtum des Wattenmeers bietet allein schon Grund genug, diesen - ähnlich wie die Alpen - bisher vom Menschen noch nicht wesentlich veränderten Naturraum strikt zu schützen.

Das nordfriesische Wattenmeer war mit seinen Meeresflächen, Watten, Sänden und Vorländereien seit 1974 als 140.000 ha großes NSG ausgewiesen. Die Hamburger Hallig sowie die Halligen Norderoog, Süderoog und Südfall wurden durch gesonderte Verordnungen geschützt. Das Dithmarscher Wattenmeer hingegen hat bisher nicht den Schutz erfahren, den es verdient. Landwirtschaft, Küstenschutz, Erdölsuche und -förderung sowie Militär dominierten gegenüber dem Fremdenverkehr (ausgenommen St. Peter und Büsum) und dem Naturschutz. Bis 1985 gab es hier nur zwei NSGe: die Insel Trischen (233 ha) und ein winziges Stück Vorland bei Schülper Neuensiel (20 ha). Nur 0,25% des Gesamtraumes besaßen also den notwendigen Schutz, und nur Trischen und Helmsand wurden von einem Naturschutzverband betreut.

Lahnungsfelder vor Juliane-Marien-Koog. (SH-571/305) *Foto: Augst*

1985 wurde das gesamte schleswig-holsteinische Wattenmeer als Nationalpark ausgewiesen. Damit sollen bessere Bedingungen geschaffen werden, um diese Region so natürlich wie möglich zu erhalten. Dabei mußten Kompromisse eingegangen werden. So blieb etwa der Fischfang auch in der Ruhezone weiterhin erlaubt, in der das Betreten verboten ist.

Nach wie vor drohen dem Wattenmeer große Gefahren. Sie können nur dann überwunden werden, wenn national und international strengere Bestimmungen zum Schutz des Meeres durchgesetzt werden. Neben Störungen durch Tiefflüge und Schießübungen sind besonders bedrohlich:

- schädliche Einträge über die Flüsse, wie Düngersalze aus der Landwirtschaft und Schadstoffe aus Industrie und Haushalten;
- schädliche Einwirkungen über die Luft, wie Verbrennungsrückstände von Industrie, Autos, Heizungen und der Müllverbrennung auf See;
- schädliche Einflüsse vom Meer her, wie Schiffsmüll, Brennrückstände von Schiffen (Bilgenöl), Tankerunfälle und Lecks bei der Erdölförderung (Ölpest).

Betreuung: Die Betreuung von Seevogelfreistätten kann auf eine jahrzehntelange Tradition zurückblicken.

Inzwischen hat sich die Landesregierung Schleswig-Holstein die Erfahrungen der Natur- und Vogelschutzverbände in der Betreuung von Gebieten und Besuchern zunutze gemacht und Vereine wie den Deutschen Bund für Vogelschutz (DBV), den Verein Jordsand, die Naturschutzgesellschaft Schutzstation Wattenmeer und andere mit der Betreuung bestimmter Bereiche beauftragt. Sie überwachen mit hauptamtlichen Naturschutzwarten, Zivildienstleistenden und freiwilligen Helfern das Gebiet, melden Schäden, sammeln Daten über Pflanzen und Tiere, machen Führungen und halten Vorträge. Informationsstellen wurden eingerichtet, in denen sich Touristen, Schulklassen, andere Gruppen und Einzelpersonen unterrichten können. Auch die Nationalparkverwaltung plant zur Zeit ein breitgestreutes Informationsangebot mit Zentrale in Tönning.

Küstenseeschwalbe

Vielerorts ist es möglich, an geführten Exkursionen, Vorträgen und mehrtägigen Kursen teilzunehmen, bei denen man unter sachkundiger Führung einen wesentlich tieferen Einblick in die Landschaft, die Lebensgemeinschaften und den Naturschutz gewinnt, als wenn man auf eigene Faust das Gebiet besucht.

Manche Bereiche dürfen nur unter Führung betreten werden oder sind sogar ganzjährig gesperrt. Beobachtungseinrichtungen, wie Unterstände („Hiden“), Plattformen und Türme, erleichtern die Beobachtung und schützen die Tiere vor Störungen.

Beobachtungsmöglichkeiten: Die Vögel sind im Wattenmeer nicht gleichmäßig verteilt. Generell gilt: Schlickwatt bietet mehr Nahrung als Sandwatt; deshalb sind dort größere Vogelansammlungen zu erwarten. Eiderenten konzentrieren sich in der Nähe von Muschelbänken. Ringelgänse sammeln sich auf den Seegraswiesen. Bei Hochwasser drängen sich Limikolen, Möwen und Seeschwalben auf den Sänden und in störungsfreien Vorlandbereichen zusammen.

Bei Niedrigwasser halten sich viele Vögel weit draußen, außer Sichtweite vom Ufer auf. Fußmärsche ins Watt auf eigene Faust sind aber gefährlich und in den Ruhezonen des Nationalparks auch verboten. Oft ist für den Naturbeobachter aus dem Binnenland allein schon der Blick vom Deich auf Vorland und Watt ein Erlebnis, zumal, wenn er im Besitz eines leistungsstarken Fernglases ist.

In den folgenden Kapiteln werden insgesamt 12 Gebiete des schleswig-holsteinischen Wattenmeers näher beschrieben. Aus Schutzgründen sind manche nicht zugänglich. Zu den Inseln fahren regelmäßig mehrere Fährschifflinien. Außerdem werden Ausflüge zu Seehundbänken angeboten, die auch Gelegengeit zur Vogelbeobachtung bieten.

Literatur:

P. Prokosch und K. Kirchhoff (1983); W. Erz (1972); Naturmagazin draußen 44/86; Landelijke Vereniging (1976); K. Taux (1984 und 1986); H. Janus (1983); G. Busche (1980); B. Hälterlein (1986).

Brutvögel - Schleswig-holsteinisches Wattenmeer (1983-85)
N. W. = Nordfriesisches Wattenmeer, D. W. = Dithmarscher Wattenmeer

	Brutpaare (max.)		
	N. W.	D. W.	Eiderst.
Austernfischer (Haematopus ostralegus)	8.200	2.940	960
Sandregenpfeifer (Charadrius hiaticula)	380	155	75
Seeregenpfeifer (Charadrius alexandrinus)	30	120	120
Rotschenkel (Tringa totanus)	2.150	1.280	370
Alpenstrandläufer (Calidris alpina)	-	-	10
Säbelschnäbler (Recurvirostra avosetta)	1.050	1.670	140
Heringsmöwe (Larus fuscus)	130	-	-
Silbermöwe (Larus argentatus)	4.000	2.260	70
Sturmmöwe (Larus canus)	870	50	3
Lachmöwe (Larus ridibundus)	11.200	9.400	2.100
Lachseeschwalbe (Gelochelidon niloticus)	4	50	-
Flußseeschwalbe (Sterna hirundeo) und Küstenseeschwalbe (Sterna paradisea)	4.200	3.680	590
Zwergseeschwalbe (Sterna albifrons)	170	20	100
Brandseeschwalbe (Sterna sandvicensis)	1.700	2.760	-

Adressen:

DBV Landesverband Schleswig-Holstein, Forsthof Friedrichholz, 2211 Oelixdorf (04821-92684)

Landesamt für den Nationalpark, Schleswig-Holsteinisches Wattenmeer, Am Hafen 40, 2253 Tönning (04861-758 oder 759)

Naturschutzgesellschaft Schutzstation Wattenmeer, Königstr. 11, 2370 Rendsburg (04331-23622)

Ornithologische Arbeitsgemeinschaft für Schleswig-Holstein und Hamburg, Günther Busche, Hochfelderweg 49, 2240 Heide

Staatliche Vogelschutzwarte, Schleswig-Holstein, Olshausenstr. 40-60, 2300 Kiel (0431-8804502)

Verein Jordsand zum Schutz der Seevögel und der Natur, Haus der Natur, Wulfsdorf, 2070 Ahrensburg (04112-32656)

WWF-Wattenmeerstelle Schleswig-Holstein, Dr. Peter Prokosch, Norderstr. 22, 2250 Husum

Gastvögel - Schleswig-holsteinisches Wattenmeer
N. W. = Nordfriesisches Wattenmeer, D. W. = Dithmarscher Wattenmeer

	Höchstzahlen		
	N. W.	D. W.	MHV
Nonnengans (Branta leucopsis)	30.000	20.000	März-Apr.
Ringelgans (Branta bernicla)	70.000	4.000	Apr.-Mai
Brandgans (Tadorna tadorna)	50.000	100.000	August
Pfeifente (Anas penelope)	90.000	15.000	Oktober
Krickente (Anas crecca)	10.000	12.000	September
Stockente (Anas platyrhynchos)	30.000	15.000	November
Spießente (Anas acuta)	5.000	3.000	Sept.-Okt.
Eiderente (Somateria molissima)	60.000	10.000	September
Austernfischer (Haematopus ostralegus)	120.000	35.000	Aug.-Okt.
Sandregenpfeifer (Charadrius hiaticula)	5.000	5.000	August
Seeregenpfeifer (Charadrius alexandrinus)	300	1.000	August
Kiebitzregenpfeifer (Pluvialis squatarola)	15.000	10.000	Mai/Aug.
Goldregenpfeifer (Pluvialis apricaria)	20.000	10.000	August
Steinwälzer (Arenaria interpres)	1.500	500	Mai
Großer Brachvogel (Numenius arquata)	30.000	15.000	Sept.-Okt.
Regenbrachvogel (Numenius phaeopus)	1.000	500	August
Pfuhlschnepfe (Limosa lapponica)	60.000	20.000	Mai
Dunkler Wasserläufer (Tringa erythropus)	3.000	1.000	August
Rotschenkel (Tringa totanus)	10.000	5.000	Juli
Grünschenkel (Tringa nebularia)	2.000	500	Juli-Aug.
Knutt (Calidris canutus)	200.000	100.000	Aug.-Okt.
Alpenstrandläufer (Calidris alpina)	200.000	100.000	Aug.-Okt.
Sanderling (Calidris alba)	500	5.000	Mai

2/2 Sylt

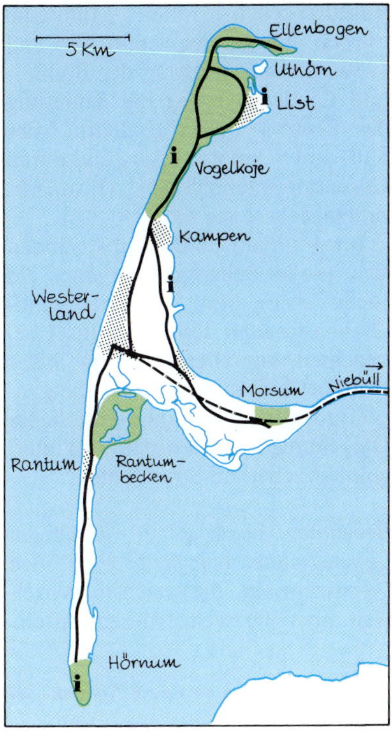

Lage: Sylt ist die nördlichste deutsche Insel; sie liegt vor der Westküste Schleswig-Holsteins, an der Grenze zu Dänemark. Über einen Eisenbahndamm ist sie mit dem Festland verbunden; Autos werden in Niebüll verladen.

Größe: Länge 36 km, Fläche etwa 9300 ha. Die Strände und Dünengebiete am Süd- und Nordende und die Salzwiesen, Marschen und Wattbereiche auf der Ostseite der Insel sind vogelkundlich besonders interessant.

Die „Vogelfreistätte Wattenmeer östlich Sylt" nördlich des Hindenburgdamms ist Europareservat und hat eine Fläche von 20.700 ha.

Landschaft und Lebensräume: Strand und Dünen auf zwei langen, nach Norden und Süden gerichteten Nehrungshaken; Geestkern mit Siedlungen, Altdünen, Heide, kleinen Gewässern, Wiese, Acker und Brachland; Salzwiesen und Marschland am Rand des Wattenmeers. Im Norden der Insel (Listland) die einzigen Wanderdünen unseres Landes. An der Ostküste das Morsum-Kliff, ein bis über 20 m hohes und 2 km langes Steilufer, an dem die Brandung frühe geologische Schichten freilegt.

Historisch interessant ist die seit 1767 bestehende Vogelkoje Kampen und die Eidumkoje. Das sind Teiche mit vier Kanälen, der dem Massenfang von Enten in Reusen diente. Die rekonstruierten Anlagen können besichtigt werden.

Vogelwelt: Sylt besitzt zwei bedeutende Seevogelbrutgebiete: im Norden Königshafen mit Insel Uthörn und Seevogelschutzgebiet Lister Koog, in der Mitte das Rantumbecken. Dieses wurde 1936/37 abgedeicht; der geplante Wasserflughafen wurde aber nie in Betrieb genommen. Die Bucht bietet gute Brutplätze (vor allem Säbelschnäbler und Küstenseeschwalbe, aber auch Rohrsänger und Enten) und windgeschützte Rastplätze. In den besten Jahren brüteten hier bis zu 2.500 Seevögel. Durch Einleitung von Abwasser und Dränagen breitete sich Schilf aus, das viele Seevögel verdrängte. Nach zähem Ringen (das

Rantumbecken sollte Müllkippe werden) begann der Verein Jordsand 1979 mit Unterstützung der Bundes- und Landesregierung die Sanierung des Beckens durch Umleitung des Süß- und Schmutzwassers und durch Gestaltungsmaßnahmen. (Brutpaarzahlen siehe Liste.)

Im Frühjahr und Herbst finden sich große Scharen Gastvögel ein (siehe Liste). Man kann sie grundsätzlich in allen Teilen der Insel beobachten, vor allem aber im Sylter Watt bei auflaufender Flut. Singvögel findet man oft in ungewöhnlicher Umgebung, so etwa rastende Wintergoldhähnchen im Strandhafer.

Bedeutung. Dank seiner vielfältigen Lebensräume hat Sylt von allen Nordseeinseln die reichste Vogelwelt: über 300 nachgewiesene Arten.

Rantumbecken und Wattenmeer östlich von Sylt erhielten wegen ihres Vogelreichtums und ihrer internationalen Bedeutung vom Internationalen Rat für Vogelschutz das Prädikat „Europareservat".

Schutz, Gefährdung, Betreuung: Besonders die Brutvogelwelt der Insel ist durch Bebauung und Tourismus gefährdet. Gäste, die an sachkundigen Führungen teilnehmen und vom Deich aus das Vogelleben beobachten, stellen keine Gefährdung dar. Wohl aber z.B. die zunehmende Zahl von Surfern oder die Wattenjagd (sogar im Nationalpark!).

Das gesamte Wattenmeer östlich von Sylt gehört seit 1985 zum Nationalpark Schleswig-Holsteinisches Wattenmeer. Große Teilflächen nördlich und südlich des Hinden-

Sylt: Blick von Kampen nach Norden. (SH-571/307) *Foto: Augst*

Schneeammer

burgdamms gelten als Ruhezone und dürfen nicht betreten werden. Fast 40% der Sylter Landflächen (Heiden, Dünen, Salzwiesen, Steilufer etc.) sind in zehn NSGen geschützt. Das Seevogelschutzgebiet Lister Koog steht nicht unter förmlichem Naturschutz.

Das Angebot an Führungen und naturkundlichen Informationen durch die die Schutzgebiete betreuenden Naturschutzverbände ist groß, z. B.:

- Informationsstelle in Hörnum, Führungen im NSG Hörnum-Odde und im Wattenmeer.
- Informationszentrum des Verein Jordsand Eidum-Vogelkoje (u. a. Kurse für Schulklassen).
- Der DBV bietet Führungen von der Vogelwartstation Uthörn aus an.
- Die Naturschutzgemeinschaft Sylt unter hält das Naturschutzzentrum Braderup.
- Die Biologische Station List betreibt ein Wattenmeer-Informationszentrum, das zahlreiche Führungen und weitere Veranstaltungen anzeigt.

Beobachtungsmöglichkeiten: Ganzjährig und in nahezu allen Inselteilen sind Vogelbeobachtungen lohnend. Besonders zahl- und artenreich ist die Vogelwelt zu den Zugzeiten (März-Mai und August-Oktober). Im Winter sind viele nordische Gäste anzutreffen.

Die NSGe dürfen nicht, nur auf Wegen oder unter autorisierter Führung betreten werden. Im Rantumbecken bestehen gute Einblicksmöglichkeiten von den Deichen, besonders vom Ostdeich aus.

Herrn Professor H. Bruns danken wir für Anregungen und Korrekturen.

Adressen:

Biologische Station List, Hafenstr. 39, 2282 List/Sylt (04652-1385)

DBV-Landesverband Schleswig-Holstein, Forsthof Friedrichsholz 2211 Oelixdorf (04821-92684)

Naturschutzgemeinschaft Sylt, 2283 Wenigstedt-Braderup

Schutzstation Wattenmeer, Königstr. 11, 2370 Rendsburg (04331-23622)

Söl'ring Foriining - Sylter Verein, Mittelstieg, 2285 Kampen

Verein Jordsand, Haus der Natur, Wulfsdorf, 2070 Ahrensburg (04102-32656)

Literatur:

H. Bruns (1975, 1980); G. Busche (1980); K. Haarmann (1984); B. Hälterlein (1986); „Vögel des Wattenmeers" (ab 1986).

Brutvögel - Sylt (1984-87)
R. B. = Rantumbecken

	Brutpaare	
	R. B.	Sylt
Haubentaucher (Podic. crist.)	3-4	. . .
Graugans (Anser anser)	2	. . .
Brandgans (Tadorna tadorna)	12-18	150
Stockente (Anas platyrh.)	16-35	. . .
Tafelente (Aythya ferina)	3	. . .
Reiherente (Aythya fuligula)	10	. . .
Eiderente (Somateria mol.)	5	. . .
Mittelsäger (Mergus serrator)	-	. . .
Rohrweihe (Circus aeruginosus)	2	. . .
Teichhuhn (Gallinula chlorop.)	3	. . .
Bleßhuhn (Fulica atra)	10-25	. . .
Austernfischer (Haemat. ostr.)	16-17	240
Kiebitz (Vanellus vanellus)	13-25	275
Sandregenpfeifer (Charadr. hi.)	4-7	156
Seeregenpfeifer (Charadr. al.)	1-3	22
Bekassine (Gallinago gallinago)	2	35
Uferschnepfe (Limos limosa)	1	21
Rotschenkel (Tringa totanus)	25-35	400
Säbelschnäbler (Recurv. avos.)	27-36	67
Silbermöwe (Larus argentatus)	-	200
Sturmmöwe (Larus canus)	9-25	38
Lachmöwe (Larus ridibundus)	680	. . .
Küstenseeschwalbe (Sterna par.)	90-180	250
Zwergseeschwalbe (Sterna albif.)	1-2	40-70
Brandseeschwalbe (Sterna sandv.)	0-50	100

Alpenstrandläufer

Knutt

Gastvögel - Sylt

	Höchstzahlen	MHV
Ringelgans	20.000	3/4,10
Brandgans	10.000	ganzj.
Pfeifente	50.000	10-11
Eiderente	20.000	ganzj.
Bleßhuhn	200	7-9
Austernfischer	5.000	ganzj.
Kiebitz	2.000	3-10
Sandregenpfeifer	400	3-10
Seeregenpfeifer	50	4-9
Goldregenpfeifer	5.000	3/4, 8-11
Bekassine	1.000	9-11
Regenbrachvogel	250	7-9
Uferschnepfe	200	7-8
Pfuhlschnepfe	20.000	5, 8/9
Knutt	60.000	4/5, 8-10
Alpenstrandläufer	50.000	3-5, 8-10
Kampfläufer	500	4/5, 7-9
Silbermöwe	10.000	ganzj.
Flußseeschwalbe und Küstenseeschwalbe	2.200	5-8

2/3 Der Rickelsbüller Koog

Lage: Im äußersten Nordwesten von Schleswig-Holstein erstreckt sich der Rickelsbüller Koog zwischen der dänischen Grenze und dem nach Sylt führenden Hindenburgdamm. Das Gebiet ist mit dem Auto wie folgt zu erreichen: Auf der B 5 bis Niebüll und von dort nach Nordwesten bis Klanxbüll. Dann entweder zur Nordwestecke des Friedrich-Wilhelm-Lübke-Kooges, oder man unterquert zu Fuß den Hindenburgdamm, um von Süden aus die Deichwanderung zu beginnen. Man kann den Deich auch von der dänischen Grenze aus erwandern. Wer mit der Bahn kommt, kann sich auf dem Bahnhof Klanxbüll Fahrräder ausleihen oder die 2–3 km bis zum Koog zu Fuß zurücklegen.

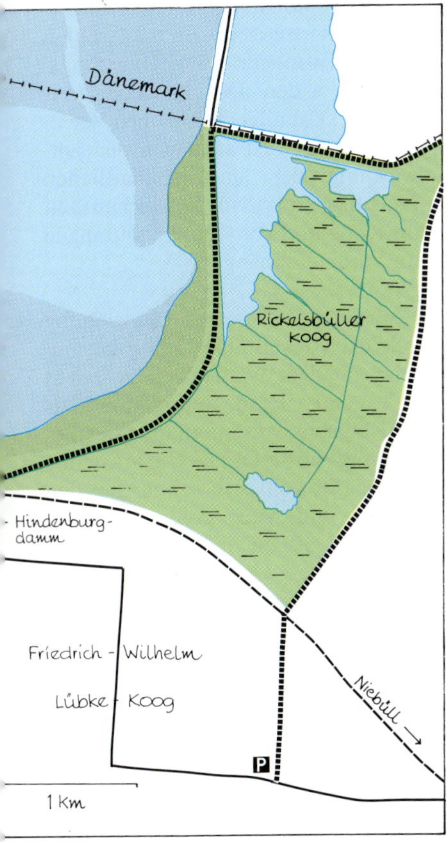

Größe: Das ringsum von Deichen umschlossene NSG Rickelsbüller Koog ist 534 ha groß. Die begehbare Seedeichstrecke ist etwas über 4 km lang; vom Grenzübergang zum Deich sind es noch einmal etwa 2 km zu Fuß.

Landschaft, Lebensräume, Vogelwelt: Noch vor einigen Jahren war das Gebiet bei Vogelkennern unter der Bezeichnung Rodenäs-Vorland bestens bekannt. Bis etwa 1980 verlief der Außendeich fast 2 km weiter landeinwärts, und das heutige Koogland bestand aus Salzwiesen, die direkt an das Wattenmeer angrenzten. Die Landschaft war dem Einfluß der Gezeiten ausgesetzt.

Obwohl im Sommer Schafe die Salzwiesen abweideten und so die Entwicklung einer natürlichen, artenreichen Vegetation verhinderten, waren das Vorland und die angrenzenden Wattflächen eine wichtige Lebensstätte für Küstenvögel. An höher gelegenen Orten brüteten Watvögel, Möwen und Seeschwalben. Das ganze Jahr über rasteten hier viele Gastvögel, unter denen die Scharen von Kurzschnabelgänsen die bekanntesten waren. Im Früh-

Alpenstrandläufer

jahr verweilten gelegentlich bis zu 12.000 dieser arktischen Vögel hier. Das Rodenäs-Vorland war der wichtigste und letzte wirklich bedeutende Rastplatz dieser Gans in der Bundesrepublik. Bisweilen hielt sich die gesamte Brutpopulation von Spitzbergen hier auf. Doch auch Nonnen- und Ringelgans erreichten mit 5.000, bzw. 18.000 Vögeln beachtliche Scharen. Leider sind diese Zeiten vorbei. 1978 wurde der Bau eines 13 km langen Deiches zwischen Emmerleff Kliff und dem Hindenburgdamm beschlossen; die Küste vor der Tonderner Marsch sollte besser geschützt werden. 2.000 ha Watt und Vorland sollten je in einen deutschen und dänischen Koog verwandelt werden. Die Proteste der Naturschützer gegen diesen Eingriff in das NSG Wattenmeer östlich Sylt hatte nur eine geringfügige Zurücknahme des Deiches im deutschen Teil zur Folge. Das Bauwerk wurde 1981/82 fertiggestellt.

Für die Vogelwelt entscheidend ist die Umwandlung von 500 ha ehemaligem Vorland in Grünland, das zu einem Drittel (180 ha) intensiv beweidet wird. 355 ha des Rickelsbüller Koogs, davon 80 ha Wasserflächen und Inseln, sollen als „Gänsereservat“ entwickelt und entsprechend maßvoll bewirtschaftet werden. Mit der andauernden Entsalzung der Flächen nehmen jedoch die selteneren und gefährdeten Vogelarten wie die Gänse ab. Die Veränderungen der Fauna und Flora werden trotzdem vom Amt für Land- und Wasserwirtschaft Husum dokumentiert und man versucht, die Erkenntnisse in Pflegemaßnahmen umzusetzen.

Die derzeitigen Bestandszahlen spiegeln also nur einen Übergangszustand wider. Der künftige Wert des Rickelsbüller Koogs als Vogellebensraum wird auch von der Entwicklung der landwirtschaftlichen Nutzung und dem Wasserhaushalt im Koog und von den Anlandungen im Vorland abhängen.

Bedeutung: Vor seiner Eindeichung galt der Rickelsbüller Koog zusammen mit dem Wattenmeer zwischen Sylt und Hindenburgdamm als Feuchtgebiet von internationaler Bedeutung insbesondere für rastende Gänse. Obwohl sich seither bei den Zahlen und Arten einiges verschoben hat, gilt die internationale Bedeutung des Gebietes auch heute noch. So haben sich hier 1986 allein 37.000 Pfeifenten aufgehalten. Besonders wichtig ist, wie die Kurzschnabelgänse auf die veränderte Situation reagieren. Werden sie den Koog als Rastgebiet ganz aufgeben, wie dies früher bereits auf Föhr, am Jadebusen und im Emsland geschah?

Der Koog und sein Restvorland zählen mit insgesamt 3.100–5.500 hier brütenden Küstenvogelpaaren zu den wichtigen Brutplätzen an der schleswig-holsteinischen Westküste; davon entfallen allerdings 2.500–3.900 Paare allein auf die Lachmöwe (1982–87).

Schutz, Gefährdung und Betreuung: Nach Beendigung des Deichbaus wurde der Rikkelsbüller Koog 1982 als NSG ausgewiesen. Das Wattenmeer und die Reste des Vorlandes gehören seit 1985 als Ruhezone zum Nationalpark Schleswig-Holsteinisches Wattenmeer. Für das NSG gibt es ein Pflege- und Entwicklungskonzept, dessen Erfolge sich in steigenden Brutpaarzahlen und teilweise auch Rastvogelzahlen niederschlagen (s. Listen). Die Jagd wurde zwar örtlich auf den alten Seedeich und auch zeitlich beschränkt, aber bedauerlicherweise nicht ganz eingestellt.

Das NSG wird in Absprache mit den Naturschutzbehörden betreut. Auch die Wattenmeerstelle des WWF kümmert sich um das Gebiet.

Beobachtungsmöglichkeiten: Das NSG Rikkelsbüller Koog und das Vorland dürfen nicht betreten werden. Von den Deichverteidigungswegen aus kann man jedoch mit einem guten Feldstecher die Vögel in Koog und Vorland beobachten. Das Betretungsverbot ist unbedingt zu respektieren, da selbst die erlaubte Deichroute zu einer Störung des einst so abgeschiedenen Gebietes geführt hat.

Herrn Dr. W. Petersen danken wir sehr für wesentliche Ergänzungen des Textes und der Listen.

Rickelsbüller Koog: Ringelgänse vor dem Deich. *Foto: Augst*

Adressen:

Dr. Walther Petersen, Juliane-Marien-Koog, 2260 Dagebüll

Wattenmeerstelle des WWF, Norderstr. 21, 2250 Husum (04841-65944)

Staatl. Vogelschutzwarte Schleswig-Holstein, Olshausenstr. 40-60, 2300 Kiel (0431-8804501)

Rechts: Nonnen- oder Weißwangengänse

Wiedingharder Naturschutzverein, Sönke Peter Momsen, Nienhof 2268 Neukirchen (04664-656)

Literatur:

P. Prokosch und K. Kirchhoff (1983); B. Hälterlein (1986); W. Petersen (1987).

Brutvögel - Rickelsbüller Koog (1983-87)
(nach Hälterlein und Petersen)
(+) = zunehmend, (−) = abnehmend

	Brutpaare	
	Vorland	Koog
Brandgans (Tadorna tadorna)	10-35 (+)	2-4
Schnatterente (Anas strepera)	0-5 (+)	-
Krickente (Anas crecca)	0-4 (+)	-
Stockente (Anas platyrhynchos)	30-50 (+)	3-6
Knäkente (Anas querquedula)	1-8	-
Löffelente (Anas clypeata)	5-15	-
Tafelente (Aythya ferina)	0-7 (+)	-
Reiherente (Aythya fuligula)	10-50 (+)	0-2
Eiderente (Somateria molissima)	3-20 (+)	1-10
Austernfischer (Haematopus ostralegus)	30-40	120-170 (+)
Kiebitz (Vanellus vanellus)	4	190-300 (+)
Sandregenpfeifer (Charadrius hiaticula)	11-16	22-31 (−)
Seeregenpfeifer (Charadrius alexandrinus)	4-9	13-19 (−)
Uferschnepfe (Limosa limosa)	-	3-25 (+)
Rotschenkel (Tringa totanus)	9-19	50-130 (+)
Alpenstrandläufer (Calidris alpina)	-	0-2
Kampfläufer (Philomachus pugnax)	-	3-40 (+)
Säbelschnäbler (Recurvirostra avosetta)	120-190	280-520 (+)
Silbermöwe (Larus argentatus)	1-5	0-3 (+)
Sturmmöwe (Larus canus)	1	3-6
Lachmöwe (Larus ridibundus)	1.500-3.000	370-1.900 (+)
Lachseeschwalbe (Gelochelidon nilotica)	-	0-3 (+)
Flußseeschwalbe (Sterna hirundo) und Küstenseeschwalbe (Sterna paradisea)	10-70	20-150 (+)
Zwergseeschwalbe (Sterna albifrons)	2-3	1-2

Gastvögel - Rickelsbüller Koog und Vorland (1983-87) (nach W. Petersen)

	Höchstzahlen		
	Koog	Vorland	Hauptvork.
Graureiher (Ardea cinerea)	40	25	Aug.-Sept.
Kurzschnabelgans (Anas brachyrhynchus)	300	300	Dez.-Apr.
Graugans (Anser anser)	1.400	-	Aug.-Sept.
Nonnengans (Branta leucopsis)	12.000	420	Okt.-Nov.
Ringelgans (Branta bernicla)	4.640	3.600	März-Mai
Brandgans (Tadorna tadorna)	3.900	7.600	Okt.-Nov.
Pfeifente (Anas penelope)	37.000	21.000	Okt.-Nov.
Krickente (Anas crecca)	5.000	2.400	Okt.-Nov.
Stockente (Anas platyrhynchos)	6.400	6.700	Aug.-Sept.
Spießente (Anas acuta)	3.000	1.000	Aug.-Sept.
Löffelente (Anas clypeata)	1.020	1.080	Okt.-Nov.
Tafelente (Aythya ferina)	185	-	März-Mai
Reiherente (Aythya fuligula)	85	-	März-Mai
Eiderente (Somateria molissima)	66	915	März-Mai
Schellente (Bucephala clangula)	130	15	Dez.-Febr.
Bleßhuhn (Fulica atra)	350	-	Mai-Juli
Austernfischer (Haematopus ostralegus)	2.270	2.570	Juni-Sept.
Kiebitz (Vanellus vanellus)	7.900	1.300	Sept.-Dez.
Sandregenpfeifer (Charadrius hiaticula)	260	330	Apr.-Juni
Kiebitzregenpfeifer (Pluvialis squatarola)	180	1.360	Juni-Sept.
Goldregenpfeifer (Pluvialis apricaria)	15.000	2.650	Febr.-Mai
Bekassine (Gallinago gallinago)	1.160	1.800	Sept.-Dez.
Gr. Brachvogel (Numenius aquata)	1.000	3.600	Juli-Sept.
Uferschnepfe (Limosa limosa)	570	-	Juni-Sept.
Pfuhlschnepfe (Limosa lapponica)	1.240	2.320	Juli-Sept.
Dunkler Wasserläufer (Tringa erythropos)	150	200	Aug.-Nov.
Rotschenkel (Tringa totanus)	1.000	3.500	Juli-Aug.
Grünschenkel (Tringa nebularia)	90	540	Juli-Sept.
Knutt (Calidris canutus)	2.520	13.800	Juli-Sept.
Alpenstrandläufer (Calidris alpina)	21.000	25.500	Sept.-Dez.
Säbelschnäbler (Recurvirostra avosetta)	2.320	3.300	Juli-Sept.
Silbermöwe (Larus argentatus)	730	920	Frühj./Herbst
Sturmmöwe (Larus canus)	1.230	3.000	Juni-Sept.

2/4 Amrum

Lage: Amrum liegt nur etwa 5 km südlich von Sylt. Die Insel ist von Dagebüll oder Schlüttsiel aus mit Personen- und Autofähren zu erreichen.

Größe: Bei einer Nord-Süd-Länge von etwa 12 km und einer Breite von höchstens 4 km hat die Insel eine Fläche von etwa 2.000 ha; man kann sie in einem Tag umwandern. Die vogelkundlich besonders interessanten Gebiete sind:

- Amrum-Odde (75 ha)
- Kniepsand (1.200 ha)
- Dünen (900 ha)
- Salz- und Marschwiesen (200 ha).

Landschaft und Lebensräume: Amrum zählt mit Sylt und Föhr zu den drei nordfriesischen Geestinseln, die früher einmal Festland waren. Ihr Festlandkern ist von sandigen Ablagerungen der Eiszeit und späterer Perioden überdeckt. Das ist der Grund für eine recht große landschaftliche Vielfalt, in der sich fünf Zonen unterscheiden lassen: Strand, Dünen, Heide und Kiefernforste, Salzwiesen, Äcker und Grünland. Drei ehemalige Bauerndörfer (Norddorf, Nebel, Süddorf), der kleine Hafenort Steenodde und der Badeort Wittdün bilden die heutigen Tourismuszentren.

Amrum ist für den Naturfreund wegen seiner in Teilen noch recht gut erhaltenen Inselnatur so reizvoll. Vom Leuchtturm hat man einen herrlichen Rundblick: Im Westen brandet die Nordsee an den Kniepsand, eine bis zu 1.200 m breite Sandbank, auf der sich nur niedrige Primärdünen geringfügig erheben. Ostwärts folgen die Dünenketten. Sie sind bis zu 32 m hoch und bedekken rund die Hälfte der Insel.

Um die Wanderung des Dünensandes nach Osten aufzuhalten, hat man die anschließende Heidezone mit Kiefern aufgeforstet. Hier lagert nur wenig Sand auf dem Eiszeitboden, so daß Zwergsträucher, wie Krähenbeere, Kriechweide oder Besenheide gedeihen können. In Senken entstanden moorige Stellen mit Glockenheide, Beinbrech und Lungenenzian. Besonders bei der Vogelkoje Meerham, zwischen Norddorf und Nebel, blieben noch größere Heideflächen erhalten.

Ehemalige Ackerflächen im Zentrum der Insel liegen heute brach, verheideten, wurden aufgeforstet oder dienen als Pferdekoppeln.

Die schmalen Salzwiesen an der Ostseite der Insel grenzen an das Wattenmeer an. Die verschiedenen Verlandungszonen gehen fließend ineinander über, wenn nicht kleine Abbruchkanten die Grenze zwischen Land und Meer markieren.

Bis vor rund 50 Jahren waren auf Amrum noch Entenkojen in Betrieb. 1866-1935 wurden z.B. in der Vogelkoje Meerham 377.734 Spießenten und 28.634 Pfeifenten gefangen! Ebenso wie diese Anlage ist auch eine Koje bei Wittdün heute noch als Teich erkennbar.

Vogelwelt: Die Hauptmenge der Küstenvögel brütet in zwei NSGen: Nordspitze Amrum und Amrumer Dünen. Hier brüten vor allem Heringsmöwe und Eiderente häufiger als auf jeder anderen deutschen Nordseeinsel. Die Eiderente brütet seit 1880 auf Amrum. Zunächst blieben es wegen der Eiersammelei nur wenige. Seit 1950 stieg ihre Zahl und beläuft sich zur Zeit auf 700-1.000 Paare. Die Heringsmöwe brütete erstmals 1968 und erreichte 1984 bereits 170 Paare auf der Nordspitze in den Dünen. Das entspricht praktisch der gesamten schleswig-holsteinischen Population. (80-90% der deutschen Heringsmöwen brüten auf den ostfriesischen Inseln.) An den Brutplätzen trifft man sowohl Vögel der

Amrum: Ringelgänse in Norddorfer Salzwiesen; hinten: NSG Odde. *Foto: Augst*

britischen als auch der skandinavischen Rasse.

Als dritte besonders erwähnenswerte Brutvogelart Amrums sei die Hohltaube erwähnt. Sie ließ sich erstmals 1975 zur Brutzeit sehen. Heute bauen rund 10 Paare jährlich ihr Nest in Kaninchenhöhlen; sonst ist sie hierzulande nur als scheuer Waldbewohner und Benutzer von Schwarzspechthöhlen bekannt.

Durchzügler sind in großer Menge vor allem auf dem Kniepsand und im Watt zu sehen. Ende September, Anfang Oktober herrscht bei ruhigem Wetter morgens eindrucksvoller Kleinvogelzug.

Bedeutung: Eine 1983 erschienene, ausführliche Übersicht über die Vogewelt Amrums nennt 91 Brutvogelarten; davon brüten derzeit regelmäßig rund 60 Arten. Die reinen Gastvögel bringen es auf 158 Arten, so daß sich eine Summe von 250 bisher nachgewiesenen Vogelarten ergibt.

Schutz, Gefährdung, Betreuung: Die Inselnatur leidet zweifellos unter dem Tourismus (Unruhe, Zerstörung der Dünen und der Vegetation, Verlust naturnaher Flächen). Zwei NSG und die Einrichtung des Nationalparks gehören zu den Maßnahmen, mit denen die Behörden der Naturzerstörung begegnen wollen.

Der Nationalpark umfaßt bei Amrum das ostwärts gelegene Watt, die Nordsee im Nordwesten und den westlich vorgelagerten, nur mit dem Schiff zu erreichenden Knobsand. Diese Sandbank darf nicht betreten werden, weil die hier lebenden Seehunde und Kegelrobben ungestört bleiben sollen.

Naturschutzgebiet Amrum-Odde mit Vogelwärterhaus. *Foto: Augst*

Die Nordspitze (Odde) wird vom Verein Jordsand betreut und in der Brutzeit von einem Vogelwart beaufsichtigt, der auch Führungen anbietet. Die Amrumer Dünen betreut die Schutzstation Wattenmeer; sie unterhält ein Informationszentrum in Wittdün und bietet Exkursionen und Diavorträge an.

Beobachtungsmöglichkeiten: Zu den eindrucksvollsten Erlebnissen gehören rastende Pfuhlschnepfen auf dem Kniepsand bei Hochwasser; Regenbrachvögel, die in der Heide Krähenbeeren fressen; Baßtölpel, die nach stürmischem Wetter vor Wittdün erscheinen; Austernfischer und Große Brachvögel, die im Watt dem Winter trotzen.

Auch auf Amrum lassen sich die im Watt nach Nahrung suchenden Vogelscharen am besten im ruhigen Ansitz an der Landkante bei auflaufendem Wasser beobachten. Exkursionen lohnen auf der ganzen Insel, wobei allerdings auf die NSG und störempfindliche Lebensgemeinschaften Rücksicht genommen werden muß. Manche Gebiete dürfen nur unter Führung betreten werden.

Brutvögel - Amrum (1984)
N. A. = Nordspitze Amrum

	Brutpaare	
	N. A.	Amrum
Brandgans (Tadorna t.)	14	...
Eiderente (Somateria m.)	70	1000
Mittelsäger (Mergus serr.)	5	...
Austernfischer (Haemat. ostr.)	20	450
Kiebitz (Vanellus vanellus)	-	100
Sandregenpfeifer (Charadr. h.)	6	30
Bekassine (Gallinago g.)	-	8
Rotschenkel (Tringa totanus)	2	105
Heringsmöwe (Larus fuscus)	50	170
Silbermöwe (Larus argentatus)	700	1.600
Sturmmöwe (Larus canus)	120	570
Flußseeschwalbe (Sterna hir.)	-	150
Küstenseeschwalbe (Sterna par.)	90	150
Zwergseeschwalbe (Sterna alb.)	60	90
Hohltaube (Columba oenas)	-	5

Gastvögel - Amrum
(Es werden die örtlich zu beobachtenden Mengen angegeben, keine Gesamtzahlen)

	Höchstzahlen
Ringelgans (Branta bernicla)	1.000
Brandgans (Tadorna tadorna)	1.000
Pfeifente (Anas penelope)	1.000
Eiderente (Somateria molissima)	7.000
Austernfischer (Haematopus)	12.000
Kiebitzregenpfeifer (Pluv. sq.)	300
Goldregenpfeifer (Pluvialis ap.)	100
G. Brachvogel (Numenius arq.)	3.000
Regenbrachvogel (Numenius ph.)	100
Pfuhlschnepfe (Limosa lapp.)	10.000
Rotschenkel (Tringa totanus)	200
Knutt (Calidris canutus)	10.000
Alpenstrandläufer (Calidris alp.)	5.000

Adressen:

Schutzstation Wattenmeer, Königstr. 11, 2770 Rendsburg

Gebietsreferent: Rolf Wandschneider, Schmiedekoppel 9, 2300 Kiel

Verein Jordsand, Haus der Natur, Wulfsdorf, 2070 Ahrensburg

Literatur:

G. Quedens (1983).

2/5 Die Halligen Hooge, Langeneß und Norderoog

Lage: Die drei Halligen liegen im nordfriesischen Wattenmeer; Hooge rund 20, Langeneß etwa 10 km vom Festland entfernt, Norderoog rund 4 km südwestlich von Hooge, gut 10 km südlich von Amrum. Man erreicht die beiden größeren Halligen am besten mit dem Fahrgastschiff von Schlüttsiel aus. Dorthin gelangt man mit der Bahn bis Husum oder Bredstedt und dann mit dem Linienbus zum Hafen. Mit dem Auto biegt man nördlich Bredstedt von der B 5 (Hamburg-Husum) in Richtung Dagebüll ab und stellt das Auto auf dem Hafenparkplatz ab. Norderoog darf nicht betreten werden.

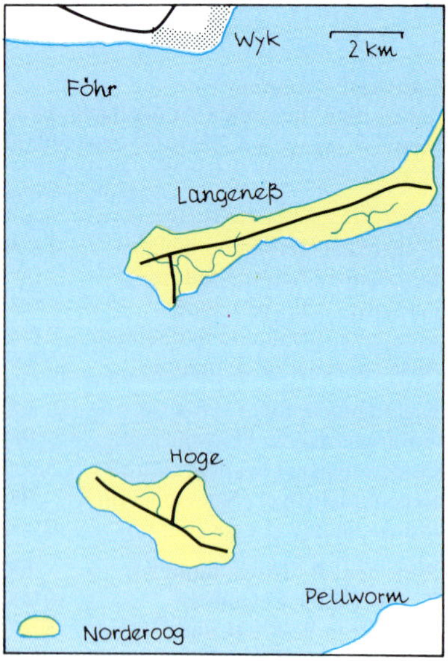

Größe: Die Halligen sind so klein, daß man ein Auto zu ihrer Erkundung nicht benötigt: Hooge besitzt bei etwa 4 km Länge und bis zu 2 km Breite eine Fläche von etwa 580 ha. Langeneß mißt etwa 10 km in der Länge und um 1,5 km in der Breite (985 ha); sie ist die größte der insgesamt 10 Halligen im Wattenmeer. Norderoog ist nur knapp 600 m lang und besitzt eine Fläche von nicht ganz 9 ha.

Landschaft, Lebensräume, Vogelwelt: Typisch für die beiden größeren Halligen ist, daß sie keinen Winterdeich besitzen und sowohl aus jungem Marschland als auch aus altem Moorboden bestehen. Das ebene Land liegt nur 1-2 m über dem Mittleren Hochwasser. Die Halligen sind stets von Überschwemmungen bei Sturmfluten und von Landabtrag durch Wellenschlag bedroht. Die auf ihnen lebenden Halligfriesen schützten sich gegen die Flut, indem sie ihre Höfe auf 3-5 m hoch aufgeschüttete Erdhügel (Warften) bauten. Norderoog ist unbewohnt und seit 1909 im Besitz des Vereins Jordsand.

Da die Halligen als vorgelagerte Wellenbrecher für die Festlandsdeiche unentbehrlich sind und um die Sicherheit ihrer Bewohner zu erhöhen, umgab man auch Hooge und Langeneß in den letzten 100 Jahren mit Sommerdeichen und sicherte die Abbruchkanten der Marsch mit Steinpackungen und Buhnen.

Natur und Landschaft auf den Halligen sind nicht jedermanns Sache. Großen Badebetrieb und touristischen Luxus sucht man vergebens. Meer, Watt, Grünland, darüber ein weiter, hoher Himmel und ein fast immer wehender Wind sind die bestimmenden Elemente der Hallignatur. Trotzdem hat heute der Fremdenverkehr an manchen Orten die früher vorherrschende Landwirtschaft als Erwerbszweig verdrängt. Naturschützer versuchen, die noch vorhandenen Landwirte für eine schonendere Bewirtschaftung des Grünlandes zu gewinnen. Auf Langeneß testet der WWF, ob und wie ein derartiger Ausgleich zwischen Naturschutz und Landwirtschaft möglich ist.

Wer Ruhe und Natur liebt, kommt für längere Zeit auf die Halligen. Hier kann er besonders von April bis Oktober so gut wie fast nirgends anders im Wattenmeer die typischen Vögel dieser Landschaft beobachten. Die Brutvögel besiedeln sowohl das umdeichte Grünland als auch die ungeschützten Vorländer. Langeneß beherbergt rund 2.500 und Hooge etwa 1.500 Küstenvogelpaare. Unter den Gastvögeln findet man zu allen Jahreszeiten die für das Watt typischen Seevogelarten, oft in großen Zahlen. Möwen, Seeschwalben, Gänse und Enten sowie Watvögel dominieren, wie die Listen zeigen.

Norderoog ist seit altersher als Insel der Brandseeschwalben bekannt. Um 1877 sollen auf der damals allerdings noch viermal so großen Hallig 50.000 Brandseeschwalben gebrütet haben. Vor 1945 schwankte die Zahl der Brutpaare zwischen 2.000 und 4.000. Gegenwärtig brüten höchstens noch 2.000 Paare. Zusammen mit allen übrigen Arten nisten auf der kleinen Hallig 3.000-4.000 Küstenvogel-

Langeneß: Salzwiesen vor der Warft Hilligenlei. *Foto: Augst*

paare. Neben den in der Liste genannten Arten brüten auf Norderoog u.a. Brandgans, Eiderente und Mittelsäger.

Bedeutung: Die Halligen sind unverzichtbare Elemente im Lebensraum Wattenmeer. Er besäße für Wat- und Wasservögel kaum die hohe internationale Bedeutung als Rast- und Brutgebiet, wenn es die Inseln als sichere Zufluchtsorte nicht gäbe. Nahezu 21% aller an der schleswig-holsteinischen Westküste brütenden Wat- und Möwenvögel brüten auf den Halligen. Norderoog ist neben Trischen der bedeutendste Brutplatz der Brandseeschwalbe in der Bundesrepublik.

Schutz, Gefährdung, Betreuung: Angesichts dieser hohen Bedeutung erscheint es unverständlich, daß die Halligen Hooge und Langeneß nicht zum Nationalpark Schleswig-Holsteinisches Wattenmeer gehören. Sie werden allseits von ihm umschlossen. Naturschutz stieß hier zumindest bisher oft auf den Widerstand der Bauern: Den im Frühjahr auf den Salzwiesen einfallenden Ringelgänsen etwa wurden besonders schädliche Auswirkungen zugeschrieben.

Heute gleicht die Landesregierung nachgewiesene Ertragseinbußen finanziell aus, und das anfangs nicht gern gesehene Forschungsprojekt des WWF zur naturverträglicheren Grünlandnutzung wird nun doch mit Interesse verfolgt. So ist auf den Halligen der Fortbestand ihrer charakteristischen Flora und Fauna auch ohne besondere Naturschutzregelungen in den Bereich des Möglichen gerückt.

Hallig Habel. (SH-571/308) *Foto: Augst*

Um so wichtiger ist es nun, daß nicht die immer zahlreicheren Erholungsuchenden vorsätzlich oder unabsichtlich zu viele Störungen und Schäden verursachen. Auch bei der Vogelbeobachtung darf man darum, wie in einem NSG, die Wege nicht verlassen.

Die Halligen Hooge und Langeneß werden von Mitarbeitern der Schutzstation Wattenmeer betreut. Sie sammeln naturkundliche Daten, melden naturschutzwidrige Vorkommnisse den Behörden und tragen mit ihnen dazu bei, daß Schäden vermieden und Verstöße geahndet werden. Norderoog ist seit 1939 NSG und liegt seit 1985 in der Ruhezone des Nationalparks. Die Hallig wird vom Verein Jordsand betreut. Im Sommerhalbjahr lebt hier ein Vogelwart.

Beobachtungsmöglichkeiten: Da Hooge und Langeneß sowohl Rast- als auch Brutgebiet sind, lohnen sich Besuche - mit Ausnahme der kältesten Winterperioden - das ganze Jahr über. Beide Halligen sind in die naturkundliche Bildungsarbeit der privaten Naturschutzorganisation „Schutzstation Wattenmeer" einbezogen. Sie unterhält zwei Häuser, wo Tagungen, Kurse, Seminare und Bildungsfreizeiten stattfinden. Vorträge und Führungen sowie Informationen werden jedermann angeboten. Es ist geplant, diese beispielhaften Einrichtungen in die Öffentlichkeitsarbeit des Nationalparkamtes einzufügen.

Adressen:

Schutzstation Wattenmeer, Königstr. 11, 2370 Rendsburg (04331-23622)

Verein Jordsand, Haus der Natur, Wulfsdorf, 2070 Ahrensburg (04102-32656)

Naturschutzzentrum Langeneß, Peterswarft, 2251 Hallig Langeneß (04684-216)

Naturschutzzentrum Hooge, Hanswarft, 2251 Hallig Hooge (04849-229)

Wattenmeerstelle des WWF, Norderstr. 21, 2250 Husum (04841-65944)

Literatur:

G. Riecken (1982); P. Prokosch und K. Kirchhoff (1983); B. Hälterlein (1986); K. Taux (1986); H. Schulz (1947 u. 1957); H.-J. Erfurt und W. Meise (1962); U. Schneider (1984).

Brutvögel - Hooge, Langeneß und Norderoog (1983-85)

	Brutpaare		
	Hooge	Lang.	Nord.
Austernfischer	588	1.254	140
Kiebitz	...	48	...
Sandregenpfeifer	17	19	1
Rotschenkel	200	190	15-20
Säbelschnäbler	1-6	32	...
Silbermöwe	35	190	120
Sturmmöwe	6	53	7
Lachmöwe	30	300	1.100
Flußseeschwalbe und	-	-	250
Küstenseeschwalbe	480	470	640
Zwergseeschwalbe	-	8	-
Brandseeschwalbe	-	-	1.700
Wiesenpieper	200	...	2

2/6 Der Hauke-Haien-Koog

Lage: Der Hauke-Haien-Koog liegt an der nordfriesischen Küste südlich Niebüll und Dagebüll. Mit dem Auto kann man auf der Straße Dagebüll-Ockholm am Westrand entlangfahren. Von Dagebüll (Bahnstation) ist er auch über den Deich in etwa einer Stunde Fußmarsch zu erreichen.

Größe: Der gesamte Koog besitzt eine Fläche von etwa 1.200 ha, davon sind etwa 540 ha Wasserspeicher auch vogelkundlich interessant.

Landschaft, Lebensraum, Vogelwelt: Die Wasserflächen im Hauke-Haien-Koog sind ein Kunstprodukt. 1958/59 deichte man rund 1.200 ha

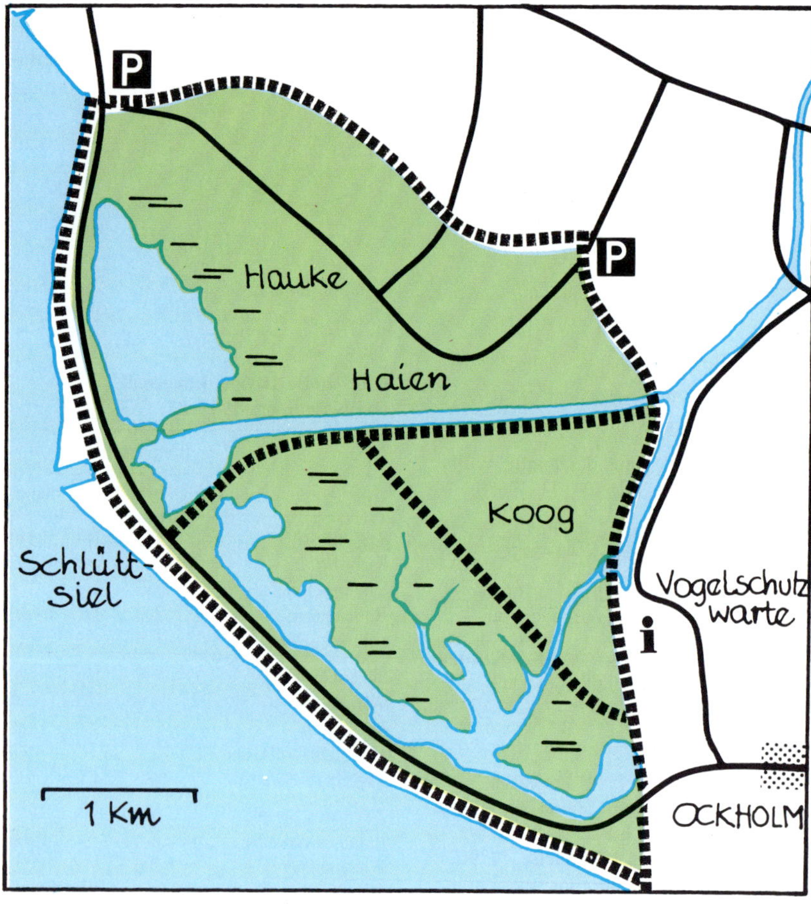

Wattfläche ein und legte in der Westhälfte dieses Kooges zwei Becken zur Speicherung von maximal 7 Millionen cbm Wasser an. Der Bongsieler Kanal führt es aus einem 720 qkm großen Einzugsgebiet heran. Es strömt über Schleusen in die Becken, wenn Sturmfluten eine Ableitung ins Wattenmeer nicht gestatten. Es handelt sich also um eine wasserwirtschaftliche Anlage, die Überschwemmungen im Hinterland verhüten soll.

Das anfangs im Boden vorhandene Salz verschwand immer mehr, so daß heute allenfalls noch Brackwasser vorhanden ist. Beide Speicher wurden nährstoffreichen Flachwasserseen immer ähnlicher. Schilf breitete sich aus und ermöglichte die Ansiedlung von sonst eher im Binnenland brütenden Wasservögeln. Nur am Westrand finden sich noch salzertragende Pflanzen, weil hier noch etwas Salzwasser durch den Boden eindringt. Die Flächenanteile der Biotopelemente betrugen 1979: 179 ha Wasserfläche, 131 ha Röhricht, 224 ha Grünland.

Vor allem das einwandernde Schilf bewirkte, daß die zunächst vorherrschenden Seevögel immer mehr von Binnenlandbewohnern verdrängt wurden. Bemerkenswert gut haben sich allerdings Säbelschnäbler, Kampfläufer und Austernfischer gehalten. Die Brutvogelliste zeigt deutlich die Mischung beider Vogelgruppen.

In erster Linie aber bietet der Koog zahlreichen Gastvögeln Lebensraum. Sie finden hier vorübergehend Nahrung, wechseln das Gefieder oder suchen Zuflucht bei Hoch-

Hauke-Haien-Koog: Nördliches Speicherbecken mit Graureiher, Brandgänsen, Stockenten, Silber- und Heringsmöwen. *Foto: Augst*

wasser oder Sturmflut. Dabei kann es regelrecht zu einem tideabhängigen Pendelverkehr zwischen den Speichern und dem Watt kommen. Die Gastvogelliste vermittelt einen Eindruck von den Vogelmengen.

Bedeutung: Die im Hauke-Haien-Koog vorkommenden Vogelmengen führten zur Einstufung beider Gewässer als Feuchtgebiet internationaler Bedeutung. Ihr Wert als Brutgebiet hat im Laufe der Jahre abgenommen, weil die Küstenvögel immer seltener wurden. Für den Kampfläufer gilt der Koog aber noch als das wichtigste Brutgebiet Schleswig-Holsteins.

Bisher sind im Hauke-Haien-Koog 233 Vogelarten festgestellt worden. Davon haben 74 mindestens einmal gebrütet. 43 Arten brüten regelmäßig, davon 14 Arten der Roten Liste (in 300 Paaren). Insgesamt haben 1981 über 2.500 Bruten stattgefunden.

Schutz, Gefährdung, Betreuung: Die Becken sind nicht nach dem Naturschutzgesetz geschützt, weil die Wasserwirtschaft Vorrang hat. Sie sind außerdem Jagdgebiet, in dem die Jagd vom 1.10. bis 31.12. ausgeübt wird. 1963–1970 wurden durchschnittlich 500 Enten pro Jahr geschossen. Nicht so sehr dieser Verlust, als vielmehr die Störungen wirken nachteilig auf die rastenden Vögel.

Das Grünland wird durch Schafe und Rinder beweidet. Für die Vögel ist das Kurzhalten der Vegetation notwendig; negativ wirken sich bei zu hohem Besatz das Zertreten von Gelegen und Jungvögeln aus. Teile des Schilfs werden im Winter gemäht; man verwendet es zum Dachdecken.

Im Koog konkurrieren also mehrere Nutzungen mit dem Naturschutz oder haben sogar Vorrang. Alle Beteiligten bemühen sich aber um eine dem Schutzziel förderliche Behandlung des Gebietes. Es wäre gut, wenn dies auch rechtlich abgesichert würde.

Die Interessen des Naturschutzes werden vom Verein Jordsand vertreten, der hier während der Brutsaison einen Vogelwart beschäftigt und in Schlüttsiel ein Informationszentrum unterhält. Von hier aus werden auch Führungen veranstaltet. Größere Gruppen sollten sich rechtzeitig anmelden. Der Vogelwart sorgt dafür, daß niemand von der Straße aus ins Gebiet eindringt. Auch außerhalb der Brutzeit sollte auf derlei Störungen verzichtet werden, die ganz unnötig sind, da vom Deich und von der Straße aus in jedem Fall gute Beobachtungsmöglichkeiten bestehen.

Beobachtungsmöglichkeiten: Von der Straße am Westufer kann man aus dem Auto, also ohne die Vögel zu stören, das Vogelleben studieren. Bitte in den vorgesehenen Parkboxen halten und nicht aussteigen!

Herrn Dr. G. Vauk danken wir für die Durchsicht dieses Kapitels.

Adressen:

Verein Jordsand, Haus der Natur, Wulfsdorf, 2070 Ahrensburg (04102-32656)

Gebietsreferent: Dr. Erichsen, Haus Sonnholm, 2264 Süderlügum

Rotdrossel

Brutvögel - Hauke-Haien-Koog (1977-84)
(+)=zunehmend, (−)=abnehmend

	Brutpaare (max.)
Haubentaucher (Podiceps cristatus)	40
Rohrdommel (Botaurus stellaris)	7
Graugans (Anser anser)	10
Brandgans (Tadorna tadorna)	25
Schnatterente (Anas strepera)	30
Krickente (Anas crecca)	6
Spießente (Anas acuta)	3
Knäkente (Anas querquedula)	8
Löffelente (Anas clypeata)	30
Tafelente (Aythya ferina)	25
Reiherente (Aythya fuligula)	25
Rohrweihe (Circus aeruginosus)	22
Tüpfelsumpfhuhn (Porzana porzana)	8
Bleßhuhn (Fulica atra)	300
Austernfischer (Haematopus ostr.)	100
Kiebitz (Vanellus vanellus)	100-200
Sandregenpfeifer (Charadrius hiat.)	30 (−)
Bekassine (Gallinago gallinago)	30 (+)
Uferschnepfe (Limosa limosa)	25
Rotschenkel (Tringa totanus)	100
Alpenstrandläufer (Calidris alpina)	10
Kampfläufer (Philomachus pugnax)	20-60
Säbelschnäbler (Recurvirostra av.)	100-375
Lachmöwe (Larus ridibundus)	2.000 (+)
Flußseeschwalbe (Sterna hirundo)	15
Küstenseeschwalbe (Sterna parad.)	35
Zwergseeschwalbe (Sterna albifrons)	9
Feldlerche (Alauda arvensis)	220 (−)
Schafstelze (Motacilla flava)	20
Wiesenpieper (Anthus pratensis)	100
Schilfrohrs. (Acrocephalus schoenob.)	400
Teichrohrsänger (A. scirpaceus)	250

Literatur:

K. Brehm (1971); P. Prokosch u. K. Kirchhoff (1983); R. Schmidt-Moser (1986).

Gastvögel - Hauke-Haien-Koog (1971-83)

	Höchstzahlen	MHV
Haubentaucher (Podiceps cr.)	90	Mai-Juli
Höckerschwan (Cygnus olor)	200	Juli
Singschwan (Cygnus cygnus)	20	Januar
Zwergschwan (Cygnus bew.)	200	Nov.
Graugans (Anser anser)	800	Sept.
Brandgans (Tadorna tadorna)	3.500	Juli
Pfeifente (Anas penelope)	18.000	Oktober
Schnatterente (Anas strepera)	800	August
Krickente (Anas crecca)	15.000	Oktober
Stockente (Anas platyrh.)	10.000	Oktober
Spießente (Anas acuta)	1.200	Oktober
Löffelente (Anas clypeata)	800	Sept.
Tafelente (Aythya ferina)	700	Juli-Aug.
Reiherente (Aythya fuligula)	120	Juli
Schellente (Bucephala cl.)	100	März
Gänsesäger (Mergus merg.)	140	März
Bleßhuhn (Fulica atra)	3.000	August
Austernfischer (Haemat. ostr.)	3.000	August
Kiebitz (Vanellus vanellus)	1.000	Nov.
Sandregenpfeifer (Char. hiat.)	320	Sept.
Steinwälzer (Arenaria int.)	770	Mai
Bekassine (Gallinago g.)	500	April
Uferschnepfe (Limosa l.)	1.800	Juli
Pfuhlschnepfe (Limosa lapp.)	1.000	April
Du. Wasserläufer (Tringa er.)	2.600	Sept.
Rotschenkel (Tringa totanus)	500	April-Juli
Zwergstrandläufer (Cal. min.)	210	Mai
Alpenstrandläufer (C. alpina)	15.000	Oktober
Sichelstrandläufer (C. ferrug.)	200	Juli
Kampfläufer (Philom. pug.)	3.500	Mai
Säbelschnäbler (Recurv. av.)	700	Mai
Mantelmöwe (Larus marinus)	70	August
Zwergmöwe (Larus minutus)	160	Juni

2/7 Die Hamburger Hallig

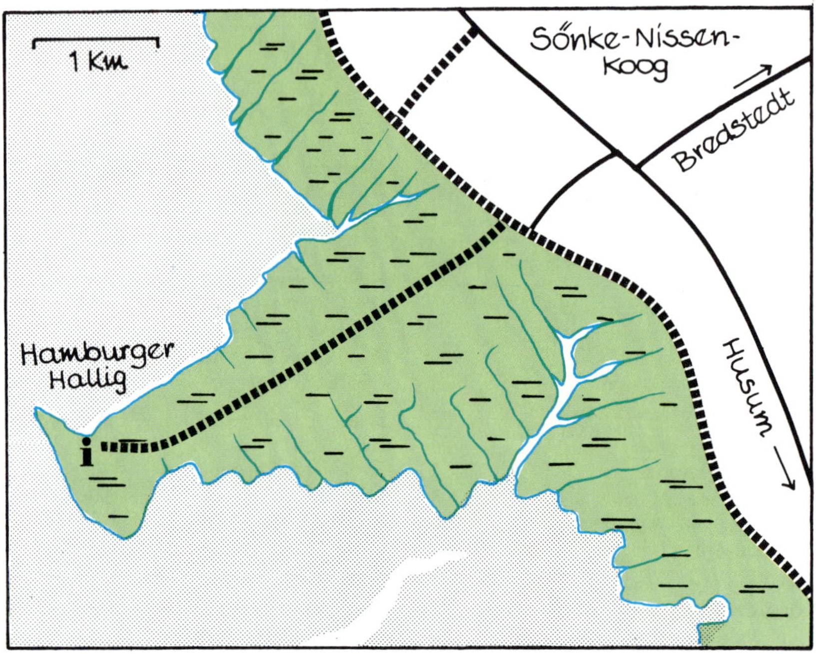

Lage: Die mit dem Festland verbundene Hamburger Hallig liegt an der Westküste Schleswig-Holsteins rund 20 km nordwestlich von Husum. Sie ist auf der Straße von Bredstedt (Bahnstation) über den Sönke-Nissen-Koog zu erreichen.

Größe: Hallig mit angeschlicktem Vorland und beobachtbarem Watt ca. 1.000 ha; Entfernung Deich - Hallig ca. 4,5 km.

Landschaft, Lebensraum, Vogelwelt: Das Ursprungsland der Hamburger Hallig war ein Teil der alten Insel Strand, welche zum größten Teil in der Sturmflut 1634 unterging. Der Name der Hallig ist auf die alte Hamburger Familie Amsinck zurückzuführen, die diesen Landstrich 1624 kaufte. 1874 wurde die Hallig mit dem Festland durch einen Damm verbunden, der sich im Verlauf des letzten Jahrhunderts angeschlickt und begrünt hat, wodurch die heutigen wertvollen Salzwiesen entstanden.

Das gesamte Gebiet wird intensiv beweidet. Auf der Hamburger Hallig selbst befindet sich eine kleine Gastwirtschaft.

Hamburger Hallig: Prielkante und Warft.
Foto: Augst

Die für das Vorland typische Vogelwelt brütet auch hier je nach Eintritt des Sommerhochwassers mit unterschiedlichem Erfolg. Hierüber informiert die Liste mit den durchschnittlichen Brutzahlen der letzten Jahre. Dominierender und beständigster Brutvogel ist der Austernfischer. Der Säbelschnäbler hat leider allmählich abgenommen. Früher hat es 30–55 Paare gegeben.

Die Silbermöwen hatten 1982 bis auf 350 Paare zugenommen. Deshalb entschloß sich der betreuende Naturschutzverband zur Verminderung dieses Bestandes. 200 Gelege wurden gegen Kunsteier ausgetauscht, so daß viele Paare ohne Nachwuchs blieben. Die Bestandszahl 1984 deutet auf einen Erfolg dieser Aktion hin, mit der man einen notwendigen Schritt zum Schutz empfindlicherer Arten tat.

Neben den in der Liste aufgeführten Brutvogelarten brüten noch folgende Arten auf der Hamburger Hallig: Kiebitz, Feldlerche, Wiesenpieper, Rauchschwalbe, Hänfling, Haussperling, Star. Zu den ehemaligen Brutvögeln zählen: Seeregenpfeifer, Uferschnepfe, Kampfläufer, Zwergseeschwalbe, Bachstelze, Schafstelze.

Beeindruckend sind im Februar/März die rastenden Nonnengänse. Im zeitigen Frühjahr 1977 weilten eine Woche lang etwa 20.000 Tiere auf der Hamburger Hallig und im Watt. Das sind rund zwei Drittel des Weltbestandes dieser Art! Selbst wenn man mit solchen Zahlen nicht alle Jahre rechnen kann, so wird man sich doch auch schon am Anblick einiger tausend oder hundert Gänse erfreuen.

Ohrentaucher

In den Herbst- und Wintermonaten – insbesondere dann, wenn das Vorland eisfrei ist – finden hier zahlreiche Kleinvögel, wie Berghänfling, Schneeammer, Ohrenlerche reichlich Nahrung.

Bedeutung: Vor allem zur Zugzeit hat dieses Gebiet im nordfriesischen Wattenmeer als Nahrungs-, Rast- und Mauserplatz internationale Bedeutung. Durch seine Übersichtlichkeit und Größe entspricht es den Bedürfnissen von Gänsen (Fluchtdistanz).

Schutz, Gefährdung, Betreuung: Die Hamburger Hallig ist seit 1930 NSG, seit 1985 gehört sie zum Nationalpark Schleswig-Holsteinisches Wattenmeer. Das Gebiet und die Bruten der dort lebenden Vögel sind durch mehrere Faktoren gefährdet:

- durch das Sommerhochwasser;
- durch die Auswirkungen des Freizeit- und Erholungsbetriebes;

- durch z.T. sehr intensive Schafbeweidung, wodurch die tpischen Salzwiesenpflanzen sich nur in kleinen Gebieten entwickeln können;
- durch in den letzten Jahren zunehmenden Tiefflugverkehr;
- durch Nesträuberei überwiegend durch die wachsende Zahl der Großmöwen;
- durch Ausübung der Jagd (hierdurch finden die Vögel insbesondere in den Wintermonaten, in denen für die Futtersuche jede Stunde Tageslicht kostbar ist, keine Ruhe mehr).

Der DBV-Landesverband Schleswig-Holstein bewacht das Brutgebiet durch einen Vogelwart. Ein Betreten der Brutgebiete, die durch Hinweisschilder markiert sind, ist nicht gestattet.

Beobachtungsmöglichkeiten: Vom Deich aus führt ein Plattenweg zur vorderen Warft (ca. 4,5 km). Auf halbem Weg befindet sich eine Hütte des Marschenbauamtes, ebenfalls auf einer Warft, wo während der Brutzeit der Vogelwart wohnt. Hier können Besucher Auskunft einholen.

Bei Herrn Reitmann möchten wir uns für die Bearbeitung dieses Kapitels bedanken.

Adressen:

DBV-Gebietsreferent: Claus Jürgen Reitmann, Maienweg 312, 2000 Hamburg 63 (040-597479)

Literatur:

O.G. Meier und E. Lüthje (1980); C.J. Reitmann (1983).

Brutvögel - Hamburger Hallig (1976-86)

	Brutpaare
Brandgans (Tadorna tadorna)	0-1
Stockente (Anas platyrhynchos)	2-5
Austernfischer (Haematopus ostr.)	40-280
Kiebitz (Vanellus vanellus)	...
Sandregenpfeifer (Charadrius hiat.)	2-14
Rotschenkel (Tringa totanus)	0-9
Säbelschnäbler (Recurvirostra av.)	7-42
Silbermöwe (Larus argentatus)	85-240
Sturmmöwe (Larus canus)	4-10
Lachmöwe (Larus ridibundus)	35-470
Küstenseeschwalbe (Sterna parad.)	30-100
Feldlerche (Alauda arvensis)	...
Wiesenpieper (Anthus pratensis)	...
Hänfling (Carduelis cannabina)	...

Gastvögel - Hamburger Hallig (Stand 1982)

	Höchstzahlen	MHV
Nonnengans (Branta leucops.)	20.000	4
Ringelgans (Branta bernicl.)	5.000	4-5
Brandgans (Tadorna tadorna)	4.000	11-12
Pfeifente (Anas penelope)	20.000	10-11
Stockente (A. platyrhynchos)	500	9-10
Eiderente (Somateria moll.)	1.000	11-12
Austernfischer (Haematopus)	5.000	8-11
Sandregenpfeifer (Char.hia.)	100	8-9
Kiebitzregenpf. (Pluv. squ.)	1.000	8-10
Goldregenpfeifer (Pluv. apr.)	1.500	8-9
Gr.Brachvogel (Numen. arqu.)	3.000	8-10
Uferschnepfe (Limosa lim.)	400	8
Pfuhlschnepfe (L. lappon.)	700	5/8
D. Wasserläufer (Tringa er.)	200	8-9
Rotschenkel (T. totanus)	600	7
Grünschenkel (T. nebularia)	300	8
Knutt (Calidris canutus)	2.000	8
Alpenstrandläufer (C. alp.)	8.000	4/7-10
Säbelschnäbler (Recurviros.)	100	7
Silbermöwe (Larus argent.)	1.000	8-9
Sturmmöwe (Larus canus)	4.000	9
Lachmöwe (Larus ridibundus)	2.000	8-9
Ohrenlerche (Eremophila a.)	200	1-2/11

2/8 Der Nordstrander Damm

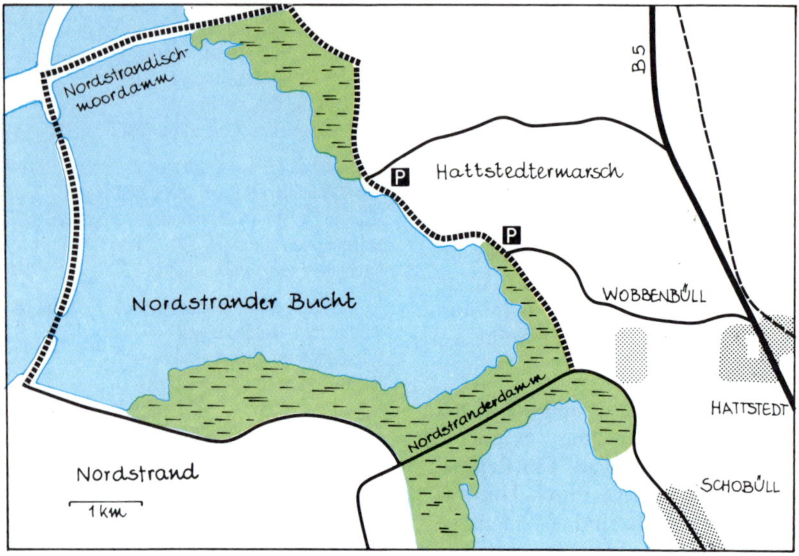

Lage: Der Nordstrander Damm liegt in der Südostecke des Nordfriesischen Wattenmeeres und dient als Straßenverbindung vom Festland zur Marscheninsel Nordstrand. Er ist von Husum (Bahnstation) aus mit Bus oder Auto zu erreichen.

Größe: Der Damm ist fast drei Kilometer lang und bietet einen Überblick über etwa 800 bis 1000 ha Gelände.

Sandregenpfeifer

Landschaft, Lebensraum, Vogelwelt: Bis etwa 1982 erstreckte sich zu beiden Seiten des Dammes Vorland und daran anschließend Wattenmeer. Die Salzwiesen wurden intensiv mit Schafen beweidet und waren von vielen Gräben und einzelnen Prielen durchzogen. Auf der Südseite des Nordstrander Dammes wird dieser Zustand erhalten bleiben. Auf der Nordseite sind hingegen inzwischen durch die Abdeichung der Nordstrander Bucht schwerwiegende Veränderungen eingetreten: Der neue Deich zwischen Nordstrand und dem Sönke-Nissen-Koog ist inzwischen fertig. Die etwa 3.300 ha große Bucht ist nun als Koog vom Meer vollkommen abgeriegelt.

Die Pläne sehen vor, daß auf dem früheren Vorland in Zukunft intensive Landwirtschaft (Getreideanbau?)

betrieben wird. Im Bereich des ehemaligen Wattenmeeres werden zwei Süßwasserbiotope mit Speichermöglichkeiten für aus dem Binnenland kommendes Wasser angelegt, und es soll ein Teilgebiet als Salzwasserlebensraum erhalten bleiben. Die Verbindung zum Wattenmeer beschränkt sich auf ein ständig kontrolliertes Siel. Vor dem neuen Deich wird versucht werden, auf Wattflächen rasch neues Vorland anzulegen.

Für den Naturfreund ergibt sich zur Zeit als Bilanz: Auf der Nordseite des Nordstrander Dammes wird sich in Zukunft die Vogelwelt deutlich verändern; offen ist, welche Einblicke der neue Deich in die Süß- und Salzwasserbereiche bietet und ob dort Einrichtungen für die Naturbeobachtung (überdeckte Kanzeln o. ä.) geschaffen werden.

Es ist schwer, in dieser ungewissen Phase der folgenschweren Umgestaltung der Nordstrander Bucht verläßliche Aussagen über die Vogelwelt zu machen. Eigentlich ist nur eine Beschreibung der Lage vor der Schließung des Deiches möglich. Für die Jahre 1983–85 werden für 120 ha Vorland nördlich des Dammes rund 300 Brutpaare von 4 Küstenvogelarten geschätzt, und für 90 ha Vorland im Süden lauten die ungefähren Zahlen: 200 Brutpaare in 6 Arten. Die Brutvogelvorkommen bieten also keine sonderlichen Attraktionen; allenfalls das Nisten des Säbelschnäblers ist hervorzuheben. Wie die Tabelle vermerkt, kommen aber in der übrigen Nordstrander Bucht weitere Brutvögel vor.

Vom Nordstrander Damm hatte man natürlich namentlich bei Hoch-

Nordstrander Damm: Im Mittelgrund unbeweidetes Reservat bei Windflut. *Foto: Augst*

Säbelschnäbler

wasser einen hervorragenden Überblick über die Gastvogelschwärme, die sich vor allem im Herbst in der Nordstrander Bucht aufhielten. 1979 wurde festgestellt, daß dort mindestens 200.000 Vögel gleichzeitig leben können. Die in der Tabelle aufgelisteten um 1980 ermittelten Bestandszahlen zeigen, welche Arten daran den wesentlichen Anteil haben.

Bedeutung: Aufgrund des reichen Watt- und Wasservogellebens war die Nordstrander Bucht 1974 als ein wesentlicher Teilbereich des Feuchtgebietes internationaler Bedeutung „Nordfriesisches Wattenmeer“ vorgeschlagen worden. Daraus wurde nichts.

Schutz, Gefährdung, Betreuung: Südlich des Nordstrander Dammes gehörten Vorland und Wattenmeer bis 1985 zum NSG „Nordfriesisches Wattenmeer“. Jetzt sind sie Teil des Nationalparks „Schleswig-Holsteinisches Wattenmeer“. Die Ländereien auf der Nordseite des Dammes wurden 1982 aus dem NSG herausgenommen und später auch nicht in den Nationalpark einbezogen. Zwar wurde der Bereich des eingedeichten Gebietes sogleich wieder gesondert und mit einer neuen Verordnung als Naturschutzbereich einstweilig sichergestellt; doch ist die oben bereits skizzierte Ausgestaltung des neuen Kooges noch nicht in allen Einzelheiten festgelegt.

Noch kann die Landesregierung Schleswig-Holsteins versuchen, den von Naturschützern allgemein abgelehnten und für überzogen eingeschätzten Deichbau durch eine möglichst naturverträgliche Biotopgestaltung im Koog teilweise auszugleichen. Doch ist selbst eine gute Lösung nur ein notdürftiger Ersatz für rund 3.300 ha verloren gegangene Naturlandschaft.

Die Schutzstation Wattenmeer sorgt im Rahmen ihrer Betreuungsarbeit im nordfriesischen Wattenmeer auch für die noch vorhandenen Brutgebiete in der Nordstrander Bucht, ermittelt Schäden und Beeinträchtigungen, erhebt Daten über die Pflanzen und Tiere und betreibt Öffentlichkeitsarbeit (Exkursionen, Vorträge, Informationsstelle auf Nordstrand). Auch der World Wildlife Fund (WWF) beobachtet kritisch die gesamte Entwicklung und setzt sich für einen verstärkten Naturschutz im Bereich der Nordstrander Bucht ein.

Kiebitzregenpfeifer

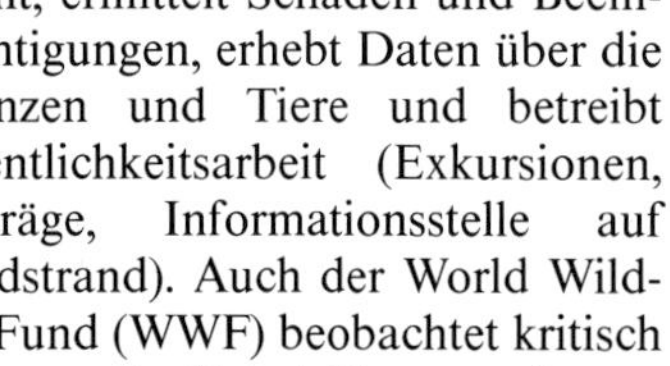

Nordstrander Damm in Richtung Schobüll. Foto: Augst

Beobachtungsmöglichkeiten: Der Nordstrander Damm war zumindest bisher als Exkursionsziel so beliebt, weil er leicht erreichbar ist und man hier von erhöhter Warte aus einen repräsentativen Eindruck vom Vogelleben im Wattenmeer bekam. Es muß sich noch zeigen, ob und wie das auch für die Zukunft gilt.

Herrn Uwe Heise danken wir für Hinweise.

Adressen:

Schutzstation Wattenmeer, Königstr. 11, 2370 Rendsburg (04331-23622)

Referent: Uwe Heise, Wischbleek 5, 2081 Appen

Günter Busche, Hochfelder Weg 49, 2240 Heide

Literatur:

B. Hälterlein (1986); H.-U. Rösner u. P. Prokosch (1986); W. Schultz (1981).

Brutvögel - Nordstrander Damm (1979-86)

	Brutpaare
Brandgans (Tadorna tadorna)	...
Stockente (Anas platyrhynchos)	...
Spießente (Anas acuta)	...
Austernfischer (Haematopus ostr.)	40-130
Kiebitz (Vanellus vanellus)	...
Sandregenpfeifer (Charadrius h.)	...
Uferschnepfe (Limosa limosa)	...
Rotschenkel (Tringa totanus)	30
Kampfläufer (Philomachus pugnax)	...
Säbelschnäbler (Recurvirostra av.)	120-130
Silbermöwe (Larus argentatus)	...
Sturmmöwe (Larus canus)	2-4
Lachmöwe (Larus ridibundus)	140-160
Flußseeschwalbe (Sterna hirundo)	1-3
Küstenseeschwalbe (Sterna parad.)	...
Feldlerche (Alauda arvensis)	...
Schafstelze (Motacilla flava)	...
Wiesenpieper (Anthus pratensis)	...

Gastvögel - Nordstrander Damm (um 1980)

	Höchstzahlen
Brandgans (Tadorna tadorna)	8.000
Pfeifente (Anas penelope)	10.000
Spießente (Anas acuta)	1.000
Austernfischer (Haematopus ostr.)	6.000
Kiebitzregenpfeifer (Pluvialis s.)	3.000
Goldregenpfeifer (P. apricaria)	6.500
Gr. Brachvogel (Numenius arquata)	4.000
Pfuhlschnepfe (Limosa lapponica)	2.500
Dunkler Wasserläufer (Tringa er.)	1.000
Rotschenkel (Tringa totanus)	2.000
Grünschenkel (Tringa nebularia)	500
Knutt (Calidris canutus)	5.600
Alpenstrandläufer (C. alpina)	30.000
Säbelschnäbler (Recurvirostra a.)	200
Silbermöwe (Larus argentatus)	950
Sturmmöwe (Larus canus)	3.000

2/9 Westerheversand und Tümlauer Bucht

Lage: Beide direkt benachbarte Bereiche bilden den südlichen Abschluß des nordfriesischen Wattenmeers. Sie liegen an der Nordwestekke der Halbinsel Eiderstedt. Man gelangt dorthin von den Orten Westerhever und Tümlauer Koog aus, die man über Heide und Tönning oder Husum erreicht.

Größe: Beide Gebiete umfassen zusammen etwa 2.200 ha.

Landschaft, Lebensräume, Vogelwelt: Das Wattenmmer besteht hier überwiegend aus einem rund 2 km breiten Streifen vor der mit einem Deich geschützen Marschen-Halbinsel Eiderstedt. In diese schmale Zone sind

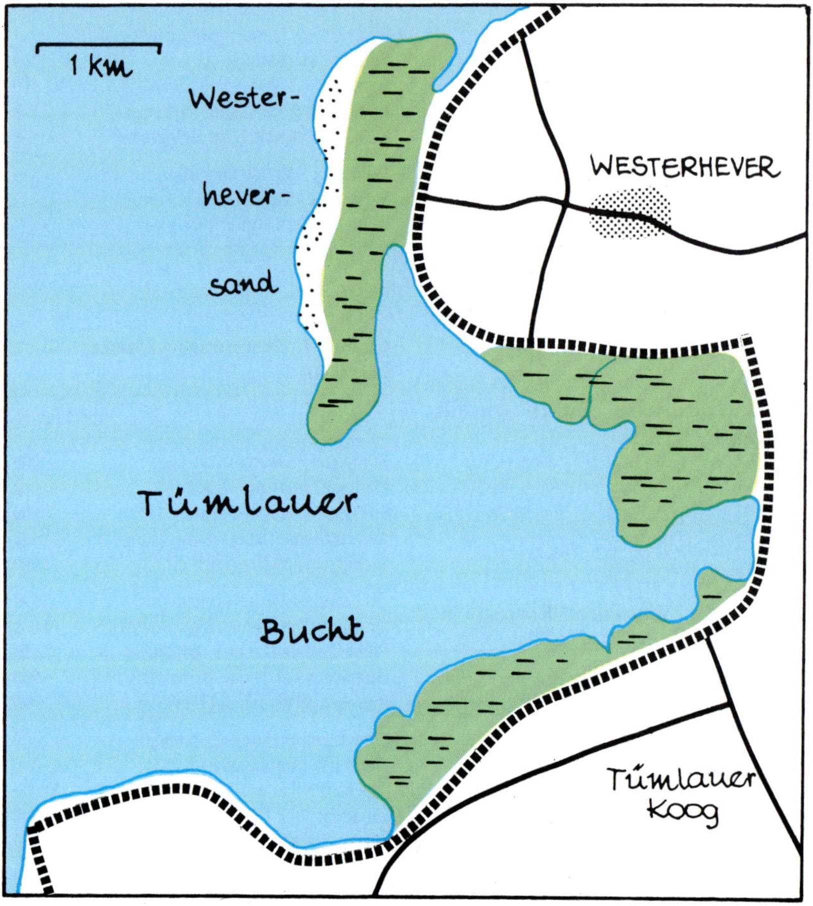

eingebettet der normalerweise hochwasserfreie Westerheversand mit landwärts anschließendem Vorland und südlich davon die bis zu 5 km weit ins Land reichende Tümlauer Bucht, die ebenfalls ein bis zu 1,5 km breites Vorland besitzt.

Der Vogelreichtum dieses Küstenstrichs erklärt sich aus dem räumlich dichten Nebeneinander von günstigen Plätzen zum Brüten, Ruhen und zur Nahrungssuche. Die Nordsee reicht mit dauernd wassergefüllten Rinnen in das von Prielen durchzogene Schlickwatt der Tümlauer Bucht, welches seinerseits in Salzwiesen übergeht. Nach Norden zu schließt an das Schlickwatt der weithin vegetationsfreie Westerheversand an, der sich wie ein schützender Gürtel vor die auch hier vor dem Deich ausgebreiteten Salzwiesen legt. Das Vorland wird größtenteils so intensiv mit Schafen beweidet, daß sich die vielfältige, bunte Salzwiesenvegetation kaum entfalten kann. Auf dem Westerheversand baden und lagern im Sommer viele Menschen.

Der Westerheversand zeichnet sich durch das größte Zwergseeschalben-Vorkommen in Schleswig-Holstein aus. Auch die Zahl der brütenden Seeregenpfeifer ist bemerkenswert hoch.

Die Gastvogelliste zeigt, daß manche Durchzügler im Frühjahr, die meisten jedoch im Herbst besonders zahlreich erscheinen. Ältere Zahlen zeigen an, wie stark der Vogelreichtum nach Jahreszeit, Wetter und verfügbarer Nahrung schwankt.

Westerheversand: Blick vom Leuchtturm auf Salzwiese mit Prielen. *Foto: Augst*

Bedeutung: Unter den Teilgebieten des nordfriesischen Wattenmeers gründet sich die Brutplatzbedeutung des Westerheversandes auf die Zwergseeschwalben- und Regenpfeifer-Vorkommen. Darüber hinaus tragen sowohl die Tümlauer Bucht als auch der Westerheversand mit ihren Gastvogelzahlen wesentlich zur internationalen Bedeutung des nordfriesischen Wattenmeers bei.

Schutz, Gefährdung, Betreuung: Bis 1985 gehörte das gesamte Gebiet zum NSG Nordfriesisches Wattenmeer. Dann wurde es in den neu geschaffenen Nationalpark übernommen. Der Westerheversand und das ganze Vorland gehören allerdings zu den schwächer geschützten und noch nicht endgültig voneinander abgegrenzten Zonen 2 und 3. Nur das Innere der Tümlauer Bucht gilt als Ruhezone, die allerdings von einem Schiffsfahrwasser geteilt ist.

Westerheversand und die Tümlauer Bucht werden von der Schutzstation Wattenmeer betreut. 1982 waren beispielsweise ganzjährig insgesamt drei Zivildienstleistende und weitere freie Mitarbeiter im Einsatz. Sie bieten der Öffentlichkeit auch Vorträge und Führungen an; 1982 waren es 120 Veranstaltungen mit über 3.500 Personen.

Beobachtungsmöglichkeiten: Sofern die Nationalparkverwaltung in Tönning keine Regelung trifft, können Vorland und Sand betreten werden. Die Schutzstation Wattenmeer hat allerdings Brutgebiete und unbeweidete Salzwiesenparzellen im Einverständnis mit den Landespflegebehörden abgesperrt. Diese Tabuzonen müssen respektiert werden.

Adressen:

Schutzstation Wattenmeer, Königsstr. 11, 2370 Rendsburg

Gebietsreferent: Rainer Green, Aalburgstr. 18, 2370 Rendsburg

Brutvögel - Nordwesteiderstedt (1982/84)
T. B. = Tümlauer Bucht (1982),
W. S. = Westerheversand + Vorland (1984)

	Brutpaare	
	T. B.	W. S.
Austernfischer (Haemat. o.)	215	240
Sandregenpfeifer (Char. h.)	7	22
Seeregenpfeifer (Ch. alex.)	8	47
Rotschenkel (Tringa totanus)	-	9
Säbelschnäbler (Recurvir. a.)	120	5
Silbermöwe (Larus arg.)	17	2
Lachmöwe (Larus ridib.)	3.000	490
Flußseeschwalbe (Sterna hir.)	106	35
Küstenseeschwalbe (Sterna p.)	106	300
Zwergseeschwalbe (St. alb.)	-	50

Gastvögel - Nordwesteiderstedt (1982)
Zahl in Klammer = vor 1982

	Höchstzahlen	
	Frühjahr	Herbst
Nonnengans (Branta leu.)	3.200	1.500
Ringelgans (B. bernicl.)	1.600	200
Brandgans (Tadorna t.)	600	1.300
Austernfischer (Haemat.)	2.500	10.000
Seeregenpf. (Char.alex.)	...	(500)
Goldregenpf. (Pluv.apr.)	750	25
Gr.Brachvogel (Num.ar.)	800	1.300
Pfuhlschnepfe (Lim.lap.)	3.500	500
Rotschenkel (Tringa to.)	...	(500)
Knutt (Calidris canutus)	...	(150.000)
Alpenstrandl. (C.alpina)	...	(30.000)
Sanderling (C. alba)	750	25

2/10 Die Küste vor St. Peter-Ording

Lage: Das Gebiet bildet die Südwestecke der Halbinsel Eiderstedt an der Westküste Schleswig-Holsteins. St. Peter ist über die B 202 von Tönning aus oder über das Eidersperrwerk und mit der Bahn von Husum aus zu erreichen.

Größe: Der Gesamtbereich der Küste zwischen St. Peter und Süderhöft umfaßt ungefähr 2.000 ha, wovon die ornithologisch interessante Hauptfläche vor der mit Deichen gesicherten, rund 13 Kilometer langen Küste liegt.

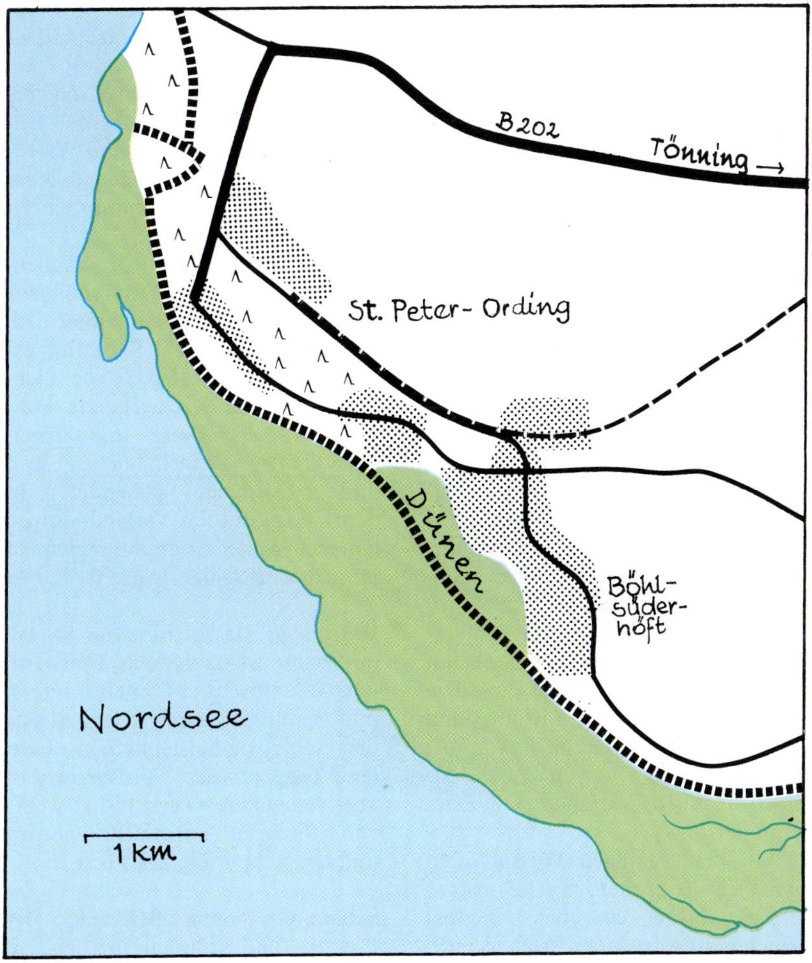

Landschaft, Lebensräume, Vogelwelt: Hinter dem Deich entstanden ganz im Norden und im Süden des Beobachtungsgebietes Tümpel und Brackwassersümpfe, weil dort der Kleiboden zum Deichbau abgegraben wurde. Neben Wasserflächen findet man schlammigen Boden mit Queller, Schlauch- und Blaualgen sowie Schilfbestände. Hier haben sich unter anderem Säbelschnäbler, Lachmöwe und neuerdings auch die Bartmeise angesiedelt.

Am kostbarsten und in seiner Art einmalig in Schleswig-Holstein ist das Vorland. Nicht schwerer Klei bildet hier den Untergrund, wie überall sonst an der Nordseeküste, sondern die Pflanzen wachsen auf Sand, der vom Wind und von der Brandung hier zusammengetragen wurde.

Dieses für den Botaniker einmalige Pflanzenmosaik mit dem Wechsel kurzer Rasen, büscheliger Grashorste und flacher Pfützen war bisher vorzüglicher Brutplatz für den Alpenstrandläufer, die wohl größte ornithologische Kostbarkeit dieses Gebietes. In den fünfziger Jahren nisteten hier rund 50 Paare, eine stabile, lebensfähige Population der südlichen Rasse dieses nördlichen Watvogels. Leider ist dieses größte Brutvorkommen der Bundesrepublik bis auf wenige Reste vernichtet worden. Heute liegt der gesamte Brutbestand dieser Art in unserem Lande bei 30–50 Paaren, wovon höchstens noch 10 auf das Vorland bei St. Peter entfallen.

Vor dem sandigen Vorland dehnen sich die ebenen, vegetationsfreien und bis 80 cm über mittlerem Hochwasser liegenden Außensände. Leider konzentriert sich hier der Freizeitbetrieb, so daß das natürliche Leben empfindlich gestört ist, und die Vögel keinen hochwassersicheren Rastplatz mehr finden. Es scheint jedoch, als ob sich die Zwergseeschwalbe bisher auf dem Außensand halten konnte. Für 1982 wird ein Brutbestand von 57 Paaren genannt. Der Seeregenpfeifer liebt mehr den Übergang zwischen Außensand und Vorland. Er ist offenbar trotz aller Störungen noch mit etwa 30 Paaren vertreten.

Vor allem ab September und bis Mai, wenn der Freizeitbetrieb zurückgeht, rasten Wasser- und Watvögel in für das Wattenmeer üblicher hoher Zahl. Leider liegen nur einzelne ältere Daten vor.

Ein Charaktervogel der Außensände – vor allem im Winterhalbjahr – ist der Sanderling. Die hinter dem Deich vor Wind und Sturmflut geschützten Tümpel locken vor allem im Frühherbst durchziehende Watvögel an, z.B. Zwerg- und Sichelstrandläufer, Odinshühnchen und die verschiedenen Wasserläufer. In den Dünen und im Vorland verweilen im Winter Sumpfohreulen in jährlich wechselnder Anzahl.

Bedeutung: Das Gebiet von St. Peter-Ording ist ökologisch, floristisch und faunistisch das interessanteste und vermutlich noch reichhaltigste der schleswig-holsteinischen Festlandsküste an der Nordsee. Es ist aber erstaunlicherweise bisher wenig von Biologen untersucht worden und leider zu wenig geschützt.

Schutz, Gefährdung, Betreuung: Der Freizeit- und Erholungsbetrieb hat ein Ausmaß erreicht, das bereits zu ernsten Schäden in der Natur und Landschaft geführt hat und dringend Lenkungsmaßnahmen erfordert. Höchst bedauerlich ist, daß das Vorland dieses naturkundlich so bemerkenswerten Küstenstrichs bisher nicht als NSG gesichert worden ist. 1985 ist das Gebiet zwar in den Nationalpark Schleswig-Holsteinisches Wattenmeer einbezogen worden, doch gehört es überwiegend den weniger streng geschützten, beziehungsweise noch nicht genau festgelegten Zonen 2 und 3 an. Nur eine 200 ha große Vorlandfläche bei Süderhöft gilt als Ruhezone, die nicht betreten werden darf. Man kann nur hoffen, daß vor St. Peter rasch die nötigen Schutzmaßnahmen ergriffen werden.

Beobachtungsmöglichkeiten: Bis auf die Nationalpark-Ruhezone ist der gesamte Bereich zumindest auf Wegen zugänglich. Örtliche Betretungsverbote in den Dünen müssen beachtet, Brut- und Rastplätze der Vögel respektiert werden. Insbesondere der Alpenstrandläufer muß ungestört seinen Nachwuchs aufziehen können. Der rücksichtsvolle Naturfreund beobachtet geduldig von den Strandwegen aus und vermeidet jede Beunruhigung durch querfeldein führende Suchaktionen.

Sturmmöwe

Herrn Dr. D. König danken wir für die Überarbeitung dieses Kapitels.

Adressen:

Günter Busche, Hochfelder Weg 49, 2240 Heide

Dr. Dietrich König, Sandkoppel 39, 2300 Kiel-Kronshagen

Literatur:

D. König (1983).

Brutvögel - Küste vor St. Peter-Ording (1983-85)

	Brutpaare
Austernfischer (Haematopus ostral.)	700
Sandregenpfeifer (Charadrius hiat.)	50
Seeregenpfeifer (Charadrius alex.)	50
Rotschenkel (Tringa totanus)	150
Alpenstrandläufer (Calidris alpina)	8-12
Säbelschnäbler (Recurvirostra av.)	20-50
Silbermöwe (Larus argentatus)	50
Lachmöwe (Larus ridibundus)	1000
Flußseeschwalbe (Sterna hirundo) und Küstenseeschwalbe (Sterna parad.)	250-300
Zwergseeschwalbe (Sterna albifrons)	20-50

Gastvögel - Küste vor St. Peter-Ording (1974)

	Höchstzahlen
Brandgans (Tadorna tadorna)	3.000
Trauerente (Melanitta nigra)	4.000
Austernfischer (Haematopus ostr.)	8.000
Steinwälzer (Arenaria interpres)	200
Pfuhlschnepfe (Limosa lapponica)	3.000
Knutt (Calidris canutus)	90.000
Alpenstrandläufer (Calidris alpina)	25.000
Sanderling (Calidris alba)	800

2/11 Das Eiderwatt

Lage: Das Eiderwatt umfaßt den Mündungstrichter der Eider zwischen dem Eidersperrwerk und der Straßenbrücke bei Tönning. Tönning (Bahnstation) ist von Heide auf der B 5 und von Rendsburg auf der B 202 zu erreichen. Von hier aus kann man durch das Eiderwatt zum Sperrwerk fahren.

Größe: Der Gesamtbereich umfaßt etwa 3000 ha, davon entfallen auf das geplante Naturschutzgebiet Eiderwatt 1.400 ha. Das bereits 1950 ausgewiesene Naturschutzgebiet Schülper Neuensiel ist nur knapp 20 ha groß.

Landschaft, Lebensraum, Vogelwelt: Die Mündung der Eider (der größte Fluß Schleswig-Holsteins) war bis 1968 ein zur Nordsee geöffneter Trichter, durch den Ebbe und Flut, aber auch Sturmfluten flußaufwärts bis zu einer 1936 errichteten Abdämmung bei Friedrichstadt landeinwärts vordringen konnten. Deiche längs des Flusses boten zwar Sicherheit; aber erst der Verschluß der gesamten Mündung durch ein ca. 4 km langes Sperrwerk brachte wirklichen Schutz auch vor schwersten Sturmfluten. Zwar können seit der Vollendung dieses Bauwerkes durch fünf Tore noch normale Tidebewegungen

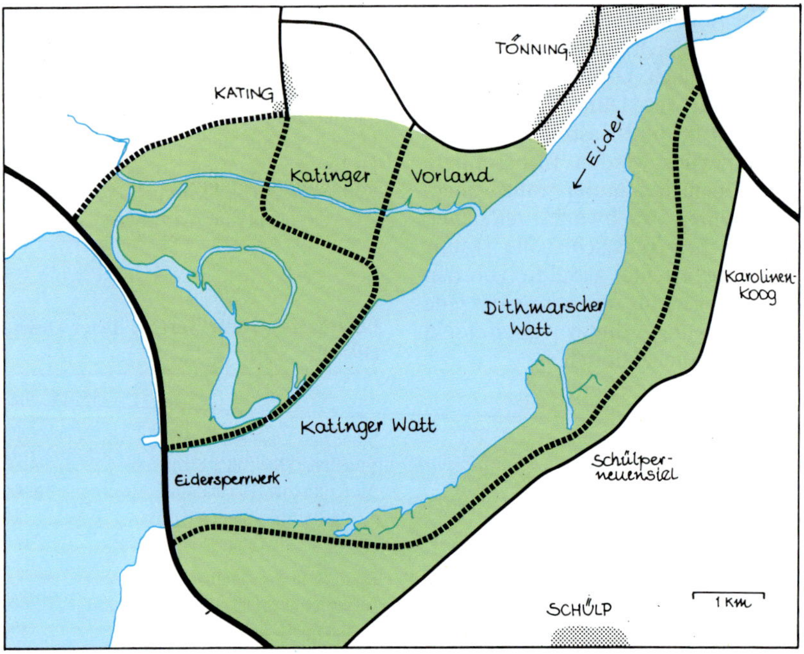

ablaufen, und Tönning bleibt für kleine Schiffe erreichbar, doch wurden durch den Bau neuer Dämme große Teile des Eiderwatts radikal umgestaltet. Salzwiesen (vor allem bei der Grünen Insel und im Katinger Vorland), Watt und Flachwasserzonen gingen verloren. Vollständig erhalten blieb eigentlich nur das Fahrwasser, das sich jedoch mit Sand und Schlick auffüllte.

Neu entstanden hinter dem Sperrwerk 350 ha Ackerland, 300 ha Forstgebiet und ein 310 ha großes Erholungsgelände, das über eine neue Straße erreichbar ist. Insbesondere die Pflanzung von Laubholzforsten auf dem Wattboden wurde als Pioniertat gefeiert. Vom ökologischen Standpunkt aus ist dies jedoch als landschafts- und biotopfremder Eingriff zu werten. Nördlich des Eiderfahrwassers blieben nur 190 ha Vorland vor dem Leitdamm als Schafweide und damit als möglicher Küstenvogellebensraum erhalten.

Auch am Südufer der Eider blieben die ursprünglich vorhandenen Watt- und Vorlandflächen nicht unverändert: Das Vorland wurde mit Ausnahme des NSGes Schülper Neuensiel verwallt und in Ackerland umgewandelt. Auf Kosten des Watts entstand allerdings vor den Wällen ein schmaler Streifen neues Vorland.

Insgesamt sind also Verluste natürlicher Lebensräume und eine Intensivierung der Nutzung zu beklagen. Dies blieb nicht ohne Folgen für die Brutvogelbestände. Die Brutvogelzahlen allein könnten zwar den Eindruck erwecken, als sei im Eiderwatt alles in Ordnung. Angesichts der gravierenden Lebensraum-Ver-

Eiderwatt: Abbruchkante an der Grünen Insel. *Foto: Augst*

änderungen nach der Absperrung sind jedoch größere Verschiebungen im Brutvogelspektrum aufgetreten, die anhand einiger Beispiele deutlich werden sollen:

In den dreißiger Jahren siedelten auf der Grünen Insel um 600 Paare Fluß- und Küstenseeschwalben (also viel mehr als heute), um 80 Rotschenkel-, 10 Austernfischer- und 30 Säbelschnäblerpaare (also weniger als heute).

Der Säbelschnäbler entwickelte sich dann zum Charaktervogel des Eiderwatts und erreichte hier 1978 mit 558 Paaren seinen stärksten Bestand an der ganzen Nordseeküste. 1980 sank er wieder auf 359, 1981 auf 275 Paare ab. 1988 brüteten nur noch etwa 70 Paare im Gebiet.

Nach dem Schluß des Sperrwerkes und vor Beginn der Kulturarbeiten hatte der Seeregenpfeifer seine große Zeit: Noch 1978 83, 1980 nur mehr 2, 1984 immerhin wieder 11 Paare. Seitdem ist der Bestand ziemlich konstant.

Eine große Besonderheit war das Brüten der Lachseeschwalbe auf der Grünen Insel: Bis zu 40 Paare gab es, die um 70% des Bestandes an der deutschen Nordseeküste ausmachten. 1976 erschienen 4 Paare zum letzten Mal!

Welche geradezu dramatischen Entwicklungen sich im Eiderwatt abspielten, als dort Acker-, Forst- und Erholungsnutzung immer mehr Fuß faßten, zeigt die Mitteilung des Vogelwartes für das Katinger Vorland/Grüne Insel. 1978: 2.892 Brutvogelpaare, 1979: 2.080 und 1980 eine Halbierung auf 1.414! Erfreulicherweise zeigt sich neuerdings aber wieder eine steigende Tendenz: 1987 brüteten wieder 2.800 Paare im Gebiet.

Es sieht heute so aus, als ob die den Brutbestand bestimmenden Faktoren sich noch nicht endgültig stabilisiert hätten, so daß die zukünftige Entwicklung noch offen ist. Gewiß ist die Hochwassersicherheit ein Gewinn für die Vögel; andererseits sind Verluste oder sogar das Verschwinden empfindlicher bzw. seltener Arten zu beklagen.

Auch für Gastvögel ist der Schutz vor Sturmfluten sicher von Vorteil. Leider sind Bestandszahlen kaum bekannt. Es wird jedoch von 10.000 auf Grün- und Ackerland äsenden Nonnengänsen gesprochen. Ein Vogelwartbericht nennt für Anfang Mai 1987 u.a. 5.000–7.000 Alpenstrandläufer, 5.000 Goldregenpfeifer, 2.000 Knutts, 1.300 Pfeifenten, 5.400 Krickenten und 5.000 Pfuhlschnepfen.

Bedeutung: Es mutet wie Hohn an, wenn im Entwurf der Verordnung für das geplante NSG Eiderwatt als Schutzzweck aufgeführt wird: „Das NSG dient der Erhaltung eines besonders typischen, trichterförmigen Flußmündungsgebietes im Gezeitenbereich mit Watt- und Vorlandflächen..." Die radikale Umgestaltung durch das Sperrwerk wird glatt verschwiegen. Vorland muß gelegentlich von Sturmfluten überspült werden, sonst degeneriert es zur bloßen Uferwiese! In das NSG sollen sowieso nur geringe Vorlandreste einbezogen werden, so daß sich sein Wert als Brutgebiet für Küstenvögel in Grenzen hält.

Mit 17 hier brütenden Rote-Liste-Arten (1987), zu denen auch der Alpenstrandläufer zählt, gehört das Eiderwatt gleichwohl zu den bedeutenden Küstenvogel-Brutgebieten. Auch die Gastvogelzahlen weisen das Gebiet als international bedeutend aus.

Schutz, Gefährdung, Betreuung: Das Eiderwatt wurde nicht in den Nationalpark Schleswig-Holsteinsisches Wattenmeer einbezogen. Die Planungen für das NSG Eiderwatt laufen seit 1979 - bisher ohne Ergebnis. Nur das NSG Schülper Neuensiel besteht weiterhin, es umfaßt lediglich 0,6% des Gesamtraums!

Die Grüne Insel war schon 1924 bis 1939 vom Verein Jordsand betreut worden. Er gab dort seine Arbeit auf, als die Säbelschnäbler nach Schülper Neuensiel umzogen. 1959 setzte der DBV Landesverband Schleswig-Holstein die Betreuung der Grünen Insel fort und weitete sie nach Vollendung des Sperrwerkes auf das gesamte Katinger Watt aus. Von Mai bis Oktober ist ein Vogelwart im Gebiet, der auch Führungen durch das Schutzgebiet anbietet.

Beobachtungsmöglichkeiten: Sofern das Betreten nicht verboten ist, sind alle Ufer von Straßen oder vom Deich im Süden zu erreichen. Insbesondere die neue Straße durch das Katinger Vorland bietet sich als Ausgangspunkt für Exkursionen an.

Herrn R.K. Berndt danken wir sehr für die Überprüfung dieses Kapitels.

Literatur:

H. Schulz (1947); O.G. Meier und E.Lüthje (1980); O.G. Meier (1982); C.Degn, U.Muuß u. H.-P. Jorzick (1984).

Adressen:

DBV Landesverband Schleswig-Holstein, Nöthen 1-3, 2211 Oelixdorf

DBV-Gebietsreferent: H.G. Mackensen, Koogstr. 2, 2247 Karolinenkoog

R.K. Berndt, Helsinkistr. 68, 2300 Kiel

Kai Ahrendt, Badallee 26, 2353 Tönning

Brutvögel Eiderwatt (1984/1987)
N.E. = nördliches Eiderwatt (1987)
S.E. = südliches Eiderwatt (1984)

	Brutpaare	
	N.E.	S.E.
Wiesenweihe (Circus pygargus)	13	-
Austernfischer (Haematopus o.)	250	195
Kiebitz (Vanellus vanellus)	90	58
Sandregenpfeifer (Charadr. h.)	12	1
Seeregenpfeifer (Ch. alex.)	11	-
Alpenstrandläufer (Calidris a.)	2	-
Uferschnepfe (Limosa limosa)	13	1
Rotschenkel (Tringa totanus)	70	160
Kampfläufer (Philomachus p.)	50	-
Säbelschnäbler (Recurvir. av.)	135	105
Silbermöwe (Larus argentatus)	190	-
Sturmmöwe (Larus canus)	1	-
Lachmöwe (Larus ridibundus)	1350	48
Flußseeschwalbe (Sterna hir.) + Küstenseeschwalbe (St. parad.)	190	15

Gastvögel - Eiderwatt (1987)

	Höchstzahlen
Nonnengans (Branta leucopsis)	10.000
Pfeifente (Anas penelope)	1.900
Kiebitz (Vanellus vanellus)	8.500
Goldregenpfeifer (Pluvialis apr.)	5.000
Steinwälzer (Arenaria interpres)	320
Bekassine (Gallinago gallinago)	330
Pfuhlschnepfe (Limosa lapponica)	1.000
Dunkler Wasserläufer (Tringa er.)	1.330
Knutt (Calidris canutus)	2.000
Alpenstrandläufer (C.alpina)	6.000

2/12 Die Meldorfer Bucht

Lage: Die Meldorfer Bucht liegt an der südlichen Westküste Schleswig-Holsteins. Sie gehört zum Dithmarscher Wattenmeer und ist von Meldorf, Büsum (beides Bahnstationen) und Friedrichskoog aus zu erreichen.

Größe: Insgesamt 9.000–10.000 ha Wattenmeer mit einem Anteil von rund 1.200 ha Vorländereien. Die Speicherköge nehmen eine Fläche von rund 4.000 ha ein. Sie werden durch den Damm zur Insel Helmsand in einen Nord- und Südteil geteilt. Im Nordteil liegen zwei NSGe: Wöhrdener Loch (252 ha) und Kronenloch (532 ha).

Landschaft, Lebensräume, Vogelwelt: Hinter dem alten Seedeich findet man in der Meldorfer Bucht die für diesen Küstenbereich typischen Landschaftselemente: Marschen und Ackerland. Vor ihm, also seewärts, sind die Eingriffe der Menschen neueren Datums und sie haben die Abfolge von Vorland/Salzwiesen, prieldurchzogenen Wattflächen und schließlich offenem Meer mit dem Bau des Speicherkooges radikal verändert. Die Küstenlinie wurde am gesamten Ostrand der Meldorfer Bucht 3 bis 4 km weit nach Westen vorgeschoben. Dies hatte zwangsläufig den Verlust von Watt, Vorland

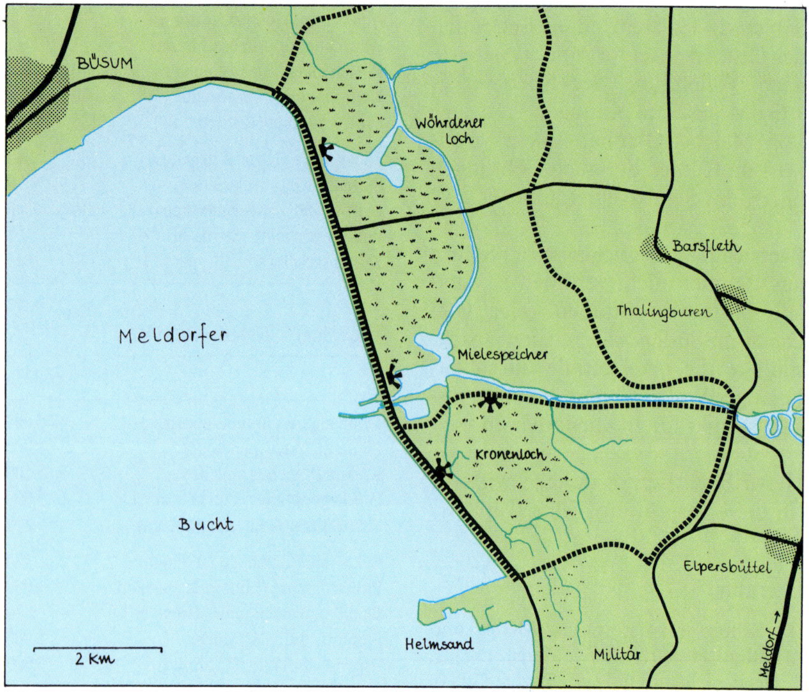

und Sommerkoog-Grünland zur Folge. Vor dem neuen Deich ist mit Ausnahme der Helmsand-Salzwiesen nun vorerst kein Vorland mehr vorhanden, abgesehen von großen Salzwiesen nördlich des Friedrichskooges.

Im Nordteil des Speicherkooges (3.200 ha) entstand eine Retortenlandschaft mit unterschiedlichen Funktionen. Die höchstgelegenen Flächen im Osten bestehen nun aus Ackerland (1.200 ha). Etwas tiefer gelegene Grünlandbereiche (750 ha) beweiden Schafe. Der Tourismus kommt auf 235 ha zum Zuge: Parkplätze und Badeplätze vor dem Deich sind vorhanden; Flächen für Camping und Wochenendhäuser sind ausgewiesen; sogar an einen Modellflug- und einen Golfplatz ist gedacht! Ein 195 ha großes Speicherbecken dient der Aufnahme von zusätzlichem Süßwasser aus dem Binnenland, wenn bei Sturmflut das Siel geschlossen bleiben muß. Hier kann man surfen; eine Sandzunge wurde als Brutinsel für Säbelschnäbler, Austernfischer und Seeschwalben gestaltet. Meldorfs kleiner Hafen, ein Siel und eine Schleuse wurden auf 35 ha neu angelegt. An verschiedenen Orten entstanden „Kleinbiotope“ wie Tümpel, besonders flach geneigte Grabenkanten, Steilufer und sogar ein kleines Flugsandgebiet mit Dünen.

Schließlich fielen auch für den Naturschutz zwei Brocken ab: Wohl als gesetzlich vorgeschriebener Ersatz für die als Eingriff in den Naturhaushalt geltende Speicherkoog-Anlage wurden die am tiefsten liegenden Flächen als von Wasser- und

Meldorfer Bucht: Schlickgrashorste in Auskolkungen. *Foto: Augst*

Grünlandflächen geprägte Zonen gestaltet: Das NSG Wöhrdener Loch führt Süßwasser und besitzt zur Zeit ausgedehnte Schafweiden. Das NSG Kronenloch erhält über den neuen Meldorfer Binnenhafen Salzwasser und weist noch gedämpfte Tidebewegungen auf. Seine Landflächen bestehen aus Sandzonen mit niedriger Vegetation salzertragender Pflanzen. Seitdem hier keine Schafe mehr weiden, kommen in großen Teilflächen Röhrichte auf.

Vor dem neuen Deich ist nur die ehemalige Insel Helmsand und ein Rest des zu ihr führenden Damms erhalten geblieben. Hier findet man noch dem Einfluß des Meeres ausgesetztes Vorland.

Der Südteil des Speicherkooges (1.600 ha) besteht aus mit Schafen beweidetem Grünland. Auf ihm brüten Vögel, obwohl es ein militärisches Erprobungsgelände ist. Dieser Bereich ist nicht zugänglich.

Bisher hat niemand aufgerechnet, welche Verluste an Natur im Wattenmeer und welche Gewinne an neu geschaffenen Lebensstätten durch den Bau des Kooges entstanden sind. Die Feststellung des Amtes für Land- und Wasserwirtschaft Heide über Zunahme der Brutvögel betrifft nur einen Teilaspekt einer derartigen Bilanz: Die Zahl der Brutvogelarten stieg von 27 vor der Eindeichung auf nun 61 Arten an. Auch die Zahl der Brutpaare insgesamt nahm durch die größere besiedelbare Fläche zu. Die Siedlungsdichte nahm jedoch ab. Gefährdete Arten der Rote Liste siedelten sich neu an (vgl. Tabelle). Insbesondere die Lachseeschwalbe scheint nach ihrer Vertreibung aus dem Katinger Vorland im Eiderwatt hier wieder eine neue Heimat (auf Dauer?) gefunden zu haben.

Weitere Brutvögel neben den in der Liste aufgeführten sind: Haubentaucher, Zwergtaucher, Höckerschwan, Graugans, Rebhuhn, Fasan, Teichhuhn, Bekassine, Steinschmätzer, Feldlerche, Schilfrohrsänger, Teichrohrsänger, Sumpfrohrsänger, Wiesenpieper (270 Bp), Bachstelze, Grauammer, Rohrammer, Star, Gelbspötter, Dorngrasmücke.

Zwergsäger

Ohrenlerche

Bedeutung: Überörtliches Interesse kann im Speicherkoog sicherlich das Experiment eines binnendeichs gelegenen Salzwasserlebensraumes im NSG Kronenloch beanspruchen. Wird das sogar von der Bundesregierung finanziell kräftig geförderte Vorhaben tatsächlich zu einer stabilen Lebensgemeinschaft von Pflanzen und Tieren führen, die dann als teilweiser Ersatz für zerstörte Wattenmeerbiotope angesehen werden kann? Für ein endgültiges Urteil ist es noch zu früh. Aus ornithologischer Sicht ist die Berücksichtigung ökologischer Belange beim Bau des Speicherkooges auf jeden Fall positiv zu werten.

Schutz, Gefährdung, Betreuung: Die beiden NSGe wurden 1985 ausgewiesen. Das Kronenloch mußte mit einem massiven Zaun an der Straße Meldorf - Hafen vor Touristen geschützt werden. Im Wöhrdener Loch wird die Grasnarbe zu stark von den Schafen abgefressen. Es war geplant, Helmsand und das gesamte Dithmarscher Wattenmeer vor den Deichen als NSG auszuweisen, doch wurden die Flächen 1985 in den neu gegründeten Nationalpark einbezogen.

Im NSG „Kronenloch" führt das Amt für Land- und Wasserwirtschaft Heide die vom Landesamt für Naturschutz vorgeschlagenen und von der Landschaftspflegebehörde festgelegten Schutz-, Pflege- und Entwicklungsmaßnahmen durch. Im NSG „Wöhrdener Loch" hat der Deich- und Hauptsielverband Dithmarschen diese Aufgabe übernommen. Seit 1987 ist der DBV-Landesverband Schleswig-Holstein vertraglich für die Betreuung zuständig. Die Entwicklung des Kronenlochs wird überdies von Wissenschaftlern der Universität Kiel und Hamburg beobachtet. Um Helmsand kümmert sich ein Vogelwart des DBV.

Die Brutinsel im Speicherbecken wurde gegen Surfer mit einer Bojen-Kette abgesichert. Insgesamt scheinen Land- und Wasserwirtschaft an einem guten Auskommen mit dem Naturschutz interessiert zu sein.

Beobachtungsmöglichkeiten: Mehrere Gebietsteile können nicht betreten werden (NSG, Militärgelände). Aber von öffentlichen Wegen und vom Deich aus hat man in den Koog eine gute Einsicht. Außerdem bietet sich das erhaltene Vorland bei Friedrichskoog für Exkursionen an, sollte aber während der Brutzeit sehr rücksichtsvoll behandelt werden.

Adressen:

DBV Landesverband Schleswig-Holstein, Forsthof Friedrichsholz
2211 Oelixdorf (04821-92684)

Peter Gloe, Greifenbergerstr. 11,
2223 Meldorf

Literatur:

O.G. Meier (1982 u. 1987).

Brutvögel - Meldorfer Bucht (1983-88)
+ = zugenommen; – = abgenommen;
S. K. = Speicherkoog (1983/1988)
H. S. = Helmsand (1986),
F. K. = Vorland Friedrichskoog (1983)

	Brutpaare S.K.	H.S.	F.K.
Brandgans	98+	2	-
Schnatterente	8+	-	-
Stockente	180+	4	-
Spießente	2	-	-
Knäkente	12	-	-
Löffelente	55+	-	-
Reiherente	21+	1	-
Rohrweihe	2+	-	-
Wiesenweihe	1+	-	-
Bleßhuhn	30+	-	-
Austernfischer	723+	77	257
Kiebitz	1.100 -	2	17
Sandregenpfeifer	59 -	2	-
Flußregenpfeifer	3 -	-	-
Seeregenpfeifer	61 -	-	-
Uferschnepfe	145+	-	-
Rotschenkel	584+	20	26
Kampfläufer	33+	-	-
Säbelschnäbler	356+	14	40
Silbermöwe	44+	-	-
Sturmmöwe	7+	-	-
Lachmöwe	1.340+	3.290	80
Lachseeschwalbe	54	-	-
Flußseeschwalbe + Küstenseeschwalbe	206+	223	10
Uferschwalbe	50+	-	-
Schafstelze	38+	-	-

Gastvögel - Meldorfer Bucht

Maximal über 5000	
Nonnengans (Branta leucopsis)	Wegzug
Pfeifente (Anas penelope)	Wegzug
Austernfischer (Haematopus ostr.)	Wegzug
Alpenstrandläufer (Calidris alp.)	Heimzug
Lachmöwe (Larus ridibundus)	Wegzug
Berghänfling (Carduelis flavir.)	Winter

Maximal 1000-5000 Exemplare	
Ringelgans (Branta bernicla)	Wegzug
Brandgans (Tadorna tadorna)	Wegzug
Krickente (Anas crecca)	Wegzug
Stockente (Anas platyrhynchos)	Wegzug
Kiebitz (Vanellus vanellus)	Wegzug
Goldregenpfeifer (Pluv. apr.)	Wegzug
Großer Brachvogel (Numenius a.)	Wegzug
Pfuhlschnepfe (Limosa lapp.)	Heimzug
Rotschenkel (Tringa totanus)	Wegzug
Knutt (Calidris canutus)	Heimzug
Silbermöwe (Larus argentatus)	Wegzug
Feldlerche (Alauda arvensis)	Heimzug
Wiesenpieper (Anthus pratensis)	Wegzug

Maximal 100-1000 Exemplare	
Spießente (Anas acuta)	Wegzug
Löffelente (Anas clypeata)	Wegzug
Tafelente (Aythya ferina)	Sommer
Reiherente (Aythya fuligula)	Sommer
Eiderente (Somateria molissima)	Winter
Bergente (Aythya marila)	Winter
Schellente (Bucephala clangula)	Winter
Mittelsäger (Mergus serrator)	Heimzug
Bleßhuhn (Fulica atra)	Winter
Sandregenpfeifer (Charadrius h.)	Heimzug
Seeregenpfeifer (Ch. alexandr.)	Wegzug
Kiebitzregenpfeifer (Pluv. squ.)	Heimzug
Bekassine (Gallinago gallinago)	Wegzug
Regenbrachvogel (Numenius ph.)	Heimzug
Uferschnepfe (Limosa limosa)	Wegzug
D. Wasserläufer (Tringa erythr.)	Wegzug
Flußuferläufer (Tringa hypol.)	Wegzug
Kampfläufer (Philomachus pug.)	Wegzug
Säbelschnäbler (Recurvir. av.)	Wegzug
Zwergmöwe (Larus minutus)	Heimzug
Flußseeschwalbe (Sterna hirundo)	Sommer
Küstenseeschwalbe (Sterna par.)	Sommer
Ohrenlerche (Eremophila alp.)	Winter
Schneeammer (Plectrophenax niv.)	Winter

2/13 Trischen

Lage: Trischen liegt 11 km vor der Südküste Schleswig-Holsteins. Die Insel ist ein wandernder Sand am Außenrand der Marner Plate, eines Teilbereiches des Dithmarscher Wattenmeeres, das nach Westen zu in die offene Nordsee übergeht. Trischen grenzt als südlichste Nordseeinsel Schleswig-Holsteins schon fast an das tiefere Wasser der Außenelbe. Man gelangt nach Trischen über Meldorf oder Büsum, beides Bahnstationen.

Größe: Trischen ändert seine Gestalt laufend. Als NSG waren bis 1985 sowohl der 233 ha große, bei Hochwasser (MTHW) noch freie Bereich, als auch die mit Trischen zusammenhängende Marner Plate, soweit sie bei Niedrigwasser (MTNW) trocken fällt, ausgewiesen. Diese Fläche betrug 2.200 ha. Das NSG umfaßte also rund 2.433 ha.

Landschaft, Lebensräume, Vogelwelt: Gegenwärtig ähnelt die Gestalt Trischens einem etwa 3 km langen Halbmond aus Sand und Muschelschalen sowie Dünen. An seinem Innenrand gehen die Sandflächen nach Osten zu in von Tümpeln und Prielen durchsetzte Salzwiesen, Quellerrasen und Schlickgrasbestände über. Hier erreicht die Insel etwa 2 km Durchmesser. Umgeben ist Trischen von weitem Sand- und Schlickwatt mit tieferen, auch bei Ebbe gefüllten Rinnen. Trischen besitzt dieses Aussehen seit etwa 40 Jahren, verändert sich aber in Details ständig. Ein derart urtümlicher Landstrich ist im intensiv genutzten Bundesgebiet einmalig.

Die Dünen werden auch heute immer wieder von Sturmfluten eingeebnet (z. B. 1962 und 1976) und vor allem von Strandquecke, Strandhafer und Strandroggen wieder aufge-

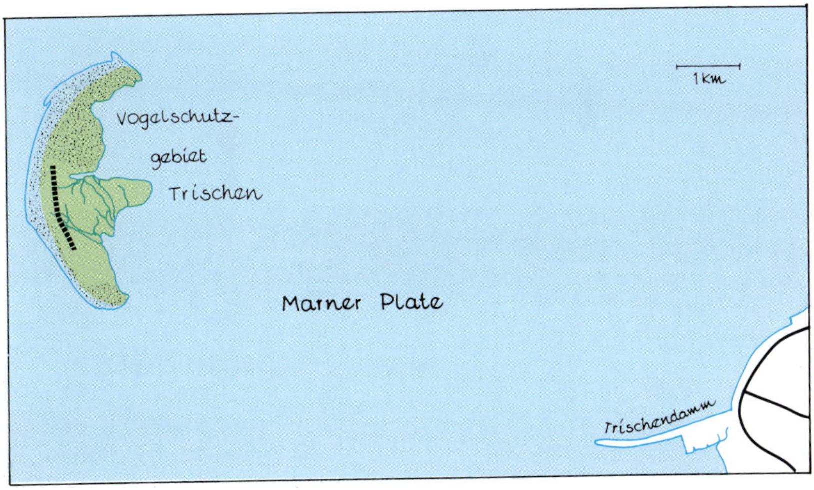

baut. Die Nordspitze ist in 100 Jahren 4 km nach Osten gewandert. Die hochwasserfreie Fläche verringerte sich in 50 Jahren von 560 auf 233 ha.

Trischen ist neben der Hallig Norderoog die zweite typische Vogelinsel Schleswig-Holsteins. Da Trischen aber nicht nur größer ist, sondern auch vielfältigere Lebensräume besitzt, ist die Brutvogelwelt reichhaltiger. Insel und Wattenmeer sind überdies Lebensraum für vielerlei Gastvögel. Sie rasten, überwintern, übersommern oder mausern hier in teilweise unvorstellbar hoher Zahl.

Während der etwa 130jährigen Geschichte der Insel gab es in den Brutkolonien starke Veränderungen: Küsten- und Flußseeschwalbe zählten 1908 nur rund 500, 1938/39 aber ca. 10.000 Paare - ein nie wieder erreichter Spitzenwert. Die Zwergseeschwalbe hatte um 1915 mit 600, der Seeregenpfeifer 1917 mit 120 und der Rotschenkel 1940/41 mit 150 Paaren die beste Population. Die Brandseeschwalbe brachte es zwischen 1962 und 1976 auf mehr als 3.000 Paare.

Erst in der Zeit von 1923-1943, als auf Trischen ein Grünlandkoog bestand, erschienen Sturm- und Lachmöwe auf Trischen. (Erstere siedelt vor allem an der Ostsee, letztere brütet vornehmlich an Binnengewässern.) Die Silbermöwe gab es schon immer in geringer Zahl. Seit etwa 40 Jahren entwickelt sich der stark zunehmende Bestand aber zu einem wachsenden Problem: Die Silbermöwen besetzen wertvollen Brutraum schon im April; die im Mai erscheinenden Seeschwalben haben das Nachsehen. Einzelne Silbermöwen spezialisieren sich auf Eier- und Jungvogelraub. Bei schlechtem Wet-

Trischen: Bake. *Foto: Augst*

ter, wenn im Watt die Beute rar ist, nimmt die Räuberei so zu, daß Seeschwalbenkolonien in kurzer Zeit völlig aufgerieben werden können. Man muß also die Silbermöwen dezimieren, um anderen Küstenvögeln zu helfen. Die Entwicklung Trischens zu einer reinen Silbermöwenkolonie, wie auf Mellum, Memmert oder Lütje Hörn im ostfriesischen Watt, sollte verhindert werden. Etwa 1.000 Paare werden als tragbar angesehen.

Gastvögel sind bei Hochwasser gut zu zählen, wenn sie sich auf der Insel zusammendrängen. Mitte August 1986 wurden so ca. 217.000 Enten, Watvögel und Möwen ermittelt. Im übrigen vermittelt die Liste ein anschauliches Bild.

Für die Ringelgänse sind die Salzwiesen und die östlich der Insel gelegenen Seegrasbestände ideales Weideland. Als einmalig können die Mauserscharen der Brandgänse gelten, die für etwa drei Wochen vollkommen flugunfähig im Juli/August das Watt bevölkern. Trischen ist heute der bedeutendste Mauserplatz für Brandgänse aus dem Nord- und Ostseeraum sowie von der europäischen Atlantikküste.

Doch damit nicht genug: Auch Singvögel, die im Herbst und im Frühjahr die Deutsche Bucht überqueren, fallen in den Dünen zur Rast ein. Die Vogelwarte registrieren auch sie. 15 Jahre lang wurden rund 2.000 in Trichterreusen gefangen, um sie zu beringen. Blaukehlchen, Zwergschnäpper oder Wendehals sind Raritäten neben den häufigeren Grasmücken, Laubsängern oder Rotkehlchen. Seit einigen Jahren ruht die Beringung allerdings.

Bedeutung: Trischen ist bisher das nahezu einzige NSG, das seit Jahrzehnten frei von menschlicher Nutzung ist. Seit dem Ende der Landwirtschaft 1943 blieb die Natur sich völlig selbst überlassen. Die Jagd ist verboten. Die empfindliche Brandseeschwalbe hat hier in der Bundesrepublik ihre dritte Brutinsel neben Norderoog und Scharhörn. Seit 1976 wurden 221 Vogelarten beobachtet, 26 Arten brüten hier.

Schutz, Gefährdung, Betreuung: Zur gleichen Zeit wie Norderoog wurde auch Trischen geschützt: 1908 pachtete der Landrat des Kreises Süderdithmarschen, Dr. Johanssen, die Jagd auf der Insel, setzte 1909 einen Vogelwart ein und richtete Trischen per amtlicher Bekanntmachung als Vogelfreistätte ein. 1910 führte der eigens dafür gegründete Natur- und Vogelschutzverein Dithmarschen den Schutz fort. Seit 1927 betreut der DBV-Landesverband Schleswig-Holstein die Insel mit Vogelwarten, die in zwei sicheren Pfahlbauhütten wohnen. Die Vogelwarte registrieren die Vogelbestände und versuchen, Störungen von der Insel fernzuhalten. Von 1932–1985 war Trischen NSG. Seit 1985 liegt Trischen in der Ruhezone des Nationalparks Schleswig-Holsteinisches Wattenmeer.

Trotz aller Schutzbemühungen ist Trischen kein ungestörtes Paradies. Auf der Mittelplate, wenige Kilometer südlich der Insel wird im Nationalpark (!) Erdöl gefördert, nachdem mehrere Probebohrungen erfolgreich waren. Niemand kann dabei eine Umweltkatastrophe völlig ausschließen! Granaten und andere Munition fliegen von der „Waffenerprobungsstelle" im Meldorfer Speicherkoog in ein 14.000, ausnahmsweise sogar 49.000 ha großes Sperrgebiet, das größere Teile des Gebietes um Trischen umfaßt. Menschen werden gefährdet, Vögel beunruhigt und möglicherweise getötet. Vergleichsweise harmlos sind da schon Anlandungen von Sportbooten. Auch militärische Tiefflüge bedeuten eine ernsthafte Störung der Vögel.

Beobachtungsmöglichkeiten: Das NSG gehört zur Ruhezone des Nationalparks und ist ganzjährig gesperrt. Trischen, das ohnehin nur per Schiff zu erreichen ist, bleibt also allen Naturfreunden verschlossen; es sei denn, sie erhalten aus triftigem Grund eine Sondergenehmigung.

Herrn O.G. Meier danken wir für die Überprüfung des Textes und der Listen.

Adressen:

DBV-Landesverband Schleswig-Holstein, Forsthof Friedrichsholz, 2211 Oelixdorf (04821-92684)

Gebietsreferent: O.G. Meier, Theodor-Storm-Str. 32, 2223 Meldorf (04832-1320)

Literatur:

O.G. Meier u. E. Lüthje (1980); O.G. Meier (1962 u. 1982)

Brutvögel - Trischen (1976-86)
(+)=zunehmend, (−)=abnehmend

	Brutpaare
Brandgans (Tadorna tadorna)	77
Stockente (Anas platyrhynchos)	15-160 (+)
Austernfischer (Haematopus o.)	270-755 (+)
Sandregenpfeifer (Charadr. h.)	0-1
Seeregenpfeifer (Ch. alex.)	12-42
Steinwälzer (Arenaria interpres)	1-15
Rotschenkel (Tringa totanus)	30-150
Alpenstrandläufer (Calidris a.)	0-1
Kampfläufer (Philomachus pugnax)	0-2
Säbelschnäbler (Recurvir. av.)	0-1
Heringsmöwe (Larus fuscus)	0-32
Silbermöwe (Larus argentatus)	1.000-2.150
Sturmmöwe (Larus canus)	10-50
Lachmöwe (Larus ridibundus)	40-1.240
Flußseeschwalbe (Sterna hir.)	+
Küstenseeschwalbe (St. parad.)	1.000-3.300
Zwergseeschwalbe (Sterna albifr.)	6-75 (−)
Brandseeschwalbe (Sterna sandv.)	1-3.200
Feldlerche (Alauda arvensis)	20-60
Schafstelze (Motacilla flava)	0-2
Wiesenpieper (Anthus pratensis)	10-70
Teichrohrsänger (Acroc. scirp.)	0-2

Gastvögel - Trischen

	Höchstzahlen	MHV
Ringelgans (Branta bernicla)	3.700	Mai
Brandgans (Tadorna tadorna)	110.000	Aug.
Pfeifente (Anas penelope)	8.000	Okt.
Eiderente (Somateria mol.)	45.000	Juli
Austernfischer (Haemat. o.)	17.000	Aug.
Sandregenpfeifer (Char. h.)	1.160	Sept.
Kiebitzregenpf. (Pluv. sq.)	10.000	Sept.
Steinwälzer (Arenaria int.)	680	Sept.
Gr. Brachvogel (Numenius a.)	12.300	Juli
Pfuhlschnepfe (Limosa lapp.)	7.600	Mai
D. Wasserläufer (Tringa er.)	230	Aug.
Knutt (Calidris canutus)	45.000	Apr.
Alpenstrandläufer (Calidr. a.)	60.000	Apr.
Sanderling (Calidris alba)	12.800	Mai
Mantelmöwe (Larus marinus)	1.890	Sept.
Silbermöwe (Larus argentatus)	18.700	Aug.
Sturmmöwe (Larus canus)	5.000	Sept.
Lachmöwe (Larus ridibundus)	7.200	Aug.
Flußseeschwalbe (Sterna h.) und Küstenseeschwalbe (St. par.)	5.300	Juli
Zwergseeschwalbe (St. alb.)	240	Juli
Brandseeschwalbe (St. sandv.)	5.200	Juli

2/14 Helgoland

Lage: Helgoland liegt rund 50 km vor der deutschen Küste mitten in der Deutschen Bucht. Es ist per Flugzeug von Hamburg und Bremen aus zu erreichen. Im Winter fahren Schiffe von Cuxhaven, im Sommer von vielen Küstenorten aus zur Insel.

Größe: Die Hauptinsel Helgoland ist 90 ha, die benachbarte Düne 60 ha groß. Das beide Inseln umgebende NSG Helgoländer Felssockel erstreckt sich über 5.138 ha bis in über 10 m tiefes Wasser hinein. Das NSG Lummenfelsen umfaßt einen nur 1,11 ha großen Ausschnitt des Klippenrandes.

Landschaft: Helgoland ist Deutschlands einzige Insel im offenen Meer. Die Hauptinsel ragt als bis zu 60 m hoher Buntsandsteinklotz steil aus dem Meer empor. Die auf ihm gelegene Hochfläche wird Oberland genannt. Im Osten und vor allem im Südosten schließt sich das tiefergelegene Unterland an. Es wird mit mächtigen Molen gesichert und besteht hauptsächlich aus von Spülbaggern aufgeschüttetem Meeresgrund. Die Nebeninsel bietet nichts weiter als Dünen und Sandstrand. Auch sie ist mit Molen vor Abtragung geschützt.

Die Hauptinsel wird heute fast überall vor der Meeresbrandung geschützt. Ihr Zerfall ist durch massive Betonmauern an der Westseite und durch das angrenzende Unterland im Osten und Südosten stark ver-

Helgoland: Felswatt. *Foto: Augst*

langsamt. Nur im Nordosten grenzen Felstrümmer direkt ans Meer, und im Bereich des Lummenfelsen geht das Steilufer direkt ins Felswatt über.

Die ehemalige Ausdehnung der Felseninsel kann man erahnen, wenn bei besonders tiefer Ebbe weite Strecken der felsigen Niedrigwasserzone vor allem im Westen der Insel trockenfallen. Diese Brandungs- oder Abrasionsterrasse entstand überall dort, wo der Inselfelsen vom Meer zerstört worden ist.

Von 1945–52 diente Helgoland den Engländern jahrelang als Bombenabwurfziel. Dies führte zur nahezu völligen Zerstörung. Doch dann begann der Wiederaufbau. Jetzt leben rund 2.000 Menschen auf der Insel. Der Tourismus ist die Haupterwerbsquelle. Im Sommer kommen bis zu 10.000 Tagesgäste.

Lebensraum und Vogelwelt: Wegen der isolierten Lage im Meer und der geologischen Verhältnisse findet man auf Helgoland in Deutschland einmalige Lebensräume, so das bei Ebbe zum Teil trockenfallende, etwa 500 ha große Felswatt. Auf seinem harten Boden gedeihen bis in etwa 12 m Tiefe über 200 Tangarten. Nischen und Spalten bieten Schnecken, Muscheln, Fischen und anderem Meeresgetier Lebensmöglichkeiten in reicher Fülle.

Ohne Parallele in Deutschland ist auch die senkrecht abfallende Steilküste der Hauptinsel. In der Nordwestecke haben sich Vögel niedergelassen, die dort auf Felsrändern, kleinen Vorsprüngen und in Höhlen brüten. Hier liegt deshalb der einzige Vogelfelsen Deutschlands. Ähnliche Brutkolonien gibt es erst wieder in Norwegen, Nordfrankreich und Großbritannien.

Charaktervogel des Brutfelsens ist die Trottellumme: Dieser pinguinähnliche, schwarzweiße Alk lebt schon seit Menschengedenken auf Helgoland. Anfang der siebziger Jahre war ein Tiefstand mit ca. 800 Brutpaaren erreicht. Heute sieht es dank spezieller Schutzmaßnahmen (z. B. Bestandslenkung der Silbermöwe) mit rund 2.000 Paaren viel besser aus. Ende April, Anfang Mai beginnen die Lummen zu brüten, nachdem sie den Winter auf offener See verbracht haben und Ende März in die Nähe der Brutstätten zurückgekehrt sind. Ende Juni, Anfang Juli springen die noch flugunfähigen Jungen bei ruhigem Wetter abends

Helgoland: Lummenfelsen mit Lummen und Dreizehenmöwen. Foto: Augst

Eissturmvogel

und nachts vom Nest 30 oder 50 m tief ins Wasser hinunter (Lummensprung). Auf See werden sie dann von ihren Eltern weiter versorgt. Dies Ereignis ist der Grund dafür, daß der Fuß der Lummenfelsen nicht durch eine Mole gegen Meeresbrandung geschützt werden kann.

Noch zahlreicher als die Trottellummen sind heute die Dreizehenmöwen. Um 1820 waren sie Brutvogel, blieben dann fort, kamen aber 1938 mit 2 Paaren zurück und haben es bis 1984 auf über 3.000 Paare gebracht, die nun auch abseits vom Lummenfelsen im Nordwesten der Steilküste und auf dem Einzelfelsen „Lange Anna" brüten.

Trottellumme

1969 erschienen erstmals 1-3 Paare des Eissturmvogels. Der Bestand ist auf 22 Paare angewachsen. - Der mit der Trottellumme verwandte Tordalk brütete zeitweise mit bis zu 18 Paaren im Felsen. Nachdem der Tordalk als Brutvogel in den fünfziger Jahren verschwand, hielten sich seit 1975 alljährlich zunächst ein, dann 4-5 Paare am Lummenfelsen auf, die jetzt auch wieder hier brüten. - Problematisch ist das Brüten der Silbermöwe auch auf Helgoland. Um die in Deutschland einzigen Brutbestände von Trottellumme, Tordalk, Dreizehenmöwe und Eissturmvogel zu sichern, muß der Silbermöwenbestand reguliert werden.

Tordalk

Bedeutung: Helgoland ist der Ort mit dem artenreichsten Vogelvorkommen in der Bundesrepublik Deutschland. Wegen seiner isolierten Lage, geringen Größe und Unwirtlichkeit ist es freilich arm an Brutvögeln (1982 nur 16 Arten). Nur einzelne Felsbrüter erreichen hohe Zahlen. Dafür ist Helgoland aber um so reicher an Durchzüglern, seltenen Besuchern und Irrgästen.

Rund 370 Vogelarten wurden bisher nachgewiesen. Sie verteilen sich auf eine oder mehrere der folgenden

Rubriken (Vauk 1972): 194 Durchzügler; 180 seltene Gäste; 47 Irrgäste; 4 Sommergäste; 41 Wintergäste; 18 ständige Brutvögel; 19 frühere Brutvögel; 13 Invasionsvögel. Die Irrgäste stammen sowohl aus der Antarktis als auch aus Südeuropa, Asien, Nordamerika (allein 12 Arten!) und vom Atlantik.

Helgoland eignet sich hervorragend für die Meeresforschung und die Beobachtung des Vogelzugs. Darum arbeiten hier zwei weitbekannte Institute: die Biologische Anstalt, die auch ein Schauaquarium unterhält, und die seit 1910 existierende Vogelwarte. Seit 1947 hat sie ihren Hauptsitz in Wilhelmshaven. 1953 wurde aber wieder eine Inselstation eingerichtet, die jüngst noch ausgebaut wurde. Ihr Aufgabenbereich hat sich erweitert: Zur Beobachtung und Erforschung des Vogelzugs (pro Jahr werden z.B. um 15.000 Zugvögel mit Ringen markiert) haben sich eine intensive Seevogelforschung, Lehrveranstaltungen für Studenten, Öffentlichkeitsarbeit und die wissenschaftliche Bearbeitung von Natur- und Umweltschutzproblemen im marinen und im Küsten-Bereich gesellt.

Schutz, Gefährdung, Betreuung: Die beiden NSGe dienen der Erhaltung besonders charakteristischer Naturerscheinungen der Insel. Im Felswatt hofft man so die geologischen Besonderheiten, die im Gestein eingebetteten Fossilien und die marinen Lebensgemeinschaften zu schützen. Hier haben Angelfahrten schon viel Schaden angerichtet, weil sich z.B. Taschenkrebse oder Trottellummen in Angelschnüren verfangen haben, die im Wasser liegenblieben. Der Bootsverkehr wurde eingeschränkt, um diese und andere Übel zu vermeiden. Schließlich galt es auch die Ziele des bisherigen Hummer-Schutzgebietes zu gewährleisten. Die Lummen und anderen Bewohner der Brutfelsen leiden unter der zunehmenden Verschmutzung durch Müll und vor allem Öl. Ein einziger Ölunfall kann die gesamte Population schlagartig vernichten. Die Zahl der auf Helgoland gefundenen Ölpestopfer betrug im Mittel der Jahre 1960–1978 knapp 50, im Durchschnitt der Jahre 1979–1985 jedoch fast 400. Hinzu kommen fast dreimal soviel lebend beobachtete verölte Seevögel. Lummen und Dreizehenmöwen stehen als Ölpestopfer weit an der Spitze.

Um beide NSGe Helgolands kümmert sich der Verein Jordsand, der dabei Einrichtungen der Vogelwarte benutzen kann.

Beobachtungsmöglichkeiten: Schon während der Anreise zu Schiff besteht Gelegenheit zur Vogelbeobachtung: Man kann Möwen oder Seeschwalben studieren; Singvögel ziehen im Frühjahr und Herbst niedrig über das Wasser oder ruhen sich kurz an Bord aus; Seetaucher lassen sich im Winterhalbjahr blicken, und im Herbst werden Hochseevögel bei Sturm in die Deutsche Bucht verschlagen.

Auf Helgoland lohnt sich die Vogelsuche an jedem Ort: Windgeschützte Kuhlen bieten Schutz, Tanghaufen im Spülsaum des Sandstrandes Nahrung (Tangfliege), Taucher und Enten finden in harten Wintern im eisfreien Wasser eine

Bleibe; Schneeammern und Berghänflinge suchen am Sandstrand, Meerstrandläufer am Fuß von Molen oder Felstrümmern nach Futter. In Hafennähe treiben sich immer Möwen herum. Neben den vier häufigeren Arten (Mantel-, Silber-, Sturm- und Lachmöwe) kann man mit Glück auch Herings-, Zwerg-, Dreizehen-, Eis- und sogar die Polarmöwe entdecken.

Die Bewohner des Lummenfelsens lassen sich durch Beobachter auf dem Klippenrandweg nicht stören. Die Möglichkeit, von hier aus das Leben und Treiben der Seevögel zu studieren, sind hervorragend. Das Umwandern der Klippe am Fuße ist ebenso gefährlich wie das Klettern im Felsen und schon aus diesem Grund verboten. Die beste Zeit zum Beobachten am Lummenfelsen sind die Monate April-Juni.

Von der Vogelwarte und dem Verein Jordsand werden Führungen am Lummenfelsen und im Fanggarten veranstaltet: Dann besteht auch Gelegenheit zum Informationssaustausch mit den Ornithologen. An diese Termine sollte sich jeder Naturfreund halten und von Besuchen zu anderen Zeiten absehen.

Für die Durchsicht des Textes und der Listen danken wir Herrn Dr. G. Vauk.

Adressen:

Verein Jordsand, Haus der Natur, 2070 Ahrensburg (04102-32656)

Inselstation der Vogelwarte Helgoland, Postfach 1220, 2192 Helgoland (04725-306)

Dreizehenmöwe

Literatur:

G. Vauk (1972, 1985 a und b); H. H. Stühmer, C. Späth und F. Schmid (1982); „Seevögel“, viermal im Jahr erscheinende Zeitschrift des Vereins Jordsand, in der regelmäßig auch über die Helgoländer Seevögel berichtet wird.

Brutvögel - Helgoland (1982)

	Brutpaare
Eissturmvogel (Fulmarus glacialis)	15
Teichhuhn (Gallinula chloropus)	4
Austernfischer (Haematopus ostr.)	18
Sandregenpfeifer (Charadrius hiat.)	32
Silbermöwe (Larus argentatus)	40
Dreizehenmöwe (Rissa tridactyla)	2.940
Tordalk (Alca torda)	4
Trottellumme (Uria aalge)	2.000
Feldlerche (Alauda arvensis)	11
Mehlschwalbe (Delichon urbica)	6
Bachstelze (Motacilla alba)	4
Wiesenpieper (Anthus pratensis)	30
Fitis (Phylloscopus trochilus)	1
Hänfling (Carduelis cannabina)	10
Haussperling (Passer domesticus)	165
Star (Sturnus vulgaris)	36

2/15 Neuwerk und Scharhörn

Lage: Dem Land Wursten zwischen Cuxhaven und Bremerhaven vorgelagert liegt südlich der Außenelbe ein zu Hamburg gehörendes ausgedehntes Sand- und Schlickwattgebiet mit den Inseln Neuwerk und Scharhörn. Neuwerk liegt 6–7 km südlich des Hauptfahrwassers der Elbe und ist etwa 10 km vom Festland bei Sahlenburg entfernt. Weitere 9 km in nordwestlicher Richtung befindet sich Scharhörn. Nächste Bahnstation ist Cuxhaven.

Man kann von Duhnen und Sahlenburg aus zu Fuß bei Niedrigwasser nach Neuwerk wandern oder die Insel auf besonders hochrädrigen Pferdefuhrwerken erreichen. Von dort führt ein zweiter markierter Wanderweg durchs Watt weiter nach Scharhörn. Bei günstigem Zeitpunkt der Tide besteht im Sommer zwar die Möglichkeit, an einem Tag zu beiden Inseln und wieder zurück zum Festland zu gelangen, doch ist eine solche Gewalttour nicht zu empfehlen. Man tut gut daran, eine Übernachtung auf Neuwerk einzuplanen. In jedem Fall ist vor dem Start in Duhnen oder Sahlenburg darauf zu achten, ob das Wetter (Nebel ist lebensgefährlich!) die Wanderung zuläßt und welche Uhrzeit die günstigste ist. Sicher und am bequemsten ist auf jeden Fall eine Schiffstour nach Neuwerk, das von Cuxhaven aus mit einem kleinen Passagierschiff regelmäßig angelaufen wird.

Größe: Das Hamburgische Wattenmeer steht seit 1986 zu 80% unter Naturschutz. Zwei NSGe mit zusammen 8.893 ha sind ausgewiesen: Insel Neuwerk/Kleiner Vogelsand sowie Neuwerker und Scharhörner Watt. In beiden Bereichen bestanden zwar schon vorher Schutzgebiete, sie wurden aber nun um weitere Wattflächen wesentlich vergrößert.

Neuwerk ist 290 ha groß, etwa die Hälfte davon ist eingedeicht und wird als Grün- bzw. Ackerland genutzt. Die Insel wird von rund 30 Menschen ständig bewohnt. Die Düneninsel Scharhörn erstreckt sich über etwa 15 ha und erreicht rund 5 m über NN. Sie liegt auf dem weit größeren, rund 270 ha weiten Scharhörnsand, der bei normalem Hochwasser trocken bleibt.

Landschaft und Lebensräume: Im von Prielen durchzogenen, aus Sand oder Schlick bestehenden, periodisch vom Meer überfluteten und wieder trocken fallenden Watt liegt die Insel Neuwerk mit ihren von kleinen Baum- oder Buschreihen aufgelockerten und von Gräben durchzogenen Acker- und Grünlandflächen.

Die außendeichs gelegenen Salzwiesen werden mit Schafen, Pferden und Rindern beweidet. Gräben und ein Netz prielartiger Rinnen gliedern das Vorland. Die je nach Höhenlage und Feuchte des Geländes ausgebildeten Queller-, Schlickgras-, Andel-

bzw. Rotschwingelzonen und kleine Röhrichte aus Botten- oder Salzbinsen leiden teilweise sehr unter der Beweidung. - Wahrzeichen von Neuwerk ist ein um 1300 erbauter, rund 40 m hoher Turm, der heute als Leuchtfeuer dient.

Scharhörn wuchs, begünstigt durch Sandfangmaßnahmen in den dreißiger Jahren, allmählich zu einem Düneneiland heran, das sich durch Sandflug und Sturmfluten ständig verändert. Pro Jahr wandert die Insel um etwa 1-4 m nach Südosten. Es gibt auf ihr bis 5 m hohe Dünen sowie trockene und feuchte Senken. Durch die Düngung des Dünensandes mit Seevogelkot haben neben dem Strandhafer auch weitere Pflanzen Lebensmöglichkeiten gefunden: Eine Florenliste aus dem Jahre 1953 nennt 113 Blütenpflanzen.

Sandplate und Dünen auf und um Scharhörn sowie die Insel Neuwerk dienen zahlreichen Seevogelarten als hochwassersichere Ruheplätze. Das Watt bietet besonders in Schlickbereichen reichlich Nahrung.

Bedeutung: Der Raum um Scharhörn und Neuwerk bildet einen wichtigen Bestandteil des international bedeutenden Feuchtgebietes Wattenmeer. An einzelnen Tagen können sich hier 100.000 und mehr Vögel aufhalten.

Scharhörn ragt als Nistplatz von vier Seeschwalbenarten heraus. Es gilt als eine der größten Seeschwalben-Brutkolonien an der Nordseeküste. Mit bis zu 3500 (1980) bzw. 4600 (1982) Paaren Brandseeschwalben befindet sich auf ihm die größte Brutkolonie dieser empfindlichen Vogelart in Europa.

Scharhörn: Blick auf Elbefahrwasser. *Foto: Helm*

Brandseeschwalbe

Im Herbst und im Frühjahr dienen Neuwerk und Scharhörn als Rastgebiete für die die Deutsche Bucht überquerenden Zugvögel (Sing- und Greifvögel). – Insgesamt wurden auf den beiden Inseln und im angrenzenden Watt etwa 45 Brut- und 135 Gastvogelarten festgestellt.

Der internationale Rat für Vogelschutz hat dem Hamburger Wattenmeer zusammen mit dem westlich anschließenden Knechtsandgebiet das Prädikat „Europareservat" verliehen.

Schutz, Gefährdung, Betreuung: Die Insel Scharhörn wurde bereits 1939 als 40 ha großes NSG ausgewiesen. 1967 folgte die Erweiterung auf 200 ha. 1982 erhielten 380 ha des östlichen Vorlandes von Neuwerk mit anschließendem Watt den Status eines NSGes. Die jüngste Ausdehnung beider Schutzbereiche auf zusammen über 8.000 ha bildet nun wohl den Schlußpunkt der Schutzbemühungen Hamburgs, das damit die beiden im Wattenmeer schon bestehenden Nationalparke Niedersachsen und Schleswig-Holstein auf seinem Territorium angemessen ergänzt.

Mit Recht darf das NSG „Neuwerker und Scharhörner Watt" nicht mehr unkontrolliert betreten werden. Im NSG „Insel Neuwerk und Kleiner Vogelsand" gilt für das im Vorland gelegene Vogelschutzgebiet zur Brutzeit (1.4. bis 31.7.) strenges Wegegebot; es muß der gekennzeichnete Wanderweg benutzt werden.

Den Seeschwalben-Brutkolonien auf Scharhörn droht neuerdings Gefahr: Die Silbermöwen, die ihnen an anderen Küstenbrutplätzen seit längerem die Nistplätze streitig machen, spielten bislang auf Scharhörn keine Rolle. Von 1980 bis 1985 nahm ihr Brutbestand jedoch plötzlich von 8 auf 278 Paare zu, so daß der Verein Jordsand sich in Absprache mit den Naturschutzbehörden entschloß, regulierende Maßnahmen durch Abschuß zu ergreifen. 1986 brüteten dann nur noch 100 Paare, aber ein dauerhafter Erfolg dieser Aktion wird sich erst noch erweisen müssen.

Auf Neuwerk geriet der Küstenvogelschutz lange Zeit weitgehend in Vergessenheit und wurde erst 1972 vom Verein Jordsand wieder aufgenommen. Nun gibt es auch auf Neuwerk einen Vogelwart. Er ist in einem kleinen Informationszentrum am Leuchtturm zu erreichen.

Scharhörn: Vogelwärterhaus neben Seeschwalben-Kolonie. Foto: Helm

Beobachtungsmöglichkeiten: Auf Neuwerk lohnt sich der Blick vom Deich aus ins Vorland besonders bei Hochwasser. Im Watt und Vorland bekommt man aber auch längs der Wanderwege genügend Vögel zu sehen. Besonders zu empfehlen ist die Teilnahme an den Führungen, die fast täglich von den Vogelwarten durchgeführt werden. Zur Zugzeit, vor allem im September/Oktober verspricht auch die Suche nach rastenden Kleinvögeln im eingedeichten Inselkern interessante Beobachtungen.

Bei Herrn Wilhelm Lemke bedanken wir uns für die Überarbeitung dieses Kapitels.

Adressen:

Wilhelm Lemke, Altenwalder Chaussee 16, 2190 Cuxhaven

WWF-Wattenmeerstelle Niedersachsen Bremen, Holger Wesemüller, Ökologiestation, Am Güthpol 9, 2820 Bremen 70 (0421-658460)

Literatur:

H. Temme (1967); W. Panzer u. H. Rauhe (1978); W. Lemke (1982).

Gastvögel - Neuwerk und Scharhörn (um 1985)

	Höchstzahlen
Ringelgans (Branta bernicla)	550
Brandgans (Tadorna tadorna)	2.000
Pfeifente (Anas penelope)	250
Eiderente (Somateria molissima)	5.000
Austernfischer (Haematopus ostr.)	35.000
Steinwälzer (Arenaria interpres)	200
Gr. Brachvogel (Numenius arquata)	3.000
Grünschenkel (Tringa nebularia)	350
Knutt (Calidris canutus)	10.000
Alpenstrandläufer (Calidris alpina)	14.000

Brutvögel - Neuwerk und Scharhörn (1982-84)

	Brutpaare	
	Neuwerk	Scharhörn
Brandgans (Tadorna tadorna)	5	50-55
Stockente (Anas platyrhynchos)	1-5	20
Austernfischer (Haematopus ostralegus)	90-150	85-115
Kiebitz (Vanellus vanellus)	5-15	-
Sandregenpfeifer (Charadrius hiaticula)	5-15	2-9
Seeregenpfeifer (Charadrius alexandrinus)	1-4	8-18
Rotschenkel (Tringa totanus)	8-80	17-25
Heringsmöwe (Larus fuscus)	-	0-1
Silbermöwe (Larus argentatus)	-	24-133
Lachmöwe (Larus ridibundus)	40-100	um 200
Flußseeschwalbe (Sterna hirundo) und Küstenseeschwalbe (Sterna paradisea)	150-200	2.780-3.600
Zwergseeschwalbe (Sterna albifrons)	3-15	0-18
Brandseeschwalbe (Sterna sandvicensis)	-	2.060-4.600
Wiesenpieper (Anthus pratensis)	2	10

2/16 Knechtsand-Eversand

Lage: Mit Knechtsand-Eversand ist der zwischen den Mündungstrichtern von Außenweser und Außenelbe gelegene Teil des niedersächsischen Wattenmeeres gemeint. Dieses Wattenmeergebiet südlich von Scharhörn und Neuwerk ist der Küstenlandschaft zwischen Cuxhaven und Bremerhaven vorgelagert.

Größe: Das Wattenmeer erstreckt sich im Bereich des Knecht- und des Eversands über etwa 35.000 ha. Der bei normalem Hochwasser (MTHW) trocken bleibende Knechtsand ist je nach Windrichtung 200 bis 800 ha groß.

Landschaft: Der längs den Ostfriesischen Inseln durch die vorherrschende östliche Meeresströmung verfrachtete Sand ist eine der Ursachen für die Entstehung des östlich vom Weserfahrwasser gelegenen Watten- und Sandkomplexes, der sich hauptsächlich aus dem Knechtsand, dem Eversand, der Tegeler und Robben-Plate, den Hohenhörn-Sanden sowie dazwischen liegenden, auch bei Niedrigwasser vom Meer gefüllten Löchern, Rinnen, Baljen oder Tiefs zusammensetzt.

Der Hohe Knechtsand bildet den Mittelpunkt des Gebietes. Er trug an seinem Südweststrand eine kleine Düneninsel (Turminsel) mit bis zu 1,5 m hohen Primärdünen. Ihr Wachstum wurde in den sechziger Jahren durch Netze und Reisigfaschinen gefördert, die den Sand einfangen und festlegen sollten. Inzwischen ist die Insel fast ganz wieder eingeebnet worden. Fahrwasservertiefungen in der Weser wurden als Ursache der allgemeinen Sandplaten-Erniedrigung angesehen.

Lebensräume und Vogelwelt: Die jetzt wieder abgetragenen Primärdünen der Knechtsandinsel besaßen ein Pflanzenkleid aus Strandquecke und Strandroggen; Meersenf, Strandmelde und viele Arten der Salzwiesen mischten sich örtlich darunter. Hier nisteten die Küstenvögel, die nun ihren Brutplatz verloren haben.

Die umliegenden Watten und Wasserflächen sind sowohl Lebensraum des Seehundes als auch Nahrungs- und Aufenthaltsort für Gastvögel. Besiedelt wurde der sturmflutfreie Hohe Knechtsand periodisch bereits in der Zwischenkriegszeit. Die Arten- und Paarzahl stieg besonders ab 1960 an, wie die aus den Brutstatistiken zusammengestellte Auswahl zeigt.

Eine Besonderheit sind zwei ausgediente Leuchttürme (Meyers Ledge- oder Eversand-Türme) am nördlichen Ufer der Außenweser, die fast hundert Jahre alt sind und rund 7 km vor der Küste liegen. Sie dienen der gegenwärtig stärksten Kormoran-Kolonie in der Bundesrepublik Deutschland als Brutplatz. 1986 besetzten brütende Kormorane ein auf dem Hohen Knechtsand gestrandetes Schiff (6–8 Bp).

Bis vor wenigen Jahren stellten die Leuchtturm-Kormorane das einzige Brutvorkommen in unserem Lande dar. Erst in jüngster Zeit kam es auch zu Ansiedlungen im Binnenland, die aber meistens von Fischern und Grundbesitzern nicht geduldet werden. Nur im Ismaninger Teichgebiet bei München, am Selenter See und an den lauenburgischen Seen war den Kormoranen dauerhafter Erfolg beschieden.

Unter den übrigen Brutvögeln erreichte die Brandseeschwalbe die höchste Paarzahl. Sie besaß auf dem Knechtsand ihren vierten Brutplatz (neben Scharhörn, Trischen und Norderoog) und erschien erstmals 1968 (300 Bp). Ihr Maximum erreichte die Kolonie 1972 mit etwa 2.600 Brutpaaren. Schon fünf Jahre später blieb sie wieder aus.

Wichtigster und genau erforschter Gastvogel ist die Brandgans, die sich im Hochsommer im Knechtsandgebiet und bei der Insel Trischen auf der anderen Seite der Außenelbe einfindet, um das Großgefieder zu wechseln. Der Höchstbestand wird auf dem Knechtsand meist in der ersten und zweiten Augustdekade erreicht, wenn 38.000 bis 75.000, gelegentlich auch an die 100.000 Brandgänse im Watt leben und dann sogar für kurze Zeit flugunfähig sind. Die Vögel stammen aus einem großen Einzugsgebiet, das die Küsten Nordwesteuropas und des süd-westlichen Skandinaviens einschließlich Mitteleuropa umfaßt. Die englischen Bombenabwurfübungen richteten 1952–57 unter den mausernden Vögeln große Verheerungen an.

Bedeutung: Als wichtigstes Teilgebiet des Zugvogelrastplatzes Wattenmeer und als Mausergebiet für Brandgans und Eiderente ist der Knechtsand-Eversand von internationaler Bedeu-

Knechtsand: Unbewohnt und in ständiger Veränderung. (SH-571/310) *Foto: Augst*

tung für den Artenschutz. Er gilt überdies als wichtiger Lebensraum für den von vielerlei Umweltgefahren bedrohten Seehund, weil er einen ungestörten Aufenthalt und eine sichere Jungenaufzucht bietet. Die Schutz- und Forschungsgemeinschaft Knechtsand-Eversand betreibt in Abstimmung mit den Naturschutzbehörden, dem Zoologischen Institut der Universität Göttingen und der Vogelwarte Helgoland intensive Untersuchungen der Pflanzen- und Tierwelt, von denen die Ergebnisse über die Brandgans bisher am bekanntesten geworden sind.

Bisher wurden im Bereich des Knechtsand-Eversandes mehr als 210 Vogelarten registriert. Viele sind als durchziehende oder rastende Landvögel beobachtet worden. 1978 brüteten 12 Vogelarten hier. Doch zur Zeit muß der Knechtsand als Brutgebiet für Küstenvögel abgeschrieben werden: 1982 lebten noch 9 Vogelarten mit 259 Paaren dort, 1984 schmolzen sie auf 3 Arten mit 21 Paaren zusammen.

Kanadagans

Schutz, Gefährdung, Betreuung: Bis zum 1.1.1986 war der Knechtsand-Eversand als 325 qkm großes NSG ausgewiesen. Er war Seehundschutzgebiet mit zeitweiligen Einschränkungen für die Kleinschiffahrt und wird immer noch als Wildschutzgebiet nach dem niedersächsischen Jagdrecht geführt, in dem die Jagd auf Wasservögel verboten ist. Er genießt überdies internationale Anerkennung als wesentlicher Teil des Europareservates „Elbe-Weser-Watt" und als Feuchtgebiet internationaler Bedeutung „Elbe-Weser-Dreieck" nach der Ramsar-Konvention. Seit dem 1.1.1986 ist er Bestandteil des Nationalparks Niedersächsisches Wattenmeer und wird als Ruhezone so streng wie möglich geschützt.

Zur Zeit bedrohen nicht so sehr einzelne spektakuläre Vorhaben den Knechtsand, wohl aber verschiedene allgemeine, auch anderswo wirksame Umweltkonflikte: Schadstoffe aus Abwasssern, Ölverschmutzung, Tiefflüge und Sportboote.

Beobachtungsmöglichkeiten: Die Nationalparkverwaltung erteilt Genehmigungen zum Betreten der Ruhezonen nur in begründeten Fällen. Der Hohe Knechtsand ist nur zu Schiff erreichbar, doch auch das Befahren des Nationalparks soll in nächster Zeit mit einer Verordnung der Bundesregierung, die für die Seewasserstraßen zuständig ist, eingeschränkt werden.

Wir bedanken uns bei Professor H. Oelke für die Korrekturen an Text und Listen.

Gastvögel - Knechtsand-Eversand (Stand 1986)

	Höchstzahlen
Ringelgans (Branta bernicla)	3.000
Brandgans (Tadorna tadorna)	100.000
Eiderente (Somateria molissima)	150.000
Austernfischer (Haematopus ostr.)	25.000
Kiebitzregenpf. (Pluvialis squ.)	10.000
Gr. Brachvogel (Numenius arquata)	20.000
Pfuhlschnepfe (Limosa lapponica)	30.000
Knutt (Calidris canutus)	35.000
Alpenstrandläufer (Calidris alp.)	80.000
Sanderling (Calidris alba)	800
Mantelmöwe (Larus marinus)	2.000
Silbermöwe (Larus argentatus)	26.000
Sturmmöwe (Larus canus) und Lachmöwe (Larus ridibundus)	30.000

Adressen:

Schutz- und Forschungsgemeinschaft Knechtsand, Neumarktstr. 8, 2850 Bremerhaven

Nationalparkverwaltung Niedersächsisches Wattenmeer, Virchowstr. 1, 2940 Wilhelmshaven (04421-4080)

WWF-Wattenmeerstelle Niedersachsen Bremen, Holger Wesemüller, Ökologiestation, Am Güthpol 9, 2820 Bremen 70 (0421-658460)

Prof. Dr. H. Oelke, Kastanienallee 13, 3150 Peine

Literatur:

W. Panzer und H. Rauhe (1978).

Brutvögel - Knechtsand-Eversand (1961-86)

	1961	71/73	82/84	1986
Kormoran (Phalacrocorax carbo)	-	-	-	7-8
Brandgans (Tadorna tadorna)	-	4-5	2-7	1
Stockente (Anas platyrhynchos)	-	0-1	-	-
Austernfischer (Haematopus ostralegus)	8	29-56	9-87	-
Sandregenpfeifer (Charadrius hiaticula)	-	3-6	0-2	-
Seeregenpfeifer (Charadrius alexandrinus)	-	0-3	0-2	-
Silbermöwe (Larus argentatus)	14	2-12	10-63	30
Sturmmöwe (Larus canus)	-	0-1	0-1	-
Lachmöwe (Larus ridibundus)	-	0-1	-	-
Flußseeschwalbe (Sterna hirundo)	70	300-400	80	-
Küstenseeschwalbe (Sterna paradisaea)	-	4-19	0-10	-
Zwergseeschwalbe (Sterna albifrons)	20	8-19	0-7	-
Brandseeschwalbe (Sterna sandvicensis)	-	2.620	-	-
Feldlerche (Alauda arvensis)	-	1-4	-	-
Wiesenpieper (Anthus pratensis)	-	0-2	-	-
Artenzahl	4	10-12	3-9	3

2/17 Der Jadebusen

Lage: Der Jadebusen ist westlich der Wesermündung an der Nordseeküste Niedersachsens zu finden. In der Nordwestecke dieser Meeresbucht liegt die Hafen- und Industriestadt Wilhelmshaven. Zum Jadebusen führt die A 29 von Oldenburg aus. Man verläßt sie bei Varel oder an der Ausfahrt Zetel und fährt dann auf Landstraßen oder auf der Bundesstraße 437 in östlicher Richtung zum Jadebusen. Bahnstationen sind neben Wilhelmshaven: Sande und Varel.

Größe: Der Jadebusen umfaßt rund 20.000 ha; davon sind 25% ständig vom Meer bedeckt, 65% der Fläche bestehen aus Watt und nur 10% entfallen auf den Außengroden – wie hier die Salzwiesen vor dem Deich genannt werden.

Landschaft, Lebensräume, Vogelwelt: Ebenso wie Dollart und Leybucht, ist der Jadebusen nach einer Reihe schwerer Sturmfluten erst im Mittelalter entstanden. Auch er hatte seine größte Ausdehnung im 15. Jahrhundert, und in ihm lagen damals zahlreiche kleine Geestinseln.

Obwohl nachgewiesen ist, daß die Erdoberfläche im Jadebusengebiet auch heute noch langsam absinkt,

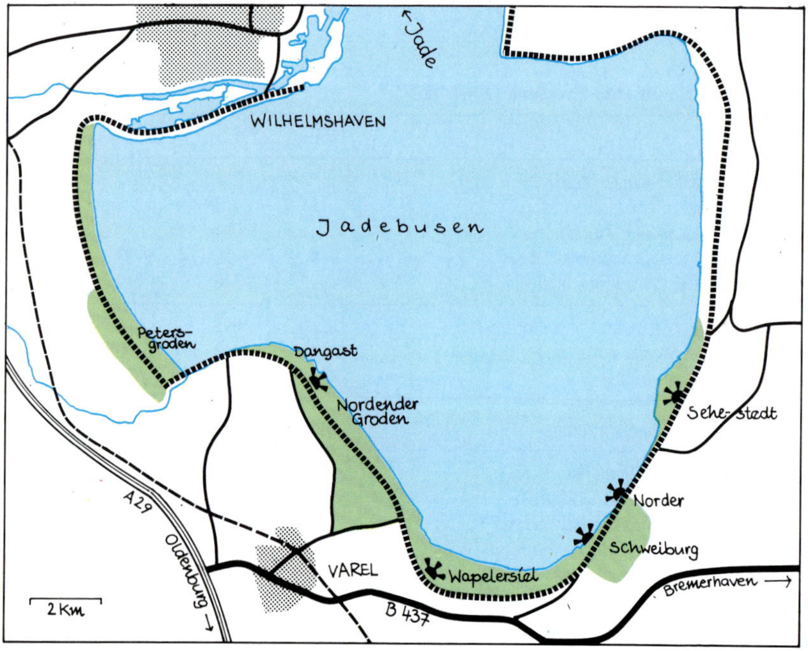

der Meeresspiegel also steigt, ist die Meeresbucht im Laufe der Jahrhunderte durch Aufschlickung im Westen und Süden, durch Sandablagerungen im Osten und durch Landgewinnung wieder kleiner geworden. Der Mensch sichert die neuen Ländereien durch Deiche und nutzt sie als Grün- und Ackerland.

Die weiten, bis auf einzelne Seegrasvorkommen vegetationsfreien Wattflächen sind durch Priele, Tiefs und Baljen gegliedert, in denen das Meerwasser mit Ebbe und Flut hin- und herströmt. Das bei Ebbe trokkenfallende Watt ist das wichtigste Nahrungsgebiet sowohl für die Brutvögel in den Salzwiesen als auch für Gastvögel. Im Osten konzentrieren sich die Futterplätze der Ringelgänse, während die Limikolen überall Nahrung finden. Der Jadebusen ist im Sommer einer der bedeutendsten Sammel- und Rastplätze des Säbelschnäblers. Vor allem im südöstlichen Teil können an manchen Tagen 5.000 bis 7.000 Exemplare beobachtet werden.

Die Außengroden bilden nahezu überall am Ufer einen 400–1.000 m breiten, vor allem mit Andelgras und Rotschwingel bewachsenen Grünlandstreifen. Nur bei Wilhelmshaven und Dangast gibt es Lücken. Das Grünland wird vielfach durch vorgelagerte Lahnungen vor der Zerstörung durch Wellen geschützt. In ihm liegen zahlreiche Entwässerungsgräben und bei Flut mit Wasser gefüllte Pütten, aus denen Kleiboden für den Deichbau entnommen wird. Im Außengroden brüten vor allem Limikolen, unter denen der Rotschenkel als Charaktervogel stark dominiert, sowie Möwen, Seeschwalben und einige Enten. Außerdem dient er den Wasservögeln als hochwassersicherer Rastplatz.

Auch binnendeichs liegt viel Grünland, hier z.T. Groden genannt. Es ist natürlich Brutgebiet von Stockente, Kiebitz, Rotschenkel, Uferschnepfe, Bekassine und Wiesenpieper, doch bilden die heutigen Bestände nur noch einen Abglanz früheren Vogelreichtums. Ihre Abnahme geht vor allem auf das Konto zu intensiver Beweidung mit Rindern und der viel zu frühen Mahd. Trotzdem lohnt es sich noch, einmal einen Blick in den Peters-, Nordender- und Südendergroden am südwestlichen Jadebusen zu werfen. Die Kurzschnabelgans hatte bisher im Friedrich-August-Groden nordwestlich von Dangast ihr zweites wichtiges Rastgebiet an der deutschen Nordseeküste. Das andere lag im Rickelsbüller Koog im äußersten Nordwesten Schleswig-Holsteins (S. 133). Die Bestände nahmen jedoch von ca. 4.000 um 1975 auf jetzt rund 500 Gänse ab und werden möglicherweise bald ganz erlöschen.

Uferschnepfe

Schließlich sei noch eine landschaftliche Besonderheit am Jadebusen gewürdigt: Am Ostufer bei Sehestedt liegt unmittelbar vor dem Deich ein kleines, von Salzwiesen umgebenes Hochmoor. So etwas gibt es auf der Welt kein zweites Mal! Es ist der Rest des Moores, das bis 1164 den größten Teil des heutigen Jadebusens bedeckte und um 1725 ausgedeicht wurde (135 ha). An seinem Westrand treffen Hochmoorpflanzen wie Scheidenwollgras, Glockenheide, Gagel, Beinbrech und Torfmoos mit Salzwiesenpflanzen direkt aufeinander. Bei schweren Sturmfluten aus Nordwest hebt sich der Hochmoorkörper vom Untergrund ab und schwimmt auf. Dabei brechen größere Torfmassen heraus und werden weggespült. Bei heute nur noch knapp 11 ha Größe ist das endgültige Verschwinden dieses Naturdenkmals nicht mehr fern.

Bedeutung: Wegen seines Vogelreichtums gilt der Jadebusen als Feuchtgebiet internationaler Bedeutung und wurde vom Internationalen Rat für Vogelschutz mit dem Prädikat Europareservat ausgezeichnet. Im Laufe eines Jahres wird er von mindestens einer Million Vögeln angeflogen; rund 60 Arten besuchen ihn regelmäßig. Insbesondere für den Rotschenkel sind seine Ufer eines der wichtigsten Brutareale an der Nordseeküste.

Jadebusen: Schwimmendes Moor mit Moorkliff zur Salzwiese. *Foto: Augst*

Löffelente

Schutz, Gefährdung, Betreuung: Mit Recht wurde der Jadebusen 1986 in den Nationalpark Niedersächsisches Wattenmeer einbezogen. Er gehört nahezu gänzlich zur Ruhezone, in der ähnlich strenge Vorschriften wie in einem NSG gelten. Die Grenze verläuft überwiegend direkt am seeseitigen Deichfuß. Zuvor war er teils als Natur-, teils als Landschafts- und Wildschutzgebiet ausgewiesen.

Die Badestelle im Vorland bei Sehestedt ist ein unverzeihliches Vergehen wider die Natur am Jadebusen. Die Auseinandersetzungen zwischen Naturschutz und Tourismus gehören jedoch weitgehend der Vergangenheit an. Die Naturschützer stellen dort während der Sommermonate Ausstellungswagen auf, in denen über Naturschutzmaßnahmen am Jadebusen informiert wird.

Intensive Bemühungen haben in den letzten Jahren dafür gesorgt, daß der Tourismus in geordnete Bahnen gelenkt werden konnte und Ruhezonen geschaffen wurden. Die bisher fast durchwegs viel zu intensiv betriebene Landwirtschaft im Vorland wurde durch die Nationalparkverordnung und mit Hilfe des Domänenamtes als Eigentümer auf ein wohl vertretbares Maß zurückgenommen.

Gegen die wirklich großen Gefahren, wie Wasserverschmutzung, drohende Ölpest, Tiefflugverkehr und dergleichen, hilft die neue Nationalparkverordnung leider nicht.

Beobachtungsmöglichkeiten: Im Nationalpark herrscht Wegegebot, d.h. die Außengroden dürfen nur auf zugelassenen Wegen betreten werden. Empfehlenswert sind folgende Bereiche für die Vogelbeobachtung: Zum einen die erwähnten Groden im Südwesten, zum anderen der Außengroden zwischen Wapelersiel und Sehestedt im Südosten. Gute Ausblicke während der Hochwasserperiode gestatten Aussichtspunkte auf dem Deich bei Wapelersiel, Norder, Schweiburg und bei der Badestelle vor Sehestedt. Hier kommen die Wat- und Wasservögel dann besonders nahe ans Ufer heran. Außerdem gibt es gute Beobachtungsmöglichkeiten vom Deich in Beckmannsfeld/Iffens aus, der äußersten südöstlichen Ecke des Jadebusens; hier kann man vor allem die interessante Vogelwelt der Pütten beobachten.

Herrn Dieter Bloem sind wir für die Durchsicht dieses Kapitels sehr dankbar.

Adressen:

BUND-Kreisgruppe Wilhelmshaven, Peter Hopp, Brahmsstr. 53, 2940 Wilhelmshaven

Dieter Bloem, Jungfernstr. 39, 2933 Jade II (Achtermeer/Rönnelmoor)

Dr. Hermann Blindow (Wissenschaftl. Arbeitsgem. f. Natur- und Umweltschutz, WAU), Mooshütterweg 9, 2942 Jever

WWF-Wattenmeerstelle Niedersachsen Bremen, Holger Wesemüller, Ökologiestation, Am Güthpol 9, 2820 Bremen 70 (0421-658460)

Die Nationalparkverwaltung plant am Jadebusen Informationsstellen in Wilhelmshaven und Sehestedt.

Literatur:

Landkreis Wesermarsch (1977); K. Taux (1986); Naturmagazin draußen (1987).

Brutvögel - Jadebusen (Stand 1986)
S.J. = südöstlicher Jadebusen,
G.G. = Gesamtgebiet

	Brutpaare S.J.	Brutpaare G.G.
Brandgans (Tadorna tadorna)	3	42
Krickente (Anas crecca)	1	1
Löffelente (Anas clypeata)	5	5
Reiherente (Aythya fuligula)	1	1
Rohrweihe (Circus aeruginosus)	1	1
Wasserralle (Rallus aquaticus)	1?	1?
Austernfischer (Haematopus o.)	400	413
Kiebitz (Vanellus vanellus)	130	263
Sandregenpfeifer (Charadr. h.)	33	33
Seeregenpfeifer (Ch. alex.)	4	4
Bekassine (Gallinago g.)	1	3
Uferschnepfe (Limosa limosa)	60	75
Rotschenkel (Tringa totanus)	1.100	1.800
Kampfläufer (Philomachus pug.)	4?	4?
Säbelschnäbler (Recurvirostra)	110	200
Silbermöwe (Larus argentatus)	70	70
Sturmmöwe (Larus canus)	10	10
Lachmöwe (Larus ridibundus)	600	600
Flußseeschwalbe (Sterna hir.)	60	60
Küstenseeschwalbe (Sterna par.)	3	3
Sumpfohreule (Asio flammeus)	1	1
Wiesenpieper (Anthus prat.)	?	70

Gastvögel - Jadebusen (Stand 1986)

	Höchstzahlen
Singschwan (Cygnus cygnus)	11
Zwergschwan (Cygnus bewickii)	34
Saatgans (Anser fabalis)	610
Kurzschnabelgans (Anser brachyr.)	1.000
Bleßgans (Anser albifrons)	5.000
Graugans (Anser anser)	850
Kanadagans (Branta canadensis)	80
Nonnengans (Branta leucopsis)	180
Ringelgans (Branta bernicla)	350
Brandgans (Tadorna tadorna)	30.000
Pfeifente (Anas penelope)	6.200
Schnatterente (Anas strepera)	400
Krickente (Anas crecca)	3.500
Stockente (Anas platyrhynchos)	10.000
Spießente (Anas acuta)	650
Löffelente (Anas clypeata)	110
Tafelente (Aythya ferina)	80
Reiherente (Aythya fuligula)	60
Eiderente (Somateria molissima)	90
Austernfischer (Haematopus ostr.)	4.100
Kiebitz (Vanellus vanellus)	14.000
Sandregenpfeifer (Charadrius hiat.)	380
Kiebitzregenpfeifer (Pluvialis sq.)	4.000
Goldregenpfeifer (Pluvialis apr.)	4.000
Bekassine (Gallinago gallinago)	100
Gr. Brachvogel (Numenius arquata)	9.400
Regenbrachvogel (Numenius phaeopus)	800
Uferschnepfe (Limosa limosa)	1.500
Pfuhlschnepfe (Limosa lapponica)	2.800
Dunkl. Wasserläufer (Tringa er.)	120
Rotschenkel (Tringa totanus)	2.100
Grünschenkel (Tringa nebularia)	220
Knutt (Calidris canutus)	10.000
Alpenstrandläufer (Calidris alp.)	54.000
Säbelschnäbler (Recurvirostra av.)	6.000
Mantelmöwe (Larus marinus)	34
Silbermöwe (Larus argentatus)	2.500
Sturmmöwe (Larus canus)	2.000
Lachmöwe (Larus ridibundus)	2.700
Flußseeschwalbe (Sterna hirundo)	400
Küstenseeschwalbe (Sterna parad.)	45
Zwergseeschwalbe (Sterna albifr.)	10

2/18 Der Elisabeth-Außengroden

Lage: Vor dem Deich des Festlandes, unmittelbar westlich der Außenjade, liegt zwischen Schillig und Harlesiel ein Streifen Grünland am Rande des Ostfriesischen Wattenmeeres: Es ist der Elisabeth-Außengroden, den man am besten von Jever aus über Hohenkirchen oder Harlesiel (Bahnstation) oder über Hooksiel, Schillig bzw. Minsen erreicht.

Größe: Das Beobachtungsgebiet ist rund 14 km lang und etwa 300 bis 700 m breit; es erstreckt sich somit über rund 780 ha Grünland und Watt, davon 322 ha Salzwiese.

Landschaft, Lebensräume, Vogelwelt: Der Elisabeth-Außengroden ist ein Teil des Deichvorlandes, das überall an der friesischen Küste auf der Grenze zwischen Land und Watten zu finden ist. Er wird im Norden gegen das offene Watt mit verfallenen Lahnungen abgegrenzt, die kaum noch erkennbar sind. Sie bestanden aus zwei Pfahlreihen, die mit Buschwerk durchflochten waren, und ein weitläufiges Gittersystem gebildet haben. In ihm setzten sich die im Meerwasser schwebenden Schlickpartikel ab, so daß der Wattboden rascher in die Höhe wuchs. Heute ist die natürliche Bodendynamik wiederhergestellt, die sich in der Verlandungszone und einer Abbruchkante zeigt.

Das Watt dient auch hier wieder als Nahrungsrevier für die im Gebiet brütenden und rastenden Wat- und Meeresvögel. Algen, Würmer, Krebse, Schnecken oder Muscheln bilden eine unerschöpfliche Futterquelle.

Es folgt eine Terassen-Salzwiese, in der Andel-, Salzaster-, Quecken und Meldenbestände vorherrschen. Es ist eine Hochstaudensalzwiese, in der zahlreiche weitere salzliebende Pflanzen vorkommen, von denen hier nur Strandsode, Strandflieder, Meerdreizack, Löffelkraut, Strandbeifuß, Grasnelke, Salzspärkling, Doldiges Habichtskraut und Gänsedistel genannt seien. Eine solch natürlich gewachsene Hochstaudensalzwiese gibt es sonst an der ganzen Festlandküste kaum noch. Die obere Salzwiese wird im Gegensatz zur unteren vom normalen Hochwasser

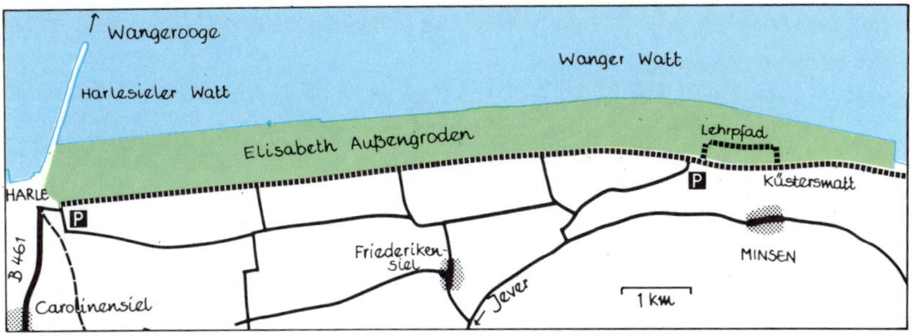

nicht erreicht - mit Ausnahme der Springtide. Beide werden von den Vögeln als Brut- und Rastplatz genutzt. Diese Gliederung des Elisabeth-Außengrodens ist vom Menschen verändert worden durch zwei Eingriffe: Ein Teil der Salzwiesen wird nach dem 1. Juli einmal gemäht. Hierdurch bleibt die Vegetation kürzer, so daß zwar keine Hochstaudensalzwiese sondern Grünland entsteht, das aber von manchen Limikolen als Brutplatz allen anderen Bereichen vorgezogen wird. In anderen Teilen des Vorlandes hat man Kleiboden für den Deichbau entnommen und so zunächst wassergefüllte, später aber rasch verlandende Pütten geschaffen, in denen man heute eine untere und mittlere Salzwiese mit einem natürlich entstandenen Prielsystem bewundern kann.

Unter den Brutvögeln herrscht eindeutig der Rotschenkel vor, der im Elisabeth-Außengroden eine der höchsten Brutdichten in Europa erreicht. Weitere charakteristische Arten sind: Brandgans, Austernfischer, Sandregenpfeifer, Kiebitz, Säbelschnäbler, Wiesenpieper und Hohltaube. Zu den gelegentlich oder nur in Einzelpaaren brütenden Arten gehören: Lachmöwe, Flußseeschwalbe, Sumpfohreule, Rohr- und Wiesenweihe.

Unter den Gastvögeln stellen einerseits Wasservögel wie Stock-, Spieß-, Pfeifente, Nonnen- und Ringelgans und andererseits Watvögel wie Austernfischer, Großer Brachvogel und Alpenstrandläufer besonders große Kontingente. Im Winter gelingt unter anderem die Beobachtung von Ohrenlerchen, Schneeam-

Elisabeth Außengroden. *Foto: Großmann*

Heringsmöwe

mern, Berghänflingen und Goldregenpfeifern, sofern nicht zu viel Eis und Schnee einen Strich durch die Rechnung machen.

Bedeutung: Bis 1986 wurden im Elisabeth-Außengroden 203 Vogelarten nachgewiesen. Zu den 27 Brutvogelarten zählen rund 15 Arten, die als gefährdet auf der „Roten Liste" stehen. Von August bis Mai kann die Gesamtmenge der Gastvögel bis auf über 50.000 Vögel ansteigen. Der Elisabeth-Außengroden ist wegen seiner wichtigen Rolle als Brut- und Rastplatz Teil des Feuchtgebietes internationaler Bedeutung „Ostfriesisches Wattenmeer und Dollart".

Schutz, Gefährdung, Betreuung: Seit 1973 war der Elisabeth-Außengroden als NSG geschützt. 1986 wurde er in den Nationalpark „Niedersächsisches Wattenmeer" einbezogen, wo er zur Ruhezone gehört. Ein alter Streitpunkt ist nun hoffentlich beseitigt: Die Jagd auf Wasservögel. Jedenfalls verträgt sich solch ein Eingriff nicht mit der Idee eines Nationalparks.

Etwa die Hälfte des Elisabeth-Außengrodens - die nicht landwirtschaftlich genutzte Fläche - ist von der Wissenschaftlichen Arbeitsgemeinschaft für Natur- und Umweltschutz (WAU) gepachtet worden. Sie wird von ihr auch betreut und bewacht; denn auch der Tourismus ist so gewachsen, daß er sich zu einer Bedrohung des Schutzgebietes entwickelt hat.

Beobachtungsmöglichkeiten: Im Pachtgebiet hat die WAU Lehrpfade angelegt, die den Besucherstrom kanalisieren sollen. Der eine Pfad beginnt im Westen in Harlesiel, der andere im Osten bei Küstersmatt. Sie bieten einen guten Einblick in das Ökosystem des Außengrodens. Die WAU bietet auch Führungen an, deren Termine in den Kurverwaltungen von Horumersiel und Carolinensiel bekanntgegeben werden.

Die günstigste Zeit zum Beobachten liegt um den Zeitpunkt des Hochwassers bis 2 Stunden danach, dann haben die Vögel das Watt verlassen, sind im Vorland konzentriert und beginnen mit der Nahrungsaufnahme wieder in der Nähe der Lehrpfade. Abgesehen vom Besuch der beiden Lehrpfade ist dann auch eine Wanderung auf dem Deich empfehlenswert. Auch die Sandfläche bei Schillighafen ist eine sehenswerte Salzwiese. Den nachhaltigsten Eindruck von den Brutvögeln erhält man im Mai. Die Zahl der Gastvögel ist von August bis November besonders hoch. Im Frühjahr liegt sie wegen des rascher ablaufenden Vogelzugs niedriger. Auch im Winter ist das Gebiet nicht vogelleer und bietet manchmal seltene Gäste.

Wir bedanken uns Bei Herrn Dr. H. Blindow für die Überarbeitung unseres Textes und der Listen.

Adressen:

Dr. Hermann Blindow (WAU), Mooshütter Weg 9, 2942 Jever (04461-71576)

Literatur:

K. Taux (1986); WAU (Hrsg. 1973); H. Blindow (1987).

Brutvögel - Elisabeth-Außengroden (1986)

	Brutpaare
Brandgans (Tadorna tadorna)	16
Stockente (Anas platyrhynchos)	2
Rohrweihe (Circus aeruginosus)	...
Wiesenweihe (Circus pygargus)	...
Austernfischer (Haematopus ostral.)	135
Kiebitz (Vanellus vanellus)	25
Sandregenpfeifer (Charadrius hiat.)	100
Uferschnepfe (Limosa limosa)	10
Rotschenkel (Tringa totanus)	850
Säbelschnäbler (Recurvirostra av.)	15
Hohltaube (Columba oenas)	4
Feldlerche (Alauda arvensis)	150
Wiesenpieper (Anthus pratensis)	125
Teichrohrsänger (Acrocephalus sc.)	3
Braunkehlchen (Saxicola rubetra)	1

Gastvögel - Elisabeth-Außengroden (Stand 1986)

	Höchstzahlen
Kormoran (Phalacrocorax carbo)	20
Singschwan (Cygnus cygnus)	12
Zwergschwan (Cygnus bewickii)	12
Saatgans (Anser fabalis)	60
Kurzschnabelgans (Anser brachyr.)	85
Bleßgans (Anser albifrons)	1.160
Graugans (Anser anser)	500
Nonnengans (Branta leucopsis)	780
Ringelgans (Branta bernicla)	180
Brandgans (Tadorna tadorna)	16.600
Pfeifente (Anas penelope)	2.100
Stockente (Anas platyrhynchos)	4.800
Spießente (Anas acuta)	270
Eiderente (Somateria molissima)	1.500
Trauerente (Melanitta nigra)	10
Rohrweihe (Circus aeruginosus)	5
Kornweihe (Circus cyaneus)	4
Wiesenweihe (Circus pygargus)	2
Austernfischer (Haematopus ostr.)	24.000
Kiebitz (Vanellus vanellus)	7.200
Kiebitzregenpfeifer (Pluvialis sq.)	4.200
Goldregenpfeifer (Pluvialis apr.)	16.000
Steinwälzer (Arenaria interpres)	200

	Höchstzahlen
Gr. Brachvogel (Numenius arquata)	10.000
Regenbrachvogel (Numenius phaeopus)	170
Pfuhlschnepfe (Limosa lapponica)	4.900
Dunkler Wasserläufer (Tringa er.)	420
Rotschenkel (Tringa totanus)	2.400
Grünschenkel (Tringa nebularia)	300
Flußuferläufer (Tringa hypol.)	24
Knutt (Calidris canutus)	12.400
Alpenstrandläufer (Calidris alp.)	13.600
Säbelschnäbler (Recurvirostra av.)	1.200
Silbermöwe (Larus argentatus)	2.500
Sturmmöwe (Larus canus)	1.800
Lachmöwe (Larus ridibundus)	5.800
Hohltaube (Columba oenas)	97
Sumpfohreule (Asio flammeus)	4
Ohrenlerche (Eremophila alpestris)	40
Schafstelze (Motacilla flava)	170
Wiesenpieper (Anthus pratensis)	500
Wasserpieper (Anthus spinoletta)	20
Steinschmätzer (Oenanthe oenanthe)	60
Rotdrossel (Turdus iliacus)	250
Schneeammer (Plectrophenax nivalis)	45
Berghänfling (Carduelis flavir.)	400

2/19 Die Ostfriesischen Inseln und Mellum

In diesem Kapitel sind elf Beobachtungsgebiete vereinigt, die sich in vieler Hinsicht gleichen, so daß nur bei einer zusammenfassenden Darstellung ständige Wiederholungen zu vermeiden waren. Andererseits hätte jede Insel wegen ihres Vogelreichtums in diesem Buch eine gesonderte Abhandlung verdient.

Lage: Die 10 Ostfriesischen Inseln bilden mit Mellum eine Kette von fast genau 100 km Länge. Die Inseln liegen zwischen 6 und 15 km vor der niedersächsischen Nordseeküste zwischen den Mündungen von Ems und Jade. Sieben besitzen Seebäder mit teils dörflichem teils städtischem Gepräge. Es sind von West nach Ost: Borkum, Juist, Norderney, Baltrum, Langeoog, Spiekeroog und Wangerooge. Memmert ist nur mit einem Inselvogt, Minsener Oldeoog mit einem Vogelwart besetzt; Lütje Hörn ist unbesetzt und wird durch den Inselvogt des Memmert betreut. Auch die im Osten gelegene kleine Insel Mellum ist nicht ständig bewohnt. Sie liegt zwischen den Fahrwassern von Jade und Weser und gehört nicht mehr zu den Ostfriesischen Inseln. Aus praktischen Gründen wird sie jedoch in diesem Kapitel mit besprochen.

Zu den Seebädern fahren das ganze Jahr über Schiffe. Fünf von ihnen sind außerdem mit dem Flugzeug zu erreichen. Genauere Auskünfte erteilt jedes Reisebüro; die Tabelle gibt lediglich einen knappen Überblick.

Insel	Küstenhafen	Flugplatz
Borkum	Emden	+
Juist	Norddeich	+
Norderney	Norddeich	+
Baltrum	Norddeich, Neßmersiel	-
Langeoog	Bensersiel	+
Spiekeroog	Neuharlinger Siel	-
Wangerooge	Harlesiel	+

Größe: Das Niedersächsische Wattenmeer, an dessen seewärtigem Rand die Inseln liegen, umfaßt zwischen Außenems und Außenweser rund 200.000 ha. Hiervon entfallen auf die Inseln insgesamt nur etwas mehr als 7% der Gesamtfläche, nämlich etwa 14.500 ha.

Insel	Länge (km)	hochwasserfreie Fläche (ha)
Borkum	9,5	3.500
Juist	15	1.680
Memmert	-	120
Lütje Hörn	-	150
Norderney	14	2.530
Baltrum	5	660
Langeoog	11	2.040
Spiekeroog	10	2.050
Wangerooge	8,5	850
Minsener O.	-	210
Mellum	-	650

Diese Maße sind nur als allgemeine Anhaltspunkte zu verstehen, da sich Gestalt und Größe der Inseln durch Wind und Meer ständig verändern.

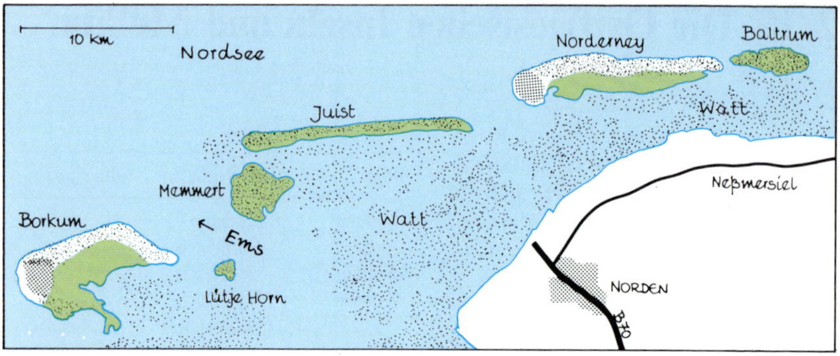

Landschaft: Am Ende der Eiszeit, also vor rund 10.000 Jahren, verlief die südliche Nordseeküste viel weiter im Norden, etwa in Höhe der heutigen Doggerbank. Als das Eis schmolz, stieg der Meeresspiegel allmählich um insgesamt 50 m an und die Nordsee drang entsprechend weit nach Süden vor. In diesem größeren Meeresgebiet machten sich nun auch Gezeiten als Nebenschwingungen der Atlantikgezeiten bemerkbar. Beides, der Anstieg des Meeresspiegels und die Gezeiten, hat entscheidenden Einfluß auf die Entwicklung und die Ausbildung der heutigen Küstengebiete gehabt.

Die Ostfriesischen Inseln grenzen im Norden an die offene Nordsee, nur einzelne Sandbänke sind ihnen noch vorgelagert. Im Süden schließt dagegen das Wattenmeer an. Gegliedert wird das Watt durch ein System von Prielen, Gats und Baljen, in denen das Wasser mit der Tide zweimal am Tag jeweils ins Wattenmeer hinein- und wieder herausströmt.

Im Watt gibt es Seegrasbestände, Miesmuschelbänke und besonders im Schlickwatt eine Vielzahl von Kleinalgen, Krebsen, Muscheln und Schnecken. Dieser Reichtum an niederen Tieren, zu dem noch Fische hinzukommen, ist die wichtigste Nahrungsquelle für ein Millionenheer an Wat- und Wasservögeln, das im September/Oktober seine höchste Arten- und Individuenzahl erreicht.

Die Ostfriesischen Inseln haben keinen Festlandskern, wie etwa Sylt, Amrum und Föhr im Nordfriesischen Wattenmeer. Geologisch gesehen sind sie sehr jung und verdanken ihre Entstehung dem Zusammenwirken von Strömung, Seegang, Wind und Vegetation.

Die Gezeiten bewirken in der südlichen Nordsee einen überwiegend nach Osten hin gerichteten Strom, der Sand aus dem belgisch-niederländischen Bereich (Rheindelta!) transportiert. Im flacheren Wasser vor der Küste wird dieser Sand landwärts transportiert und in den Brandungszonen am Nordrand des Niedersächsischen Wattenmeeres auf den Strand geworfen. Eine Sandbank, die nicht mehr vom Hochwasser überflutet wird, nennt man Plate. Auf ihr siedeln sich Strandhafer und andere Pionier-Landpflanzen an. Die Plate entwickelt sich allmählich zur Düneninsel. Brutvögel, wie die

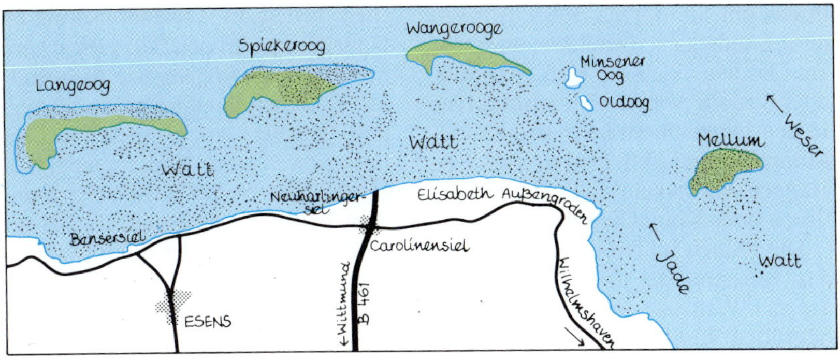

Silbermöwe, düngen mit ihrem Kot den Sand, und fördern so den die Dünen festigenden Bewuchs. Noch ist die junge Insel aber sturmflutgefährdet. Deshalb begründete man Ende des 19. Jahrhunderts erste Schutzmaßnahmen für Küstenvogel-Brutkolonien zunächst mit der Sicherung der Insel.

Lütje Hörn ist die einzige der elf Inseln, die sich völlig unbeeinflußt vom Menschen entwickeln kann. Sie ist noch sehr jung und hat erst das Dünenstadium erreicht. Bei ihr ist im Schutze des Dünengürtels noch kein Salzwiesen- und Hellerbereich entstanden, wie ihn die großen Inseln auf ihrer Südseite besitzen.

Nach diesem Prinzip sind alle Ostfriesischen Inseln entstanden. Von Natur aus sind sie nicht ortsfest, sondern sie wandern wegen des in einem Jahrhundert immer noch um 25 cm ansteigenden Meeresspiegels als insgesamt strandwallartiges Gebilde ganz langsam nach Süden auf das Festland zu.

Die Wattströme lenken den von Westen kommenden Gezeitenstrom nach Norden ab, so daß der von ihm herangetragene Sand erst ab Inselmitte ans Ufer gespült werden kann. Deshalb droht an den Westenden der Ostfriesischen Inseln ständig durch Wind und Strömung Sandverlust. Um dieser Erosion vorzubeugen, wurden auf allen großen Inseln, mit Ausnahme von Langeoog, mächtige Befestigungen mit Buhnen und Uferdeckwerken aus Basaltsteinen, Asphalt und Beton gebaut. Sie haben die empfindliche Situation der Sandinseln stabilisiert.

Lebensräume: Wegen ihrer gemeinsamen Entstehungsgeschichte bestehen zumindest die sieben großen Ostfriesischen Inseln aus den gleichen und in ähnlicher Weise angeordneten Lebensräume: Im Norden besitzen sie einen Sandstrand. Es folgen die Ketten der Dünen: Zunächst die kaum einen Meter hohen Primärdünen mit Binsenquecke oder Salzmiere, dann die schon wesentlich höheren Sekundär- oder Weißdünen, auf denen der Strandhafer dominiert und Stranddistel blüht. Aus ihnen gehen landeinwärts die Tertiär- oder Graudünen hervor, deren größerer Nährstoffreichtum bereits eine sehr vielfältige Vegetation zuläßt. Auffallend sind Sanddorn- und Kriechweidengebüsche, Grasfluren mit Straußgras, Rotschwingel und Sandsegge. Flechten wachsen am Boden, kleines Habichtskraut oder Jasione sorgen für Farbtupfer. In den Dünentälern können einzelne Moorpflanzen Fuß fassen, auf den Hängen entwickeln sich Silbergrasfluren oder Krähenbeerheide.

Die Dünen bilden gewissermaßen das Rückgrat der Insel. Sie gehen auf der Wattseite in die Salzwiesen oder den Inselheller über, der zunächst sandig-feucht, dann schlickig wird und dem Wattenmeer zu immer mehr mit Tümpeln, Rinnen oder Prielen durchsetzt ist.

Die Vegetation spiegelt diese Zonierung wider: Zunächst dominieren noch Straußgras und Grasnelke, dann folgt die Rotschwingelzone mit Strandflieder, Meerstrandmilchkraut, Spärkling oder Strandwermut. Etwas tiefer schließt sich eine vom Andelgras bestimmte Vegetation an mit Keilmelde, Strandaster und Stranddreizack, und schließlich bestimmen Schlickgras und Queller das Bild, die direkt am Rande des von Landpflanzen nicht besiedelten Watts gedeihen.

Im Osten laufen besonders Spiekeroog und Norderney in eine weite, fast ebene Plate aus, auf der sowohl Dünen als auch Salzwiesen heranwachsen. Sie erreichen 800 bis 1.000 ha Fläche.

Vogelwelt: Zur Brut eignen sich natürlich nur die hochwasserfreien Gebiete: Zwergseeschwalben, Sand- und Seeregenpfeifer besiedeln Muschelfelder auf höheren Strandpartien. Herings- und Silbermöwen, Fluß-, Küsten- und Brandseeschwalben sowie Brandgänse oder Feldlerchen nisten in vegetationsärmeren Dünenzonen. In den Salzwiesen sind neben den Watvögeln, wie Austernfischer, Säbelschnäbler, Rotschenkel und Kiebitz, auch Seeschwalben, Lachmöwen oder Wiesenpieper zuhause. Die großen Ostplaten mancher Inseln beherbergen als Besonderheit Brutpaare der Sumpfohreule oder Kornweihe.

Die Gastvögel nutzen je nach Wasserstand alle Landpartien als Rastplatz, wobei trockenen Fußes schwer erreichbare Plätze in den Salzwiesen oder auf isolierten Sandplaten natürlich die beliebtesten sind.

Die meisten Küstenvögel suchen ihre Nahrung weniger am Strand (Sanderling, Sandregenpfeifer) oder in den Salzwiesen (Kiebitz, Rotschenkel, Lachmöwe), als vielmehr in dem bei Ebbe trockenfallenden Watt. Dort fischen die stoßtauchenden Seeschwalben in den Wasserläufen, lesen die Möwen vom Boden oder der Wasserfläche Getier auf und stochern viele Watvögel im Schlick nach darin verborgenem Getier. Ringelgänse weiden gerne Seegraswiesen ab. Die Eiderenten hingegen tauchen bei Hochwasser zu den Miesmuschelbänken hinab und decken so ihren Energiebedarf.

Der Mensch hat die natürliche Lebensraumgliederung der Inseln durch weitere Lebensräume für Vögel ergänzt. Baumpflanzungen, z. B. aus Schwarzkiefer, Birke oder Grauerle, und Gartengehölze (besonders auf der „grünen" Insel Spiekeroog) und die Wohngebäude selbst haben

Spiekeroog: Priel zwischen Salzwiesen.
Foto: Lohmann

weitere Vogelarten angelockt. Dies gilt vor allem für die Singvögel.

Tümpel und Teiche (darunter der auf Juist an einer mit Deichen wieder geschlossenen Inselbruchstelle entstandene Hammersee), Polder (z. B. der ursprünglich auf Norderney als Flugplatz angelegte Südstrandpolder) und beim Deichbau angelegte Abgrabungen (etwa der Tuskendörsee auf Borkum) ziehen auch Enten, Rallen und Rohrsänger an.

Die Avifauna ist so im Laufe der letzten Jahrzehnte auf den Ostfriesischen Inseln immer vielfältiger geworden. So sind z. B. auf Langeoog Dorngrasmücke um 1913, Fitis 1933, Singdrossel 1959, Rotkehlchen und Zilpzalp 1982 als Brutvögel eingewandert.

Trotz aller touristischen Nutzung dienen die Ostfriesischen Inseln - weniger im Frühjahr, verstärkt aber im Herbst - ziehenden Kleinvögeln als Rastplatz. In erster Linie Ende September/Anfang Oktober bevölkern Pieper, Finken, Drosseln, Meisen, Goldhähnchen, Rotkehlchen oder Laubsänger die Gebüsche. Diese Zugvögel überfliegen oft die Deutsche Bucht über Helgoland, oder sie gelangen auch von Insel zu Insel nach Westen.

Auch die unbewohnten und ausschließlich den Küstenvögeln vorbehaltenen kleineren Inseln bestehen aus Sand. Sie bilden das Zentrum größerer hochwasserfreier Platen und besitzen Dünen. (Nur auf Mellum sind auf der wind- und wellengeschützten Südseite auch schon Salzwiesen entstanden.) Auf ihnen dominieren die Silbermöwen mit jeweils bis zu 14.000 Brutpaaren.

Die Minsener Oldeoog ist allerdings ein Sonderfall: Um die Sandwanderung ins Fahrwasser der Jade hinein zu verringern, hat man von 1909 bis 1931 ein strahlenförmiges System von Buhnen ins Watt gebaut. Dadurch entstand im Zentrum eine rund 1 ha große hochwasserfreie Insel. Sie wurde sofort von den Küstenvögeln besiedelt, obwohl dort auch noch die Unterkünfte der im Küstenschutz tätigen Arbeiter lagen.

Etwa von 1975 bis 1980 wurde außerdem der Sand, der bei der Vertiefung des Jadefahrwassers für Supertanker anfällt - es waren insgesamt 11 Millionen Kubikmeter - zu einer künstlichen Insel aufgespült, die jetzt auf einer Fläche von 210 ha hochwasserfrei ist und bis zu 12 m Höhe erreicht. Auch diese stark erweiterte Insel dient weiterhin nur dem Schutz der brütenden und rastenden Vögel. In erster Linie sollen auf ihr Seeschwalben möglichst ungestört ihren Nachwuchs aufziehen. Vier Seeschwalbenarten mit zusammen über 3.000 Paaren gegenüber nur 38 Silbermöwenpaaren sprechen für den Erfolg gezielter Naturschutzarbeit.

Die Zusammensetzung der Vogelwelt auf den Inseln ist nicht konstant. Es verschwinden z. B. Brutvögel, wenn die Salzwiesen nicht mehr beweidet werden: Säbelschnäbler und Seeschwalben mögen die höhere und dichtere Vegetation nicht, Lachmöwe und Rotschenkel stören sich nicht daran und nehmen den neuen Lebensraum in Besitz.

Auch auf das Einwandern neuer Brutvögel wurde bereits hingewiesen, doch sollen hierzu noch drei besondere Beispiele erwähnt werden: Vor etwa 15 bis 25 Jahren fand sich die Hohltaube auf einzelnen Inseln ein; auf Spiekeroog erstmals 1971. Diese sonst im Binnenland brütende Taube nistet an der Küste wie die Brandgans in Erdhöhlen oder unter trockenen, überhängenden Grasbüscheln.

Die Heringsmöwe besiedelte zuerst Langeoog und Memmert. In den fünfziger bis sechziger Jahren brütete die Art dann auch auf Lütje Hörn, Mellum, Norderney und Spiekeroog. 1984 zählte man auf Memmert bereits 1200 Paare!

Von England ist über die Westfriesischen Inseln der Birkenzeisig eingewandert. Erste Nachweise datieren von 1947 aus Spiekeroog und Norderney. 1948 kam er dann erstmals auf Borkum vor, 1964 auf Baltrum, 1968 auf Wangerooge, 1969 auf Langeoog, 1972 erneut auf Spiekeroog. Inzwischen ist der Birkenzeisig in den kleinen Dünenwäldchen und in Gebüschen zu einer ganz normalen Erscheinung wie Buchfink oder Hänfling geworden.

Bedeutung: Die Ostfriesichen Inseln und das Niedersächsische Wattenmeer sind Teil eines Küsten-Großökosystems an der Nordsee, das ebenso wie die Alpen als noch weitgehend natürlich anzusehen ist.

Wegen seiner überragenden Rolle als Rastplatz und Überwinterungsgebiet für hunderttausende von Wat- und Wasservögeln wurde das ostfriesische Wattenmeer als Feuchtgebiet internationaler Bedeutung gemäß der Ramsar-Konvention anerkannt. Der internationale Rat für Vogelschutz hat den Inseln Memmert und Lütje Hörn sowie Mellum mit süd-

Wangerooge Außengroden: Wattstrukturen aus der Luft. (SH-571/311) *Foto: Augst*

lich anschließendem Hohe-Weg-Watt aus gleichen Gründen das Prädikat Europareservat verliehen.

Die Zahl der Gast- und Brutvogelarten ist auf den einzelnen Inseln sehr verschieden. Hierzu vier Beispiele:

- Auf Memmert waren 1973 bis 1978 148 Gastvögel alljährlich und 34 nicht in jedem Jahr zu sehen; bisher wurden 53 Brutvogelarten nachgewiesen, von denen allerdings 20 heute nicht mehr vorkommen.
- Für Spiekeroog werden 69 Brutvogelarten genannt, weitere 172 Arten treten als Gastvögel auf.
- Auf Langeoog wurden bisher 209 Vogelarten nachgewiesen, davon sind 62 regelmäßige und 4 unregelmäßige Brutvögel.
- Auf Wangerooge schließlich wurden bis 1968 insgesamt 260 Vogelarten notiert, von denen 67 auf der Insel brüten.

Schutz: Erhaltung und Förderung der Küstenvogel-Brutkolonien fanden schon vor etwa 80 Jahren Interesse zunächst beim Küstenschutz und dann bei Ornithologen und Naturschutzpionieren (z. B. Schutz des Memmert seit 1907 und Mellum seit 1912). Die unbewohnten Inseln wurden mit ihrer Umgebung zu NSG erklärt und zur Brutzeit mit Vogelwarten besetzt. Auch auf anderen Inseln entstanden bewachte Vogelschutzgebiete. Schließlich bezog man auch Salzwiesen, Dünen, Binnengewässer (Hammersee), Polder (Südstrandpolder) und den Tüskendörsee als vom Menschen angelegtes Feuchtgebiet in den Naturschutz ein.

Die Rechtsverordnung für den Nationalpark Niedersächsisches Wattenmeer trat 1986 in Kraft. Der Nationalpark reicht über die ostfriesische Inselwelt hinaus. Er erstreckt sich von der Emsmündung über den Jadebusen, das Hohe-Weg-Watt südlich Mellum und das Knechtsand-Eversandgebiet bis zur Elbmündung. Er ist in drei Zonen unterschiedlicher Schutzintensität gegliedert. Für den Naturschutz am wichtigsten sind die 28 Ruhezonen, die sowohl Wattflächen, die unbewohnten Inseln als auch Teile der größeren Inseln umfassen. In ihnen liegen nun auch die bisherigen Natur- und Seehund-Schutzgebiete. Nutzungen wie Landwirtschaft, Erholung (Betreten), Fischerei und Jagd sind stellenweise streng reglementiert.

Gefährdung: Letztendlich wird es von der Einsicht und Rücksicht aller, also der Einheimischen und der Besucher, abhängen, ob der Nationalpark der bedrängten Natur helfen wird. Alle müssen dringend die Ruhezonen respektieren. Die Verwaltung des Nationalparks muß ordnend und aufklärend eingreifen. Notfalls müssen gegen hartnäckige Unruhestifter auch Strafanzeigen erstattet werden.

Man darf allerdings vom Nationalpark keine Wunder erwarten. Viele müssen ihm helfen: Die Verschmutzung der Nordsee und Vergiftung des Watts mit Schadstoffen müssen an der Quelle des Übels, z. B. bei der Industrie an Rhein und Ruhr bekämpft werden. Ein schwerer Tankunfall auf dem Weg zum Ölpier in Wilhelmshaven mit nachfolgender Ölpest darf sich nie ereignen.

Der Lärm tief fliegender Militärflugzeuge peinigt nicht nur Urlauber sondern zwingt auch Seehunde und Vögel immer wieder zu panischer Flucht. Hier ist der Verteidigungsminister gefordert. Der Bundesminister für Verkehr ist von der Landesregierung Niedersachsens bereits seit langem aufgefordert, im Einvernehmen mit dem Bundesumweltminister eine Regelung des Schiffverkehrs abseits der Großschiffahrtsstraßen zu treffen. Insbesondere Freizeitboote und Ausflugschiffe zu den Seehundbänken müssen die Ruhezonen im Watt respektieren. Bisher ist ein vernünftiges Eingehen der Sportbootverbände auf die Naturschutzwünsche allerdings nicht zu erkennen. Aufgabe der Landesbehörden ist es, Jagd und Fischerei zu begrenzen. In einem Nationalpark sollte die Jagd grundsätzlich nicht ausgeübt werden. In der Ruhezone sind die Fischerei und die Anlage von Muschelkulturen eingeschränkt worden. Insbesondere der Fang von Herzmuscheln ist nicht erlaubt, weil hierbei die gesamte obere Schicht des Wattbodens mit sämtlichen Lebewesen zerstört wird. Für die Zwischenzone gilt dies leider nicht.

Betreuung: Unentbehrlich ist das Engagement ehrenamtlicher Naturschützer. Dazu gehören der Mellumrat, ein oldenburgischer Naturschutzverband, und der DBV-Landesverband Niedersachsen. Sie betreuen Brutgebiete auf Wangerooge, Mellum und Minsener Oldeoog sowie auf Langeoog mit Vogelwarten.

Silbergras, Krähenbeeren, Kiefern auf den Altdünen Spiekeroogs. *Foto: Lohmann*

Beobachtungsmöglichkeiten: Die Ostfriesischen Inseln sind zu jeder Jahreszeit eine Reise wert. Das Beobachten der Vögel ist freilich oftmals nicht leicht.

Man kann das Innere der Inseln zu Fuß durchstreifen, am Strand entlang wandern oder man setzt sich bei auflaufender See an die Wattkante und läßt die Vögel mit der steigenden Flut immer näher herankommen. Wanderungen ins Watt sind gefährlich und sollten nur nach Rücksprache mit kundigen Insulanern unternommen werden. Spezielle Tips kann man bei ortskundigen Feldornithologen oder bei den Führern der Wattwanderungen bekommen. Sie halten in der Kursaison immer wieder natur- und vogelkundliche Vorträge und begleiten Exkursionen für die Kurgäste. Sofern die Möglichkeit besteht, kann man auch an einer Führung durch die Vogelschutzgebiete teilnehmen.

Die unbewohnten Inseln sind nur mit besonderer Erlaubnis der Nationalparkverwaltung zugänglich. Auf den übrigen Inseln und im Watt sollte das Wegegebot in den Ruhezonen strikt eingehalten werden.

In Zukunft wird sich wahrscheinlich das naturkundliche Informationsangebot auf den Seebäderinseln noch wesentlich verbessern. Die Nationalparkverwaltung plant langfristig für jede von ihnen ein Zentrum mit Auskünften über den Nationalpark, über Natur und Landschaft, mit Leseecke und Vortrags- und Exkursionsangebot. Bisher gibt es dergleichen nur teilweise und in unterschiedlicher Konzeption bei den Kurverwaltungen der Inselgemeinden.

Ostplate Spiekeroog mit provisorischem Vogelwärter- und Informationshäuschen.
Foto: Lohmann

Eine Tabelle aller Gastvögel im Ostfriesischen Wattenmeer würde zu umfangreich. Außerdem liegen nicht für alle Inseln die Daten in gleicher Ausführlichkeit vor. Darum folgt als Beispiel für die Vogelvielfalt nur eine Tabelle der regelmäßig auftretenden Wasser-, Greif- und Watvögel für Wangerooge und für Langeoog. In ihr sind die rastenden und durchziehenden Vögel in unterschiedlicher Weise drei Häufigkeitsklassen zugeordnet:

Wangerooge: h = mehr als 100 Durchzügler und 200 Rastvögel; m = mehr als 20 Durchzügler und 20 Rastvögel; s = weniger als je 20 Durchzügler und Rastvögel.

Langeoog: h = mehr als 1.000 Durchzügler und 200 Rastvögel; m = mehr als 100 Durchzügler und 20 Rastvögel; s = weniger als 100 Durchzügler und 20 Rastvögel.

Über weitere Einzelheiten, wie etwa das jahreszeitliche Auftreten aller Vögel, informieren die beiden Insel-Avifaunen von Großkopf und Plaisier.

Herrn Friedhelm Plaisier danken wir für die Bearbeitung des Textes.

Gastvögel - Ostfriesische Inseln (1968/83)
h = häufig, m = mäßig häufig, s = spärlich; Wa = Wangerooge 1968, La = Langeoog 1983

	Höchstzahlen	
	Wa	La
Sterntaucher (Gavia stellata)	m	s
Haubentaucher (Podiceps cr.)	...	s
Zwergtaucher (Podiceps ruf.)	s	m
Kormoran (Phalacroc. carbo)	s	m
Graureiher (Ardea cinerea)	m	s
Höckerschwan (Cygnus olor)	...	s
Saatgans (Anser fabalis)	h	m
Kurzschnabelgans (Anser br.)	h	m
Bleßgans (Anser albifrons)	m	m
Graugans (Anser anser)	h	h
Nonnengans (Branta leucopsis)	m	...
Ringelgans (Branta bernicla)	h	h
Brandgans (Tadorna tadorna)	h	h
Pfeifente (Anas penelope)	h	h
Krickente (Anas crecca)	m	m
Stockente (Anas platyr.)	h	h
Spießente (Anas acuta)	...	h
Reiherente (Aythya fuligula)	...	m
Eiderente (Somateria mol.)	h	h
Bergente (Aythya marila)	m	s
Eisente (Clangula hyemalis)	s	s
Trauerente (Melanitta nigra)	h	h
Samtente (Melanitta fusca)	m	s
Schellente (Bucephala clang.)	m	m
Mittelsäger (Mergus serrator)	m	m
Gänsesäger (Mergus merganser)	m	s
Bleßhuhn (Fulica atra)	...	m
Austernfischer (Haematopus)	h	h
Kiebitz (Vanellus vanellus)	h	h
Sandregenpfeifer (Charadr. h.)	h	h
Seeregenpfeifer (Ch. alex.)	h	m
Kiebitzregenpfeifer (Pluv. s.)	h	h
Goldregenpfeifer (P. apr.)	h	h
Steinwälzer (Arenaria interp.)	h	h
Bekassine (Gallinago g.)	m	m
Waldschnepfe (Scolopax rust.)	s	m
Gr. Brachvogel (Numenius arqu.)	h	h
Regenbrachvogel (N. phaeopus)	m	m
Uferschnepfe (Limosa limosa)	...	m
Pfuhlschnepfe (Limosa lapp.)	h	h

	Höchstzahlen	
	Wa	La
D. Wasserläufer (Tringa er.)	s	s
Rotschenkel (Tringa totanus)	h	h
Grünschenkel (Tringa nebul.)	h	m
Waldwasserläufer (Tringa ochr.)	m	s
Bruchwasserläufer (T. glareola)	m	s
Flußuferläufer (Tringa hypol.)	m	s
Knutt (Calidris canutus)	h	h
Zwergstrandläufer (C. minuta)	m	s
Alpenstrandläufer (C. alpina)	h	h
Sichelstrandläufer (C. ferr.)	m	m
Sanderling (Calidris alba)	h	h
Kampfläufer (Philomachus pug.)	m	s
Mantelmöwe (Larus marinus)	h	h
Heringsmöwe (Larus fuscus)	m	m
Silbermöwe (Larus argentatus)	h	h
Sturmmöwe (Larus canus)	h	h
Lachmöwe (Larus ridibundus)	h	h
Trauerseeschwalbe (Chlid. n.)	m	s
Lachseeschwalbe (Gelochelidon)	m	...
Flußseeschwalbe (Sterna hir.)	h	m
Küstenseeschwalbe (St. parad.)	h	m
Zwergseeschwalbe (St. albifr.)	h	s
Brandseeschwalbe (St. sandv.)	h	m

Adressen:

Nationalparkverwaltung Niedersächsisches Wattenmeer, Virchowstr. 1, 2940 Wilhelmshaven (04421-4080)

BUND-Kreisgruppe Aurich, Jürgen Sasse, Extumer Brückenstr. 5, 2960 Aurich

WWF-Wattenmeerstelle Niedersachsen Bremen, Ökologiestation, Am Güthpol 9, 2820 Bremen 70 (0421-658460)

Dr. Manfred Temme, Alter Horst 18, 2982 Norderney

Dipl. Biol. Friedhelm Plaisier, FB 7 Universität Oldenburg, Postfach 2503, 2900 Oldenburg

Hans Meyer-Deepen, Bid Utkiek 4, 2941 Spiekeroog

Manfred Knake, Brandshoff 41, 2943 Esens-Holtgast

Brutvögel - Ostfriesische Inseln West (1984)

	Brutpaare				
	Borkum	L. Hörn	Memmert	Juist	Nordern.
Brandgans (Tadorna tadorna)	160	-	15	150	300
Krickente (Anas crecca)	4	-	-	-	3
Stockente (Anas platyrhynchos)	-	-	-	-	-
Knäkente (Anas querquedula)	-	-	-	-	1
Löffelente (Anas clypeata)	8	-	1	-	6
Reiherente (Aythya fuligula)	-	-	2	-	-
Eiderente (Somateria molissima)	7	-	5	-	-
Rohrweihe (Circus aeruginosus)	5	-	1	-	3
Kornweihe (Circus cyaneus)	7	-	1	1	1
Wiesenweihe (Circus pygargus)	-	-	-	1	-
Wasserralle (Rallus aquaticus)	-	-	-	-	15
Teichhuhn (Gallinula chloropus)	-	-	-	-	-
Bleßhuhn (Fulica atra)	-	-	-	-	-
Austernfischer (Haematopus ost.)	318	35	150	300	800
Kiebitz (Vanellus vanellus)	93	-	7	15	80
Sandregenpfeifer (Charadrius h.)	43	-	5	3	30
Seeregenpf. (Ch. alexandrinus)	6	-	4	4	25
Bekassine (Gallinago gallinago)	7	-	-	-	8
Gr. Brachvogel (Numenius arquata)	21	-	1	3	12
Uferschnepfe (Limosa limosa)	89	-	-	-	45
Rotschenkel (Tringa totanus)	166	-	8	70	350
Kampfläufer (Philomachus pugnax)	1	-	-	-	8
Säbelschnäbler (Recurvirostra a.)	146	-	8	-	80
Heringsmöwe (Larus fuscus)	-	25	1.200	9	10
Silbermöwe (Larus argentatus)	62	1.300	14.000	900	500
Sturmmöwe (Larus canus)	20	-	15	66	180
Lachmöwe (Larus ridibundus)	600	-	19	650	700
Flußseeschwalbe (Sterna hir.) und Küstenseeschwalbe (St. paradisaea)	55	-	67	83	110
Zwergseeschwalbe (St. albifrons)	-	-	17	10	30
Brandseeschwalbe (St. sandvic.)	-	-	-	-	-
Sumpfohreule (Asio flammeus)	12	-	1	2	2
Wiesenpieper (Anthus pratensis)	27	-	15	2	250

Literatur:

H.-H. Bergmann, H. Ringleben und H. Zucchi (1982); P. Blaszyk (1975); K. Gerdes (1975); G. Großkopf (1986); W. Hartung (1950); C. Helbing (1987); M. H. Knake (1987); Landelijke Vereniging (1976); M. P. D. Meijering und H. Meyer-Deepen (1974); H. Meyer-Deepen und M. P. D. Meijering (1979); Naturmagazin draußen Nr. 25 und 44; G. Niemeier (1972); F. Plaisier (1983); K. Rettig (1978); F. Runge (1972); E. Schoenagel (1977); R. Schopf (1979); H. Schulz (1947 und 1957); K. Taux (1986).

	Brutpaare					
	Baltrum	Langeoog	Spiek.	Wang.	Min. O.	Mellum
Brandgans	75	100	52	41	20	13
Krickente	–	–	–	1	–	–
Stockente	–	80	–	54	25	50
Knäkente	–	–	–	–	–	–
Löffelente	–	–	–	3	–	1
Reiherente	–	–	–	–	–	–
Eiderente	–	–	15	–	–	37
Rohrweihe	–	1	–	–	–	–
Kornweihe	1	2	–	–	–	–
Wiesenweihe	–	1	–	–	–	–
Wasserralle	–	3	–	–	–	2
Teichhuhn	–	20	–	10	–	1
Bleßhuhn	–	3	–	1	–	–
Austernfischer	240	800	260	336	165	275
Kiebitz	8	60	15	33	–	3
Sandregenpfeifer	4	12	40	15	60	4
Seeregenpfeifer	–	3	25	–	70	–
Bekassine	–	6	–	1	–	–
Gr. Brachvogel	–	9	7	–	–	–
Uferschnepfe	–	12	–	6	–	–
Rotschenkel	40	120	97	80	16	32
Kampfläufer	–	–	–	–	–	–
Säbelschnäbler	–	5	1	8	1	–
Heringsmöwe	9	27	300	–	–	45
Silbermöwe	1.000	7.000	5.000	3	38	10.000
Sturmmöwe	2	100	30	1	7	85
Lachmöwe	3.040	188	1.860	3.175	2	7
Flußseeschwalbe und Küstenseeschwalbe	93	60	350	95	2.500	–
Zwergseeschwalbe	–	12	40	4	120	–
Brandseeschwalbe	–	–	32	340	350	–
Sumpfohreule	–	3	9	2	–	1
Wiesenpieper	–	–	11	32	25	75

2/20 Die Leybucht bei Norden

Lage: Zu der in Ostfriesland an der Nordseeküste gelegenen Leybucht führen Landstraßen von Norden (8 km) und von Emden (15 km) aus. Einziger größerer Ort ist der Fischerhafen Greetsiel am Südufer der Bucht. Nächste Bahnstation ist Norden.

Größe: Je nachdem, wo man die Grenze zum offenen Nordseewatt zieht, ergibt sich eine Gesamtfläche der Leybucht um 2.700 ha, wovon knapp über 1.000 ha auf Grünland (Deichvorland und Sommerpolder) entfallen.

Landschaft, Lebensräume, Vogelwelt: Ebenso wie Dollart und Jadebusen ist die Leybucht auf Land entstanden, das durch Meereseinbrüche vernichtet wurde. Im 14. Jahrhundert erreichte sie ihre größte Ausdehnung mit etwa 12.000 ha. Seitdem verringerte sich ihre Fläche wieder durch Verlanden und Eindeichungen.

Die Leybucht ist im Norden, Osten und Süden von Deichen umgeben. Landschaftsbestimmend sind Grünland und das durch Priele und Tiefs gegliederte Watt. Das Grünland bildet hier den größten zusammenhängenden Salzwiesenkomplex Niedersachsens.

Wie anderswo an der Nordsee auch, stellen die Schlick- und Mischwattflächen bei Niedrigwasser ein unerschöpfliches Nahrungsreservoir für Brut- und Gastvögel dar. Limikolen, Gänse und Enten sowie Möwen und Seeschwalben profitieren davon in erster Linie.

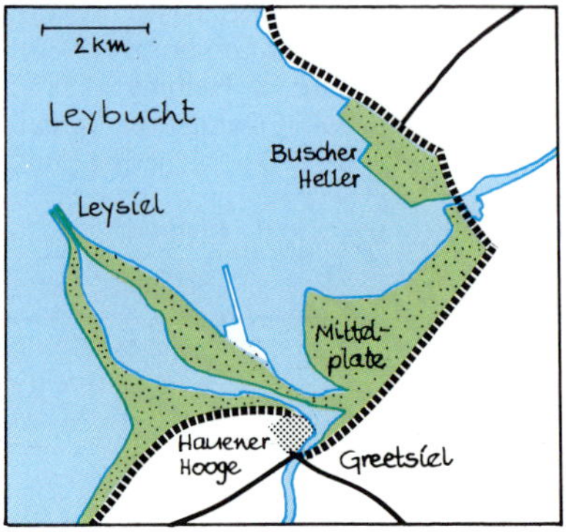

Das Grünland setzt sich hauptsächlich aus rund 760 ha Salzwiesen am Buscher Heller und auf der Mittelplate sowie ca. 230 ha bereits ausgesüßten Wiesen und Weiden im Sommerpolder auf der Hauener Hooge zusammen.

Die am höchsten gelegenen Teile der Salzwiesen und der vom Sommerdeich geschützte Polder bieten den Vögeln Ruheplätze bei leichteren Sturmfluten. Gänse (hauptsächlich Ringel- und Nonnengänse) nutzen das Gras als Nahrung; Pfeifenten und Ringelgänse weiden im Herbst das Seegras im Wattenmeer außerhalb der Leybucht ab.

Zur Brutzeit besiedelt jede Vogelart ganz bestimmte Grünlandteile: Die Nester des Säbelschnäblers – er ist dann der Charaktervogel der Leybucht – konzentrieren sich vor allem am seewärts gelegenen Rand des Buscherhellers, der Mittelplate und der Hauener Hooge. Der Austernfischer bevorzugt die binnendeichs gelegenen Flächen der Hauener Hooge. Lachmöwe und Flußseeschwalbe besiedeln hingegen sowohl die zentralen Flächen des Buscherhellers, der Mittelplate als auch Teile auf der Hauener Hooge. Kiebitz, Uferschnepfe und Rotschenkel bevorzugen schließlich überall die deichnahen Grasflächen zur Anlage ihrer Nester.

Bedeutung: Die Zahl der rastenden und brütenden Wat- und Wasservögel ist wegen der idealen Kombination großer Wattbereiche mit störungsfreien Grünlandflächen so hoch, daß die Leybucht zum Feuchtgebiet internationaler Bedeutung „Ostfriesisches Wattenmeer mit Dollart" zählt. 15 Gastvogelarten übertreffen hier die geforderten Mindestbestände. Das Gebiet besitzt das größte Brutvorkommen des Säbelschnäblers in Mitteleuropa.

Schutz, Gefährdung, Betreuung: Die Leybucht gehört seit 1986 zum Nationalpark Niedersächsisches Wattenmeer und ist Bestandteil der ähnlich wie ein NSG geschützten Ruhezone.

Dieser neue Status hat allerdings nicht mehr die 1985 begonnene Vordeichung „Leyhörn" verhindern können. Zwar nahm man von der ursprünglich geplanten völligen Eindeichung der Leybucht nach massiven Protesten nationaler und internationaler Naturschutzverbände Abstand und baute den neuen Deich auf weiten Strecken dicht vor den alten, doch werden trotzdem insgesamt 740 ha Wattenmeer, Salzwiesen und etwa 2/3 der Sommerpolder durch einen neuen Winterdeich vom Einfluß des Meeres vollkommen abgeschnitten werden.

Leybucht: Nonnengänse im Buscherheller. *Foto: Mennebäck*

Im Bereich der vor der Hauener Hooge gelegenen Deichnase werden ein Speicherbecken für aus dem Binnenland zufließendes Wasser und eine neue Zufahrt zum Hafen Greetsiel entstehen. (In unserer Karte schon berücksichtigt.) Am Speicherbecken sind auch Einrichtungen für den Wasser- und Bootssport vorgesehen, die Unruhe in der Leybucht verursachen werden. Für die Vögel bedeuten diese Deichbaumaßnahmen den Verlust von 740 ha Nahrungs-, Ruhe- und Brutplätzen - und das in einem Nationalpark.

Schon vorher aber war die Leybucht kein ungestörtes Paradies: Die Salzwiesen wurden bislang vom Land Niedersachsen als Pensionsweide intensiv genutzt.

Erst nach Auswertung der Ergebnisse einer mehrjährigen Untersuchung über „Die ökologische Problematik der Beweidung von Salzwiesen an der niedersächsischen Küste - am Beispiel der Leybucht" des Zoologischen Instituts der Universität Kiel wurden 1984 rund 169 ha Salzwiesen aus der Bewirtschaftung genommen. Gleichzeitig verringerte man den Viehbesatz auf der übrigen Fläche - mit Ausnahme der Hauener Hooge - um 20%.

Von der Nationalparkverwaltung werden derzeit differenzierte Pflegepläne unter Berücksichtigung der Bruthabitate der Küstenvögel erstellt.

Vor der Hauener Hooge wurde ein kilometerlanger Damm aufgeschüttet, an dessen Ende eine Gasförderanlage steht.

Die Jagd auf Wasservögel ist seit Einrichtung des Nationalparks reduziert worden.

Beobachtungsmöglichkeiten: In der Ruhezone herrscht Wegegebot, d.h. Vogelbeobachter dürfen nur die zugelassenen Wege auf den Deichen benutzen. Die besten Beobachtungsgelegenheiten sind darum bei Hochwasser zu erwarten, wenn die Vögel das Watt verlassen müssen und sich am Rand der unteren Salzwiese konzentrieren. Mit größeren Vogelmengen kann man von August bis Oktober rechnen, wenn durchziehende Limikolenscharen wochenlang in der Leybucht verweilen. Von März bis

Gastvögel - Leybucht (1985-86)

	Höchstzahlen	
	Herbst	Frühjahr
Bleßgans (Anser albifrons)	-	2.500
Graugans (Anser anser)	200	1.200
Nonnengans (Branta leuc.)	1.200	7.500
Ringelgans (Branta bern.)	1.000	4.000
Brandgans (Tadorna t.)	1.000	2.000
Pfeifente (Anas penelope)	1.200	4.000
Krickente (Anas crecca)	100	250
Stockente (Anas platyr.)	1.800	1.000
Spießente (Anas acuta)	500	600
Austernfischer (Haematopus)	7.500	10.000
Sandregenpfeifer (Char h.)	150	700
Kiebitzregenpf. (Pluv. s.)	300	300
Goldregenpfeifer (P. apr.)	4.000	2.600
Bekassine (Gallinago g.)	80	20
Gr. Brachvogel (Numenius a.)	2.500	3.000
Regenbrachvogel (N. phaeopus)	150	200
Pfuhlschnepfe (Limosa lapp.)	1.000	800
D. Wasserläufer (Tringa er.)	200	450
Rotschenkel (Tringa totanus)	2.000	1.000
Knutt (Calidris canutus)	600	2.000
Alpenstrandläufer (C. alpina)	30.000	40.000
Sichelstrandläufer (C. ferr.)	1.500	250
Säbelschnäbler (Recurvirostra)	4.500	Brutv.

Mai konzentrieren sich große Scharen von Nonnen- und Ringelgänsen in den Salzwiesen. Günstige Beobachtungsbedingungen findet man vom Deich aus bei Leybuchtsiel und nordwestlich von Hauen sowie bei Utlandshörn in der Nähe der Küstenfunkstelle.

Die Nationalparkverwaltung plant in Zusammenarbeit mit der Schutzgemeinschaft Deutsche Nordseeküste die Einrichtung einer Informationsstelle in Greetsiel.

Herrn Theo Mennebäck danken wir für die Bearbeitung des Textes und der Listen, Herrn Dr. K. Gerdes für wichtige Hinweise.

Adressen:

BUND-Kreisgruppe Aurich, Jürgen Sasse, Extumer Brückenstr. 5, 2960 Aurich

Dr. Klaus Gerdes, Mozartstr. 20,
2950 Leer-Looga

Theo Mennebäck, Hallenstr. 1,
2980 Norden 1

Literatur:

Naturmagazin draußen - Wattenmeer (1986); Naturmagazin draußen - Ostfriesland (1983)

Brutvögel - Leybucht (1977-86)
B. H. = Buscher Heller, M. P. = Mittelplate, H. H. = Hauener Hooge

	Brutpaare		
	B. H.	M. P.	H. H.
Brandgans (Tadorna tadorna)	2	1	3
Stockente (Anas platyrhynchos)	3	5-7	4-15
Knäkente (Anas querquedula)	-	-	0-1
Löffelente (Anas clypeata)	-	-	0-2
Rebhuhn (Perdix perdix)	-	-	0-1
Austernfischer (Haematopus ostralegus)	30-64	50-120	150-310
Kiebitz (Vanellus vanellus)	12	24-27	23-37
Sandregenpfeifer (Chardrius hiaticula)	-	0-2	2-4
Uferschnepfe (Limosa limosa)	9-15	24-45	17-27
Rotschenkel (Tringa totanus)	55-80	200	25-100
Kampfläufer (Philomachus pugnax)	-	2-4	-
Säbelschnäbler (Recurvirostra avosetta)	100-240	400-530	280-300
Lachmöwe (Larus ridibundus)	130-290	600-2.100	1.000-1.400
Flußseeschwalbe (Sterna hirundo) und Küstenseeschwalbe (Sterna paradisea)	0-2	11-19	46-54
Feldlerche (Alauda arvensis)	9-15	12-20	9-15
Schafstelze (Motacilla flava)	0-2	1-4	0-1
Wiesenpieper (Anthus pratensis)	3	10	3-5

2/21 Die Knock bei Rysum westlich Emden

Lage: Das Beobachtungsgebiet befindet sich westlich von Emden, wo das Nordufer der Emsmündung von Westen nach Norden umbiegt. Nächste Küstenorte sind Rysum und Loquard, die man von Emden (Bahnstation) aus auf der Landstraße erreicht. Von dort führen weitere Straßen zur Küste.

Größe: Der vogelkundlich interessante Bereich erstreckt sich über rund 600 ha.

Landschaft, Lebensräume, Vogelwelt: Die Knock ist ein vom Menschen geschaffenes Feuchtgebiet: In einem deichgeschützten Polder wurde in den sechziger-siebziger Jahren das küstennahe Watt mit Baggergut aus dem Emsfahrwasser überspült. Es entstanden Flachwasserzonen, Schlickwattbereiche, mit Queller und Strandaster bewachsene Flächen und Sandfelder, die stellenweise bereits zu Dünen aufgeweht wurden, auf denen Strandhafer und Meersenf siedeln. Dieser Lebensraum verändert sich ständig.

Inzwischen hat ein Teil dieser Biotope einer großen Erdgasanlandungsstelle, einem Campingplatz, Ackerflächen und Schilfbeständen Platz gemacht. Ohnehin wird die Knock nicht mehr lange ein Naturparadies bleiben, denn der Bau von weiteren Erdgasanlagen, Hafengelände, eines Atomkraftwerks und anderer Industrieprojekte hat bereits begonnen oder ist in Planung. Seit neuestem wird außer auf der Knock auch nördlich davon im Wattenmeer weiteres Baggergut aufgespült.

Das Spülgebiet gilt bei Ostfrieslands Feldornithologen als eines der vogelkundlich reichhaltigsten Beobachtungsgebiete an der Küste. Es ist ein beliebter und sicherer Hochwasserrastplatz für bis zu 50.000 Watvögel. Unter ihnen befinden sich viele Säbelschnäbler. Auf den Sandflächen und Dünen brüten Küstenvögel – mehr als auf mancher Insel. Vor allem im Oktober bietet die Knock eine ausgezeichnete Möglichkeit, den Zug von Singvögeln zu verfolgen. Die im Herbst der Küste folgenden Tiere stauen sich hier, ehe sie die Emsmündung überfliegen. 9.300 Durchzügler wurden schon in drei Morgenstunden gezählt.

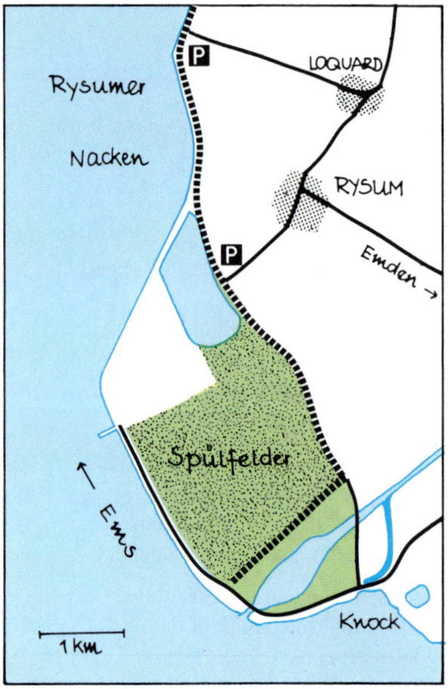

Bedeutung: Bisher wurden über 160 Vogelarten registriert, davon waren 35 Brutvögel.

Schutz, Gefährdung, Betreuung: Da die Flächen der Knock eigentlich nur als Spülgut-Deponie gelten und ihre Nutzung als Industriestandort beabsichtigt ist, wird auf die Erhaltung oder gar Förderung des Vogellebens keinerlei Rücksicht genommen.

Die Anlage neuer Spülgutflächen wird unter Naturschützern negativ bewertet; vielfach wird das Zuschütten von Watt mit sterilen und möglicherweise mit Schadstoffen verseuchten Bodenmassen aus der Emsmündung verurteilt. Die Ausweitung der Spülfelder nördlich der Knock wird darum abgelehnt.

Beobachtungsmöglichkeiten: Es ist sehr gefährlich, frische Spülfelder zu betreten. Entsprechende Warnschilder sind unbedingt zu beachten. Die Einblicke vom Küstendeich aus genügen vollauf, um von März bis Mai und August bis November das Duchzugsgeschehen zu verfolgen. Die Beobachtung der Brutvögel ist hingegen nicht zu empfehlen, da in diesem ungeschützten Gebiet damit zu große Störungen verbunden sind.

Herrn Klaus Rettig danken wir für wichtige Hinweise und Ergänzungen.

Adressen:

DBV-Ortsgruppe Emden, Klaus Rettig, Danzigerstr. 11, 2970 Emden

Knock: Muschelschillbank am Rysumer Nacken. *Foto: Rettig*

Berghänfling

Literatur:

K. Rettig (1973-1988).

Brutvögel - Knock/Rysum (1968-86)

	Brutpaare
Brandgans (Tadorna tadorna)	40
Krickente (Anas crecca)	2-4
Stockente (Anas platyrhynchos)	20
Knäkente (Anas querquedula)	1
Löffelente (Anas clypeata)	8
Rohrweihe (Circus aeruginosus)	3
Wiesenweihe (Circus pygargus)	3
Bleßhuhn (Fulica atra)	10
Austernfischer (Haematopus ostr.)	100
Kiebitz (Vanellus vanellus)	100
Sandregenpfeifer (Charadrius hiat.)	5
Seeregenpfeifer (Ch. alexandrinus)	10-50
Uferschnepfe (Limosa limosa)	10
Rotschenkel (Tringa totanus)	30-50
Säbelschnäbler (Recurvirostra av.)	250
Lachmöwe (Larus ridibundus)	50
Flußseeschwalbe (Sterna hirundo)	3
Küstenseeschwalbe (Sterna parad.)	7
Zwergseeschwalbe (Sterna albifrons)	5-12
Schafstelze (Motacilla flava)	8
Wiesenpieper (Anthus pratensis)	50
Schilfrohrsänger (Acrocephalus sch.)	10
Teichrohrsänger (A. scirpaceus)	15
Rohrammer (Emberiza schoeniclus)	20

Gastvögel - Knock/Rysum (1968-73)

	Höchstzahlen	MHV
Zwergschwan (Cygnus bewickii)	30	3/10
Bleßgans (Anser albifrons)	550	März
Graugans (Anser anser)	300	Okt.
Brandgans (Tadorna tadorna)	1.600	1/9-11
Pfeifente (Anas penelope)	1.000	Febr.
Krickente (Anas crecca)	1.800	Okt.
Stockente (A. platyrhynchos)	1.000	Febr.
Spießente (Anas acuta)	4.500	Febr.
Löffelente (Anas clypeata)	100	Juni
Tafelente (Aythya ferina)	450	Okt.
Reiherente (Aythya fuligula)	150	März
Gänsesäger (Mergus merganser)	250	März
Bleßhuhn (Fulica atra)	1.450	Jan.
Austernfischer (Haematopus)	6.000	Dez.
Kiebitz (Vanellus vanellus)	3.000	Nov.
Sandregenpfeifer (Charadr. h.)	1.500	Mai
Seeregenpfeifer (Ch. alex.)	170	Aug.
Kiebitzregenpfeifer (Pluv. s.)	1.050	5/8
Goldregenpfeifer (P. apric.)	240	Dez.
Steinwälzer (Arenaria int.)	45	Aug.
Bekassine (Gallinago g.)	150	9-10
Gr. Brachvogel (Numenius ar.)	3.500	Sept.
Uferschnepfe (Limosa limosa)	250	Juni
Pfuhlschnepfe (Limosa lapp.)	2.300	Mai
Rotschenkel (Tringa totanus)	4.000	Juli
Grünschenkel (T. nebularia)	300	Mai
Knutt (Calidris canutus)	1.000	Aug.
Zwergstrandläufer (C. minuta)	125	Sept.
Alpenstrandläufer (C. alpina)	20.000	Sept.
Sichelstrandläufer (C. ferr.)	45	Aug.
Säbelschnäbler (Recurv. av.)	8.000	Aug.
Mantelmöwe (Larus marinus)	150	Aug.
Silbermöwe (Larus argentatus)	500	Sept.
Sturmmöwe (Larus canus)	400	3/7
Lachmöwe (Larus ridibundus)	1.500	Sept.
Zwergmöwe (Larus minutus)	90	Juni
Trauerseeschwalbe (Chlid. n.)	550	Mai
Ohrenlerche (Eremophila alp.)	80	Dez.
Schafstelze (Motacilla flava)	300	Sept.
Wasserpieper (Anthus spin.)	30	9-10
Bartmeise (Panurus biarmicus)	25	Okt.
Schneeammer (Plectroph. niv.)	450	Febr.
Berghänfling (Carduelis flav.)	3.000	Jan.

2/22 Der Dollart

Lage: Die über die Emsmündung mit der Nordsee verbundene Meeresbucht Dollart liegt in Ostfriesland, im Nordwesten Niedersachsens. Die deutsch-niederländische Grenze geht mitten durch sie hindurch. Das zur Bundesrepublik gehörende Ostufer erreicht man nach der Emsüberquerung bei Leer und einer etwa 25 km langen Fahrt durch die Marsch des Rheiderlandes. Nächster Bahnhof ist Emden.

Größe: Die gesamte Bucht umfaßt etwa 10.000 ha. Der deutsche Anteil entspricht weitgehend den 2.140 ha des NSG Dollart, das 1980 ausgewiesen wurde.

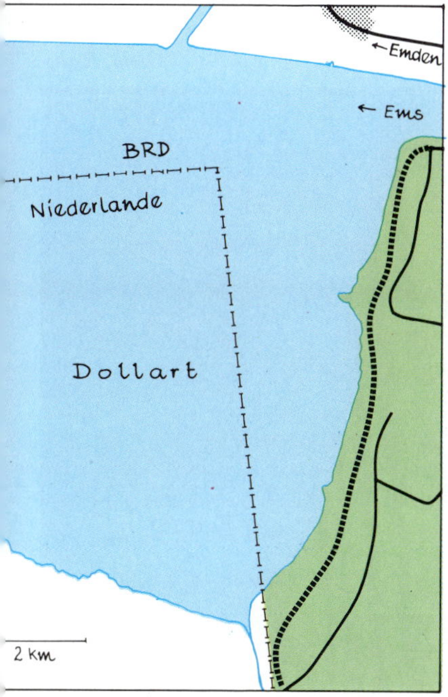

Landschaft, Lebensräume, Vogelwelt: Die heutige Meereseinbuchtung war einmal vom Menschen besiedeltes Land. Nach der Hochwasserkatastrophe von 1509 erreichte der Dollart mit rund 35.000 ha seine größte Ausdehnung. Durch natürliche Verlandung, vor allem aber auch durch Eindeichung wurde er danach wieder stückweise verkleinert. Heute gilt der Dollart neben der Elbmündung als letztes großes Brackwasser-Gezeitengebiet an der südlichen Nordseeküste. Wegen seiner geschützten Lage, den weiten Flachwasserzonen, ausgedehnten Wattflächen und dem 200 bis 800 m breiten Außendeichsgrünland (Heller) bietet der Dollart zahlreichen Vögeln Lebensraum.

Namentlich zur Zugzeit von Februar bis Ende Mai und von Juli bis November bietet das Schlickwatt mehreren 10.000 Limikolen und Wasservögeln Nahrung. Die bei normalem Hochwasser trocken bleibenden Mischwatten Geise und Hooge Sand dienen dann als Ruheplatz.

Die Hellerflächen sind für Vögel wohl der wichtigste Lebensraum am Dollart. Hier brüten viele Limikolen, vor allem Rotschenkel und Uferschnepfe. Wasservögel spielen wegen der Hochwassergefahr nur eine geringe Rolle. Eher sind dann schon die Singvögel im Röhricht und auf dem Grünland hervorzuheben, so etwa Rohrsänger, Schafstelze und Wiesenpieper. Hinter dem Deich liegt intensiv genutztes Acker- und Grünland mit erheblich weniger interessanten Vogelvorkommen. Im Winter dient es aber Bleß- und Saatgänsen als Nahrungsgebiet. Bei Sturmfluten stellt es für viele Vögel einen sicheren Zufluchtsort dar.

Bedeutung: Die Gesamtzahl der bisher am Dollart beobachteten Vögel wird mit 155 angegeben. 1985 haben 34 Vogelarten gebrütet, davon 21 auf deutscher Seite. Wegen seines Reichtums an rastenden oder überwinternden Wat- und Wasservögeln wurde der Dollart in das Feuchtgebiet internationaler Bedeutung „Ostfriesisches Wattenmeer mit Dollart" einbezogen. Bemerkenswert sind u.a. die Gänsevorkommen. Der Dunkle Wasserläufer hat hier seinen wichtigsten Frühjahrsrastplatz in Deutschland, und fast die Hälfte der an Nord- und Ostsee brütenden Säbelschnäbler versammelt sich im Herbst in den nahrungsreichen Wattgebieten des Dollart.

Als Brutgebiet zeichnet sich der Dollart vor allem durch hohe Brutdichte bei Rotschenkel und Uferschnepfe aus. Infolge intensiver landwirtschaftlicher Nutzung hat jedoch die Uferschnepfe stark abgenommen.

Schutz, Gefährdung, Betreuung: Obwohl der niederländische Teil seit 1977 und der deutsche Teil seit 1980 unter Naturschutz stehen, sind doch immer wieder gravierende Eingriffe vorgekommen oder zu erwarten: Teile der Hellerflächen werden als Mähwiesen oder Rinderweide so stark genutzt, daß die Limikolen Gelege oder Jungvögel verlieren.

Großen Ärger macht die Wattvogeljagd. 1986 wurden auf 10 km Uferstrecke über 100 Erlaubnisscheine ausgegeben. Im Oktober und Dezember werden dadurch die rastenden Vogelscharen stark gestört oder sogar vertrieben.

Dollart: Rastende Sandregenpfeifer auf einem Spülfeld. *Foto: Rettig*

Unabsehbare Gefahr droht dem Dollart durch den geplanten Ausbau des Emdener Hafens, wobei die Ems nach Süden verlegt werden soll.

Wegen dieser Pläne wurde der Dollart nicht in den Nationalpark einbezogen.

Beobachtungsmöglichkeiten: Ein Besuch des Dollart ist zu jeder Jahreszeit reizvoll. Den deutschen Anteil kann man auf rund 10 km Deichstrecke bequem erwandern. Halten sich Gänse im Heller auf, darf die Deichkrone nicht begangen werden. Will man sie beobachten, muß man sich im Schutz des Deiches anpirschen. Gute Zugangsmöglichkeiten findet man zwischen der Bohrinsel bei Dyksterhusen und Pogum sowie im Südosten nahe der Staatsgrenze. Der Heller darf nicht betreten werden. Auch der Besuch des holländischen Dollart-Ufers ist empfehlenswert. Das Betreten der Deichvorländereien ist aber streng untersagt. Nächster Grenzübergang ist der Ort Nieuwe Schans, rund 5 km südlich des Dollart.

Bei Herrn Dr. Klaus Gerdes bedanken wir uns für seine wertvolle Hilfe.

Adressen:

DBV-Kreisgruppe Leer, Dr. Klaus Gerdes, Mozartstr. 20, 2950 Leer (0491-71387)

BUND-Kreisgruppe Leer, Jan Pastoor, Heidigestr. 5, 2951 Holtland

Literatur:

K. Gerdes (1975); Landelijke Vereniging (1976); Werkgroep Dollard (1974).

Brutvögel - Dollart (deutsche Seite, 1985)

	Brutpaare
Brandgans (Tadorna tadorna)	. . .
Stockente (Anas platyrhynchos)	30
Löffelente (Anas clypeata)	2
Rohrweihe (Circus aeruginosus)	1
Austernfischer (Haematopus ostr.)	40
Kiebitz (Vanellus vanellus)	37
Bekassine (Gallinago gallinago)	2
Uferschnepfe (Limosa limosa)	42
Rotschenkel (Tringa totanus)	270
Feldlerche (Alauda arvensis)	60
Schafstelze (Motacilla flava)	13
Wiesenpieper (Anthus pratensis)	30
Schilfrohrsänger (Acroceph. sch.)	14
Teichrohrsänger (A. scirpaceus)	62

Gastvögel - Dollart (deutsche und niederländische Seite, 1972-87)

	Höchstzahlen	MHV
Saatgans (Anser fabalis)	29.000	1-2
Bleßgans (Anser albifrons)	45.000	2-3
Graugans (Anser anser)	10.000	10-11
Nonnengans (Branta leucopsis)	2.300	März
Brandgans (Tadorna tadorna)	6.200	März
Pfeifente (Anas penelope)	46.000	. . .
Krickente (Anas crecca)	22.500	. . .
Stockente (Anas platyr.)	10.000	. . .
Löffelente (Anas clypeata)	1.000	April
Austernfischer (Haematopus)	600	. . .
Kiebitzregenpf. (Pluv. s.)	8.400	Mai
Goldregenpf. (P. apricaria)	22.000	April
Gr. Brachvogel (Numenius a.)	6.100	März
Regenbrachvogel (N. phaeopus)	1.000	4-5
Uferschnepfe (Limosa limosa)	4.600	Juli
Pfuhlschnepfe (Limosa lapp.)	25.000	Mai
D. Wasserläufer (Tringa er.)	5.300	Mai
Rotschenkel (Tringa totanus)	10.000	Juli
Grünschenkel (Tringa neb.)	130	Mai
Alpenstrandl. (Calidris alp.)	100.000	Nov.
Sichelstrandläufer (C. ferr.)	200	Aug.
Kampfläufer (Philomachus p.)	1.000	Aug.
Säbelschnäbler (Recurvir. a.)	20.000	Okt.

2/23 Die Ostfriesischen Meere

Lage: Die Ostfriesischen „Meere" (Seen) liegen bis zu 8 km östlich von Emden (Bahnstation). Die Autobahn A 31 führt in das Beobachtungsgebiet. Man verläßt sie entweder bei der Anschlußstelle Riepe oder an ihrem Ende kurz vor Emden und fährt dann auf Landstraßen zu den einzelnen Gewässern.

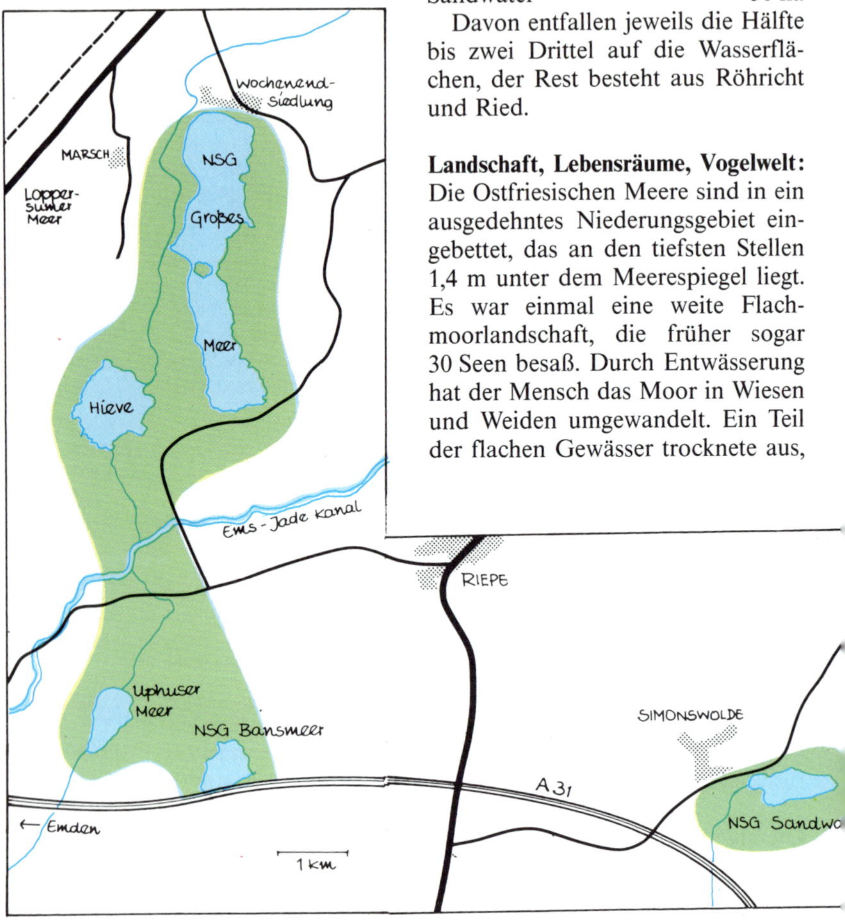

Größe: Die sechs Seen liegen in einem Gebiet von etwa 5.600 ha verstreut. Sie haben etwa folgende Ausmaße:

Großes Meer	500 ha
Lopersumer Meer	50 ha
Hieve	125 ha
Uphuser Meer	40 ha
Bansmeer	50 ha
Sandwater	50 ha

Davon entfallen jeweils die Hälfte bis zwei Drittel auf die Wasserflächen, der Rest besteht aus Röhricht und Ried.

Landschaft, Lebensräume, Vogelwelt: Die Ostfriesischen Meere sind in ein ausgedehntes Niederungsgebiet eingebettet, das an den tiefsten Stellen 1,4 m unter dem Meeresspiegel liegt. Es war einmal eine weite Flachmoorlandschaft, die früher sogar 30 Seen besaß. Durch Entwässerung hat der Mensch das Moor in Wiesen und Weiden umgewandelt. Ein Teil der flachen Gewässer trocknete aus, andere verlandeten auf natürlichem Wege. Nur die sechs größten sind übrig geblieben. Als Folge der Grundwasserabsenkung wurden auch diese Seen kleiner, und ihre Röhrichtgürtel haben sich aufkosten der Wasserfläche ausgebreitet.

In der weithin fast baumlosen Wiesenlandschaft sind vor allem das Große Meer, Bansmeer und Sandwater Zentren eines interessanten Vogellebens. Unter den Brutvögeln herrschen Röhrichtbewohner vor: Rohrweihe, Rohrdommel, Schilfrohrsänger, Rohrschwirl u.a. In den Naßwiesen und Seggenriedern brüten Sumpfohreule, Wiesenweihe, Watvögel, Schafstelze, Wiesenpieper und Braunkehlchen.

Zur Zugzeit rasten und im Winter verweilen Schwäne, Gänse, Enten und Watvögel in mäßiger Zahl. Besonders bemerkenswert sind durchziehende Trauerseeschwalben hauptsächlich im Mai oder Kornweihen und Sumpfohreulen (bis 70 Ex.) im Winter.

Seit 1954 verändert sich besonders im Südteil des Gebietes der ursprüngliche Landschaftscharakter. Über kilometerlange Rohrleitungen wird Schlick aus dem Emdener Hafen auf das Grünland aufgespült. Naturfreunde bedauern den Verlust einer traditionellen Meedenlandschaft und das Entstehen einer monotonen, künstlichen Agrarsteppe. Bis zum Jahr 2000 sollen 3.500 ha Grünland überschlickt werden.

Die etwa 200 ha großen Becken, in denen der Schlick aufgefangen wird, bieten anfangs Limikolen günstige Rast- und Nahrungsplätze. Vor allem im Herbst kommen Vogelbeobachter hier voll auf ihre Kosten.

Schilfrohrsänger

Bedeutung: Die ostfriesischen Meere bilden zusammen ein Feuchtgebiet nationaler Bedeutung für rastende oder überwinternde Wat- und Wasservögel. Auch als Brutgebiet besitzen sie, trotz deutlich spürbarer Bestandsabnahmen, wegen dem Vorkommen vieler bedrohter Arten eine gleich hohe Bedeutung. Zentrum ist das Große Meer als größter Niedermoorsee in Nordwestdeutschland; es galt einmal als wichtigstes Brutgebiet der Wiesenweihe in der Bundesrepublik.

Im NSG Bansmeer und im Überschlickungsgebiet Riepe konnten bisher 187 Vogelarten nachgewiesen werden. Im NSG Großes Meer wurden 198 Vogelarten festgestellt; 93 Arten haben hier gebrütet, 24 davon gehören aber heute nicht mehr zu den Brutvögeln, sind unsicher oder brüten nur noch unregelmäßig.

Ostfriesische Meere: Südostufer des Großen Meeres. *Foto: Rettig*

Schutz, Gefährdeung, Betreuung: Erst in jüngster Zeit wurden folgende NSG ausgewiesen:

Südteil Großes Meer	495 ha (1974)
Bansmeer mit Umgebung	48 ha (1975)
Sandwater	58 ha (1973)

Das Loppersumer Meer soll in Kürze NSG werden.

Die Seen - besonders das Große Meer und die Hieve - sind seit Jahrzehnten Ziel von Ausflüglern und Wassersportlern. In ihrer Nähe entstanden Wochenendhausgebiete und Campingplätze. Viele Lebensräume wurden dadurch zerstört.

Durch landwirtschaftliche Entwässerungen schrumpft die Wasserfläche der Seen. Das Bansmeer wurde deshalb schon vertieft und für das Große Meer ist ein Anstau im Gespräch. Am Sandwater haben ähnliche Maßnahmen zu einer Verbesserung des Wasserhaushalts, allerdings zu negativen Entwicklungen in der Vogelwelt geführt.

Beobachtungsmöglichkeiten: Während die Spülfelder vor allem zur Zeit des Wegzuges (Juli-Oktober) schöne Beobachtungen versprechen, bieten die Seen hauptsächlich während des Frühjahrszuges im März und zur Brutzeit die interessantesten Erlebnisse. Wegen der Unübersichtlichkeit des Geländes (Beobachtungsplattformen fehlen), kann man sich vielfach nur aufs Ohr verlassen. - Es versteht sich von selbst, daß kein Beobachter insbesondere in den NSG durch Verlassen der Wege die Brutvögel gefährdet.

Herrn Klaus Rettig danken wir für vielfältige Unterstützung.

Zwergstrandläufer

Adressen:

Klaus Rettig, DBV-Ortsgruppe Emden, Danzigerstr. 11, 2930 Emden

Literatur:

K. Rettig (1970-87).

Brutvögel - Ostfriesische Meere (1979-88)
GM = Großes Meer (1979/88),
BM = Bansmeer (1985),
SW = Sandwater (1970)

	Brutpaare		
	GM	BM	SW
Haubentaucher (Pod.cr.)	13-18	1	6
Rohrdommel (Bot.stell.)	3	-	2
Brandgans (Tadorna t.)	10-16	3	-
Knäkente (Anas quer.)	4-11	-	4
Löffelente (A. clyp.)	13	2	2
Rohrweihe (Circus aer.)	12-15	1	-
Wiesenweihe (C.pygarg.)	3-8	1	-
Austernfischer (Haemat.)	15-18	-	-
Kiebitz (Vanellus v.)	102-110	2	-
Bekassine (Gallinago g.)	23-24	-	-
Uferschnepfe (Limosa l.)	46	-	-
Rotschenkel (Tringa to.)	14-17	1	-
Kampfläufer (Philom.pu.)	4-?	-	-
Trauerseeschw. (Chl.n.)	-	-	15
Flußseeschw. (Ster.hi.)	0-3	-	2
Schafstelze (Motac.fl.)	6-14	2	2
Wiesenpieper (Anth.ca.)	15-35	3	-
Rohrschwirl (Loc.lusc.)	3-11	-	-
Schilfrohrs. (Acr.sch.)	104-190	8	33
Teichrohrs. (Acr.scir.)	30-55	18	28
Braunkehlchen (Saxic.r.)	5-8	2	-
Blaukehlchen (Lusc.sv.)	2-3	...	...

Gastvögel - Ostfriesische Meere (1979-87)
BM = Bansmeer mit Überschlickungsgebiet Riepe; GM = Großes Meer

	Höchstzahlen		
	BM	GM	MHV
Zwergschwan	80	140	3
Saatgans	130	1.000	2-3
Bleßgans	6.300	4.000	3
Brandgans	250	80	4
Pfeifente	40	20	3
Krickente	1.500	60	9
Stockente	1.700	600	12
Spießente	55	50	3
Löffelente	65	-	7
Tafelente	35	-	3
Austernfischer	80	120	4
Kiebitz	5.700	5.300	9-10
Sandregenpfeifer	1.300	-	8
Seeregenpfeifer	85	-	4
Goldregenpfeifer	2.850	1.600	4/10
Bekassine	570	600	9-10
Großer Brachvogel	125	-	9
Regenbrachvogel	37	-	7
Uferschnepfe	-	350	4
Dunkl. Wasserläufer	20	-	8-9
Waldwasserläufer	17	-	7-8
Bruchwasserläufer	29	-	8
Flußuferläufer	100	-	8
Zwergstrandläufer	130	-	9
Alpenstrandläufer	640	-	10
Sichelstrandläufer	465	-	8
Kampfläufer	2.000	650	4/8
Säbelschnäbler	2.150	45	5/8

2/24 Das Emsaltwasser bei Papenburg (die Tunxdorfer Schleife)

Lage: Mit der Bahn (Münster-Emden) oder auf der B 70 gelangt man nach Papenburg, überquert hier die Ems und erreicht den Ort Vellage, an den sich unmittelbar das Beobachtungsgebiet anschließt.

Größe: Der für den Beobachter besonders interessante Bereich umfaßt 185 ha.

Landschaft, Lebensräume, Vogelwelt: Westlich von Papenburg fließt die Ems in einem weiten, nach Westen ausholenden Bogen nach Norden. An seinem flußabwärts gelegenen Ende liegt das Altwasser als Teil der Emsaue. Es ist auch als Tunxdorfer Schleife oder Emsaltwasser bei Vellage bekannt.

Die Ems fließt an der Südseite des Feuchtgebietes entlang und wird dort von einem Deich begleitet. Das Beobachtungsgebiet setzt sich zusammen aus einem Emsaltarm, der um 1900 bei der Flußkorrektur entstand und im Osten mit der Ems in Verbindung steht, sowie dem von ei-

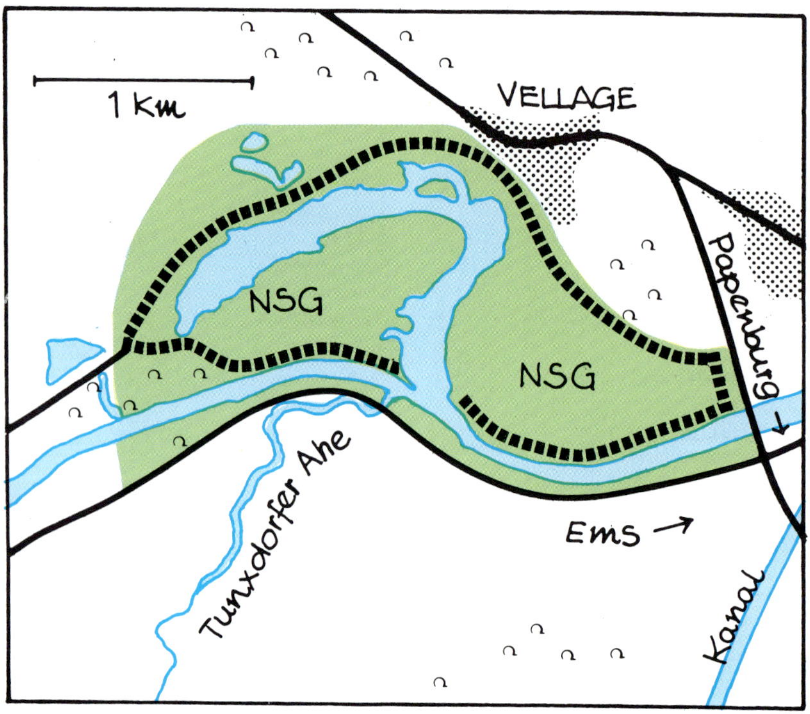

nem niedrigen Sommerdeich geschützten Vellager Hammrich, einem Grünlandbereich. Den Abschluß nach Norden bildet wieder ein hoher Winterdeich, der die Ortschaft Vellage vor Überschwemmungen schützt.

Positiv für das Vogelleben im Altwasserbereich ist die Tatsache, daß das Grünland im Winter bei Hochwasser flach überschwemmt wird und daß hier - 18 km vom Dollart entfernt - noch ein Tidenhub von über 2 m wechselnde Wasserstände bewirkt. Die Wiesen und Weiden werden noch ziemlich schonend bewirtschaftet. So blieb eine reichhaltige Vogelwelt erhalten, die sowohl zur Brut- wie zur Zugzeit lohnende Beobachtungen gestattet.

Die Zone tieferen Wassers an der Mündung des Altarms wird von Sägern, Tauchenten, Tauchern, von Kormoran und Fischadler aufgesucht. Bei Niedrigwasser liegen Schlickbänke im Altarm frei und bieten Limikolen und Brandenten Nahrung. Auf flach überflutetem Weideland fallen Gänse, Gründelenten, Schwäne, Möwen, Limikolen und der Graureiher ein. In den Schilfröhrichten des Gezeitenbereichs kann man Graureiher, Rohrweihe, Rallen oder Bartmeisen antreffen.

Bedeutung: Das Emsaltwasser mit seiner Umgebung ist der letzte Überrest eines früher sehr viel weiteren Überschwemmungsgebietes im Emsland. Vor etwa 40 Jahren spielte es deshalb als Vogellebensraum keine herausgehobene Rolle: Auf ähnli-

Emsaltwasser bei Papenburg. *Foto: Neitzel*

chen Flächen versammelten sich im Winter bis zu 3.000 Kurzschnabelgänse, 10.000 Bleßgänse und 1.000 Zwergschwäne.

1954 wurden durch ein Sperrwerk bei Leer und 1968 durch Schließung letzter Dammlücken an der Ems derartige Überflutungen unmöglich gemacht. Damit verschwanden auch Brutvögel, die früher hier häufig waren, wie Kampfläufer (50 Paare), Rotschenkel (40 Paare) und Austernfischer.

Für 1964 wurden noch 48 Brutvogelarten mit 222 Paaren für das Gebiet der Tunxdorfer Schleife angegeben. Die niedersächsische Fachbehörde für Naturschutz stuft es als Feuchtgebiet nationaler Bedeutung für rastende Wat- und Wasservögel ein.

Schutz, Gefährdung, Betreuung: Das Gebiet des Emsaltwassers ist seit 1967 Wildschutzgebiet, in dem die Jagd zwar nur vom 15.9. bis 31.10., aber leider auch auf Wasservögel gestattet ist. 1968 wurde es unter Naturschutz gestellt.

Vor einigen Jahren drohte der Altarm so zu verschlicken, daß 380.000 Kubikmeter Schlamm ausgebaggert werden mußten. Die Maßnahme fand nicht den Beifall aller Naturschutzverbände.

Der Wert des Feuchtgebiets für den Vogelschutz könnte wesentlich gesteigert werden, wenn angrenzende Feuchtwiesen der Emsaue ins NSG einbezogen würden.

Um das NSG kümmert sich die Biologische Schutzgemeinschaft Hunte-Weser-Ems, Ortsgruppe Papenburg.

Beobachtungsmöglichkeiten: Im NSG ist das Verlassen der Wege verboten. Den besten Einblick bekommt man vom Deich bei Vellage und vom Straßendamm aus, der im Westen zur Ems führt.

Adressen:

Biol. Schutzgemeinschaft Hunte Weser-Ems, Postfach, 2906 Wardenburg (04407-5111)

Reinhard Neitzel, Aschendorf, 2990 Papenburg 2

Literatur:

Biol. Schutzgem. Hunte-Weser-Ems (1981); R. Hammerschmidt (1965); G. Klamma (1970).

Gastvögel - Emsaltwasser bei Papenburg (1975-78)

	Höchstzahlen
Kormoran (Phalacrocorax carbo)	11
Singschwan (Cygnus cygnus)	100
Zwergschwan (Cygnus bewickii)	500
Brandgans (Tadorna tadorna)	77
Pfeifente (Anas penelope)	2.500
Krickente (Anas crecca)	790
Stockente (Anas platyrhynchos)	1.700
Spießente (Anas acuta)	100
Tafelente (Aythya ferina)	50
Gänsesäger (Mergus merganser)	140
Bleßhuhn (Fulica atra)	770
Goldregenpfeifer (Pluvialis apr.)	1.100
Bekassine (Gallinago gallinago)	220
Großer Brachvogel (Numenius arqu.)	50
Uferschnepfe (Limosa limosa)	700

2/25 Die Thülsfelder Talsperre bei Cloppenburg

Lage: Der Stausee liegt im Tal der Soeste zwischen Thülsfeld und Neumühlen, etwa 10 km nordwestlich der Kreisstadt Cloppenburg (Bahnstrecke Osnabrück-Oldenburg). Er ist auf der B 72 Friesoythe-Cloppenburg gut zu erreichen; sie kreuzt die A 1 an der Ausfahrt Cloppenburg.

Größe: Das Gewässer ist etwa 3 km lang, besitzt eine größte Breite von rund 700 m, hat bei normaler Stauhöhe eine Wasserfläche von ungefähr 170 ha und ist dann bis 5 m tief. Der Stausee und seine Umgebung bilden auf einer Fläche von 462 ha das NSG „Talsperre Thülsfeld."

Landschaft, Lebensräume, Vogelwelt: Das um 1925 erbaute Rückhaltebekken ist in eine sehr flache, sandige Senke eingebettet, so daß etwa ein Drittel des rund 12 km langen Ufers mit Erddämmen verstärkt werden mußte. Der buchtenreiche, ziemlich flache Stausee wird nur vom Flüßchen Soeste gespeist, das südlich von Cloppenburg entspringt. Er liegt in einer hügeligen Geestlandschaft; einige der Erhebungen blieben im See als Inseln erhalten. Besonders am Westufer liefen beim Einstau einzelne bis 600 m lange Senken voll Wasser; sie werden als Lagunen bezeichnet.

Das Sandgelände östlich der Talsperre wird teils als Heide gepflegt, teils ist es mit Kiefern aufgeforstet worden. Nur auf kleinen Flächen blieb auch Eichen-Birkenwald erhalten. Die nährstoffarmen, überwiegend trockenen Sandbiotope beherbergen an selteneren Vogelarten: Turteltaube, Nachtschwalbe, Wendehals, Heidelerche und Raubwürger. Leider sind in den letzten 20 Jahren unter anderem Birkhuhn, Schwarzkehlchen, Brachpieper, Grauammer und Ortolan verschwunden.

Nach Vollendung der Talsperre siedelten sich viele neue Vogelarten in dieser an Stillgewässern sehr armen Gegend an. Allerdings verschwanden in den letzten 20 Jahren auch wieder viele. Der Stausee erhält über die Soeste erhebliche Nährstoffmengen, so daß sich viel Plankton und dicke Algenwatten bilden.

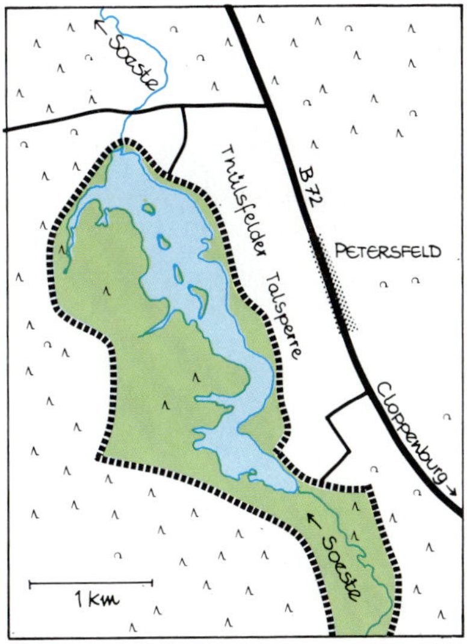

Unter den Brutvögeln dominieren Haubentaucher, Stockente und Bleßhuhn. Für sie sind die breiten Röhrichtzonen am Westufer besonders wertvoll.

Zu den in den letzten zwei Jahrzehnten verschwundenen Brutvogelarten gehören Rohrdommel, Spießente, Tafelente, Tüpfelsumpfhuhn, Brachvogel, Rohrschwirl, Schilfrohrsänger und Schafstelze. Heute herrschen im Röhricht Teichrohrsänger und Rohrammer vor.

Im Winterhalbjahr finden durchziehende Wasservögel auf der Talsperre Rastgelegenheit, wobei Gründelenten dominieren. Im Spätsommer, wenn bei niedrigem Wasserstand Schlammstreifen freifallen, erscheinen auch Watvögel wie Wasserläufer und Regenpfeifer in allerdings meist nur geringer Zahl. Im August kann man rastende Fischadler und Trauerseeschwalben erwarten.

Bedeutung: Die Thülsfelder Talsperre wird als Brut- und Rastgebiet regionaler Bedeutung eingestuft. Die Wasservögel können im Winter zusammen 5.000 Exemplare erreichen. Im NSG brüten insgesamt etwa 1.200 Vogelpaare. Vom Herbst 1981 bis Ende 1982 haben die Feldornithologen 146 Vogelarten festgestellt. 80–86 davon brüten im NSG oder seiner engsten Umgebung. Trotz des Ausbleibens von rund 35 Brutvogelarten zwischen 1962 und 1982 nisten im Gebiet immer noch 23 in Niedersachsen bedrohte Vogelarten in etwa 145 Paaren.

Schutz, Gefährdung, Betreuung: Das NSG besteht seit 1938, trotzdem

Thülsfelder Talsperre: Kleine Lagune. *Foto: Südbeck*

bleiben gravierende Schäden an Natur und Landschaft nicht aus. Die Thülsfelder Talsperre ist nämlich gleichzeitig ein Erholungsgebiet, für dessen Besuch intensiv geworben wird. Am Ostufer sind Campingplätze und Gasthäuser entstanden. Hier kann auch gebadet und geangelt werden. Lärm und Unruhe von bis zu 15.000 Besuchern an heißen Sommertagen strahlen auf das NSG aus, das mit seinen Wanderwegen der stillen Erholung vorbehalten ist.

Beobachtungsmöglichkeiten: Das gesamte NSG ist von Parkplätzen im Norden und Osten der Talsperre aus mit Wegen erschlossen, die aber nicht verlassen werden dürfen. Auf ihnen und den Dämmen kann man um die Talsperre herumwandern und hat so z. B. Gelegenheit zum Besuch der Heide oder zur Beobachtung rastender Wasservögel.

Adressen:

Ludger Frye, Leinestr. 2, 4590 Cloppenburg

Peter Südbeck, Nehringerweg 2, 2300 Kiel 17

Literatur:

W. Dirks, L. Frye u. P. Südbeck (1983); K. Taux (1986).

Brutvögel - Thülsfelder Talsperre (1982)

	Brutpaare
Haubentaucher (Podiceps cristatus)	23
Zwergtaucher (Podiceps ruficollis)	1
Graureiher (Ardea cinerea)	1
Krickente (Anas crecca)	7
Stockente (Anas platyrhynchos)	35
Knäkente (Anas querquedula)	1
Löffelente (Anas clypeata)	3
Reiherente (Aythya fuligula)	3
Rohrweihe (Circus aeruginosus)	2
Wasserralle (Rallus aquaticus)	5
Teichhuhn (Gallinula chloropus)	3
Bleßhuhn (Fulica atra)	45
Kiebitz (Vanellus vanellus)	4
Turteltaube ((Streptopelia turtur)	15
Ziegenmelker (Caprimulgus europaeus)	1
Heidelerche (Lullua arborea)	9
Wiesenpieper (Anthus pratensis)	2
Neuntöter (Lanius collurio)	1
Raubwürger (Lanius excubitor)	2
Feldschwirl (Locustella naevia)	7
Teichrohrsänger (Acrocephalus scirp.)	50
Dorngrasmücke (Sylvia communis)	7
Braunkehlchen (Saxicola rubetra)	1
Nachtigall (Luscinia megarhynchos)	1
Pirol (Oriolus oriolus)	2

Gastvögel - Thülsfelder Talsperre (1981-82)

	Höchstzahlen
Haubentaucher (Podiceps cristatus)	50
Kormoran (Phalacrocorax carbo)	30
Graureiher (Ardea cinerea)	25
Singschwan (Cygnus cygnus)	25
Graugans (Anser anser)	275
Krickente (Anas crecca)	500
Stockente (Anas platyrhynchos)	4.000
Spießente (Anas acuta)	16
Knäkente (Anas querquedula)	13
Löffelente (Anas clypeata)	20
Tafelente (Aythya ferina)	17
Gänsesäger (Mergus merganser)	80
Fischadler (Pandion haliaetus)	4
Bleßhuhn (Fulica atra)	60
Kiebitz (Vanellus vanellus)	400
Bekassine (Gallinago gallinago)	30
Großer Brachvogel (Numenius arquata)	80
Flußuferläufer (Tringa hypoleucos)	14
Alpenstrandläufer (Calidris alpina)	28
Trauerseeschwalbe (Chlidonias niger)	25
Flußseeschwalbe (Sterna hirundo)	50

2/26 Die Ahlhorner Fischteiche bei Cloppenburg

Lage: 10 km nordöstlich Cloppenburg und rund 20 km südlich Oldenburg. Die A 29 führt unmittelbar östlich am Teichgebiet vorbei; von der Ausfahrt Großenkneten hält man sich in westliche Richtung (Garrel) und biegt nach etwa 2 km links ab, den Hinweisen „Staatliche Teichwirtschaft Ahlhorn“ folgend. Die Bahnstation Ahlhorn liegt an der Strecke Osnabrück-Oldenburg.

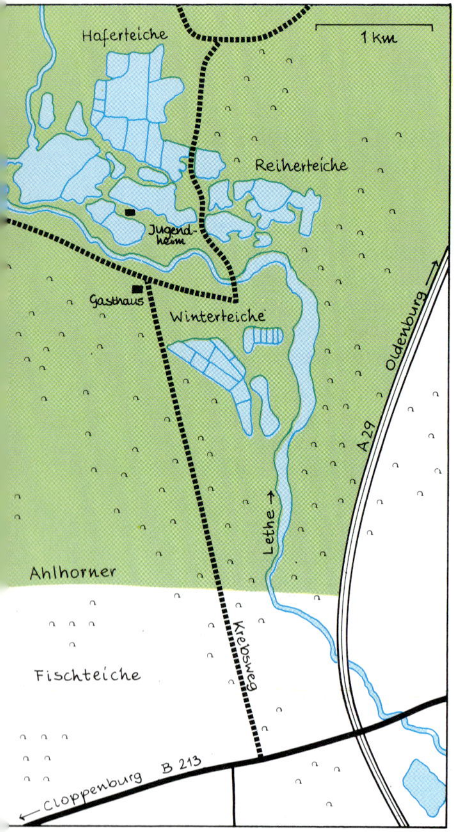

Größe: Das Landschafts- und Vogelschutzgebiet ist etwa 250 ha groß.

Landschaft, Lebensräume, Vogelwelt: Die Fischteiche liegen inmitten von Fichten- und Kiefernforsten auf der Meppener-Wildeshauser Geest. Das einzige ähnlich beschaffene Feuchtbiotop im niedersächsischen Tiefland sind die Meißendorfer Teiche nordwestlich von Celle (s. S. 272).

Zu seiner Blütezeit umfaßte das Teichgebiet 40 Teiche mit einer Wasserfläche von 182 ha. Heute werden wegen Wassermangels nur noch 35 Teiche mit 120 ha bewirtschaftet.

Im Feuchtgebiet Ahlhorner Fischteiche lassen sich drei Biotopkomplexe unterscheiden: Das System der Fließgewässer, die Fischteiche und die Moorseen (Dianaseen). Im Bereich des Teichgebietes ist die Lethe noch ein von Auenlandschaft umgebener, weitgehend natürlicher Flußlauf. Ober- und unterhalb ist er kanalisiert, zwischen Grünland aber streckenweise noch naturnah. Das Flußwasser ist kalt und sauerstoffreich, leidet aber zeitweise unter hohen Nährstoffbelastungen aus landwirtschaftlicher Düngung.

Die Fischteiche selbst sind ständigen Veränderungen im Zusammenhang mit deren Bewirtschaftung unterworfen. Sie werden angestaut und abgelassen, entkrautet und entschlammt (teilweise mit Planierraupen), und sie werden gekalkt und durch das Fischfutter mittelbar gedüngt. In wasserarmen Jahren können manche Teiche nicht mehr bespannt werden. Die Wassertiefe beträgt im Mittel 0,8 m, maximal 1,5-2,5 m an den „Mönchen".

Die Dianaseen sind dystrophe Moorseen (Braunwasserseen mit geringem Nährstoffumsatz), die an nordische Waldseen erinnern. Sie frieren im Herbst später zu als die nicht abgelassenen Fischteiche.

Die Flora der Teiche ist durch Pioniergesellschaften in nicht bespannten Teichen für den Botaniker von besonderem Reiz. Viele seltene, vor allem einjährige Arten kennzeichnen die Strandling-, Zweizahn- und Brachsenkraut-Gesellschaften. Auch die Tierwelt des waldumgebenen Teichgebiets ist interessant und artenreich. Allein an einem Standort konnten 21 Libellenarten festgestellt werden. Die Amphibienwelt dürfte mit 11 Arten und teilweise kräftigen Beständen die bedeutendste in Nordwest-Niedersachsen sein. Besonders zahlreich laichen hier Kreuz- und Knoblauchkröte.

Die Vogelwelt der Ahlhorner Fischteiche ist durch einen artenreichen Brutvogelbestand gekennzeichnet, wobei neben den Wasservögeln vor allem die Gruppe der Waldbewohner vertreten ist. Während des Durchzuges erscheinen auf den Schlammflächen der abgelassenen Teiche Limikolen, wenn auch Zahl und Artenspektrum durch die Waldumgebung deutlich begrenzt sind. Die wenigen Winterteiche frieren in der Regel bald zu, so daß für Wasser- und Sumpfvögel hier kaum Rast- und Nahrungsmöglichkeiten bestehen.

Ahlhorner Fischteiche. *Foto: Taux*

Bedeutung: Die Ahlhorner Fischteiche stellen im niedersächsischen Tiefland einen in dieser Landschaft seltenen Feuchtlandbiotop dar. Die abwechslungsreiche Kombination von Wald, Wasser und Heide bietet einer vielfältigen und zum Teil seltenen Vogelwelt günstige Brutbedingungen. Insgesamt wurden 199 Vogelarten festgestellt (Stand 1986); davon zählen 90 zu den regelmäßig und 15 zu den unregelmäßig brütenden Arten. Zusammen mit dem Lethe-Urstromtal und den Dianaseen kann das Gebiet als Brutgebiet und Zugquartier von nationaler Bedeutung eingestuft werden.

Schutz, Gefährdung, Betreuung: Die Fischteiche stehen bisher nur unter Landschaftsschutz. Das Gebiet ist bedroht durch Gewässerverschmutzung (Landwirtschaft, kommunale Abwässer, Autobahn), durch die Umwandlung von Grünland in Akkerland, durch negative Auswirkungen der Naherholung und durch die Befestigung forstlicher Wirtschaftswege.

Folgende Gegenmaßnahmen werden vorgeschlagen: Der Parkplatz am Dianasee-Nord sollte aufgehoben und durch Parkmöglichkeiten an der B 213 ersetzt werden. Der Wanderweg am Dianasee-Süd sollte von April bis Juli gesperrt werden. Im Bereich der Ahlhorner Fischteiche dürfen keine weiteren Wege angelegt werden. Aufgelassene Teiche sollten nicht landwirtschaftlich genutzt, sondern als Wildstaudenareale renaturiert oder künstlich vernäßt werden. Im Bereich des Teichgeländes dürfen keine Biozide verwendet werden. Die Wasserentnahme durch zwei Tiefbrunnen im Teichbereich muß gedrosselt werden. Schließlich müssen alle ökologisch bedeutenden Bereiche unter Naturschutz gestellt werden; entsprechende Anträge wurden gestellt.

Das Land Niedersachsen und die Bezirksregierung Weser-Ems haben sich bereits in erfreulichem Maße für die Erhaltung und teilweise aufwendige Weiterbewirtschaftung der Teiche eingesetzt. Dankbar sind die Betreuer des Gebietes auch jenen vielen tausend Besuchern – darunter vielen Jugendlichen – die diszipliniert und ohne zu lärmen auf den Wegen bleiben, um das Leben an und in den Teichen besser kennenzulernen.

Beobachtungsmöglichkeiten: Das Gebiet der Ahlhorner Fischteiche und seine Umgebung sind mit Wanderwegen gut und ausreichend erschlossen. Beobachtungseinrichtungen fehlen zwar, es bestehen aber von den Wegen aus gute Beobachtungsmöglichkeiten.

Im Gebiet steht das evangelische Jugendheim „Blockhaus Ahlhorn“ Jugendgruppen als ideales Standquartier für reizvolle Naturbeobachtungen zur Verfügung. Die Universität Osnabrück, Abteilung Vechta, führt im Gebiet Geländepraktika in Limnologie und anderen Disziplinen durch.

Herrn Hubert Fenske danken wir für wertvolle Hinweise und Ergänzungen.

Literatur:

U. Wohlfahrt u.a. (1986); H. Pichler (1974); K. Taux (1982).

Adressen:

Ornithologische Arbeitsgemeinschaft Oldenburg e. V., Helmut Baum, Ahlkenweg 165, 2900 Oldenburg

Biologische Schutzgemeinschaft Hunte-Weser-Ems, Naturschutzzentrum Friedrichstr. 43, 2906 Wardenburg (04407-5111)

Dr. Klaus Taux, Thomas-Mann-Str. 19, 2900 Oldenburg

Hubert Fenske, Lerchenweg 11, 2907 Ahlhorn

Ulrich Wohlfahrt, FB 13/Biologie, Universität Osnabrück, Abt. Vechta, Postfach 1349, 2848 Vechta

Evangelisches Jugendheim, Blockhaus Ahlhorn, Leiter: Chris Tiedemann, Ahlhorner Fischteiche 2, 2907 Großenkneten

Gastvögel - Ahlhorner Fischteiche (Stand 1987)
(ur) = unregelmäßig

	Höchstzahlen
Kormoran (Phalacrocorax carbo)	5
Singschwan (Cygnus cygnus)	10
Zwergschwan (Cygnus bewickii)	12
Pfeifente (Anas penelope)	20
Schnatterente (Anas strepera)	2-3 (ur)
Kolbenente (Netta rufina)	20 (ur)
Gänsesäger (Mergus merganser)	10 (ur)
Rohrweihe (Circus aeruginosus)	5
Fischadler (Pandion haliaetus)	1-3
Sandregenpfeifer (Charadrius h.)	3 (ur)
Goldregenpfeifer (Pluvialis apr.)	3 (ur)
Bekassine (Gallinago gallinago)	30
Großer Brachvogel (Numenius arq.)	3 (ur)
Grünschenkel (Tringa nebularia)	20
Waldwasserläufer (Tringa ochr.)	9
Bruchwasserläufer (Tringa glar.)	20 (ur)
Zwergstrandläufer (Calidris m.)	20 (ur)
Wiesenpieper (Anthus pratensis)	20
Wasserpieper (Anthus spinoletta)	10

Brutvögel - Ahlhorner Fischteiche (Stand 1987)

	Brutpaare
Haubentaucher (Podiceps cristatus)	4-9
Rothalstaucher (Podiceps griseigena)	0-1
Zwergtaucher (Podiceps ruficollis)	4-7
Krickente (Anas crecca)	4-9
Stockente (Anas platyrhynchos)	60-80
Knäkente (Anas querquedula)	0-1
Löffelente (Anas clypeata)	0-1
Tafelente (Aythya ferina)	0-2
Reiherente (Aythya fuligula)	1-30
Schellente (Bucephala clangula)	1-4
Sperber (Accipiter nisus)	1-3
Habicht (Accipiter gentilis)	1-3
Rebhuhn (Perdix perdix)	1-3
Teichhuhn (Gallinula chloropus)	4-9
Bleßhuhn (Fulica atra)	um 80
Kiebitz (Vanellus vanellus)	2-3
Flußuferläufer (Tringa hypoleucos)	0-3
Hohltaube (Columba oenas)	1-5
Schleiereule (Tyto alba)	1
Waldkauz (Strix aluco)	2
Waldohreule (Asio otus)	1
Grünspecht (Picus viridis)	2-3
Schwarzspecht (Dryocopus martius)	3-5
Mittelspecht (Dendrocopus medius)	0-1
Kleinspecht (Dendrocopus minor)	2-3
Heidelerche (Lullua arborea)	1-3
Schafstelze (Motacilla flava)	1
Bergstelze (Motacilla cinerea)	1-3
Neuntöter (Lanius collurio)	1-5
Raubwürger (Lanius excubitor)	1-3
Schilfrohrsänger (Acrocephalus sch.)	4-9
Teichrohrsänger (A. scirpaceus)	10-20
Dorngrasmücke (Sylvia communis)	1-3
Waldlaubsänger (Phylloscopus sibil.)	1-3
Trauerschnäpper (Ficedula hypoleuca)	2-3
Weidenmeise (Parus montanus)	2-5
Grauammer (Emberiza calandra)	1-3
Kernbeißer (Coccothraustes c.)	0-1
Pirol (Oriolus oriolus)	1-3

2/27 Die Hunteniederung bei Oldenburg

Lage: Grünlandgebiet am Unterlauf der Hunte zwischen Oldenburg und Elsfleth an der Weser. Die beiden vogelreichsten Teilgebiete - Moorhauser Polder und Fährbucht - erreicht man auf zwei Wegen: A 29 bis Anschlußstelle Ohmstede, dann auf der Landstraße nach Elsfleth bis Moorhausen, bzw. Moordorf; oder B 212 bis Huntebrück und von dort in Richtung Oldenburg bis zu den beiden genannten Orten. Bahnstation ist Oldenburg.

Größe: Die gesamte Hunteniederung umfaßt mehr als 4.000 ha; davon entfallen auf den Moorhauser Polder 99 ha und auf die Fährbucht rund 50 ha.

Landschaft, Lebensräume, Vogelwelt: Über die Weser steht die Hunte bis Oldenburg mit den Gezeiten der Nordsee in Verbindung; der Tidenhub beträgt hier noch bis 2,5 m. Seit 1979 verhindert ein Sperrwerk bei Elsfleth-Lienen ein zu hohes Ansteigen bei Sturmfluten. Seitdem kommt es in den Hochwasserschutzpoldern nur noch zu Überschwemmungen aus dem Binnenland.

In weiten Bereichen der Hunteniederung läßt hoher Grundwasserstand nur eine Nutzung als Grünland zu. In den Hochwasserschutzpoldern ist es nicht gestattet, Grünland in Ackerland umzuwandeln. So gibt es für Brutvögel wie Kiebitz, Uferschnepfe und Bekassine noch ausreichende Lebensräume. Viele Gastvögel reagierten freilich auf die geringeren oder ausbleibenden Überschwemmungen mit Rückgang oder völligem Fernbleiben.

Schwerpunkte des Vogellebens sind heute der Moorhauser Polder und die Fährbucht. Der Moorhauser Polder besteht hauptsächlich aus Marschland, das von zahlreichen Gräben durchzogen ist. Er wird von

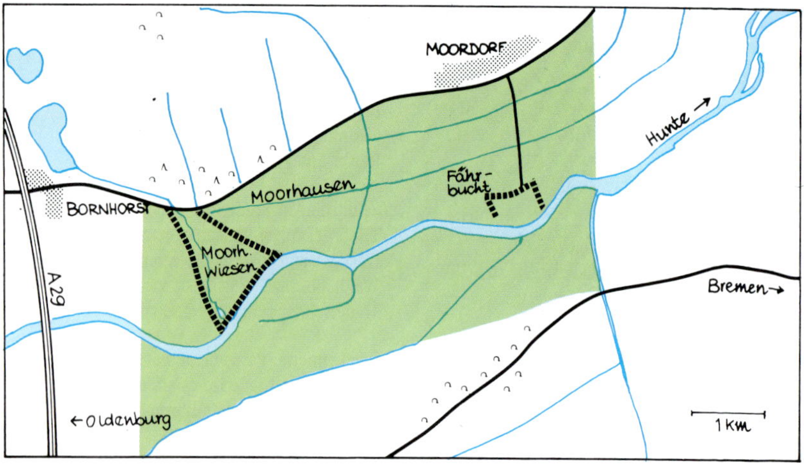

der Wulfgraft durchflossen, die über ein Siel in die Hunte mündet. In dem ringsum von Deichen umgebenden Polder gibt es vier kleine Kolke mit reicher Wasser- und Ufervegetation.

Die Gewässer der Fährbucht liegen 1.000 m von der nächsten Landstraße entfernt. Der einzige Weg dorthin darf nur von Anliegern befahren werden. Hier wurde zudem ein Teil des Grünlandes bereits in Acker umgewandelt. In der von einem niedrigen Sommerdeich umgebenen Fährbucht gibt es zwei größere, wassergefüllte Kleientnahmestellen. Diese Gewässer bieten Brutvögeln eine Heimat, die teilweise - wie die Reiherente - vorher nicht hier heimisch waren. Gastvögel fallen zur Rast ein und finden notdürftigen Ersatz für nicht mehr überschwemmtes Grünland.

Bedeutung: Im Moorhauser Polder brüten etwa 40 Vogelarten, darunter einige bedrohte, die ihn zum Brutgebiet von nationaler Bedeutung machen. Wenn der Polder im Herbst und Winter geflutet wird, erlangt er Bedeutung als Rastplatz für Enten, Gänse, Schwäne und Limikolen. Bei ausreichend flachem Wasserstand versammeln sich mehr als tausend Enten und mehrere hundert Gänse.

Schutz, Gefährdung, Betreuung: Selbst beim Moorhauser Polder, der seit 1982 als NSG mit ornithologischem Schwerpunkt ausgewiesen wurde, scheint der Ausgleich der Interessen von Landwirtschaft und Naturschutz bisher nicht gelungen zu sein. Eigentlich sollte er jeden Winter bis April unter Wasser stehen, doch leider liegt er immer wieder wochen- oder gar monatelang

Hunteniederung. *Foto: Taux*

trocken, so daß die Wasservögel ausbleiben. Auch ein Pflegekonzept zur Verwirklichung der Naturschutzziele fehlt bisher.

Beobachtungsmöglichkeiten: Das Betreten des Moorhauser Polders ist aufgrund der Naturschutzverordnung verboten. Man kann aber auf dem Deich um ihn herumwandern und hat von erhöhter Position aus einen guten Überblick. Zur Fährbucht führt bei Moordorf ein asphaltierter Feldweg.

Wir danken Herrn Dr. Klaus Taux für die Durchsicht des Textes.

Adressen:

Dr. Klaus Taux, Thomas-Mann-Str. 19, 2900 Oldenburg

Brutvögel - Hunteniederung/Moorhauser Polder (1978-84)

	Brutpaare
Krickente (Anas crecca)	2
Stockente (Anas platyrhynchos)	10
Knäkente (Anas querquedula)	5
Löffelente (Anas clypeata)	4
Rohrweihe (Circus aeruginosus)	1
Tüpfelsumpfhuhn (Porzana porzana)	2
Wachtelkönig (Crex crex)	7
Teichhuhn (Gallinula chloropus)	1
Bleßhuhn (Fulica atra)	3
Kiebitz (Vanellus vanellus)	12
Bekassine (Gallinago gallinago)	7
Großer Brachvogel (Numenius arquata)	2
Uferschnepfe (Limosa limosa)	6
Rotschenkel (Tringa totanus)	7
Schafstelze (Motacilla flava)	4
Wiesenpieper (Anthus pratensis)	5
Schilfrohrsänger (Acrocephalus sch.)	14
Sumpfrohrsänger (A. palustris)	10
Teichrohrsänger (A. scirpaceus)	4
Rohrammer (Emberiza schoeniclus)	15

Literatur:

K. Taux (1986).

Gastvögel - Hunteniederung (1978-85)
M. P. = Moorhauser Polder,
F. B. = Fährbucht

	Höchstzahlen	
	M. P.	F. B.
Höckerschwan (Cygnus olor)	70	30
Singschwan (Cygnus cygnus)	50	...
Zwergschwan (Cygnus bewickii)	155	3
Saatgans (Anser fabalis)	200	...
Kurzschnabelgans (A. brach.)	300	...
Bleßgans (Anser albifrons)	180	...
Graugans (Anser anser)	110	30
Kanadagans (Branta canad.)	140	...
Nonnengans (Branta leucops.)	20	...
Brandgans (Tadorna tadorna)	...	9
Pfeifente (Anas penelope)	100	40
Schnatterente (Anas strep.)	20	2
Krickente (Anas crecca)	150	30
Stockente (Anas platyr.)	1.000	1.500
Spießente (Anas acuta)	50	...
Löffelente (Anas clypeata)	50	25
Tafelente (Aythya ferina)	250	75
Reiherente (Aythya fuligula)	40	60
Schellente (Bucephala cl.)	5	10
Zwergsäger (Mergus albellus)	10	16
Bleßhuhn (Fulica atra)	430	100
Austernfischer (Haematopus)	...	10
Kiebitz (Vanellus vanellus)	500	10
Goldregenpfeifer (Pluv. apr.)	200	80
Bekassine (Gallinago g.)	40	70
Uferschnepfe (Limosa limosa)	100	...
D. Wasserläufer (Tringa er.)	30	...
Rotschenkel (Tringa totanus)	45	...
Grünschenkel (Tringa nebul.)	15	5
Bruchwasserläufer (T. glar.)	15	...
Zwergstrandläufer (Calidr. m.)	60	...
Alpenstrandläufer (C. alpina)	40	250
Kampfläufer (Philomachus p.)	30	10
Silbermöwe (Larus argentatus)	20	...
Lachmöwe (Larus ridibundus)	200	...

2/28 Das Niedervieland bei Bremen

Lage: Das Niedervieland liegt in Bremen auf dem linken, also westlichen Weserufer, gegenüber vom Hafen- und Industriegelände. Es wird von den Ortschaften Rablinghausen, Strom, Seehausen und Hasenbüren begrenzt, die man von der Bremer Neustadt aus erreicht. Bahnstationen sind Bremen und Delmenhorst.

Größe: Das zwischen der Weser im Osten und ihrem Nebenfluß Ochtum im Westen gelegene Beobachtungsgebiet umfaßt rund 2.500 ha.

Landschaft, Lebensräume, Vogelwelt: Das gehölzarme, von Deichen an Weser und Ochtum vor Überflutungen geschützte Gebiet gehört zur Wesermarsch. Rund die Hälfte besteht aus feuchtem bis nassem Grünland, das bisher extensiv bewirtschaftet wurde. Der Grundwasserstand wird im ausgedehnten Grabennetz ziemlich hoch gehalten. Da die Gräben nur alle paar Jahre geräumt werden, bieten sie Wasserpflanzen und -tieren vielfältige Lebensmöglichkeiten.

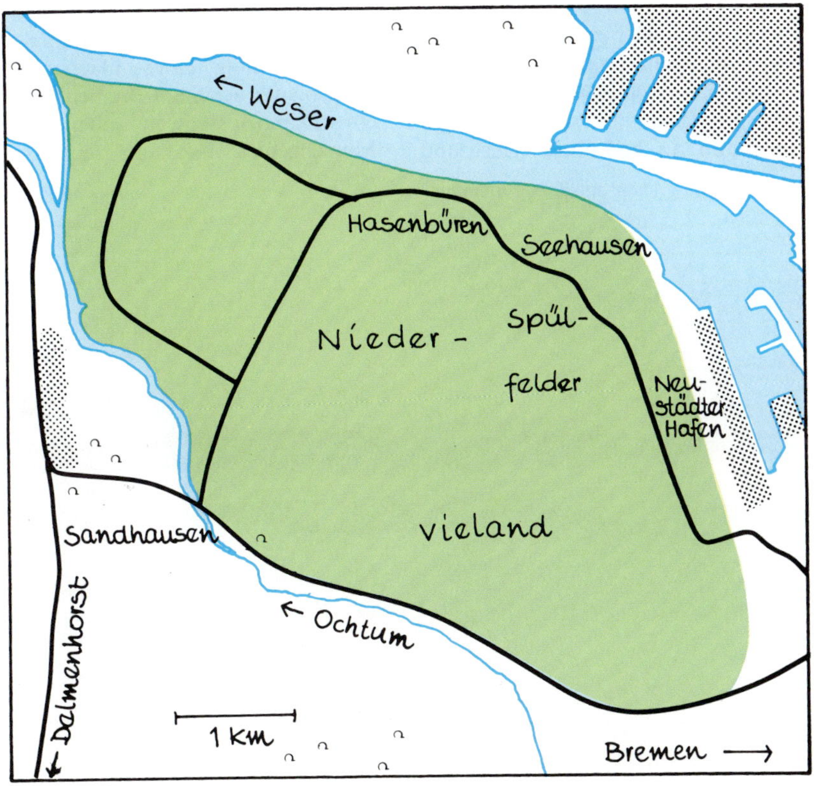

1962 entstand im Ostteil der Neustädter Hafen. Rund 300 ha wurden mit Schlick aus der Weserfahrrinne überspült. Ein 200 ha großer Flutpolder in der Nähe des Neustädter Hafens hat sich zu einem interessanten Lebensraum mit ausgedehnten Schilfröhrichten und Weidendikkichten entwickelt. Beim Aufschieben der Polderdeiche wurden etliche Wasser- und Sumpfflächen angelegt. Neben einer bis 400 Paare starken Lachmöwen-Kolonie brüten hier Krick-, Knäk-, Löffel- und Reiherenten, Haubentaucher und Zwergtaucher sowie gelegentlich Tafel- und Schnatterente. An weiteren Brutvögeln sind Rohrweihe, Beutelmeise, Blaukehlchen und ausnahmsweise die Rohrdommel zu nennen.

Der gute ökologische Zustand des Niedervielands läßt sich an seinem Reichtum an bedrohten Tier- und Pflanzenarten ablesen. In den Gräben und Fleeten leben an die 30 Fischarten, von denen 11 als gefährdet gelten. Unter 25 Libellenarten finden sich größere Bestände selten gewordener Arten.

Bedeutung: Als Brutgebiet für Vögel besitzt das Niedervieland nationale Bedeutung. 400 Paare gefährdeter Arten brüten hier, vor allem Wiesenvögel wie Kiebitz, Bekassine, Uferschnepfe, Rotschenkel und Braunkehlchen. Aufgrund seiner Vielfalt an seltenen Pflanzen und Tieren darf man dem Gebiet nationale Bedeutung beimessen.

Schutz, Gefährdung, Betreuung: Seit Verabschiedung eines Flächennutzungsplanes der Stadt Bremen hängt ein Damoklesschwert über dem Marschgebiet. Es kann sein, daß

Niedervieland. Natur am Rande Bremens. *Foto: Eikhorst*

schon in wenigen Jahren weite Teile für eine Autobahn, ein Kohlekraftwerk, Hafenanlagen und die Ansiedlung von Industrie und Gewerbe geopfert werden.

Der Landesverband Bremen des BUND erreichte immerhin, daß für überbaute Flächen der vom Naturschutzgesetz vorgeschriebene Ausgleich geleistet wird. 5% der etwa 100 Millionen DM teuren Erschließungskosten sollen zudem für Ausgleichsflächen verwendet werden. Entsprechendes konnte im Fall des neuen Güterverkehrszentrums bereits durchgesetzt werden.

Beobachtungsmöglichkeiten: Der Besuch des Niedervielandes verspricht von April bis Anfang Juni den nachhaltigsten Eindruck, wenn sich das Brutvogelleben voll entfaltet. Aber auch im übrigen Jahr ist das Niedervieland durch seine Vielfalt an durchziehenden und rastenden Vogelarten ein interessantes und abwechslunsgreiches Beobachtungsgebiet.

Wir danken Irene Maruschat und Werner Eikhorst für die Durchsicht des Textes und für die Ausarbeitung der Vogellisten.

Adressen:

Werner Eikhorst, Lobsienstr. 1, 2800 Bremen 1

WWF-Projekt Wümmewiesen, Christoph Zöckler, Schmidtstr. 9, 2800 Bremen 1 (0421-71006)

Literatur:

Bremer Naturführer (o. J.); C. Rutsch u. J. Seitz (o. J.); W. Schröder u. J. Seitz (1985).

Brutvögel - Niedervieland bei Bremen (Stand 1987)

	Brutpaare
Haubentaucher (Podiceps cristatus)	1-2
Schwarzhalstaucher (P. nigricollis)	1 ?
Zwergtaucher (Podiceps ruficollis)	6
Rohrdommel (Botaurus stellaris)	1
Weißstorch (Ciconia ciconia)	1
Brandgans (Tadorna tadorna)	4
Schnatterente (Anas strepera)	1
Krickente (Anas crecca)	10
Stockente (Anas platyrhynchos)	...
Knäkente (Anas querquedula)	14
Löffelente (Anas clypeata)	30
Tafelente (Aythya ferina)	2
Reiherente (Aythya fuligula)	20
Rohrweihe (Circus aeruginosus)	6
Wasserralle (Rallus aquaticus)	12
Tüpfelsumpfhuhn (Porzana porzana)	1-x
Wachtelkönig (Crex crex)	2
Austernfischer (Haematopus ostr.)	12
Kiebitz (Vanellus vanellus)	250
Sandregenpfeifer (Charadrius hiat.)	7
Flußregenpfeifer (Charaddrius dub.)	9
Bekassine (Gallinago gallinago)	100
Großer Brachvogel (Numenius arqu.)	1
Uferschnepfe (Limosa limosa)	160
Rotschenkel (Tringa totanus)	40
Kampfläufer (Philomachus pugnax)	1-x
Lachmöwe (Larus ridibundus)	400
Sumpfohreule (Asio flammeus)	2
Schafstelze (Motacilla flava)	100
Rohrschwirl (Locustella luscin.)	1
Feldschwirl (Locustella naevia)	40
Schilfrohrsänger (Acrocephalus sch.)	7
Drosselrohrsänger (A. arundinac.)	1
Braunkehlchen (Saxicola rubetra)	10
Nachtigall (Luscinia megarhynchos)	20
Blaukehlchen (Luscinia svecica)	...
Steinschmätzer (Oenanthe oenanthe)	5-10
Beutelmeise (Remiz pendulinus)	5

2/29 Die Wümmewiesen bei Bremen

Lage: Das Feuchtgebiet befindet sich im äußersten Nordosten Bremens. Mit dem Auto fährt man von der Autobahnausfahrt Bremen/Horn-Lehe in nördlicher Richtung nach Borgfeld und Lilienthal. Zwischen diesen beiden Orten überquert man bereits die Wümme. Wenn man sofort rechts abbiegt, gelangt man zum Westrand der Wümmewiesen. Von Bremen-Hauptbahnhof gibt es auch eine Verbindung mit dem Bus bis nach Borgfeld.

Größe: Die Wümmewiesen sind 1987 als 677 ha großes NSG ausgewiesen worden.

Landschaft, Lebensräume, Vogelwelt: Die Wümmewiesen bilden das Kernstück einer rund 12.000 ha großen Wiesenlandschaft. Sie beginnt im Westen bei Ritterhude und wird dort von der stark mäandrierenden, zwischen Deichen verlaufenden Wümme in St. Jürgensland und Blockland geteilt. Südlich der Ortschaft Fischerhude liegt der Ostteil der Wümmewiesen. Sie erstrecken sich über etwa 15 km bis Ottersberg. Hier spaltet sich der Fluß in drei Arme auf.

Die Wümme mündet in die Lesum und steht dadurch mit der Unterweser in Verbindung. Deshalb machen sich in den Borgfelder Wümmewiesen Ebbe und Flut immer noch bemerkbar. Seit der Errichtung des Lesum-Sperrwerks lösen Sturmfluten aber keine Überschwemmungen mehr aus. Nur im Winter und Frühjahr stehen die Wiesen längere Zeit unter Wasser.

Die seitdem intensiver betriebene Grünlandwirtschaft hat nicht nur für viele Pflanzenarten, sondern auch für zahlreiche Tierarten schlechtere Lebensbedingungen gebracht: Überwinternde oder durchziehende Schwäne, Gänse und Enten verloren wichtige Rast- und Nahrungsplätze

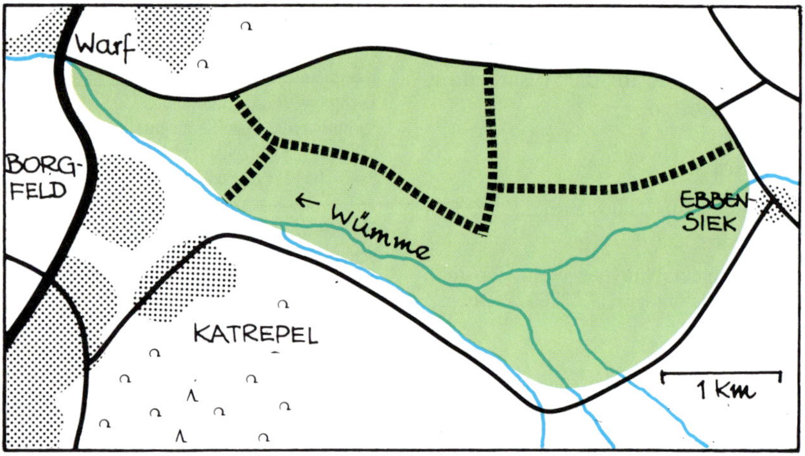

in den Überschwemmungszonen und nahmen an Zahl ab.

Auch viele Brutvögel, wie Wachtelkönig, Bekassine oder Braunkehlchen fanden immer weniger geeignete Nistorte. Der empfindlichste Indikator für Austrocknung, der Kampfläufer, war 1975 noch mit 20, 1986 nur noch mit 5 brütenden Weibchen vertreten.

In den Borgfelder Wümmewiesen blieb ein Rest der früheren Schönheit und des Artenreichtums der Landschaft erhalten. Kaum ein Baum oder Strauch unterbricht die Weite des Graslandes. Viele Gräben sind von Schilf, Igelkolben oder Schwanenblume gesäumt, und auf ihrem Wasser schwimmen Teichrose, Wasserhahnenfuß und Wasserfeder. Wie die Listen zeigen, bringen es die Brut- und Gastvögel der Borgfelder Wümmewiesen noch auf beeindruckende Zahlen; die Zahl der rastenden Wasservögel hängt von den hier noch einigermaßen regelmäßigen Überschwemmungen ab.

Bedeutung: Wegen ihrer Großräumigkeit und der Möglichkeit, heute gefährdete Pflanzen- und Tiervorkommen durch geeignete Hilfen wieder zu vermehren, gelten die Borgfelder Wümmewiesen als ein Rast- und Ruhegebiet von nationaler Bedeutung. Seit 1970 wurden 196 Vogelarten festgestellt, davon 60 Brutvogelarten. Auch als Rückzugsgebiet für den Fischotter hat das Gebiet Bedeutung.

Schutz, Gefährdung, Betreuung: Die Wümmewiesen drohten weiter entwässert und zum Teil in Ackerland umgewandelt zu werden. Da griff die Bremer Naturschutzbehörde die

Wümmewiesen: Sommerlicher Blick vom Deich. *Foto: Pretscher*

seit 1975 vorgetragenen Anregungen des BUND auf und entwarf Pläne zur Rettung der Wiesenlandschaft. Schon vor der Unterschutzstellung hatte der BUND 33 ha Feuchtwiesengelände erworben, auf dem eine Schutzkonzeption erfolgreich erprobt wurde. Seit 1987 sind die Wümmewiesen NSG, in dem es Äcker und Hochleistungsgrünland nicht mehr geben darf.

Biologen des BUND und des WWF beraten die Behörden über notwendige Bau- und Pflegemaßnahmen (Reparatur alter Schleusenwehre, Steuerung von Überschwemmungen, Wiederherstellung von Blänken, Ausmagerung gedüngter Wiesen). Sehr zu begrüßen sind Pläne des Landes Niedersachsen, den Feuchtgebietsschutz auf die östlich angrenzenden Flächen bei Fischerhude auszudehnen.

Das Schutzgebiet ist in drei Zonen eingeteilt. In der 300 ha großen Kernzone darf nicht gedüngt und nicht vor dem 25.6. gemäht werden. In der etwa gleich großen Zone II darf das Grünland vor dem 1.6. nicht bewirtschaftet werden. 80 ha dienen als Pufferzone. Das Gebiet darf nur noch auf einem besonders gekennzeichneten Weg betreten oder mit dem Rad befahren werden. Ein weiterer Weg entlang der Wümme ist nur vom 25.6. bis 31.10. für Besucher frei.

Beobachtungsmöglichkeiten: Von dem bei Borgfeld im Westen beginnenden und im Osten beim Wirtshaus Hexenberg endenden Asphaltweg aus hat man einen guten Einblick. Doch auch vom Holler Deich am Südrand ist die Wiesenlandschaft gut zu überschauen.

Wümmewiesen: Winterliche Überschwemmung. *Foto: Eikhorst*

Im Frühjahr fesseln bis Anfang Mai die Turnierbalzkämpfe durchziehender Kampfläufer den Beobachter ebenso wie Ansammlungen von bis zu 1.800 Uferschnepfen. Von März bis Mai erregt die Flugbalz der hier brütenden Wiesenwatvögel Aufmerksamkeit. Ab Ende Juli bis in den Oktober hinein verweilen auf den Wiesen Watvogelschwärme (vor allem Kiebitz und Goldregenpfeifer). Im Winter lohnen Exkursionen nur bei Hochwasser. Dann kann man bis zu 900 Bleßgänse und bis zu 60 Kormorane und Kanadagänse beobachten. Außerdem sind im Winter regelmäßig Sing- und Zwergschwäne anzutreffen sowie einzelne hier überwinternde Kornweihen und Sumpfohreulen.

Wir danken Herrn Christoph Zöckler für seine wertvolle Hilfen.

Adressen:

WWF-Projekt Wümmewiesen, Christoph Zöckler, Schmidtstr. 9, 2800 Bremen 1 (0421-71006)

BUND Bremen, Joachim Seitz, Straßburgerstr. 58, 2800 Bremen 1 (0421-323606)

Literatur:

W. Eikhorst (1984), W. Schröder u. J. Seitz (1985).

Brutvögel - Wümmewiesen (1981-86)

	Brutpaare
Krickente (Anas crecca)	1-3
Stockente (Anas platyrhynchos)	...
Knäkente (Anas querquedula)	1-14
Löffelente (Anas clypeata)	0-5
Wiesenweihe (Circus pygargus)	0-1
Tüpfelsumpfhuhn (Porzana porzana)	1-16
Wachtelkönig (Crex crex)	6-16
Kiebitz (Vanellus vanellus)	117-177
Bekassine (Gallinago gallinago)	116-170
Großer Brachvogel (Numenius arqu.)	1-3
Uferschnepfe (Limosa limosa)	122-167
Rotschenkel (Tringa totanus)	30-44
Kampfläufer (Philomachus pugnax)	4-9
Sumpfohreule (Asio flammeus)	0-1
Schafstelze (Motacilla flava)	30-40
Wiesenpieper (Anthus pratensis)	30-90
Feldschwirl (Locustella naevia)	um 10
Sumpfrohrsänger (Acroceph. pal.)	30-50
Braunkehlchen (Saxicola rubetra)	5-140
Rohrammer (Emberiza schoeniclus)	um 150

Gastvögel - Wümmewiesen (1975-86)

	Höchstzahl	MHV
Kormoran (Phalacrocorax c.)	20	März
Singschwan (Cygnus cygnus)	165	1-2
Zwergschwan (Cygnus bewickii)	340	2-3
Saatgans (Anser fabalis)	580	2-3
Bleßgans (Anser albifrons)	900	2-3
Graugans (Anser anser)	40	...
Kanadagans (Branta canad.)	46	2-3
Pfeifente (Anas penelope)	800	März
Schnatterente (Anas strepera)	36	März
Krickente (Anas crecca)	1.500	Febr.
Stockente (A. platyrhynchos)	4.500	12-1
Spießente (Anas acuta)	510	März
Knäkente (Anas querquedula)	30	3-4
Löffelente (Anas clypeata)	300	3-4
Tafelente (Aythya ferina)	1.200	2-4
Kornweihe (Circus cyaneus)	17	...
Kiebitz (Vanellus vanellus)	5.000	8-10
Goldregenpfeifer (Pluv. a.)	120	8-9
Bekassine (Gallinago g.)	300	4+10
Gr. Brachvogel (Numenius a.)	250	2-3
Uferschnepfe (Limosa limosa)	1.700	April
Kampfläufer (Philomachus p.)	115	4-5

2/30 Hamme-Niederung/Teufelsmoor

Lage: Zur Hammeniederung gelangt man auf der B 74 bis zur Kreisstadt Osterholz-Scharmbeck, die nördlich von Bremen liegt. Zwischen ihr und dem Künstlerort Worpswede erstreckt sich dann zu beiden Seiten des Flüßchens Hamme das Beobachtungsgebiet. Zwischen Osterholz und Worpswede verkehrt eine Bahn.

Größe: Zwischen Waakhausen im Süden und Vollersode im Norden kann man rund 4.000 ha Grünland und Niedermoor zum Beobachtungsgebiet rechnen.

Landschaft, Lebensräume, Vogelwelt: Die Hammeniederung liegt im Zentrum des Teufelsmoores, einer weiten Hochmoor- und Feuchtwiesenlandschaft. Nach der letzten Eiszeit bildete sich hier ein großer Flachwassersee, der sich durch Verlandung zu einem Moor entwickelte. Heute ist das Moor zum größten Teil entwässert, in Landwirtschaftsflächen umgewandelt oder von Torfstichen durchsetzt.

Wegen des immer noch hohen Grundwasserstandes und häufiger Überschwemmungen können die

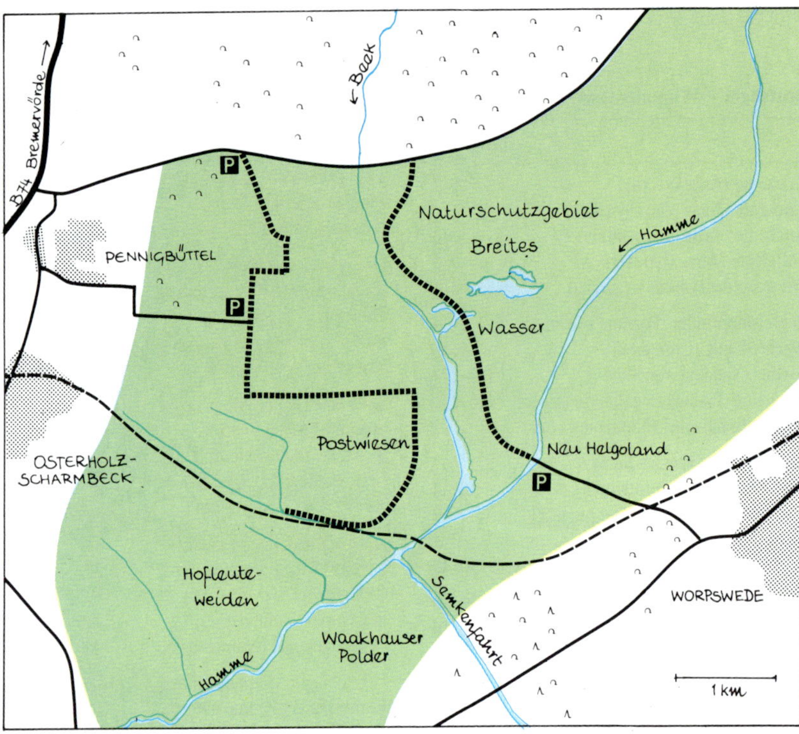

Wiesen nur extensiv und die Seggenriede gar nicht genutzt werden. Das sind geeignete Bruthabitate für Uferschnepfe, Kampfläufer und Rotschenkel. Wenn im Winterhalbjahr weite Flächen überschwemmt sind, finden sich zahlreiche Wasservögel ein.

Wie überall, gehen auch hier die Bestände der Brut- und Rastvögel zurück, da der Grundwasserstand gesenkt und die Überflutungen durch Wasserbaumaßnahmen seltener werden. Zahlen wie 5.000 Bleßgänse, 20.000 Pfeifenten und 300 Spießenten aus den fünfziger Jahren gehören wohl endgültig der Vergangenheit an. Vielfach stellen Altwasser, die nach der Begradigung von Hamme und Beek übrig blieben, letzte Feuchtgebiete in einer bereits weitgehend ausgeräumten Landschaft dar.

Im Gebiet des Zusammenflusses von Hamme und Beek widerstand ein Flachmoor besonderer Art allen Kultivierungsanstrengungen. Hier ändern sich sogar noch ständig die Grenzen zwischen Wasser und Land: „schwimmendes Land", hauptsächlich Röhrichtbestände, driftet mit wechselnden Wind hin und her. Diese amphibische Landschaft steht als „Breites Wasser" unter Naturschutz. Hier dominieren Enten, Rallen und Rohrsänger. Bis 1975 brütete noch die Trauerseeschwalbe.

Bedeutung: Die Hammeniederung gilt trotz abnehmender Vogelbestände immer noch als Feuchtgebiet nationaler Bedeutung für im Winter rastende Wasservögel. Über die Zahl der beobachteten und brütenden Vogelarten war nichts zu erfahren.

Überschwemmte Hammewiesen mit Zwergschwänen. *Foto: Schröder*

Steinschmätzer

Schutz, Gefährdung, Betreuung: Die Hammeniederung ist auch heute noch von Entwässerungs- und Wasserbauvorhaben bedroht. So ist der Bau eines Hochwasserpolders westlich vom NSG im Gespräch, der gleichzeitig als Freizeitgebiet dienen soll. Der Polder ist auf 530 ha Grünland geplant. Nach seiner Fertigstellung wären Überschwemmungen nur noch unter extremen Bedingungen möglich.

Schon heute beeinträchtigt wachsender Wassersport die Ruhe der Hammeniederung. Östlich des NSG gibt es Freizeiteinrichtungen, die das Gebiet schon genügend belasten; ein weiteres Freizeitzentrum im Hochwasserpolder ist daher unbedingt abzulehnen.

Wiesenpieper

Da die 203 ha des 1963 ausgewiesenen NSG Breites Wasser nicht ausreichen, um bedrohte Lebensgemeinschaften der Hammeniederung zu erhalten, wird die Erweiterung seit langem gefordert. Zudem wird das Gebiet durch einen Wegedamm in zwei Hälften geteilt.

Seit 1957 beobachtet die Ornithologische Arbeitsgemeinschaft „Regenfleuter“ die Vogelwelt der Hammeniederung und tritt nach Kräften für ihren Schutz ein.

Beobachtungsmöglichkeiten: Die Hammeniederung wird von drei Straßen durchquert: bei Osterholz-Scharmbeck, Teufelsmoor und Hüttendorf. Von ihnen aus kann man die größten Teile der Landschaft überblicken.

Im NSG Breites Wasser herrscht Wegegebot. Man darf es auf dem rund 2 km langen Dammweg durchwandern, der bei Neu-Helgoland beginnt.

Adressen:

WWF-Projekt Wümmewiesen, Christoph Zöckler, Schmidtstr. 9, 2800 Bremen 1 (0421-658460)

Dr. Gert Lange, Garteler Weg 50,
2860 Osterholz-Scharmbeck

Karsten Schröder, Teufelsmoor 3,
2860 Osterholz-Scharmbeck

Literatur:

F. Heike (1966).

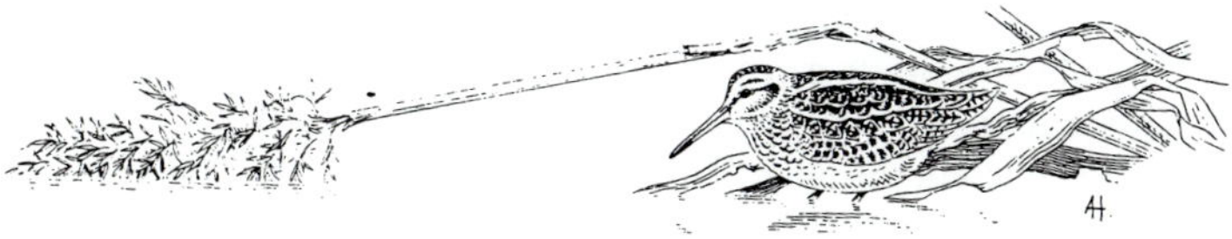

Zwergschnepfe

Brutvögel - Hamme-Niederung (1975-78)	Brutpaare
Weißstorch (Ciconia ciconia)	3
Krickente (Anas crecca)	50
Stockente (Anas platyrhynchos)	280
Knäkente (Anas querquedula)	10
Löffelente (Anas clypeata)	12
Rohrweihe (Circus aeruginosus)	4
Wiesenweihe (Circus pygargus)	12
Wasserralle (Rallus aquaticus)	6
Tüpfelsumpfhuhn (Porzana porzana)	5
Wachtelkönig (Crex crex)	30
Bleßhuhn (Fulica atra)	40-50
Austernfischer (Haematopus ostr.)	4
Kiebitz (Vanellus vanellus)	330
Bekassine (Gallinago gallinago)	180
Großer Brachvogel (Numenius arqu.)	14
Uferschnepfe (Limosa limosa)	185
Rotschenkel (Tringa totanus)	35
Kampfläufer (Philomachus pugnax)	40
Lachmöwe (Larus ridibundus)	150
Sumpfohreule (Asio flammeus)	3
Feldlerche (Alauda arvensis)	1.000
Schafstelze (Motacilla flava)	45
Wiesenpieper (Anthus pratensis)	60
Feldschwirl (Locustella naevia)	25
Schilfrohrsänger (Acroceph. sch.)	280
Teichrohrsänger (A. scirpaceus)	220
Drosselrohrsänger (A. arundinaceus)	30
Braunkehlchen (Saxicola rubetra)	40
Steinschmätzer (Oenanthe oenanthe)	30
Rohrammer (Emberiza schoeniclus)	400

Gastvögel - Hamme-Niederung (Stand 1987)	Höchstzahlen
Zwergtaucher (Podiceps ruficollis)	26
Graureiher (Ardea cinerea)	...
Rohrdommel (Botaurus stellaris)	3
Singschwan (Cygnus cygnus)	190
Zwergschwan (Cygnus bewickii)	290
Saatgans (Anser fabalis)	690
Kurzschnabelgans (Anser brachyr.)	200
Bleßgans (Anser albifrons)	60
Graugans (Anser anser)	1.300
Pfeifente (Anas penelope)	600
Krickente (Anas crecca)	600
Stockente (Anas platyrhynchos)	11.200
Spießente (Anas acuta)	600
Knäkente (Anas querquedula)	65
Löffelente (Anas clypeata)	80
Tafelente (Aythya ferina)	1.000
Reiherente (Aythya fuligula)	...
Gänsesäger (Mergus merganser)	60
Rauhfußbussard (Buteo lagopus)	15
Kornweihe (Circus cyaneus)	30
Bleßhuhn (Fulica atra)	220
Kiebitz (Vanellus vanellus)	10.000
Goldregenpfeifer (Pluvialis apr.)	1.070
Bekassine (Gallinago gallinago)	460
Großer Brachvogel (Numenius arq.)	120
Uferschnepfe (Limosa limosa)	300
Grünschenkel (Tringa nebularia)	50
Kampfläufer (Philomachus pugnax)	320
Sturmmöwe (Larus canus)	50
Lachmöwe (Larus ridibundus)	1.500
Sumpfohreule (Asio flammeus)	46

3 Östliches Niedersachsen und Nordhessen

Dieses Kartenblatt umfaßt den Südteil der norddeutschen Tiefebene um Hannover und schließt mit dem Weserbergland bis hinunter zum Vogelsberg und nördlichen Thüringerwald einen wesentlichen Teil der deutschen Mittelgebirge ein.

Die bedeutenderen Vogelbiotope dieses Ausschnittes liegen in der Tiefebene, da es nur hier größere Feuchtgebiete gibt – wenn auch vielfach leider nur noch in Resten.

Die Diepholzer Moorniederung gehört durch ihre Lage westlich der Weser eigentlich zur Landschaft der nordwestdeutschen Moore, die sich bis in die Niederlande erstreckt und von Hunte und Ems durchflossen wird. Die Moore bei Diepholz sind letzte Reste dieser großen Moorlandschaft, Reste, die selbst alle Anzeichen der Trockenlegung und Zerstörung aufweisen.

Erst neuerdings versucht die niedersächsische Landesregierung mit einem Moorregenerierungs-Programm, noch zu retten, was zu retten ist. Viel ist es nicht – und ob charakteristische Brutvögel dieses Biotops, wie Birkhuhn, Goldregenpfeifer und Kampfläufer je wieder in lebensfähigen Populationen hier heimisch werden können, das muß stark bezweifelt werden.

Der Übergang von der Tiefebene zum Mittelgebirge drückt sich – abgesehen von den ausgesprochenen Küstenvögeln – bei rund 30 deutschen Brutvogelarten sehr deutlich in ihrer Verbreitung aus. Einige dieser Arten besitzen südlich der Mittelgebirge, im württembergischen und bayerischen „Tiefland“, einen zweiten Verbreitungsschwerpunkt. Mehr oder weniger deutlich lassen sie aber alle eine Arealgrenze erkennen, die im Osten bei Hannover, weiter westlich am Nordrand des Ruhrgebiets verläuft – eben am Nordrand der Mittelgebirge.

Sehr viel weniger der bei uns brütenden Vogelarten weisen ein umgekehrtes Verbreitungsmuster auf: fehlend im norddeutschen Tiefland, begrenzt auf die Mittelgebirge und Süddeutschland. Dazu gehören beispielsweise Wasseramsel und Tannenhäher – wenn man von ausgesprochenen Alpenvögeln und einigen Arten mit südwestlicher „Wärmeverbreitung“ (z. B. Rotkopfwürger) absieht.

Erwähnenswert sind schließlich noch die Randvorkommen der östlich verbreiteten Sperbergrasmücke, die an mehreren Stellen im östlichen Niedersachsen (und vereinzelt in Bayern) brütet.

Neben den im folgenden beschriebenen Gebieten sei noch die **Bastau-Niederung** nordwestlich von Minden erwähnt. Hier befindet sich das größte erhaltene Hochmoor in Nordrhein-Westfalen. Es brüten hier u. a. folgende Arten: Weißstorch (1 Bp), Krickente (30), Rohrweihe (2), Großer Brachvogel (20–25), Uferschnepfe (3), Sumpfohreule (bis 5), Neuntöter (10–20), Raubwürger (5–10). Auf dem Durchzug: Saatgans (bis 1.000), Bleßgans (bis 1.000), Kranich und Kiebitz (bis 9.000).

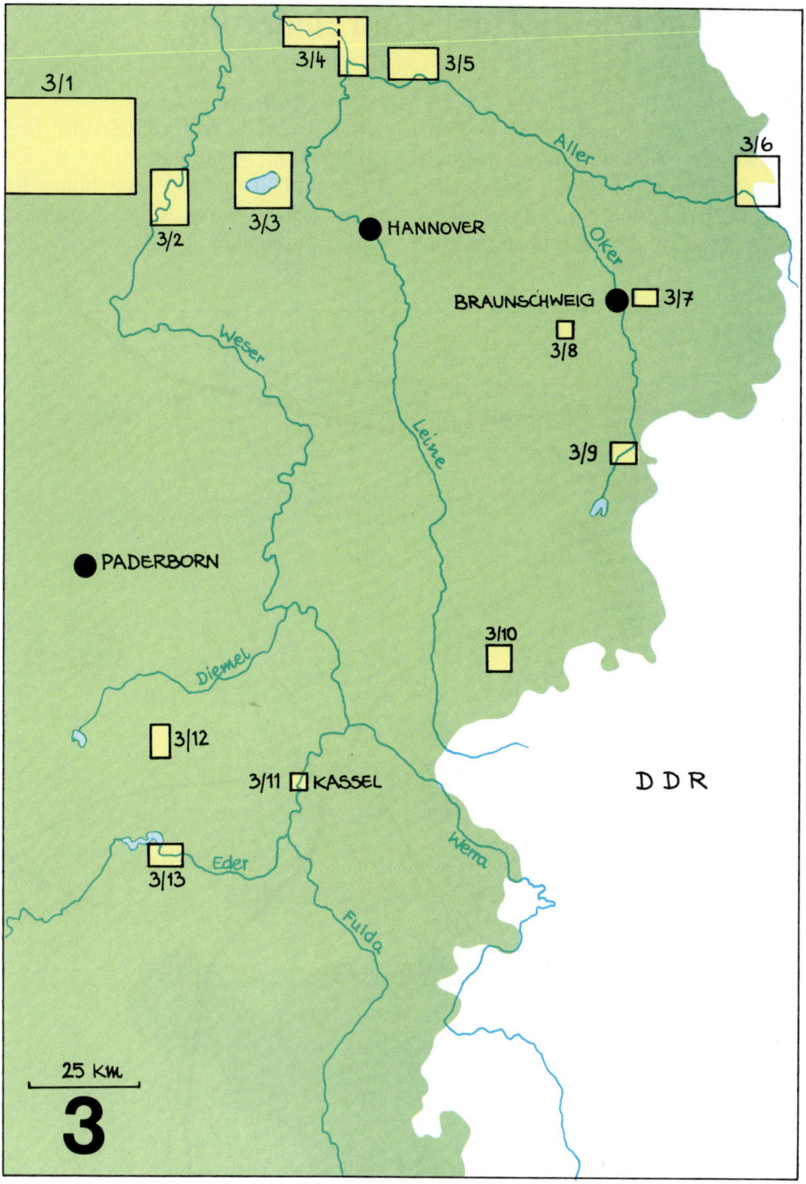
3/1
3/2
3/3
3/4
3/5
3/6
Aller
HANNOVER
Oker
BRAUNSCHWEIG
3/7
3/8
Weser
Leine
3/9
PADERBORN
3/10
Diemel
3/12
3/11
KASSEL
DDR
Werra
Eder
3/13
Fulda
25 KM
3

3/1 Die Diepholzer Moorniederung

Lage: Diese Moorlandschaft liegt im Südwesten Niedersachsens, östlich vom Dümmer, zwischen den Orten Diepholz (Bahnhof) und Uchte. Osnabrück ist rund 50 km in südwestlicher Richtung entfernt. Zentral liegt Wagenfeld, das über die B 239 (Diepholz-Rahden) erreichbar ist. Die Bahnstrecke Rahden-Sulingen führt durchs Gebiet.

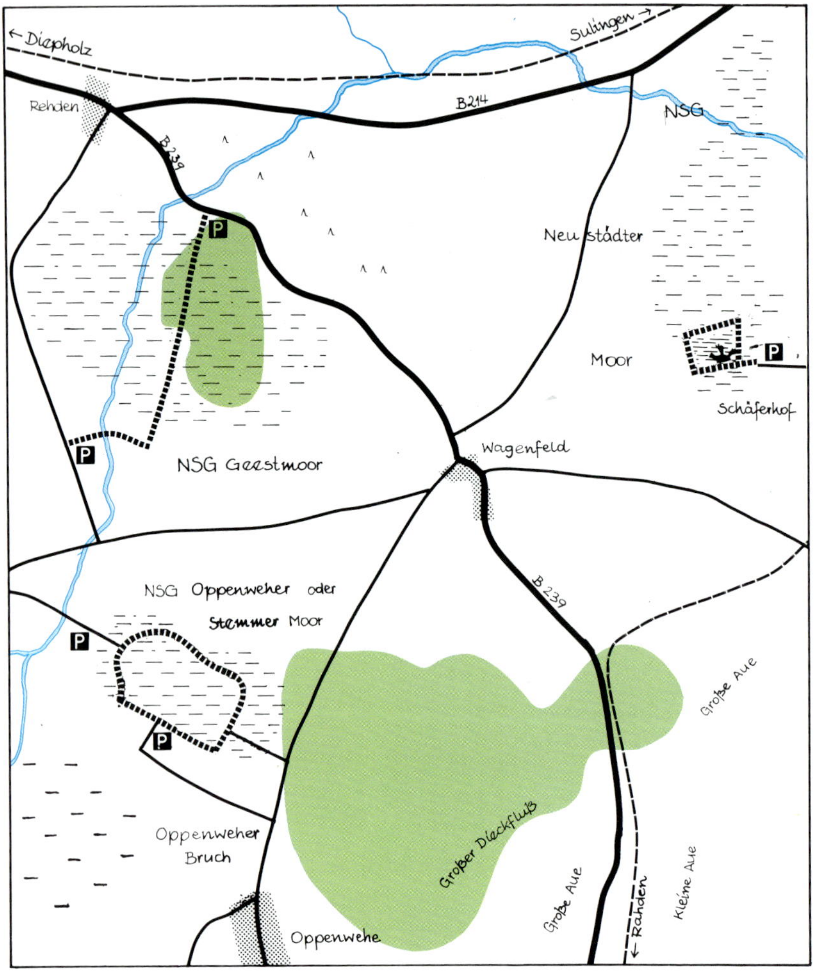

Als Exkursionsgebiet zu empfehlen ist vor allem das Oppenweher Moor im Südwesten der Moorniederung. Es liegt westlich der Landstraße Wagenfeld-Oppenwehe. Ein Wegweiser des Naturparks Dümmer leitet Naturfreunde etwa in der Mitte zwischen beiden Orten über einen asphaltierten Wirtschaftsweg zu einem kleinen Wanderparkplatz, wo Rundwege beginnen.

Größe: Das Beobachtungsgebiet umfaßt insgesamt etwa 18.000 ha. Auf die einzelnen Moore entfällt davon etwas mehr als ein Drittel. Im einzelnen sind es folgende Flächen:

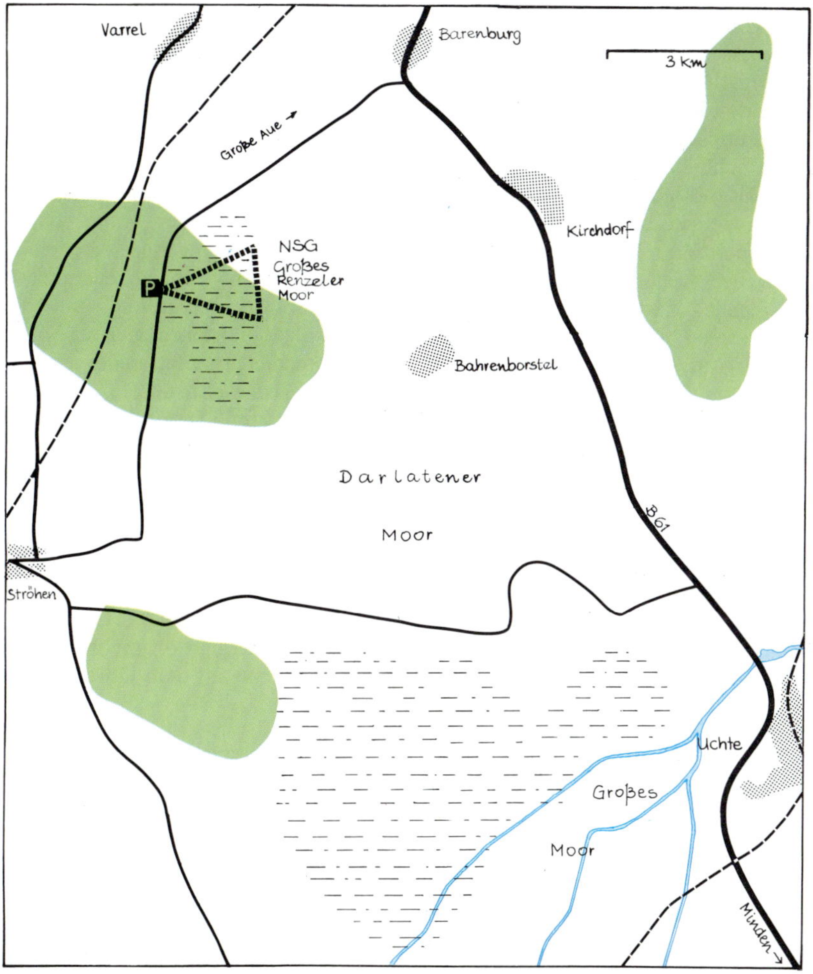

Rehdener Geestmoor 1.680 ha (= 2 NSG)
Oppenweher Moor 600 ha (= 2 NSG)
Neustädter Moor 1.300 ha (= 3 NSG)
Renzeler Moor 570 ha (= 3 NSG)
Großes Moor bei Uchte ca. 3.000 ha

Landschaft, Lebensräume, Vogelwelt: Die Diepholzer Moorniederung ist ein von der Eiszeit geprägter Naturraum, der über das beschriebene Gebiet noch weit hinausreicht. Von entscheidendem Einfluß auf das heutige Landschaftsbild sind einerseits vom Schmelzwasser abgelagerte weite Talsandflächen und andererseits darin sich inselhaft erhebende Endmoränenzüge. Sie bestehen, wie z. B. der Kellenberg westlich Rehden, aus sandig-lehmigen Hügeln und tragen heute vielfach Kiefernforste. Auf den Talsandflächen entwickelten sich seit der Eiszeit entweder Hochmoore oder im Bereich von Bächen und kleinen Flüssen - etwa der Großen Aue - auch Niedermoore.

Lange Zeit wurde dieser moorignasse Raum vom Menschen gemieden. Doch schließlich begannen Bauern doch, das Niedermoor durch Entwässerung zu kultivieren und in feuchtes Grünland umzuwandeln. So konnte es als Rinderweide und Mähwiese dienen. Die Hochmoore boten Brennstoff, und so wurden ihre Torfschichten stellenweise in kleinen Handstichen abgebaut. Schließlich entstand eine Kulturlandschaft, die bis vor rund 30 Jahren weithin aus großflächigen, von Gräben durchzogenen Wiesen und Weiden bestand. In sie eingelagert waren wie Inseln die Hochmoore, die teilweise entwässert, mit Wegen erschlossen, von kleinen Torfstichen durchsetzt und vielfach mit Birken zugewachsen waren. Dieser abgelegene, von Fremden kaum besuchte Landstrich bot insbesondere Watvögeln wie Uferschnepfe, Brachvogel, Rotschenkel und Bekassine, aber auch Krick- und Knäkente und dem Birkhuhn noch reichlich Lebensraum.

In den fünfziger Jahren begannen sich dann die Eingriffe des Menschen zu verstärken: Jetzt wurden Hochmoor-Bereiche großflächig mit Maschinen für die Produktion von Gartentorf abgebaut. Gräben wurden vertieft und verbreitert, um das Grünland trockener und damit ertragreicher zu machen. Aber noch um 1974 war das Vogelleben so reichhaltig und wertvoll, daß die Diepholzer Moorniederung als Feuchtgebiet internationaler Bedeutung ausgewiesen wurde.

Das hat freilich nicht verhindern können, daß seither etliche Brutvögel verschwunden sind, so Tafelente, Rohr- und Wiesenweihe und Wachtelkönig. Immerhin besitzen auch heute noch einige Vogelarten beachtenswerte Brutbestände in der Diepholzer Moorniederung (s. Liste). Außerdem rasten hier oft mehrere hundert Kraniche auf dem Durchzug.

Diepholzer Moore: Wiedervernässung nach Torfabbau im Großen Renzeler Moor. Foto: Pretscher

Goldregenpfeifer

Schutz, Gefährdung, Betreuung: Der internationale Schutzstatus hat jedenfalls viele weitere Zerstörungen nicht verhindern können. Die Pläne dazu waren schon ausgearbeitet und beschlossen. Flurbereinigungen mit Entwässerungen, Flußbegradigung und die Umwandlung von Grün- in Ackerland wurden durchgeführt. Die Torfindustrie bestand auf der Fortdauer ihrer Abbauverträge und torfte bis heute weitere Moorgebiete ab.

Der Naturschutz stand dieser Entwicklung auf ziemlich verlorenem Posten gegenüber. Die Fachbehörden und, als wichtigster privater Verband, die Faunistische Arbeitsgemeinschaft Moore (FAM) erreichten gelegentlich dennoch eine Verringerung des Ausmaßes der Flurbereinigung und Auflagen an die Torfindustrie bezüglich Abbautiefe und Renaturierung der zerstörten Hochmoore.

Heute sieht es in der Diepholzer Moorniederung so aus: Im Rehdener Geestmoor, Neustädter und Großen Moor bei Uchte wird kilometerweit Torf abgebaut. In den ersten beiden Mooren sind die Flächen trotzdem bereits NSG und die Renaturierung bzw. Wiedervernässung beginnt sofort nach dem Ende der Torfgewinnung. Im Oppenweher und Renzeler Moor, ebenso im südlichen Neustädter Moor ist bereits seit 5 bis 10 Jahren wieder Ruhe eingekehrt. Sie tragen einen Bewuchs vorwiegend aus Pfeifengras, Besen- und Glockenheide. In den Torfstichen und Senken, aber auch auf den flach mit Wasser überstauten Moorbezirken wachsen Torfmoos, Seggen und Wollgras.

Der Bewuchs mit Birken ist auf Randbereiche beschränkt und wird möglichst verhindert. Nur in Teilen des Oppenweher Moores schützt man nasse Birkenwälder, weil in ihnen neben Torfmoos auch Preißel- und Krähenbeere, Besen- und Glokkenheide gedeihen.

Der Wasserhaushalt der Moore wird genau beobachtet und durch Verschluß der Gräben verbessert. Moorschnucken, eine bodenständige, speziell für die Moorbeweidung geeignete Schafrasse, halten die Vegetation kurz und verhindern das Aufkommen von Birken.

Die Zerstörung vieler Feuchtwiesen war nicht mehr aufzuhalten. Es gelang dem Naturschutz nur, an manchen Stellen die den Hochmooren benachbarten Parzellen den NSG anzugliedern oder sie sogar aufzukaufen. Noch sind diese Bemühungen, an denen sich neben Landesbehörden auch Verbände wie BUND und WWF und der Bundesumweltminister finanziell beteiligen, längst nicht abgeschlossen. Wenn diese Hochmoor-Randwiesen wieder gut durchfeuchtet sind und nur noch sparsam bewirtschaftet werden, können sie als Pufferzone, als Brutplatz von Watvögeln und als Nahrungsgebiet mancher Moorvögel eine wichtige Rolle spielen.

Es lassen sich also nur noch Kernbereiche der Diepholzer Moorniederung retten. Unsicher ist, welche Teile des Großen Moores bei Uchte noch NSG werden sollen. Von einem Erfolg des Naturschutzes in der Diepholzer Moorniederung kann man erst dann sprechen, wenn das Aussterben des Birkhuhns dauerhaft abgewendet ist, wenn die Abnahme der Wiesenvögel (gebietsweise um 70–100%) sich wieder in Zunahmen umkehren und wenn der kostbarste Brutvogel des Gebietes, die südliche Rasse des Goldregenpfeifers, nicht weiterhin seltener sondern zahlreicher wird.

Bedeutung: Als einer der letzten Reste der einst weiträumigen nordwestdeutschen Moore ist die Diepholzer Moorniederung von nationaler Bedeutung. Allein schon das Brutvorkommen des Goldregenpfeifers macht das Moor in höchstem Maße schutzwürdig.

Beobachtungsmöglichkeiten: Es ist selbstverständlich, daß kein Naturfreund die stellenweise aufkeimenden Gesundungsanzeichen in der Moorniederung durch Störungen gefährdet oder zunichte macht. Darum ist das Verlassen der ausgeschilderten Wanderwege zu unterlassen. Das absichtliche Beunruhigen von Brutvögeln hat schon zu empfindlichen Geldstrafen geführt!

Diepholzer Moore: Reanturierte Flächen im Oppenweher Moor. *Foto: Augst*

Große Vogelmengen, wie Entenscharen oder Möwenschwärme, bekommt man nicht zu Gesicht. Eher lassen Weite, Ruhe und Schwermut der Landschaft eine Wanderung zu einem Erlebnis werden. Die Beobachtung von Enten, Wat-, Greif- und Singvögeln kommt dabei trotzdem nicht zu kurz. Besonders empfehlenswert sind Besuche während der Brutzeit (April bis Juni), aber gerade dann ist Ruhe besonders nötig!

Mit Bedacht schlagen wir zwei Ziele vor:

1. Eine Autofahrt von Norden nach Süden quer über das Rehdener Geestmoor. Sie vermittelt heute einen Eindruck von der großräumigen Moorzerstörung und zeigt in naher Zukunft hoffentlich das allmähliche Wiederentstehen des Moores. Vielleicht wird allerdings auch der Plan Wirklichkeit, die jetzt noch öffentliche Straße vollständig zu sperren.
2. Das auf der Landesgrenze zwischen Nordrhein-Westfalen und Niedersachsen gelegene Oppenweher Moor ist Teil des Naturparks Dümmer und als Wandergebiet erschlossen. Trockene bis nasse, teilweise abgetorfte Moorflächen, einzelne wassergefüllte Torfstiche, Birkenwald und am Rand auch Grünland vermitteln einen Eindruck von einem teilweise zerstörten, örtlich aber wieder regenerierten Hochmoor.

Herrn Friedhelm Niemeyer danken wir für Anregungen sowie wichtige Text- und Datenergänzungen.

Adressen:

BUND-Projekt Diepholzer Moorniederung, Langer Berg 25, 2841 Wagenfeld-Ströhen

BUND-Landesverband Niedersachsen, Goebenstr. 3a, 3000 Hannover (0511-663095)

WWF-Naturschutzstelle Niedersachsen Bremen, Thomas Neumann, Kuckucksredder 8, 2413 Breitenfelde

Literatur:

R. Löhmer und F. Niemeyer (1987).

Brutvögel - Diepholzer Moorniederung (Stand 1988)

	Brutpaare
Graureiher (Ardea cinerea)	um 10
Weißstorch (Ciconia ciconia)	bis 1966
Krickente (Anas crecca)	um 150
Stockente (Anas platyrhynchos)	um 100
Knäkente (Anas querquedula)	um 5
Löffelente (Anas clypeata)	um 5
Reiherente (Aythya fuligula)	um 10
Wiesenweihe (Circus pygargus)	2
Birkhuhn (Lyrurus tetrix)	wenige
Kiebitz (Vanellus vanellus)	einige 100
Goldregenpfeifer (Pluvialis apr.)	10
Bekassine (Gallinago gallinago)	um 120
Gr. Brachvogel (Numenius arquata)	um 90
Uferschnepfe (Limosa limosa)	um 45
Rotschenkel (Tringa totanus)	um 50
Sturmmöwe (Larus canus)	6
Sumpfohreule (Asio flammeus)	0-3
Ziegenmelker (Caprimulgus europ.)	um 40
Wiesenpieper (Anthus pratensis)	einige 100
Neuntöter (Lanius collurio)	um 90
Raubwürger (Lanius excubitor)	um 25
Weidenmeise (Parus montanus)	...
Schwarzkehlchen (Saxicola torqu.)	um 20

3/2 Weserstaustufe Schlüsselburg und Häverner Marsch nördlich Minden

Lage: Das Gebiet liegt an der Mittelweser, im äußersten Nordosten Nordrhein-Westfalens, rund 30 km nördlich von Minden. Zum Gebiet führt von Süden die B 482 von Minden aus; bei Petershagen-Wasserstraße biegt man nach Schlüsselburg und Heimsen ab. Von Norden kommend, fährt man ab Nienburg auf der B 215, die südlich Leese auf die B 482 trifft. Hävern erreicht man von Norden wie von Süden am besten über die B 61; von Ovenstädt führt eine Kreisstraße in die Weseraue. Die Bahnstrecke Minden-Nienburg mit nächstem Bahnhof Leese führt durchs Gebiet.

Größe: Die Kernbereiche „Staustufe Schlüsselburg" und „Häverner Marsch" liegen etwa 5-8 km Luftlinie auseinander. Zum Beobach-

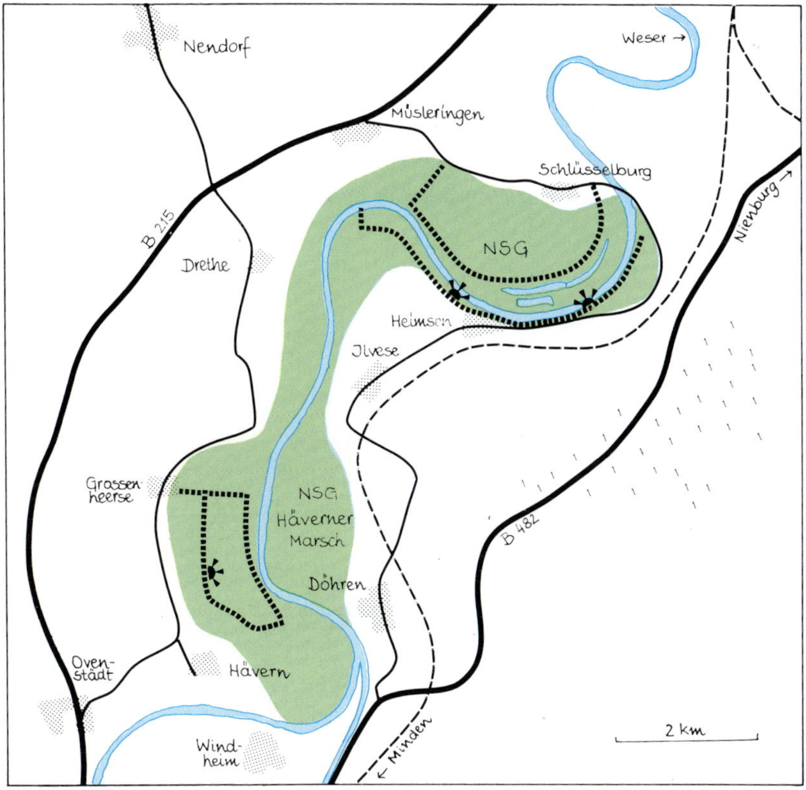

tungsgebiet gehört ferner die stark geschwungene, rund 24 Flußkilometer lange Weseraue zwischen der Landesgrenze im Norden und der Weserbrücke zwischen Petershagen und Lahde im Süden. Mit den beiden NSG „Staustufe Schlüsselburg" (268 ha, seit 1985) und „Häverner Marsch" (68 ha, seit 1983) bildet sie ein international bedeutendes Feuchtgebiet mit einer Gesamtgröße von 1.500 ha.

Landschaft, Lebensräume, Vogelwelt: Die Mittelweser fließt hier als etwa 100 m breiter Fluß durch eine flache, weitgehend ausgeräumte Landschaft. Die siedlungsarme, bis 2 km breite und stellenweise von Deichen begrenzte Aue wird intensiv als Grün- und Ackerland genutzt. Außerhalb der NSG ist nur wenig Platz für einzelne Gebüsche oder Feldgehölze. Kleine Auwäldchen finden sich nur noch am Geestrand.

Ihren besonderen vogelkundlichen Wert verdankt diese Landschaft u.a. wasserbaulichen Eingriffen, die für Wat- und Wasservögel günstige Lebensbedingungen schufen: Beim Ausbau der Mittelweser wurden einzelne Flußschlingen mit Wehren vom Schiffsverkehr abgeriegelt und aufgestaut. Im Bereich Schlüsselburg entstand ein solches Stauwehr im Jahre 1956. Die davorliegende, etwa 5 km lange Weserstrecke wuchs durch Anstieg des Wasserspiegels auf 130–180 m Breite an. Dadurch sank die Fließgeschwindigkeit erheblich; der Stau gleicht einem langgestreckten See. Da aber die Ufer kaum Verlandungsvegetation besitzen, die angrenzenden Flächen landwirtschaftlich genutzt werden und die Wasser-

Weserstaustufe Schlüsselburg: Winterquartier für Tafelenten. *Foto: Ziegler*

fläche auch wassersportlichen Zwecken dient, brüten im Bereich der Staustufe nur wenige Wasservögel.

Im Winterhalbjahr (September bis April) bietet sich ein ganz anderes Bild. Dann suchen vor allem zahlreiche Taucher und Entenvögel die Weserstaustufe als Rast- und Überwinterungsgebiet auf. Sie wird dabei durch ihre Lage zwischen zwei benachbarten Wasservogelzentren begünstigt: Dümmer und Steinhuder Meer. Im Hochwinter findet weiterer Zuzug statt, da das Wasser wegen der starken Salzbelastung erst zufriert, wenn die benachbarten Gewässer längst vereist sind.

Charakteristische Wintervögel sind Stock-, Tafel-, Reiher- und Schellente sowie Gänsesäger und Bleßhuhn. Insbesondere für die Schellente ist die Weserstaustufe einer der wichtigsten Winterrastplätze im norddeutschen Binnenland.

Während der Zugzeiten rasten kleinere Anzahlen etlicher Limikolen vor allem in der Häverner Marsch. Kiebitz und Goldregenpfeifer kann man auch in größeren Scharen antreffen.

Auch die Häverner Marsch verdankt ihre Attraktivität für Wasservögel in neuerer Zeit dem Menschen. Sie besteht keineswegs ausschließlich aus feuchtem Grünland, sondern ist ein seit 30 Jahren durch Kies- und Sandgewinnung stark veränderter Bereich der Weseraue. Sieben Gruben mit zusammen rund 80 ha Wasserfläche sind dort entstanden. Sie sind inzwischen als NSG gesichert. Die Wassertiefe in diesen Gruben beträgt 3–5 m. Ihre steilen Böschungen sind z. T. inzwischen für Naturschutzzwecke hergerichtet.

Als Brut- und Mauserplatz (etwa 1.000 bis 1.500 Stock- und bis zu 350 Reiherenten) beginnen die Kiesgruben eine gewichtige Rolle zu spielen. Bisher ist neben dem Brutvorkommen des Haubentauchers das besonders tief im Binnenland gelegene Brutvorkommen von Brandgans, Austernfischer und Sandregenpfeifer bemerkenswert.

Großer Brachvogel

Bedeutung: Die Weserstaustufe Schlüsselburg und die Häverner Marsch bilden zusammen mit der rund 28 km langen Weseraue das Feuchtgebiet internationaler Bedeutung „Weserstaustufe Schlüsselburg“. Seine Qualifikation beruht vor allem auf der Zahl der hier rastenden Tafelenten und seiner Artenvielfalt. Insgesamt wurden bisher 81 Wat- und Wasservogelarten als Gastvögel und 19 als Brutvögel festgestellt. Hier finden sich auch die letzten Weißstorch-Brutvorkommen (4–5 Paare) in Nordrhein-Westfalen.

Schutz, Gefährdung, Betreuung: Die Kernbereiche des Feuchtgebietes sind zwar jüngst als NSG ausgewiesen worden, doch konnten damit Konflikte zwischen Freizeitaktivitäten und Schutz der Natur nicht völlig ausgeräumt werden.

Auf der Weserstaustufe sind vor Jahren zwei Segelboothäfen (ohne Genehmigung) errichtet worden. Sie wurden durch die Naturschutzverordnung legalisiert. So wird es bei den ständigen Störungen bleiben. Für den Winter ist - trotz jahrelanger Diskussion - eine für den Naturschutz ziemlich ungünstige Regelung des Sportbootbetriebs 1987 duch den Bundesminister für Verkehr verfügt worden. Jagd, Fischerei und das Betreten sind so eingeschränkt, daß wenigstens in der Mittwinterzeit von dieser Seite keine Störungen mehr zu befürchten sind.

In der Häverner Marsch sind durch die Schutzverordnung Jagd und Fischerei nur zeitlich und örtlich begrenzt. Nötig ist, daß spätestens mit Ende der Kiesausbeutung die vorhandenen Pläne zur Entwicklung des NSG restlos verwirklicht sind.

Als besonders schwerwiegender Eingriff in das Feuchtgebiet erweisen sich die Hubschrauber-Übungen der Bundeswehr, die die gesamte Weseraue nahezu ständig mit Lärm und Unruhe erfüllen.

Um das Gebiet kümmert sich die Biologische Station Minden-Lübbekke. Sie setzt sich bei den Behörden mit Nachdruck für Fortschritte im Naturschutz ein.

Beobachtungsmöglichkeiten: Sowohl auf den Weserstau als auch auf Teile der Häverner Marsch sind gute Einblicke möglich. Der Besuch der Weser lohnt sich vor allem zwischen Oktober und Februar. Dann lassen sich Wasservögel vom Ort Heimsen und im Norden vom Stauwehr aus gut beobachten.

In der Häverner Marsch kann man von zwei Beobachtungshütten aus zwei Kiesteiche voll überschauen ohne zu stören. Gastvögel gibt es hier hauptsächlich von Juli bis April zu sehen. Bei Frost frieren die Teiche rasch zu. Mehrere Informationstafeln bieten Wissenswertes über das NSG.

Die Horste des Weißstorchs sind eine besondere Attraktion des Gebietes. Man findet sie in folgenden Ortschaften: Jössen, Windheim, Döhren, Diethe, Ilvese und Schlüsselburg.

An der Weser gibt es noch weitere ruhige Staustufenbereiche, so nur rund 10 km nördlich Schlüsselburg bei Landesbergen. Ein Abstecher dorthin lohnt sich vielleicht, denn der in Niedersachsen gelegene Weserabschnitt wird als regional bedeutendes Rastgebiet geführt.

Wir danken Herrn Gert Ziegler für die Überprüfung des Textes.

Kiebitz

Adressen:

Biologische Station Minden-Lübbecke, Gert Ziegler, Ulmenstr. 3, 4950 Minden (0571-26133)

WWF-Naturschutzstelle West, J. Mooij, Diersfordterstr. 9, 4230 Wesel (0281-62440)

Literatur:

H.-G. Niermann u. G. Ziegler (1975); J. Peitzmeier (1979); G. Ziegler (1972-87).

Flußuferläufer

Brutvögel - Weserstaustufe und Häverner Marsch (Stand 1987)

	Brutpaare
Haubentaucher (Podiceps cristatus)	10-12
Zwergtaucher (Podiceps ruficollis)	1-2
Weißstorch (Ciconia ciconia)	4-5
Höckerschwan (Cygnus olor)	3-5
Graugans (Anser anser)	0-1
Brandgans (Tadorna tadorna)	1-3
Stockente (Anas platyrhynchos)	...
Löffelente (Anas clypeata)	1-2
Tafelente (Aythya ferina)	1-2
Reiherente (Aythya fuligula)	1-3
Rohrweihe (Circus aeruginosus)	1-3
Bleßhuhn (Fulica atra)	20
Austernfischer (Haematopus ostr.)	5-10
Kiebitz (Vanellus vanellus)	...
Sandregenpfeifer (Charadrius hiat.)	1
Flußregenpfeifer (Charadrius dub.)	3-10
Bekassine (Gallinago gallinago)	1-2
Rotschenkel (Tringa totanus)	1-2
Sturmmöwe (Larus canus)	3-5

Gastvögel - Weserstaustufe Schlüsselburg (Stand 1987)

	Höchstzahlen (MHV)
Haubentaucher (Podiceps cr.)	45 (7-8)
Zwergtaucher (P. ruficollis)	130 (12-2)
Kormoran (Phalacrocorax c.)	45 (3-4)
Graureiher (Ardea cinerea)	150 (8)
Höckerschwan (Cygnus olor)	300 (12-2)
Singschwan (Cygnus cygnus)	80-90 (1-2)
Saatgans (Anser fabalis)	800 (12-2)
Kurzschnabelgans (Anser br.)	200 (12-2)
Bleßgans (Anser albifrons)	300 (12-2)
Graugans (Anser anser)	200 (2)
Kanadagans (Branta canadensis)	250 (1-2)
Pfeifente (Anas penelope)	50 (11)
Schnatterente (Anas strepera)	25 (4)
Krickente (Anas crecca)	200 (11)
Stockente (Anas platyr.)	9.000 (11-12)
Spießente (Anas acuta)	30 (3)
Knäkente (Anas querquedula)	35 (8)
Löffelente (Anas clypeata)	20 (4+9)
Tafelente (Aythya ferina)	4.600 (11-1)
Reiherente (Aythya fuligula)	3.100 (11-1)
Schellente (Bucephala clang.)	1.500 (1)
Zwergsäger (Mergus albellus)	100 (1)
Gänsesäger (Mergus merganser)	750 (1)
Bleßhuhn (Fulica atra)	3.000 (1-2)
Kiebitz (Vanellus vanellus)	10.000 (10-11)
Goldregenpfeifer (Pluvial. a.)	900 (10-11+4)
Flußuferläufer (Tringa hypol.)	50 (8)
Alpenstrandläufer (Calidr. a.)	50 (8)
Mantelmöwe (Larus marinus)	30 (1-2)
Silbermöwe (Larus argentatus)	500 (11-1)
Sturmmöwe (Larus canus)	300 (3)
Lachmöwe (Larus ridibundus)	5.000 (8-9)

3/3 Das Steinhuder Meer westlich Hannover

Lage: Das Steinhuder Meer liegt in Niedersachsen, rund 25 km nordwestlich von Hannover. Größter Ort am Seeufer ist Steinhude. Zum See führen zahlreiche Straßen, z.B. von Nienburg/Weser die B 6 bis Neustadt am Rübenberge, wo eine Landstraße über Schneeren in Richtung Mardorf zum Nordufer des Steinhuder Meeres führt; oder die von Westen kommende B 441, von der aus man nach Steinhude im Süden des Sees gelangt. Von Hannover aus sind die Verbindungen über die Autobahn A 2 (Ausfahrt Wunstorf-Luthe oder Wunstorf-Kollenfeld) besonders gut ausgebaut; denn das Steinhuder Meer gehört zum Naherholungsbereich dieser Stadt.

Größe: Das hier besprochene Gebiet ist mit dem 5.775 ha großen Feuchtgebiet internationaler Bedeutung weitgehend identisch. In ihm liegen der 3.000 ha große See, vier ufernahe NSG mit 813 ha und teilweise das 4.000 ha umfassende Landschaftsschutzgebiet „Steinhuder Meer“. Der See ist das Zentrum des 31.000 ha großen Naturparks gleichen Namens.

Landschaft, Lebensräume, Vogelwelt: Das Steinhuder Meer liegt in einer großen, sich zwischen Weser und Leine erstreckenden flachen Senke. In ihr ist die Landschaft durch den Wechsel von Moor und sandiger Geest gekennzeichnet. Dieser See ist

das größte Binnengewässer Nordwestdeutschlands und steht in der Bundesrepublik an fünfter Stelle. Er besitzt eine Länge von 7,5 km und eine Breite von 4 km.

Das Wasser des Steinhuder Meeres ist reich an Nährstoffen; seine Tiefe schwankt nur zwischen 0,5 und 3 m, im Mittel sind es 1,5 m. Die Wasserqualität entspricht der Güteklasse II. Sie hat sich wesentlich verbessert, seitdem Kläranlagen das Abwasser der Seeufergemeinden reinigen und zur Leine abführen. In diesem Zusammenhang erwies sich als vorteilhaft, daß das Steinhuder Meer nur wenige, geringe Zuflüsse mit Oberflächenwasser hat. Drei Viertel seines Wassers fließen ihm in der Tiefe aus Grundwasserquellen zu. Im Westen verläßt der Meerbach den See. Es ist der einzige Abfluß, der überdies mit einem Stauwehr versehen ist, das den Wasserspiegel nahezu konstant hält.

Am Ufer gab es früher überall weite Verlandungszonen mit Röhricht aus Schilf, Rohrkolben und Teichbinse. Davon sind nur noch die Bestände im Westen und Osten übrig geblieben. Am Nord- und Südufer fielen sie oft dem Wassersport und Erholungsbetrieb zum Opfer.

Auch von den sich daran anschließenden Mooren sind heute nur noch Reste oder weitgehend zerstörte Gebiete vorhanden: Westlich vom See lagen Flach- und Zwischenmoore. Erstere wurden in Grünland (Meerbruchwiesen) umgewandelt. Letztere blieben am Nordwestufer und im Hagenburger Moor einigermaßen erhalten oder können sich in NSGen langsam wieder erholen. Erlenbruch,

Steinhuder Meer: Wunstorfer Moor. *Foto: Pretscher*

Birkenmoorwald, Röhrichte und Anfänge der Hochmoorbildung kann man hier sehen. Das Grünland am Meerbach bietet außerhalb des NSG leider immer weniger Lebensraum für Wiesenvögel wie Kiebitz, Brachvogel, Rotschenkel, Uferschnepfe oder Schafstelze, da es auch jetzt noch zum Teil weiter entwässert wird.

Östlich vom See geht das Röhricht direkt in Hochmoore (Totes Moor, Wunstorfer Moor) über. Sie sind jedoch am Außenrand bereits kultiviert und in Grünland umgewandelt, sonst vollkommen entwässert und mit alten Handtorfstichen durchsetzt. Neuerdings werden mehrere Quadratkilometer des Toten Moores im Frästorfverfahren abgebaut und damit zerstört!

Als Lebensraum für Pflanze und Tier haben die östlichen Hochmoore stark an Wert verloren. Birkengebüsch und Besenheide geben den Ton an. Es gibt zu denken, daß das Birkhuhn als typischer Moorvogel inzwischen ausgestorben ist, und sich die Sperbergrasmücke als Wärme und Trockenheit liebender Singvogel neu angesiedelt hat.

Selbst die Lebensstätten der Wasservögel im Röhricht verloren viel an Wert. Was nützt den Brutvögeln ein Platz zum Nestbau, wenn weite Teile der Wasserfläche wegen des Bootsbetriebes nicht als Nahrungsgebiet genutzt werden können?

Fast unbegreiflich erscheint es, daß die Graureiher einer südlich benachbarten Brutkolonie während der Brutzeit noch Gelegenheit finden, trotz Segel- und Surfbetrieb ihren Nachwuchs ausreichend mit Fischen zu versorgen. Gastvögel wie Gründel- und Tauchenten, Schwäne, Gänse, Taucher, Möwen etc. finden sich in größerer Zahl erst ab Oktober ein und ziehen bis spätestens Anfang März wieder ab. Ihre Gesamtzahl kann im Winter die Summe von 10.000 Individuen überschreiten. Als Rastplatz wird der gesamte See genutzt. Windgeschützte Teile beherbergen jeweils die größten Schwärme.

Bedeutung: Als Rastgebiet für Wasservögel besitzt das Steinhuder Meer internationale Bedeutung. Als Brutgebiet wird ihm nationaler Rang zugeschrieben. – Bisher wurden insgesamt 264 Vogelarten beobachtet, darunter 142 Gastvogelarten (einschließlich Gefangenschaftsflüchtlingen) und 122 mehr oder weniger regelmäßige Brutvogelarten.

Schutz, Gefährdung, Betreuung: Das Steinhuder Meer gehört zum Erholungsbereich der im Großraum Hannover lebenden Menschen. An warmen Wochenenden finden sich bis zu 50.000 Besucher ein, um zu wandern, zu baden, zu segeln oder zu surfen. Der See gilt als wichtigstes Binnensegelrevier in Nordwestdeutschland: 1950 gab es auf ihm erst 200 Boote, 1982 war mit 7.000 die 35fache Zahl zugelassen! Der Bau von Straßen, Park- und Campingplätzen, Ferienhäusern und Badestränden trug ebenfalls zum Verbrauch natürlicher Landschaft bei.

Besonders wichtig für die Bewahrung restlicher Natur sind die vier allerdings teilweise zerstörten NSG: Hagenburger Moor (200 ha, 1962 ausgewiesen), Ostufer Steinhuder Meer (360 ha, seit 1970, erweitert

1982), Wulveskuhlen (42,5 ha, seit 1981) und Meerbruch (211 ha, seit 1981). Die Ausweisung weiterer Schutzgebiete ist in Vorbereitung.

Das Betreten der Schutzgebiete ist nur auf bestimmten Wegen gestattet; sie führen z.B. zu Beobachtungsplattformen oder, wie der Vogeldamm im Osten, quer hindurch. Die zu den NSG gehörenden schmalen Wasserzonen dürfen nicht befahren werden. Ein hauptamtlicher Naturschutzwart führt seit 1980 Aufsicht.

Berufsfischerei, Angelsport und die Jagd auf Wasservögel sind weitere Nutzungen mit negativer Wirkung auf die Natur. Am schwersten wiegt die Jagd; denn leider wurde bisher die Ausweisung eines umfassenden Wildschutzgebietes zugunsten der rastenden Wasservögel vergeblich beantragt.

Bedauerlich ist auch, daß der Wasserspiegel nicht mehr natürlich schwanken kann. So fehlen beispielsweise im Spätsommer trockenfallende Uferzonen, auf denen Watvögel rasten können. Ersatzflächen stehen in manchen Jahren im NSG „Meerstrand" zur Verfügung.

Beobachtungsmöglichkeiten: Nur in Orten wie Steinhude oder Mardorf ist das Seeufer zugänglich, soweit Bootsstege oder Privatgelände dies nicht unmöglich machen. Im Bereich der NSG gestatten Beobachtungsplattformen einen Überblick. Sie liegen im Nordosten bei der Neuen Moorhütte, im Südosten beim Klärwerk Großenheidorn und im Nordwesten südlich Mardorf. Wirklich gut geeignet für einen Ausblick auf den See sind aber nur die unmittelbar am Ufer stehenden drei Türme.

Ratsam kann auch die Fahrt mit Passagierschiffen sein, die auf dem See eine Ringlinie befahren. Man kommt so an weiter draußen sich aufhaltende Vögel näher heran. Allerdings verkehren die Schiffe im Sommer, wenn die Gastvogelmengen im allgemeinen noch gering sind.

Der 28 km lange Rundwanderweg, der überdies oft weit entfernt vom See und teilweise durch die Orte verläuft, verhilft nur in einigen Bereichen zu guten Beobachtungen. Man darf sich in den Monaten April bis Oktober durch den regen Radfahr- und Wanderbetrieb an Wochenenden und Feiertagen nicht stören lassen.

Im Mai-Juni empfehlen sich Beobachtungen am Nordostufer und im Toten Moor („Vogeldamm"). In den Meerbruchwiesen am Südwestufer gelingen schöne Vogelbeobachtungen zwischen April und August. Die Uferpromenade zwischen Hagenburg und Steinhude bietet vor allem im April-Mai und im Spätherbst/Frühwinter gute Ausblicke.

Herrn Karl-Heinz Nagel danken wir für die Überarbeitung von Text und Listen.

Adressen:

Faunistische Arbeitsgemeinschaft, Steinhuder Meer/Untere Leine, Karl-Heinz Garberding, Grüne Str. 23,
3050 Wunstorf-Großenheidorn

DBV-Kreisverband Steinhuder Meer, Karl-Heinz Nagel, Fuhrenweg 39a,
3050 Wunstorf 2

Literatur:

K.-H. Garberding u. K.-H. Nagel (1984); E.A. Friedrich (1980); P. Weißköppel (1975).

Gastvögel - Steinhuder Meer (Stand 1988)

	Höchstzahl Frühj.	Höchstzahl Herbst
Haubentaucher (Podiceps crist.)	400	510
Zwergtaucher (P. ruficollis)	5	38
Kormoran (Phalacrocorax carbo)	84	6
Graureiher (Ardea cinerea)	>80	>200
Höckerschwan (Cygnus olor)	30	36
Zwergschwan (Cygnus bewickii)	5	15
Saatgans (Anser fabalis)	300	200
Bleßgans (Anser albifrons)	290	3.700
Graugans (Anser anser)	200	300
Kanadagans (Branta canadensis)	55	5
Pfeifente (Anas penelope)	24	105
Schnatterente (Anas strepera)	20	20
Krickente (Anas crecca)	100	1.300
Stockente (Anas platyr.)	4.500	10.700
Spießente (Anas acuta)	15	13
Knäkente (Anas querquedula)	50	300
Löffelente (Anas clypeata)	110	350
Tafelente (Aythya ferina)	>110	2.300
Reiherente (Aythya fuligula)	100	38
Schellente (Bucephala clang.)	16	38
Zwergsäger (Mergus albellus)	120	38
Gänsesäger (Mergus merganser)	1.800	560
Bleßhuhn (Fulica atra)	100	130
Kiebitz (Vanellus vanellus)	5.000	1.000
Bekassine (Gallinago g.)	>100	25
Kampfläufer (Philomachus p.)	>70	25
Silbermöwe (Larus argentatus)	50	600
Sturmmöwe (Larus canus)	100	105
Lachmöwe (Larus ridibundus)	>500	1.550
Zwergmöwe (Larus minutus)	80	10
Trauerseeschwalbe (Chlid. n.)	100	46

Brutvögel - Steinhuder Meer (1982/1988)

	Brutpaare
Haubentaucher (Podiceps crist.)	130-150
Zwergtaucher (Podiceps rufic.)	>4
Rohrdommel (Botaurus stellaris)	1-2
Graugans (Anser anser)	3-20
Schnatterente (Anas strepera)	0-2
Krickente (Anas crecca)	20-30
Spießente (Anas acuta)	0-1
Knäkente (Anas querquedula)	7
Löffelente (Anas clypeata)	5
Tafelente (Aythya ferina)	>9
Reiherente (Aythya fuligula)	2-5
Rotmilan (Milvus milvus)	3
Schwarzmilan (Milvus migrans)	1
Rohrweihe (Circus aeruginosus)	6-8
Wiesenweihe (Circus pygargus)	0-1
Birkhuhn (Lyrurus tetrix)	0-2
Wasserralle (Rallus aquaticus)	>170
Tüpfelsumpfhuhn (Porzana p.)	17
Kleines Sumpfhuhn (P. parva)	1-6
Wachtelkönig (Crex crex)	2
Kiebitz (Vanellus vanellus)	54-93
Bekassine (Gallinago g.)	50
Gr. Brachvogel (Numenius arqu.)	11-12
Uferschnepfe (Limosa limosa)	9-10
Rotschenkel (Tringa totanus)	0-3
Waldwasserläufer (Tringa ochr.)	0-1
Kampfläufer (Philomachus p.)	0-1
Ziegenmelker (Caprimulgus eur.)	8
Heidelerche (Lullua arborea)	2
Schafstelze (Motacilla flava)	>12
Wiesenpieper (Anthus pratensis)	80-120
Neuntöter (Lanius collurio)	35-40
Raubwürger (Lanius excubitor)	2
Rohrschwirl (Locustella luscin.)	>25
Schilfrohrsänger (Acroc. sch.)	30-38
Drosselrohrsänger (A. arundin.)	2-4
Sperbergrasmücke (Sylvia nis.)	5-20
Braunkehlchen (Saxicola rubetra)	33-44
Nachtigall (Luscinia megar.)	15-32
Steinschmätzer (Oenanthe oe.)	6-12
Bartmeise (Panurus biarmicus)	0-2
Beutelmeise (Remiz pendulinus)	10-20

3/4 Die Allermarsch südlich Walsrode

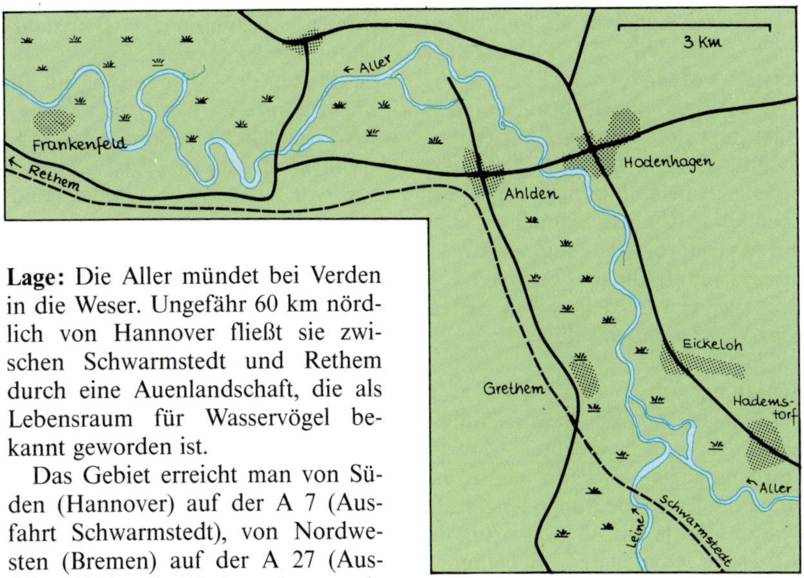

Lage: Die Aller mündet bei Verden in die Weser. Ungefähr 60 km nördlich von Hannover fließt sie zwischen Schwarmstedt und Rethem durch eine Auenlandschaft, die als Lebensraum für Wasservögel bekannt geworden ist.

Das Gebiet erreicht man von Süden (Hannover) auf der A 7 (Ausfahrt Schwarmstedt), von Nordwesten (Bremen) auf der A 27 (Ausfahrt Walsrode-West und von da nach Rethem) oder von Norden (Hamburg) auf der A 7 (Ausfahrt Westenholz und weiter bis Hodenhagen/Ahlden). Landstraßen führen dann südlich und nördlich des Flusses am Rand der Aue entlang. Die nächstgelegenen Bahnhöfe sind Schwarmstedt und Waldsrode.

Größe: Die Länge des Allerabschnittes beträgt wegen zahlreicher Mäander und Schlingen rund 38 km. Rethem und Schwarmstedt liegen rund 20 km Luftlinie auseinander.

Landschaft, Lebensräume, Vogelwelt: Das untere Allertal oder die Allermarsch war jahrhundertelang (bis vor knapp 20 Jahren) ein sehr beliebtes Aufenthaltsgebiet für Tausende von Wasservögeln. Besonders im Frühjahr diente das Tal als Leitlinie für ziehende Vogelarten wie den Kranich. Alljährlich standen zur Zeit der Schneeschmelze, doch gelegentlich auch im Sommer oder Herbst, weite Bereiche des bis 2 km breiten Aller-Hochflutbettes unter Wasser. Tümpel und Altwasser liefen dann voll und blieben meist den ganzen Sommer über gefüllt.

Die gehölzarmen Partien dienten auch Watvögeln als Brutgebiet. Neben dem Kiebitz kamen Uferschnepfe und Rotschenkel vor. An Tümpeln und Altwässern gediehen Röhricht und Wasserpflanzen. Deshalb waren sie für Taucher, Enten, Rallen oder Rohrsänger geeignet.

Leider sind von diesem Vogelreichtum nur noch Reste erhalten geblieben. Die Artenlisten zeigen dies deutlich. Die Allermarsch ist durch Flußregulierung und nachfolgend intensivere Landwirtschaft (Ackerbau) großenteils als Feuchtgebiet zerstört worden.

Die Ornithologen beziffern den Rückgang der Gastvögel auf durchschnittlich 60%, bei der Pfeif- und Spießente beläuft er sich sogar auf über 90%. Ähnlich dramatisch sind die Verluste bei den auf Austrocknung empfindlich reagierenden Brutvögeln, von denen 3-4 Arten ganz verschwunden sind.

Bedeutung: Die Allermarsch war 1974 wegen der hohen Rast-Zahlen bei Stock- und Spießenten, Zwerg- und Singschwan als Feuchtgebiet internationaler Bedeutung eingestuft worden. Heute gilt sie zwar noch als Rastgebiet nationaler Bedeutung, doch erscheint auch dieser Rang inzwischen zweifelhaft.

Schutz, Gefährdung, Betreuung: Durch die Regulierung des Wasserhaushaltes der Aller wurde ein für Vögel günstiges, naturnahes Ökosystem weitgehend zerstört. Jetzt kann es im Hochsommer und Frühherbst sogar zu Wassermangel in der Landwirtschaft kommen.

Gegen diese radikale Veränderung war der Naturschutz offenbar machtlos. Versuche, das mit Steinen befestigte Allerufer nachträglich mit Schilf und Weidengebüsch zu begrünen, können nur als kümmerlicher Versuch des Ausgleiches für die Beseitigung vieler natürlicher Uferstrecken gewertet werden. Schutzgebiete oder gar für die Vögel gezielt gesteuerte Wasserverhältnisse in Teilgebieten gibt es nicht.

Allermarsch: Zwergschwäne im Weihbruch. *Foto: Garve*

Beobachtungsmöglichkeiten: Es gibt nur noch eingeschränkte Gelegenheiten zur Beobachtung eindrucksvollen Vogellebens. Wir haben die Allermarsch dennoch in dieses Buch aufgenommen, weil sie zeigt, wie gründlich und rasch ein Vogelparadies vernichtet werden kann. Die Brutvögel bieten keine besonderen Erlebnisse mehr. Auf genügend weitflächige und langandauernde Überflutungen muß man jetzt lange warten. Dann erst lohnt sich von Februar bis Anfang April ein Besuch der Allermarsch.

Herrn Dieter Schipper danken wir für die Überarbeitung von Text und Listen.

Brutvögel – Allermarsch (Stand 1986)

	Brutpaare vor 1970	Brutpaare 70-86
Haubentaucher (Podiceps cr.)	Brut?	-
Graureiher (Ardea cinerea)	27	23
Weißstorch (Ciconia ciconia)	24	9
Krickente (Anas crecca)	5-8	1-3
Knäkente (Anas querquedula)	10-14	2-4
Löffelente (Anas clypeata)	2-3	-
Rohrweihe (Circus aeruginosus)	1-3	1
Wasserralle (Rallus aquaticus)	3	0-1
Tüpfelsumpfhuhn (Porzana p.)	4-6	-
Wachtelkönig (Crex crex)	6-10	0-3
Uferschnepfe (Limosa limosa)	13-18	2-4
Rotschenkel (Tringa totanus)	12-15	1-2
Kampfläufer (Philomachus p.)	1-2	-
Trauerseeschwalbe (Chlidonias n.)	3-6	0-3
Sumpfohreule (Asio flammeus)	1-2	...
Eisvogel (Alcedo atthis)	3-4	...

Adressen:

D. Schipper, Tränkeweg 14, 3100 Celle

E Garve, Kulneinweg 10c, 3100 Celle

Literatur:

E. Garve (1977); E. Garve und M. Flade (1983).

Gastvögel – Allermarsch zwischen Leinemündung und Rethemer Fähre (1975–86)

	Höchstzahlen	MHV
Haubentaucher (Podiceps crist.)	16	März
Kormoran (Phalacrocorax carbo)	20	Dez.
Höckerschwan (Cygnus olor)	120	Dez.
Singschwan (Cygnus cygnus)	165	Febr.
Zwergschwan (Cygnus bewickii)	260	...
Saatgans (Anser fabalis)	80	...
Bleßgans (Anser albifrons)	430	Febr.
Kanadagans (Branta canadensis)	160	Jan.
Pfeifente (Anas penelope)	100	...
Krickente (Anas crecca)	140	Apr.
Stockente (Anas platyrhynchos)	2.000	März
Spießente (Anas acuta)	80	...
Knäkente (Anas querquedula)	10	...
Löffelente (Anas clypeata)	60	Apr.
Tafelente (Aythya ferina)	800	Febr.
Reiherente (Aythya fuligula)	70	Febr.
Schellente (Bucephala clang.)	130	Febr.
Zwergsäger (Mergus albellus)	20	...
Gänsesäger (Mergus merganser)	130	...
Fischadler (Pandion haliaetus)	3	Apr.
Bleßhuhn (Fulica atra)	310	...
Austernfischer (Haematopus)	9	Apr.
Kiebitz (Vanellus vanellus)	4.000	...
Goldregenpfeifer (Pluv. apr.)	22	...
Uferschnepfe (Limosa limosa)	22	...
Bruchwasserläufer (Tringa gl.)	19	Apr.
Kampfläufer (Philomachus p.)	70	Apr.
Silbermöwe (Larus argentatus)	22	...
Sturmmöwe (Larus canus)	22	...
Lachmöwe (Larus ridibundus)	1.500	März

3/5 Meißendorfer Teiche und Bannetzer Moor westlich Celle

Lage: Das Gebiet liegt in Niedersachsen, rund 20 km nordwestlich der Kreisstadt Celle und etwa 30 km nördlich von Hannover. Die Autobahn A 7 führt westlich am Gebiet vorbei. Von Norden kommende Autofahrer verlassen sie an der Abfahrt Westenholz und fahren über Ostenholz nach Meißendorf. Von Süden anreisend, verläßt man die A 7 an der Abfahrt Mellendorf und gelangt über Winsen nach Meißendorf. Zugreisende fahren bis Celle und müssen dort in einen Bus nach Winsen bzw. Meißendorf umsteigen.

Größe: Der interessanteste Bereich des Beobachtungsgebietes ist das NSG mit 900 ha Fläche. Dieses ist von einem 700 ha großen Landschaftsschutzgebiet umgeben, so daß sich die Meißendorfer Teiche und das Bannetzer Moor über rund 1.600 ha erstrecken. Die Teiche mit ihren Ufer- und Verlandungszonen bedecken eine Fläche von ca. 400 ha.

Landschaft, Lebensräume, Vogelwelt: Ursprünglich setzte sich das Gebiet der Meißendorfer Teiche haupsächlich aus fast gehölzfreiem Hochmoor

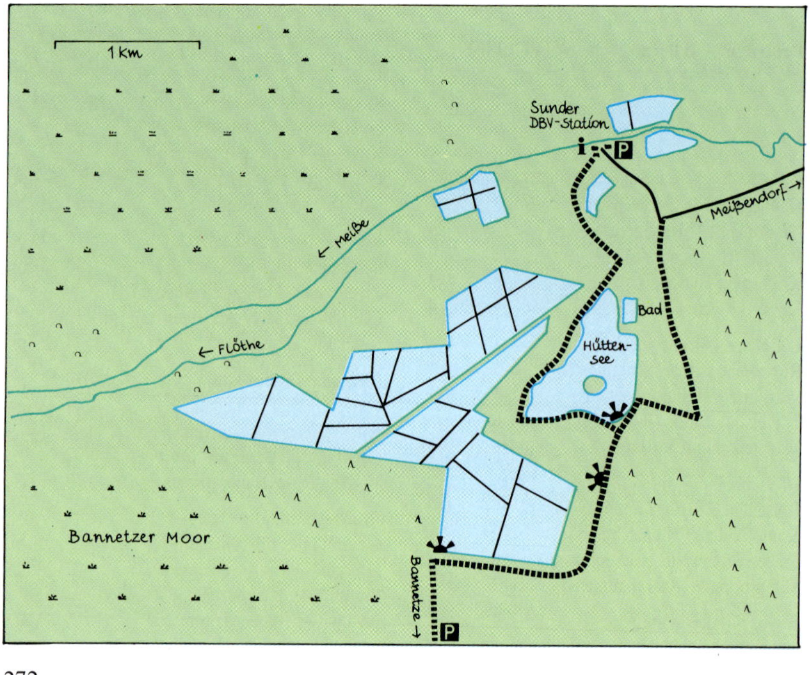

und, entlang den Bächen Meiße, Flöthe und Drebber, aus Niedermoor mit Röhricht und Bruchwald zusammen. Kleinere Teilbereiche waren auf Sandboden mit Laubwäldern aus Eichen und Birken bedeckt.

Der Mensch hat diese Landschaft stark verändert: Die Hochmoore wurden entwässert, teilweise abgetorft und in Grün- und Ackerland umgewandelt. Nur kleine Reste blieben einigermaßen erhalten, die allerdings wegen Wassermangel stark mit Birken zugewachsen sind.

Die größte Veränderung der Landschaft ging aber von der Anlage der Fischteiche aus. Zwischen 1880 und 1900 wurde im Bannetzer Moor und in der Meißeniederung ein aus etwa 100 Teichen bestehendes Karpfenzuchtgebiet angelegt. Inzwischen hat das Interesse an der Fischproduktion etwas nachgelassen. Bestimmte Teile verlandeten völlig, in anderen entwickelten sich vielfältige Wasserpflanzen- und Verlandungsgesellschaften.

Die Moore, Wiesen, Weiden, Gehölze und Teiche beherbergen natürlich auch eine interessante Vogelwelt, über die leider nur sehr wenig veröffentlicht worden ist.

Bedeutung: Im Bereich der Meißendorfer Teiche wurden bisher über 200 Vogelarten nachgewiesen. 111 davon gelten als gegenwärtige oder ehemalige Brutvögel. Als Feuchtgebiet wird den Teichen eine nationale Bedeutung zugesprochen; dies gilt sowohl hinsichtlich der Brut- als auch der Gastvogelvorkommen (eher Mauser und Durchzug, weniger Überwinterung).

Meißendorfer Teiche. (BR Braunschw. 5107/8833) *Foto: Landerer*

Schutz, Gefährdung, Betreuung: Der ganze Reichtum an Pflanzen und Tieren drohte kommerziellem Freizeitbetrieb zum Opfer zu fallen, doch kamen ihm Ende der 70er Jahre die Naturschutzverbände zuvor. Der DBV-Landesverband Niedersachsen, die Zoologische Gesellschaft Frankfurt von 1808 und der BUND kauften - vom Landkreis Celle, dem Land Niedersachsen und der Bundesregierung unterstützt - zahlreiche Teiche auf. Der DBV erwarb zusätzlich die Gebäude des Teichgutes Sunder mitsamt benachbarten Teichen und baute sie zu einer Tagungsstätte aus.

Die Meißendorfer Teiche sind neben Wallnau auf Fehmarn eines der wenigen Beispiele, wo der Naturschutz durch Konzentration aller Kräfte gegenüber wirtschaftlichen Interessen einen weitgehenden Sieg davontrug. Allein der Hüttensee mit Bad und Wochenendhäusern blieb als schon vorhandenes Erholungsgelände ausgeklammert. Dank eindeutiger Regelungen geht von diesem Bereich aber keine Gefahr mehr aus. Der größte Teil des 1984 als NSG gesicherten Bereiches ist durch Ankauf bestmöglich geschützt. Aktuelle Gefährdungen gibt es nicht.

In diesem vom Menschen geschaffenen Lebensraum müssen ständig Pflege- und Gestaltungsmaßnahmen vorgenommen werden, damit die Teiche als Lebensraum erhalten bleiben. Dies geschieht nach einem präzisen, alljährlich aktualisierten Managementplan.

Das NSG darf nur auf öffentlichen und gekennzeichneten Wegen betreten werden. Der DBV betreut es von Sunder aus.

Beobachtungsmöglichkeiten: Die Meißendorfer Teiche galten lange Zeit unter Feldornithologen als Geheimtip. Inzwischen ist das Teichgebiet weithin bekannt geworden, so daß Schutzvorkehrungen notwendig und Besuchereinrichtungen geschaffen werden mußten.

Der DBV hat eine Informationsstelle am Hüttenseeparkplatz eingerichtet. Bisher gibt es zwei Beobachtungsplattformen. Mitarbeiter des DBV veranstalten Führungen, zu denen größere Gruppen sich vorher anmelden sollten.

Weitere Plattformen, Informationstafeln und ein Weg für die Vogelbeobachtung sind geplant, so daß schließlich ohne Störung der Natur ausreichende Einblicke in die Teichlandschaft möglich sind.

Empfehlenswert ist außerhalb des NSG eine Umwanderung des Hüttensees auf einem dammartigen Rundweg; denn auch dieses Gewässer bietet Gelegenheit zur Vogelbeobachtung. Außerdem kann man vielerorts ins NSG hineinschauen.

Zu den nachhaltigen Erlebnissen gehören beispielsweise der Durchzug der Kraniche an bestimmten Tagen im März oder November und das Erscheinen rastender Fischadler im August/September.

Wir danken Herrn Dr. Götz Krapf, dafür, daß er dieses Kapitel durchgelesen hat.

Adressen:

DBV-Naturschutzseminar Gut Sunder, 3101 Winsen (05056-218)

D. Schipper, Tränkeweg 14, 3100 Celle

Gut Sunder: Tagungsstätte des DBV.
Foto: Sunder

Literatur:

E. A. Friedrich (1980); G. Krapf und D. Schipper (1984).

Gastvögel - Meißendorfer Teiche (1974-82)

	Höchstzahlen
Haubentaucher (Podiceps cristatus)	39
Zwergtaucher (Podiceps ruficollis)	12
Graureiher (Ardea cinerea)	92
Höckerschwan (Cygnus olor)	56
Bleßgans (Anser albifrons)	800
Pfeifente (Anas penelope)	14
Schnatterente (Anas strepera)	74
Krickente (Anas crecca)	130
Stockente (Anas platyrhynchos)	1.500
Spießente (Anas acuta)	2
Knäkente (Anas querquedula)	20
Löffelente (Anas clypeata)	47
Tafelente (Aythya ferina)	230
Reiherente (Aythya fuligula)	200
Schellente (Bucephala clangula)	8
Kranich (Grus grus)	1.200
Bleßhuhn (Fulica atra)	250
Kiebitz (Vanellus vanellus)	225
Bekassine (Gallinago gallinago)	45
Alpenstrandläufer (Calidris alpina)	32
Kampfläufer (Philomachus pugnax)	15
Trauerseeschwalbe (Chlidonias niger)	4

Brutvögel - Meißendorfer Teiche und angrenzende Moore (Stand 1982)

	Brutpaare
Haubentaucher (Podiceps cristatus)	15-25
Rothalstaucher (P. griseigena)	1-2
Schwarzhalstaucher (P. nigricollis)	...
Zwergtaucher (Podiceps ruficollis)	10
Zwergdommel (Ixobrychus minutus)	...
Rohrdommel (Botaurus stellaris)	5-6
Graugans (Anser anser)	13-15
Schnatterente (Anas strepera)	2-14
Krickente (Anas crecca)	1-11
Knäkente (Anas querquedula)	1-4
Löffelente (Anas clypeata)	2-15
Tafelente (Aythya ferina)	5-16
Reiherente (Aythya fuligula)	20-27
Schellente (Bucephala clangula)	0-2
Rohrweihe (Circus aeruginosus)	5-7
Wasserralle (Rallus aquaticus)	6
Tüpfelsumpfhuhn (Porzana porzana)	...
Kleines Sumpfhuhn (Porzana parva)	1
Kiebitz (Vanellus vanellus)	3
Flußregenpfeifer (Charadrius dubius)	3
Bekassine (Gallinago gallinago)	3
Sturmmöwe (Larus canus)	3
Lachmöwe (Larus ridibundus)	40
Trauerseeschwalbe (Chlidonias niger)	unreg.
Sumpfohreule (Asio flammeus)	3
Eisvogel (Alcedo atthis)	2
Heidelerche (Lullua arborea)	unreg.
Raubwürger (Lanius excubitor)	unreg.
Rohrschwirl (Locustella luscinoides)	2-12
Schilfrohrsänger (Acrocephalus schoen.)	16
Teichrohrsänger (Acrocephalus scirp.)	70
Drosselrohrsänger (Acrocephalus ar.)	1
Schwarzkehlchen (Saxicola torquata)	6-8
Braunkehlchen (Saxicola rubetra)	unreg.
Blaukehlchen (Luscinia svecica)	1
Steinschmätzer (Oenanthe oenanthe)	unreg.
Bartmeise (Panurus biarmicus)	...
Beutelmeise (Remiz pendulinus)	1
Pirol (Oriolus oriolus)	unreg.
Kolkrabe (Corvus corax)	1

3/6 Der niedersächsische Drömling

Lage: Unter dieser Bezeichnung wird hier eine Feuchtgebietslandschaft nordöstlich von Wolfsburg in Ostniedersachsen verstanden, die sich diesseits der deutsch-deutschen Grenze von der Aller im Süden auf bis zu 15 km Breite etwa 30 km weit nach Norden erstreckt. Weitere große Teile dieser Landschaft liegen weiter östlich in der DDR.

Für die Anfahrt günstig ist die Landstraße von Vorsfelde (Bahnhof,

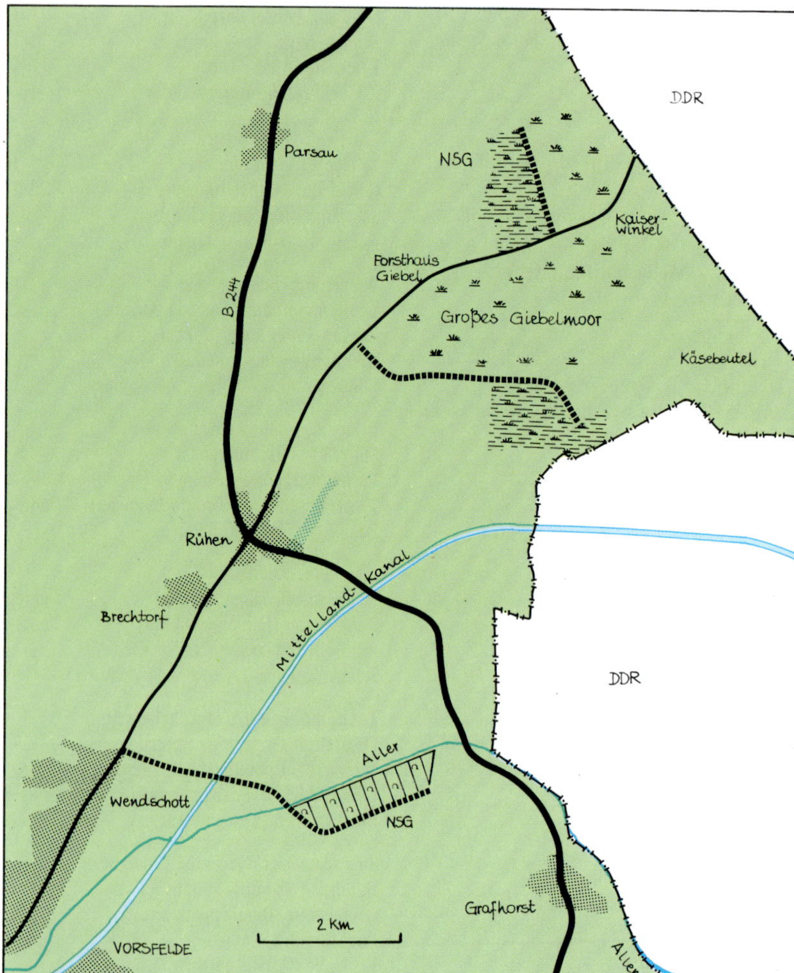

3 km östlich Wolfsburg) über Rühen nach Kaiserwinkel direkt an der DDR-Grenze. Zwischen dem Forsthaus Giebel und Kaiserwinkel liegen links und rechts der Straße das Große und Kleine Giebelmoor und weiter östlich der Käsebeutel. Biegt man schon bei Wendschott oder Rühen nach Osten ab, gelangt man in den von Aller und Mittellandkanal durchflossenen Teil des Drömlings.

Größe: Man kann rund 5.000 ha Gelände zum niedersächsischen Drömling rechnen. In ihm liegen drei NSG mit zusammen ca. 313 ha Fläche.

Landschaft, Lebensräume, Vogelwelt: Der Drömling gehört zu einem von der Aller durchflossenen Abschnitt des Breslau-Magdeburg-Bremer Urstromtales. Er liegt in einem flachen Becken, das 10 bis 30 m tief in die Umgebung eingesenkt ist.

Über 400 ha der ehemaligen Moor- und Auenwälder sind in den letzten 40 Jahren in Pappel-Erlen-Kulturen umgewandelt worden. Diese Flächen bilden zusammen mit den zum Teil durch Entwässerung degenerierten Moorwäldern einen der großflächigsten Moorwaldstandorte in der Bundesrepublik Deutschland.

Die für den Drömling typischen Vögel konzentrieren sich auf folgende Lebensräume: Röhrichte, Riede und pflanzenreiche Kleingewässer sind besiedelt u.a. von Zwergtaucher, Rohrdommel, Knäk-, Krick- und Löffelente, Rohrweihe, Wasserralle, Rohrschwirl, Teich- und Schilfrohrsänger.

In den extensiver genutzten Feucht- und Naßwiesen, wie man sie vor allem südlich Rühen und im Kä-

Drömling: Winterliche Überschwemmung. *Foto: Flade*

sebeutel (sowie im Barn- und Ilkerbruch westlich Wolfsburg) findet, kommen der Weißstorch als Nahrungsgast sowie Wachtelkönig, Brachvogel, Kiebitz, Bekassine, Uferschnepfe, Braunkehlchen, Schafstelze und Wiesenpieper als Brutvögel vor.

In altholzreichen Naßwäldern brüten Graureiher, Baumfalke, Rot- und Schwarzmilan und Wespenbussard. In den übrigen Moor-, Auen- und Bruchwäldern kann man Waldschnepfe, Hohltaube, Mittelspecht, Pirol, Weidenmeise, Beutelmeise, Nachtigall und Schlagschwirl antreffen, gelegentlich auch die Rotdrossel.

Nasse Gebüschbrachen und heckenreiche sowie von zahllosen Gräben durchzogene „Dammkulturen“ (eine spezielle Nutzungsform im Drömling) bieten z. B. Raubwürger, Neuntöter, Turteltaube, Beutelmeise, Sperbergrasmücke und Ortolan Lebensmöglichkeiten.

Bedeutung: Wegen des erst verhältnismäßig späten Beginns der Meliorationen im Drömling und wegen seiner abgeschiedenen Lage blieben wertvolle Reste heute allgemein sehr selten gewordener und stark gefährdeter Lebensräume mit ihrer besonderen Pflanzen- und Tierwelt weitgehend erhalten. Von 203 nachgewiesenen Vogelarten gelten 143 als Brutvögel. Davon brüten zur Zeit 115 regelmäßig. 53 dieser Brutvogelarten, also fast die Hälfte, stehen als gefährdet auf der bundesweiten „Roten Liste“. Der Drömling hat als Brutgebiet nationale und für rastende Wasser- und Watvögel überregionale Bedeutung. In Überschwemmungs-Frühjahren kommt es zu großen Wasservogelkonzentrationen (s. Liste).

Schutz, Gefährdung, Betreuung: Im niedersächsischen Drömling bestehen zur Zeit drei NSG: Aller-Auenwald im Drömling (seit 1979; 95 ha), Großes Giebelmoor (seit 1979; 125 ha) und Kleines Giebelmoor (seit 1961; 93 ha). Weitere NSG sind geplant.

In den NSG dürfen die Wege nicht verlassen werden. Einzelne Wege werden sogar vom 15.2.–30.6. völlig gesperrt, um empfindlichen Brutvögeln ein Höchstmaß an Ruhe zu verschaffen.

Die NSG zeigen zwar noch viele Eigentümlichkeiten der Bruch- und Moorwälder des Drömlings, doch sind selbst sie, wie andere Teile dieser Landschaft auch, von Entwässerungen und intensiverer Bodennutzung beeinflußt. Beides begann besonders seit den 60er Jahren die Feuchtgebiete zu gefährden und den Reichtum der Pflanzen- und Tierwelt zu vermindern. Deshalb verließen einige Brutvögel z. T. bereits vor langer Zeit das Gebiet: (Stein-, Schrei-, Seeadler, Kornweihe, Fischadler, Wanderfalke, Birkhuhn, Rotschenkel, Kampfläufer, Uhu, Drosselrohrsänger) oder besitzen nur noch kleine, stark rückläufige Bestände (u. a. Sperber, Raubwürger, Schilfrohrsänger, Grauammer).

Auch einzelne Pflanzengesellschaften verschwanden, wie der Rauschbeeren-Birkenbruch, nahmen an Fläche stark ab oder veränderten sich infolge der Austrocknung; dies gilt für Erlenbruch, Auenwald, Seggenried und Röhrichte.

Es liegen Pläne vor, diese für den Naturschutz sehr negative Entwicklung noch zu beschleunigen: Im Gespräch sind ein Hochwasser-Rückhaltebecken an der Aller und eine Steigerung der Trinkwasser-Förderung von 2,5 auf 6,25 Millionen Kubikmeter. Noch sind beide Vorhaben nicht endgültig entschieden.

Negative Wirkungen zumindest auf die Vogelwelt gehen auch von Erholungssuchenden aus Wolfsburg und Umgebung aus, die in wachsender Zahl im Drömling wandern oder Radfahren. Um so mehr muß jeder Vogelbeobachter darauf bedacht sein, beispielhaft Verbote zu beachten und jede Beunruhigung der Tierwelt zu vermeiden.

Beobachtungsmöglichkeiten: Die Brutvögel erkundet man am besten im Bereich östlich von Wendschott, Brechtorf und Rühen. Geeignet für Beobachtungen sind die Dämme beiderseits des Mittellandkanals. Auch von der Straße Rühen-Grafhorst aus kann man Wiesenbrüter beobachten ohne zu stören. Bei Frühjahrshochwassern im März/April ist in den Wiesen mit großen Scharen von Wat- und Wasservögeln zu rechnen. Besonders im zeitigen Frühjahr dürfen aber auf keinen Fall die Brachvögel bei der Brut gestört werden. – Käsebeutel und Südliches Großes Moor sowie der Weg am Aller-Südufer sind vom 15.2. bis 30.6. vollkommen gesperrt.

Drömling: Vogelmoor. *Foto: Pretscher*

Wir danken Herrn Thomas Neumann für Anregungen zu diesem Kapitel.

Adressen:

WWF-Naturschutzstelle Nord, Thomas Neumann, Kuckucksredder 8, 2413 Breitenfelde

M. Flade, Seelingstr. 32, 1000 Berlin 19

DBV-Kreisgruppe Wolfsburg, Wilfried Sievers, Finkenweg 9, 3181 Rühen/Brechtorf

E. Bühring (WWF), Spörckenstr. 23d, 3100 Celle

Literatur:

E.A. Friedrich (1980); A.Jorns, R.Kratz u.G. Pudack (1986); R.Kratz u. G. Pudack (1987).

Gastvögel - Drömling (Stand 1987)

	Höchstzahlen	MHV
Graureiher (Ardea cinerea)	35	Aug.
Weißstorch (Ciconia ciconia)	50	Juni
Saatgans (Anser fabalis)	64	Febr.
Graugans (Anser anser)	240	Febr.
Pfeifente (Anas penelope)	700	März
Schnatterente (Anas strepera)	30	März
Krickente (Anas crecca)	480	3-4
Spießente (Anas acuta)	1.200	3-4
Knäkente (Anas querquedula)	200	Apr.
Löffelente (Anas clypeata)	250	Apr.
Tafelente (Aythya ferina)	3.700	März
Reiherente (Aythya fuligula)	200	März
Schellente (Bucephala clang.)	24	März
Kranich (Grus grus)	500	März
Kiebitz (Vanellus vanellus)	5.000	3+7
Bekassine (Gallinago gall.)	150	Apr.
Uferschnepfe (Limosa limosa)	25	Apr.
Kampfläufer (Philomachus p.)	70	4-5

Brutvögel - Drömling (Stand 1987)

	Brutpaare
Zwergtaucher (Podiceps ruficollis)	0-2
Graureiher (Ardea cinerea) (2 Kol.)	100
Rohrdommel (Botaurus stellaris)	1
Weißstorch (Ciconia ciconia)	8-10
Schwarzstorch (Ciconia nigra)	1
Krickente (Anas crecca)	5-6
Löffelente (Anas clypeata)	1-2
Rotmilan (Milvus milvus)	20
Schwarzmilan (Milvus migrans)	4-6
Wespenbussard (Pernis apivorus)	5
Rohrweihe (Circus aeruginosus)	6
Wiesenweihe (Circus pygargus)	1
Kranich (Grus grus)	3-4
Wasserralle (Rallus aquaticus)	25-35
Tüpfelsumpfhuhn (Porzana porzana)	13
Wachtelkönig (Crex crex)	5-25
Kiebitz (Vanellus vanellus)	100
Bekassine (Gallinago gallinago)	80
Waldschnepfe (Scolopax rusticola)	30
Großer Brachvogel (Numenius arquata)	15-18
Uferschnepfe (Limosa limosa)	2-7
Hohltaube (Columba oenas)	15
Turteltaube ((Streptopelia turtur)	120-140
Sumpfohreule (Asio flammeus)	1-2
Ziegenmelker (Caprimulgus europaeus)	2-3
Eisvogel (Alcedo atthis)	2-3
Schwarzspecht (Dryocopus martius)	12
Mittelspecht (Dendrocopus medius)	30-40
Wiesenpieper (Anthus pratensis)	80
Neuntöter (Lanius collurio)	110
Rohrschwirl (Locustella luscinoides)	1-4
Schlagschwirl (Locustella fluv.)	> 25
Schilfrohrsänger (Acrocephalus sch.)	5
Teichrohrsänger (Acr. scirpaceus)	150
Sperbergrasmücke (Sylvia nisoria)	60-80
Braunkehlchen (Saxicola rubetra)	100-120
Nachtigall (Luscinia megarhynchos)	100
Steinschmätzer (Oenanthe oenanthe)	1
Rotdrossel (Turdus iliacus)	gelegtl.
Beutelmeise (Remiz pendulinus)	35
Ortolan (Emberiza hortulana)	6-8
Kolkrabe (Corvus corax)	3-4

3/7 Die Teiche bei Riddagshausen und Weddel

Lage: Das NSG Riddagshausen gehört zum Naherholungsbereich der Stadt Braunschweig im Osten Niedersachsens. Es liegt unmittelbar am östlichen Stadtrand und ist außer mit dem Auto auch mit den Buslinien 13 und 18 zu erreichen.

Etwas weiter, etwa 1 km vom NSG entfernt, liegt der ebenfalls unter Schutz gestellte Weddeler Teich knapp südöstlich des Braunschweiger Vorortes Weddel. Er bildet mit den Teichen des NSG Riddagshausen eine Einheit und wird daher mitbeschrieben.

Größe: Das NSG Riddagshausen erstreckt sich über 474 ha, seine drei großen Teiche besitzen rund 40 ha Wasserfläche. Das NSG Weddeler Teich ist 20 ha groß, die Wasserfläche umfaßt 4,5 ha.

Landschaft, Lebensräume, Vogelwelt: Im Mittelalter legten Mönche in einem Sumpf-und Bruchgelände 28 Karpfenteiche an, von denen 11 noch ganz oder teilweise erhalten sind. Zu ihnen gehören die im NSG gelegenen Weiher Kreuz-, Mittel- und Schapenbruchteich. Andere verlandeten wieder und wuchsen mit Röhricht und Erlenbruch zu.

Die drei Teiche bilden mitsamt angrenzenden Feuchtbereichen das Herz des NSG Riddagshausen, das Teil einer sehr abwechslungsreichen, flachwelligen Landschaft ist.

Insbesondere der Schapenbruchteich besitzt größere Seerosenbestände und ist von einem weiten Röhricht umgeben, das in Weidengebüsch und Schwarzerlen-Bruchwald übergeht. Der ganz im Westen direkt an der Straße gelegene Kreuzteich ist

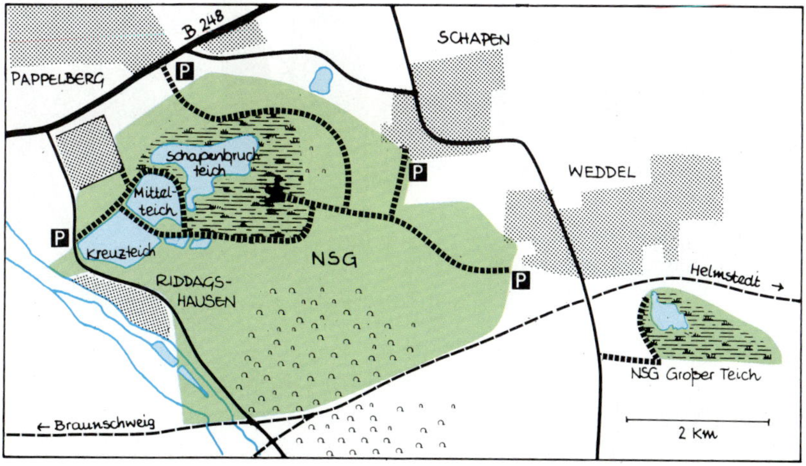

eher ein Parkteich, wo das Wassergeflügel vom Publikum gefüttert werden kann. Er besitzt kaum Wasserpflanzen oder Röhricht. Am Mittelteich gibt es davon immerhin einzelne größere Komplexe.

Südlich der Teiche liegt eine größere Ackerfläche. Auch im Osten des NSG gibt die Landwirtschaft den Ton an. Hier wird die vom Weddeler Graben durchflossene Landschaft als Acker- und Grünland genutzt. Einzelne Gehölze sind locker eingestreut. Der Süden des NSG wird von Wald eingenommen. Ein Teil ist allerdings in ein großes Wildgehege einbezogen worden. Wildschweine, Rot- und Damhirsche haben dort die Kraut- und Strauchschicht fast völlig zerstört.

Der Weddeler Teich ist ebenfalls ein vom Menschen angelegter Stauteich. Er ist mit einem weiten Röhrichtgürtel stark verlandet, an den sich ein Gehölzmantel aus Weidengebüsch, Schwarzerlen und Eichen anschließt. Offenes Wasser grenzt nur an den das Westufer bildenden Staudamm.

Es ist klar, daß diese reich gegliederte, fast parkartige Landschaft einer großen Zahl von Vögeln Lebensraum bietet. Zu den bemerkenswerten Brutvögeln zählen neben Wasservögeln (Taucher, Enten, Höckerschwan und Graugans), Röhricht- und Bruchwaldbewohnern (Rohrweihe, Rohrsänger, Rallen, Schwirle) auch Waldbewohner (Spechte, Hohltaube, Greifvögel) und Vögel der offenen Kulturlandschaft (Kiebitz, Braunkehlchen, Neuntöter).

Natürlich bilden die Teiche auch ein Rastgebiet für durchziehende Vogelarten. Leider liegen aber nur wenige Bestandszahlen vor.

Weddeler Teiche bei Braunschweig. *Foto: Pretscher*

Bedeutung: Bislang wurden in beiden NSG etwa 225 Vogelarten nachgewiesen, davon gelten 135 als Brutvögel. Von ihnen stehen 33 als gefährdet auf den „Roten Listen“ für Niedersachsen und die Bundesrepublik.

Diese relativ hohen Zahlen bekommen aber nur einen Sinn, wenn man auch die Dynamik der Avifauna betrachtet (s. Liste). Verloren gegangen als Brutvogel sind u.a. Schnatter- und Moorente, Eisvogel, Drossel-, Seggenrohrsänger und Blaukehlchen. Neu angesiedelt haben sich z.B. Schwarzhalstaucher und Lachmöwe. Letztere war schon gegen Ende des 19. Jahrhunderts verschwunden. 1981 brüteten erstmals wieder ca. 50 Paare.

Dem Vogelreichtum entspricht auch eine ähnliche Vielfalt an Pflanzen und anderen Tieren. So wurden beispielsweise 750 Pflanzen- und 11 Amphibienarten festgestellt.

Der Internationale Rat für Vogelschutz zeichnete beide NSG zusammen durch die Verleihung des Prädikats Europareservat aus. Die Riddagshäuser Teiche sind in Niedersachsen als Feuchtgebiet nationaler Bedeutung eingestuft worden.

Schutz, Gefährdung, Betreuung: Der Riddagshäuser Bereich ist seit 1936 und der Weddeler Teich seit 1981 NSG. Während letzterer ziemlich abseits liegt, von Äckern und Wiesen umgeben ist und das Ufer nur am Staudamm erreicht werden kann, dient das NSG Riddagshausen den Braunschweigern auch als viel besuchtes Naherholungsgebiet. An schönen Wochenenden strömen gut 5.000 Menschen dorthin.

Der Wald wird vorwiegend als Erholungswald naturnah bewirtschaftet. In neuerer Zeit werden auch zunehmend an die Kernzone angrenzende Ackerflächen in Wiesengelände zurückverwandelt. Daß einzelne Teiche noch der maßvoll betriebenen Fischzucht dienen, tut dem Naturschutz keinen Abbruch.

Das NSG Riddagshausen ist zu drei Vierteln zusätzlich als Wildschutzgebiet ausgewiesen, in dem die Jagd auf Wasservögel verboten ist.

Zuständige Behörde ist das Ordnungsamt der Stadt als Untere Naturschutzbehörde. Es bemüht sich um Verbesserungen für den Naturschutz und wird von Wissenschaftlern der Technischen Universität und Naturschutzverbänden unterstützt. Mit vielerlei Maßnahmen versucht man negative Wirkungen des Erholungsbetriebs und der wirtschaftlichen Nutzung zu begrenzen oder auszugleichen: Schließung bestimmter Wege, Anlage und Duldung von Brachflächen, Verbesserung der Wasserqualität durch Umleitung verschmutzter Zuflüsse, Wiederherstellung alter Feuchtwiesen durch Entfernung der Stangengehölzer, Neupflanzung heimischer und standortgerechter Laubbäume auf abgeholzten Nadelholzparzellen usw. Ein Teil des Geldes dafür kommt auch von der EG und vom Bundesumweltminister.

Nicht mehr zu ändern ist die Isolierung des Riddagshäuser Feuchtgebietes durch Siedlungen in der Umgebung, die sich fast wie ein Ring um das NSG legen. Als Verbindung zur freien Landschaft konnten jedoch einzelne Schneisen von der Bebauung freigehalten werden.

Beobachtungsmöglichkeiten: Feldornithologen können das Gebiet während des ganzen Jahres besuchen. Nahezu jeder Winkel des NSG ist von Wegen aus überschaubar. Am Weddeler Teich darf nur der Staudamm betreten werden. In beiden NSG dürfen die Wege nicht verlassen werden.

Herrn Dr. Wolfgang Winkel danken wir für die Überarbeitung dieses Kapitels.

Adressen:

Dr. Wolfgang Winkel, Bauernstr. 14, 3302 Cremlingen 1

BUND-Kreisgruppe Braunschweig, Nimesstr. 2, 3300 Braunschweig (0531-15599)

Literatur:

R. Berndt (1976).

Gastvögel - Teiche bei Riddagshausen und Weddel (1975-85)

	Höchstzahlen	
	um 1975	um 1985
Kormoran (Phalacrocorax c.)	...	0-10
Graureiher (Ardea cinerea)	40	20-50
Graugans (Anser anser)	...	300
Krickente (Anas crecca)	400	100
Stockente (Anas platyr.)	3.600	1.000
Knäkente (Anas querquedula)	100	50
Löffelente (Anas clypeata)	500	600
Tafelente (Aythya ferina)	250	150
Reiherente (Aythya fuligula)	...	150
Bleßhuhn (Fulica atra)	600	600
Lachmöwe (Larus ridibundus)	...	2.000

Brutvögel - Teiche bei Riddagshausen und Weddel (1975-86)

	Brutpaare	
	75-80	80-86
Haubentaucher (Podiceps cr.)	6-8	6-8
Rothalstaucher (P. gris.)	-	0-3
Schwarzhalstaucher (P. nig.)	...	0-2
Zwergtaucher (P. ruficollis)	15	10
Zwergdommel (Ixobrychus m.)	2	...
Rohrdommel (Botaurus stell.)	1-2	0-1
Höckerschwan (Cygnus olor)	...	2-5
Graugans (Anser anser)	20	10-40
Krickente (Anas crecca)	1-3	...
Stockente (Anas platyr.)	100	50
Spießente (Anas acuta)	0-1	...
Knäkente (Anas querqu.)	1-3	...
Löffelente (Anas clypeata)	1-3	...
Tafelente (Aythya ferina)	40	30
Reiherente (Aythya fuligula)	15	20
Schellente (Bucephala cl.)	-	0-1
Rotmilan (Milvus milvus)	...	3
Wespenbussard (Pernis api.)	...	2
Rohrweihe (Circus aerug.)	8-9	3-5
Wasserralle (Rallus aqu.)	30	15
Tüpfelsumpfhuhn (Porzana p.)	0-x	0-5
Teichhuhn (Gallinula chl.)	30	15
Bleßhuhn (Fulica atra)	100	50
Kiebitz (Vanellus vanellus)	15	2-5
Bekassine (Gallinago g.)	5	2-3
Lachmöwe (Larus ridibundus)	50	500
Eisvogel (Alcedo atthis)	...	1
Schwarzspecht (Dryocopus m.)	...	5
Uferschwalbe (Riparia r.)	...	60
Rohrschwirl (Locustella l.)	5-6	5-6
Schlagschwirl (L. fluv.)	7	1-4
Feldschwirl (L. naevia)	25	15
Schilfrohrs. (Acroc. sch.)	10	0-2
Sumpfrohrsänger (A. pal.)	6	15
Teichrohrsänger (A. scir.)	50	20
Braunkehlchen (Saxicola r.)	spärl.	spärl.
Nachtigall (Luscinia meg.)	...	5-20
Bartmeise (Panurus biarm.)	-	0-x
Beutelmeise (Remiz pend.)	...	...
Pirol (Oriolus oriolus)	...	...

3/8 Die Lengeder Teiche bei Salzgitter

Lage: Die Teiche liegen im südöstlichen Niedersachsen, im Bereich des Industriegebietes um Peine-Salzgitter. Das Gebiet schließt an den 15 km südwestlich von Braunschweig gelegenen Ort Lengede an. Das Auto kann an der Straße beim Seilbahnberg oder an der Fuhsebrücke Woltwiesche-Lengede geparkt werden; von dort führen Wege ins Gebiet hinein. Die nächste Bahnstation ist Großgleidingen.

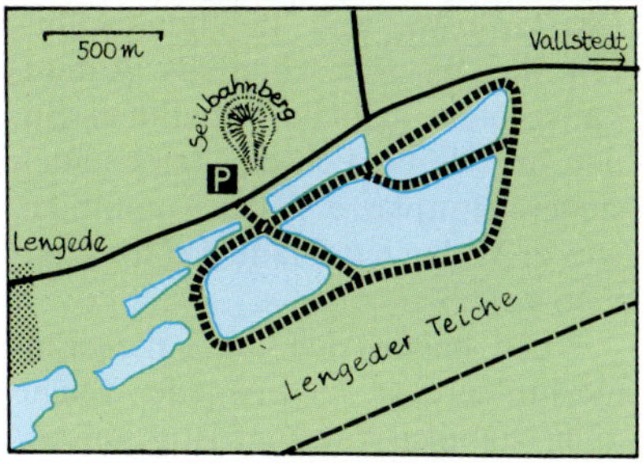

Größe: Die in diesem Abschnitt näher beschriebenen vier Teiche besitzen zusammen eine Fläche von 130 ha.

Landschaft, Lebensräume, Vogelwelt: Die Lengeder Teiche sind ein vom Menschen geschaffener Lebensraum und dienten jahrelang der Aufbereitung des rund um Lengede geförderten Eisenerzes. Durch hohe Dämme, die heute noch das Teichgebiet umgrenzen und durchziehen, hatte man Becken geschaffen, in die die bei der Erzwäsche anfallende Schlammtrübe eingeleitet wurde.

Rohrammer

So entstanden Klärteiche mit ständig wachsendem, wasserundurchlässigem Boden. Als etwa 1977 die Beschickung des letzten Teiches aufhörte, lagen diese rund 10 m über dem Niveau des umgebenden Acker- und Siedlungsgebietes.

Die Schlamm- und Wasserflächen bildeten bereits während der Betriebszeit ein Rastareal für Wat- und Wasservögel. Doch sorgten zunehmende Verlandung und Bepflanzung dafür, daß die Watvögel dann fast völlig verschwanden und in Röhricht und Gehölzen sich aufhaltende Singvögel zunahmen. Auch die Wasservögel erhielten im Laufe der Zeit mehr Brutmöglichkeiten.

Heute, nachdem die Teiche 1980 von der Peine-Salzgitter AG in den Besitz der Gemeinde Lengede übergegangen sind, soll sich die Natur ungestört entfalten und entwickeln.

Die vier Teiche besitzen in unterschiedlicher Ausdehnung trockene bis nasse Schilfzonen und Wasserflächen. Dennoch zeigen die Vogelvorkommen, daß hier tief im gewässerarmen Binnenland ein wichtiges Feuchtgebiet entstanden ist.

Die Nachtigall lebt im dichten Gebüsch. Im Schilf brüten Rallen, Rohrweihe und Rohrsänger. Vor allem Gründel- und Tauchenten nutzen die Wasserflächen als Aufenthaltsgebiet; manche von ihnen finden im Uferbereich der Teiche auch sichere Brutplätze. Auch Amphibien, wie z.B. die Knoblauchkröte, kommen vor.

Noch haben sich die Lebensräume im Bereich der Lengeder Teiche nicht stabilisiert. Langfristig müssen etwa die Kulturpappeln dem eher standortgerechten Erlenwald weichen. Im Schilf werden sich Gehölze wie Weiden und Erlen vermehren, und die Verlandung der Teiche wird noch weitergehen. Der Vogelwelt kann dies nur förderlich sein, wenn genügend große Wasserflächen erhalten bleiben.

Bedeutung: Die Lengeder Teiche zählen als Brut-, Mauser- und Rastgebiet zu den ornithologisch bedeutenderen Feuchtgebieten im südöstlichen Niedersachsen. Bis 1981 wurden wenigstens 174 Vogelarten beobachtet. Davon sind 59, wie z.B. Nacht-, Purpurreiher oder Bartmeise, als Irrgäste und „Randerscheinungen" zu bezeichnen oder wurden in den letzten 15 Jahren nicht mehr gesehen. Weitere 26 Arten entfallen auf die Limikolen, die im Gegensatz zu früher, mit Ausnahme von Kiebitz, Flußregenpfeifer und Uferläufer, ebenfalls nur noch ausnahmsweise zur Rast einfallen. 67 der 174 Arten wurden bisher als Brutvögel nachgewiesen; 92 Arten gelten als Gastvögel und Durchzügler; der Rest ist als Brutvogel verschwunden, oder es bestand nur Brutverdacht.

Lengeder Teiche. *Foto: Pretscher*

Schutz, Gefährdung, Betreuung: Die vier Lengeder Teiche stehen seit 1982 unter Naturschutz. Die Verordnung erlaubt die Bewirtschaftung der Pappelkulturen. Eingriffe in die Fischfauna sind vernünftigerweise verboten, aber die Jagd ist leider auch auf Wasservögel zugelassen.

Beobachtungsmöglichkeiten: Die Dämme bilden ein Wegesystem, das jeden Winkel des Teichgebietes erschließt. Ein Besuch lohnt sich vor allem im Mai und Juni (Brutvögel) und ab Oktober (Gastvögel).
Herrn Professor Hans Oelke danken wir für die Durchsicht dieses Kapitels.

Adressen:

Peiner Biologische Arbeitsgemeinschaft, Kastanienallee 13, 3150 Peine

Literatur:

C. Costabel u. C. Foeth (1983); H. Oelke (1963).

Knäkente

Brutvögel - Lengeder Teiche (Stand 1987)

	Brutpaare
Haubentaucher (Podiceps cristatus)	10-15
Schwarzhalstaucher (P. nigricollis)	1
Zwergtaucher (Podiceps ruficollis)	3-5
Rohrdommel (Botaurus stellaris)	3-4
Höckerschwan (Cygnus olor)	2-4
Krickente (Anas crecca)	0-2
Stockente (Anas platyrhynchos)	30-40
Löffelente (Anas clypeata)	2-5
Tafelente (Aythya ferina)	3-5
Reiherente (Aythya fuligula)	3-5
Rohrweihe (Circus aeruginosus)	3-5
Wasserralle (Rallus aquaticus)	10-20
Teichhuhn (Gallinula chloropus)	10-20
Bleßhuhn (Fulica atra)	10-20
Lachmöwe (Larus ridibundus)	100
Feldschwirl (Locustella naevia)	5-10
Sumpfrohrsänger (Acrocephalus pal.)	10-50
Teichrohrsänger (A. scirpaceus)	50-100
Drosselrohrsänger (A. arundinaceus)	(1-3)
Gelbspötter (Hippolais icterina)	10-20
Nachtigall (Luscinia megarhynchos)	10-20
Beutelmeise (Remiz pendulinus)	3-4
Rohrammer (Emberiza schoeniclus)	50-100
Pirol (Oriolus oriolus)	1-3

Gastvögel - Lengeder Teiche (Stand 1987)

	Höchstzahlen
Krickente (Anas crecca)	100
Stockente (Anas platyrhynchos)	3.000
Spießente (Anas acuta)	20
Knäkente (Anas querquedula)	100
Löffelente (Anas clypeata)	50
Tafelente (Aythya ferina)	100
Reiherente (Aythya fuligula)	100
Rauchschwalbe (Hirundo rustica) + Mehlschwalbe (Delichon urbica)	5.000
Star (Sturnus vulgaris)	100.000

3/9 Die Vienenburger Kiesteiche bei Goslar

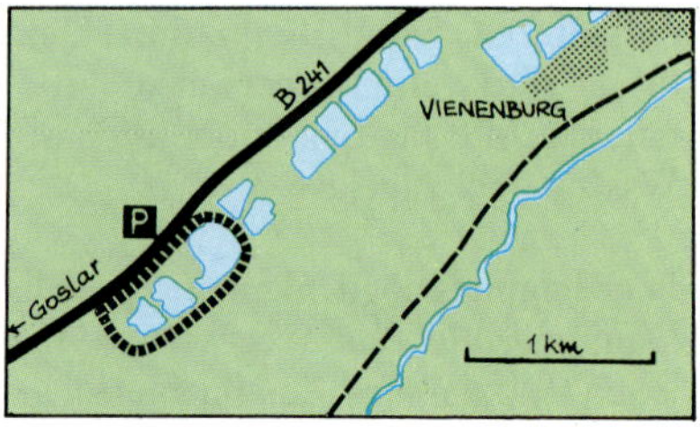

Lage: Das Gebiet liegt nur wenige Kilometer nördlich vom Harz an der B 241 zwischen Goslar und Vienenburg. Es besteht aus 10 wassergefüllten Kiesgruben unmittelbar südwestlich von Vienenburg. In Richtung Goslar gibt es südlich Probsteiburg weitere Abgrabungen, auf die hier nicht eingegangen wird. Oker und Vienenburg sind die nächsten Bahnstationen.

Größe: Die 10 Gewässer besitzen jeweils etwa 300 m Breite und sind auf einer rund 4 km langen Strecke aneinandergereiht. Daraus ergibt sich eine Gesamtfläche von etwa 120 ha.

Landschaft, Lebensräume, Vogelwelt: Die Kiesteiche gehören zum Steinfeld, das seine Entstehung dem aus dem Harz kommenden Flüßchen Oker verdankt. Bis 1956 wurde diese Ebene vor allem nach der Schneeschmelze regelmäßig überschwemmt.

Als 1956 im Harz die Okertalsperre fertiggestellt war, bestand keine Überschwemmungsgefahr mehr und die Ausbeutung und Umgestaltung des Steinfeldes begann. Die Oker wurde in ein schnurgerades Bett gezwängt, in das wegen des starken Gefälles 10 Wehre eingebaut wurden. Die Kieslager wurden abgebaggert, und es entstand schließlich ein Teichgebiet in der nun sonst als Akkerland genutzten Ebene.

Die Vienenburger Kiesteiche sind also „Vogelparadiese aus Menschenhand". Wie so oft steht einer Bereicherung des Brut- und Gastvogellebens allerdings auch der Verlust einer großflächig naturnahen Flußaue gegenüber.

Von den 10 Teichen bei Vienenburg befinden sich die drei vogelkundlich interessantesten am Südwestende. Sie besitzen flach auslaufende Ufer, eine Wassertiefe von höchstens 2 m und als Folge davon viel Röhricht und niedriges Weidengebüsch. Obwohl die Gewässer von hohen Dämmen eingeschlossen sind, konzentrieren sich hier die Brutvögel, und zahlreiche Gastvögel fallen zur Rast ein. Nur wenige Erlen- oder Weidengruppen und ein Pappelgehölz an der B 241 beleben das offene Landschaftsbild.

Die weiter nordöstlich liegenden Teiche sind hingegen 5–10 m tief und weisen wegen steiler Uferböschungen kaum Wasservegetation auf. Sie bieten eigentlich nur im Winter Enten ein Ausweichquartier, denn sie frieren erst bei strengem Frost völlig zu.

Um den Wert der südlichen drei flacheren Teiche als Lebensraum für Wasservögel zu steigern, wurden sie 1977 in Teilbereichen umgestaltet. Man schuf buchtenreiche Ufer, eintönige Röhrichtzonen wurden durch

Gräben zerteilt und vegetationsarme Flachwasserzonen wechseln jetzt mit Tiefwasserbereichen ab. Ein mannstiefer Randgraben verhindert das Betreten der gestalteten Ufer, und auch die beiden Dämme zwischen den Teichen sind in der gleichen Absicht an ihrem Westende unterbrochen worden. Von der Bundesstraße hereindringender Lärm wird durch Laubholzpflanzungen etwas gemildert. So wurden insgesamt gute Voraussetzungen für den Vogelschutz geschaffen.

Bedeutung: Bis 1976 wurden insgesamt 185 Vogelarten beobachtet; davon gelten 46 als regelmäßige und 5 als gelegentliche Brutvögel. 74 Durchzügler und Wintergäste erscheinen regelmäßig zu kürzerem oder längerem Aufenthalt.

Schutz, Gefährdung, Betreuung: Die drei Flachteiche sind seit 1979 NSG; es besitzt eine Größe von 27,5 ha.

Auf den ersten Blick erscheinen Landschaft und Vogelwelt der Vienenburger Kiesteiche ungestört; denn die Belastung von Wasser und Boden mit Schwermetallen fällt nur dem Kundigen auf. Sie rührt großenteils von Zink- und Bleibergwerken am Harzrand her. Immer wieder werden Enten, Schwäne oder Bleßhühner gefunden, in denen sich Giftstoffe bis zur tödlichen Dosis angereichert haben. Selbstverständlich sind darum auch die in den Teichen lebenden Fische für den Menschen ungenießbar. Gleiches gilt für jagdbare Tiere - so daß weder Jäger noch Angler die Ruhe des Gebietes stören. Ein fragwürdiges Paradies also.

Vienenburger Kiesteiche. *Foto: Pretscher*

Beobachtungsmöglichkeiten: Das NSG darf nur auf einem Weg in der Südwestecke betreten werden. Er gewährt Einblick in die beiden südlichsten Teiche. Beim Pappelwäldchen an der B 241 befindet sich ein kleiner Abstellplatz für Autos.

Die meisten Wasservögel bekommt man von Dezember bis März zu sehen; für die Watvögel ist der Spätsommer günstig. Allerdings ist an den Vienenburger Kiesteichen große Geduld nötig: Die in der Vegetation verborgenen Vögel müssen sich erst durch ihre Stimme oder durch Auffliegen bemerkbar machen. Das Aufstöbern von Vögeln - eine Unsitte ungeduldiger und rücksichtsloser Feldornithologen - ist im NSG verboten. Schön wäre es, wenn am Rande ein Ansitz oder Schirm das intensive Beobachten der Vögel ein wenig erleichtern würde.

Brutvögel - Vienenburger Kiesteiche (1976)

	Brutpaare
Haubentaucher (Podiceps cristatus)	2
Zwergtaucher (Podiceps ruficollis)	3
Höckerschwan (Cygnus olor)	2
Krickente (Anas crecca)	1-2
Stockente (Anas platyrhynchos)	5-6
Tafelente (Aythya ferina)	3
Wasserralle (Rallus aquaticus)	1-2
Teichhuhn (Gallinula chloropus)	3-4
Bleßhuhn (Fulica atra)	22-26
Kiebitz (Vanellus vanellus)	1
Flußregenpfeifer (Charadrius dubius)	3
Schafstelze (Motacilla flava)	23-25
Sumpfrohrsänger (Acrocephalus pal.)	10
Teichrohrsänger (A. scirpaceus)	5
Rohrammer (Emberiza schoeniclus)	20
Hänfling (Carduelis cannabina)	6-7

Adressen:

Herwig Zang, Oberer Triftweg 31 a, 3380 Goslar

Paul Kunze, Am Schäferhof 9, 3387 Vienenburg

Literatur:

H. Zang (1977); H. Zang u. P. Kunze (1983)

Gastvögel - Vienenburger Kiesteiche (1973-77)
Max. = Maximalwert;
Su. = Summe über 5 Jahre

	Exemplare	
	Max.	Su.
Haubentaucher (Podiceps cr.)	...	56
Rothalstaucher (P. griseigena)	2	...
Zwergtaucher (P. ruficollis)	...	131
Graureiher (Ardea cinerea)	20	...
Höckerschwan (Cygnus olor)	...	182
Brandgans (Tadorna tadorna)	...	9
Schnatterente (Anas strepera)	3	...
Krickente (Anas crecca)	...	1.500
Stockente (Anas platyrhynchos)	...	4.270
Knäkente (Anas querquedula)	...	20
Tafelente (Aythya ferina)	...	150
Reiherente (Aythya fuligula)	...	160
Gänsesäger (Mergus merganser)	...	6
Bleßhuhn (Fulica atra)	...	5.040
Sandregenpfeifer (Char. h.)	7	...
Bekassine (Gallinago g.)	25	...
D. Wasserläufer (Tringa er.)	12	...
Waldwasserläufer (Tringa ochr.)	12	...
Bruchwasserläufer (Tringa gl.)	15	...
Flußuferläufer (Tringa hyp.)	20	...
Zwergstrandl. (Calidris min.)	15	...
Alpenstrandläufer (C. alp.)	10	...
Trauerseeschwalbe (Chlid. n.)	10	...
Berghänfling (Carduelis flavir.)	15	...

3/10 Der Seeburger See bei Göttingen

Lage: Man findet den Seeburger See im äußersten Südosten Niedersachsens. Von Göttingen aus fährt man auf der B 27 bis Ebergötzen und auf der anschließenden B 446 bis Seeburg, rund 16 km in Richtung Osten. Von Duderstadt (Bahnbus) beträgt die Entfernung zum See etwa 10 km. Sowohl in Seeburg als auch in Bernshausen ist das Seeufer zugänglich.

Größe: Der bis 4 m tiefe Seeburger See besitzt eine rund 80 ha große Wasserfläche. Zum gleichnamigen NSG zählen noch ufernahe Bereiche; es umfaßt rund 120 ha.

Landschaft, Lebensräume, Vogelwelt: Der Seeburger See ist der kleinste der großen Binnenseen Niedersachsens. Als „Auge des Eichfeldes" bildet er einen Mittelpunkt der Landschaft südlich vom Harz und gilt als das Zentrum der fruchtbaren, lößbedeckten Goldenen Mark.

Die von Westen aus durch ihn hindurchfließende Aue bringt so reichlich Nährstoffe mit, daß der Seeburger See als eutrophes Gewässer gilt. Am Rande der freien Wasseroberfläche gedeihen vornehmlich am Ost- und Südufer Schwimmblattpflanzen wie Teichrose und Laichkräuter.

Ihnen schließt sich uferwärts ein lückiger, um 20–30 m breiter Gürtel aus Schilf-Röhricht und Großseggen an. Er grenzt an Wiesen und Weiden, in denen Gruppen von Schwarzerlen und einzelne Pappeln, Weidenbüsche oder -bäume wachsen. Alle diese Lebensräume gehören zum NSG. Die weitere Umgebung des Sees wird intensiv vor allem durch Ackerbau genutzt.

Unter den wegen der geringen Seefläche nicht zahlreichen Brutvögeln finden sich sowohl Wasservögel (Haubentaucher, Bleßhuhn, Enten) als auch Röhrichtbewohner (Rallen, Rohrsänger, Rohrammer). In den Gehölzen nisten Grasmücken, Laubsäger oder Gelbspötter. Die Beutelmeise liebt den Übergang zwischen Röhricht und Weidendickicht. Die Grauammer hingegen ist ein Bewohner der fast baumlosen Agrarsteppe rund um den See.

Eindrucksvoller ist die Gastvogelwelt. Für Durchzügler ist der isoliert gelegene Seeburger See ein willkommener Rastplatz. Insbesondere ab August besuchen ihn Seeschwalben, Möwen oder Limikolen. Die Schilfbestände bieten Stelzen, Schwalben und Staren Gelegenheit zum Übernachten. Später im Herbst und im Winter bekommt man auch Enten, Gänse, Taucher oder Kormorane zu sehen, sofern der See nicht zugefroren ist.

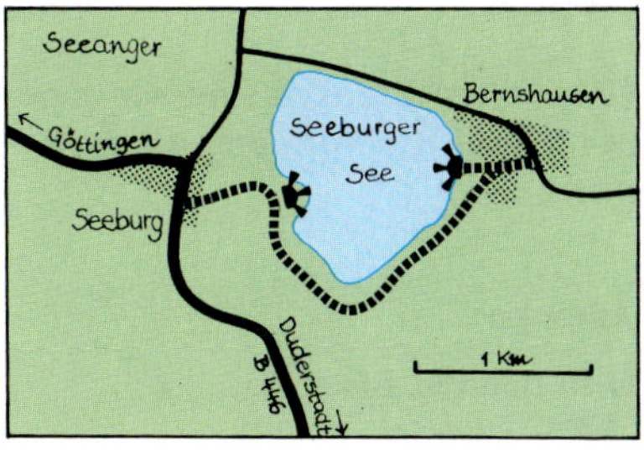

Bedeutung: Es heißt, daß bisher über 200 Vogelarten, darunter 70 Brutvögel im Seebereich beobachtet wurden. Er gilt als Feuchtgebiet von regionaler Bedeutung.

Schutz, Gefährdung, Betreuung: Der Seeburger See ist zwar seit 1976 als NSG ausgewiesen und angeblich sorgen Naturschutzwarte dafür, daß die entsprechende Verordnung auch eingehalten wird, doch bleiben die wesentlichen Gefährdungen bestehen: Im Sommerhalbjahr verursachen Ruder- und Segelboote trotz beschränkter Zahl und trotz Respektierung bestimmter Schutzzonen immer noch Unruhe und Störungen. Bei Seeburg darf gebadet werden, hier liegt auch ein Campingplatz.

Beobachtungsmöglichkeiten: Das NSG darf nur in Seeburg und in Bernshausen betreten werden. Hier kommt man an das Seeufer heran, kann sich anhand von Informationstafeln orientieren und die Wasserfläche nach Vögeln durchmustern. In rund 50 m Entfernung vom Ufer kann man außerdem zu Fuß südlich vom See von Bernshausen nach Seeburg gehen; am Nordufer verläuft im gleichen Abstand eine Straße. Besonders günstig für die Vogelbeobachtung ist die Zeit von September bis April.

Herrn Gerd Brunken sind wir dankbar für die Überprüfung dieses Kapitels.

Adressen:

Gerd Brunken, Blookweg 1,
3400 Göttingen

Literatur:

G. Brunken (1978); E.A. Friedrich (1980).

Brutvögel - Seeburger See (1976-77)
BV = Brutverdacht

	Brutpaare
Haubentaucher (Podiceps cristatus)	20
Löffelente (Anas clypeata)	BV
Mäusebussard (Buteo buteo)	1
Rohrweihe (Circus aeruginosus)	1
Wasserralle (Rallus aquaticus)	10
Teichhuhn (Gallinula chloropus)	9
Bleßhuhn (Fulica atra)	30
Kiebitz (Vanellus vanellus)	2
Turteltaube ((Streptopelia turtur)	BV
Feldschwirl (Locustella naevia)	4
Teichrohrsänger (Acrocephalus scirp.)	128
Drosselrohrsänger (A. arundinaceus)	3
Beutelmeise (Remiz pendulinus)	2
Grauammer (Emberiza calandra)	BV
Rohrammer (Emberiza schoeniclus)	90
Pirol (Oriolus oriolus)	BV

Gastvögel - Seeburger See (1977)

	Höchstzahlen
Haubentaucher (Podiceps cristatus)	100
Zwergtaucher (Podiceps ruficollis)	40
Kormoran (Phalacrocorax carbo)	13
Graureiher (Ardea cinerea)	10
Pfeifente (Anas penelope)	46
Schnatterente (Anas strepera)	95
Krickente (Anas crecca)	50
Stockente (Anas platyrhynchos)	350
Löffelente (Anas clypeata)	20
Tafelente (Aythya ferina)	70
Reiherente (Aythya fuligula)	80
Eiderente (Somateria mollissima)	11
Schellente (Bucephala clangula)	27
Gänsesäger (Mergus merganser)	45
Bleßhuhn (Fulica atra)	750

3/11 Die Fulda-Aue in Kassel

Lage: Das Beobachtungsgebiet erstreckt sich im Stadtgebiet von Kassel längs der Fulda. Zentrum ist ein künstlich angelegter Freizeitsee im parkartigen Gelände der 1981 hier veranstalteten Bundesgartenschau.

Größe: Der Freizeitsee besitzt eine Fläche von rund 40 ha und ist von einem rund 70 ha großen Landschaftspark umgeben. Seine Nordspitze ist als fast 10 ha großes NSG ausgewiesen.

Landschaft, Lebensräume, Vogelwelt: Bis 1979 bestand die Fuldaaue aus Acker- und Grünland, das intensiv landwirtschaftlich genutzt wurde. Andere Flächen wurden ausgekiest, und es entstanden z.T. mit der Fulda in Verbindung stehende Baggerseen. Einer davon wird heute als Regattastrecke genutzt.

1979 begann man das Gelände als Teil der Bundesgartenschau 1981 vollkommen umzugestalten. Es wurde eine weitläufige, aus Wiesen und Gebüschinseln bestehende Auenlandschaft angelegt, in deren Zentrum ein 40 ha großer Freizeitsee zum Baden, Surfen und Bootfahren einlädt. Im Gegensatz zu der Karlsaue auf der anderen Flußseite, soll sich die Fuldaaue zu einer „naturnahen Landschaft“ entwickeln.

Von Anfang an hatten sich die Veranstalter der Gartenschau zum Ziel gesetzt, im Rahmen der Ausstellung gestaltenden Naturschutz zu demonstrieren. Sie wählten dafür die rund 10 ha große Nordspitze des Freizeitsees und legten hier nach sorgfältiger, fachkundiger Planung zahlreiche, sonst selten gewordene Auenbiotope an. Mit Planierraupen schuf man Flachwasserzonen, Kies- und Sandbänke sowie eine etwa 1 ha große Insel.

Wissenschaftler der Gesamthochschule Kassel fertigten Pflanzpläne an und überwachten deren Durchführung. Es wurden rund 35.000 einheimische Sumpf- und Röhrichtpflanzen eingesetzt. So kam in kurzer Zeit ein abwechslungsreich gegliederter Lebensraum aus Menschenhand zustande, der neben 6 ha Wasserfläche fast 4 ha Uferzonen aufweist. Letztere waren als vegetationsarme, kiesig-sandige Flächen oder als mit Röhricht und Hochstauden bewachsene Sumpfbereiche gestaltet. Nach außen schließen sich vor allem aus verschiedenen Weiden zusammengesetzte Laubgebüsche und Wiesen an, um diesen Naturschutzteich etwas von den Spaziergängern zu isolieren. Die Parkwege verlaufen etwa 15 bis 25 m vom Ufer entfernt.

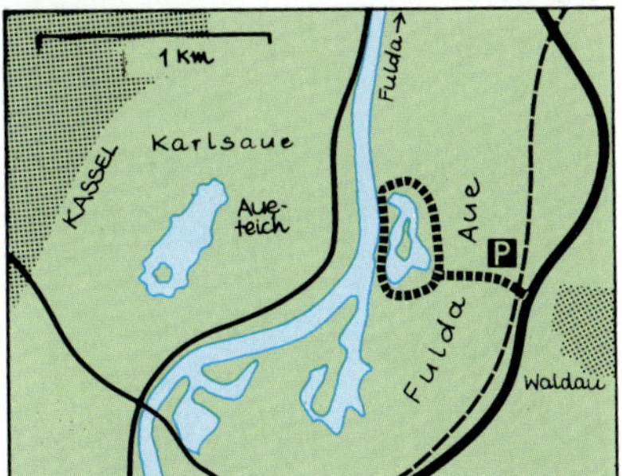

Inzwischen haben sich weite Teile des ehemaligen Gartenschaugeländes zu einer naturnahen Parkanlage entwickelt. Teile der weiten Grünflächen werden nur noch sparsam gemäht, Gebüsch und Bäume sind zu regelrechten kleinen Feldgehölzen herangewachsen und die Röhrichtzonen des Seeufers haben sich ausgeweitet. Obwohl die Fuldaaue an schönen Sommertagen von mehreren tausend Erholungssuchenden beansprucht wird, konnten insbesondere Vögel die Fuldaaue wieder stärker in Besitz nehmen. Gastvögel finden am oder auf dem Freizeitsee Rastmöglichkeiten: Es überwintern Bleßhühner, Stock- und Tafelenten sowie Lachmöwen. Es erscheinen vor allem im Spätsommer und im Frühherbst einzelne durchs Binnenland wandernde Limikolen, Seeschwalben oder Fischadler, und zur Zugzeit im Frühjahr und Herbst legen sowohl Gründel- als auch Tauchenten und Taucher Ruhepausen ein.

Im NSG ist die Insel ein besonders beliebter Rastplatz geworden; doch haben sich in ihm auch bemerkenswerte Brutvögel wie Flußregenpfeifer und Haubentaucher angesiedelt. So ist das Gartenschauexperiment durchaus ein Erfolg. Die Vielfalt der Vogelwelt hat zugenommen.

Bedeutung: 1984 brüteten in der Fuldaaue 53 Arten in etwa 360 Brutpaaren. 1981–84 wurden insgesamt 144 Vogelarten beobachtet, davon 53 Brutvögel, 49 regelmäßige und 42 unregelmäßige Gastvögel. Dies zeigt, daß die Ausgestaltung zerstörter Landschaftsteile zu naturnahen Lebensräumen durchaus möglich ist.

Fulda-Aue: Bundesgartenschau-Gelände mit Naturreservat. (RP Stuttg. WR. 9/ 65040)
Foto: Stadt Kassel

Schutz, Gefährdung, Betreuung: Das NSG wurde bereits 1979 zu Beginn der Bauarbeiten ausgewiesen. 1984 wurde seine Fläche geringfügig vergrößert. Jagd, Fischerei und Freizeitaktivitäten sind in ihm verboten. Trotzdem kommt es seit dem Ende der Gartenbauausstellung immer mal vor, daß Spaziergänger die Wege verlassen und vom Süden her gelegentlich Boote eindringen. Dabei ist die Südgrenze des NSG deutlich mit Bojen markiert.

Eine aus Mitgliedern des DBV und der Hessischen Gesellschaft für Ornithologie und Naturschutz bestehende Projektgruppe überwachte 1981 während der Bundesgartenschau das NSG und sammelte Beobachtungsdaten. Auch jetzt noch stellen die aus der Fuldaaue stammenden Feststellungen einen wesentlichen Beitrag zu den jährlichen vogelkundlichen Sammelberichten im Raum Kassel dar.

Beobachtungsmöglichkeiten: Die Fuldaaue eignet sich ganzjährig, besonders jedoch zur Zugzeit für vogelkundliche Spaziergänge. Man kann auf Fußwegen im Osten und Westen am NSG entlanggehen und hat dabei von einem Aussichtspunkt oder einem hölzernen Beobachtungsstand aus einen guten Überblick.

Wir danken Herrn Günter Boller, für die Durchsicht dieses Kapitels.

Adressen:

Günter Boller, Kornblumenweg 46,
3500 Kassel

Martin Jentsch, Tischbeinstr. 113,
3500 Kassel

Literatur:

G. Boller (1982); V. Lucan, L. Nitsche u. G. Schumann (1974).

Brutvögel - Fulda-Aue in Kassel (1984-87)

	Brutpaare
Haubentaucher (Podiceps cristatus)	7-8
Zwergtaucher (Podiceps ruficollis)	1
Höckerschwan (Cygnus olor)	1
Kanadagans (Branta canadensis)	Versuch
Stockente (Anas platyrhynchos)	3-7
Reiherente (Aythya fuligula)	1-3
Teichhuhn (Gallinula chloropus)	2
Bleßhuhn (Fulica atra)	4-6
Kiebitz (Vanellus vanellus)	13
Flußregenpfeifer (Charadrius dubius)	2-4
Sumpfrohrsänger (Acrocephalus pal.)	16
Teichrohrsänger (A. scirpaceus)	4-6
Dorngrasmücke (Sylvia communis)	5
Nachtigall (Luscinia megarhynchos)	9
Beutelmeise (Remiz pendulinus)	4

Gastvögel - Fulda-Aue in Kassel (Stand 1987)

	Höchstzahlen
Haubentaucher (Podiceps cristatus)	24
Graureiher (Ardea cinerea)	23
Höckerschwan (Cygnus olor)	14
Pfeifente (Anas penelope)	50
Krickente (Anas crecca)	20
Stockente (Anas platyrhynchos)	1.600
Löffelente (Anas clypeata)	18
Tafelente (Aythya ferina)	80
Reiherente (Aythya fuligula)	130
Samtente (Melanitta fusca)	22
Bleßhuhn (Fulica atra)	500
Bekassine (Gallinago gallinago)	10
Grünschenkel (Tringa nebularia)	10
Sturmmöwe (Larus canus)	10
Lachmöwe (Larus ridibundus)	120

3/12 Die Twistetalsperre westlich Kassel

Lage: Das NSG liegt in Nordhessen, nahe bei Arolsen (Bahnhof), etwa 45 km westlich von Kassel. Die B 450 (Arolsen-Wolfhagen) kreuzt den Stausee und trennt das Hauptbecken von der vogelkundlich interessanteren Vorsperre. Ein für den Besuch des NSG günstiger Parkplatz befindet sich direkt an der B 450.

Größe: Das Beobachtungsgebiet umfaßt 25 ha, davon entfallen 14 ha auf die Wasserfläche der Vorsperre.

Landschaft, Lebensräume, Vogelwelt: Die Twistetalsperre liegt in einem hügeligen, waldreichen, um 200–300 m hoch gelegenen Gelände. Das Hauptbecken ist 1978 fertiggestellt worden. Es ist ein Erholungsgebiet und dient dem Schutz vor Hochwasser. Das 3 km lange und 300 m breite Gewässer besitzt für die Vogelwelt keine besondere Bedeutung.

Schon gut drei Jahre vorher war die Vorsperre am südlichen Ende der Gesamtanlage vollendet. Die Vorsperre ist vom Hauptbecken durch den Damm der B 450 getrennt, in den ein regulierbarer Wasserdurchlauf eingebaut ist.

Von Süden mündet das Flüßchen Twiste in die Vorsperre, die eine etwa 300 mal 600 m große, ziemlich flache Wasserfläche besitzt. In ihr liegen drei Inseln, von denen die größte etwa 0,5 ha umfaßt. Die Ufer bestehen aus Acker- und Weideland sowie Feuchtwiesen im Twistetal. Bei niedrigem Wasserstand fallen Schlammbänke frei.

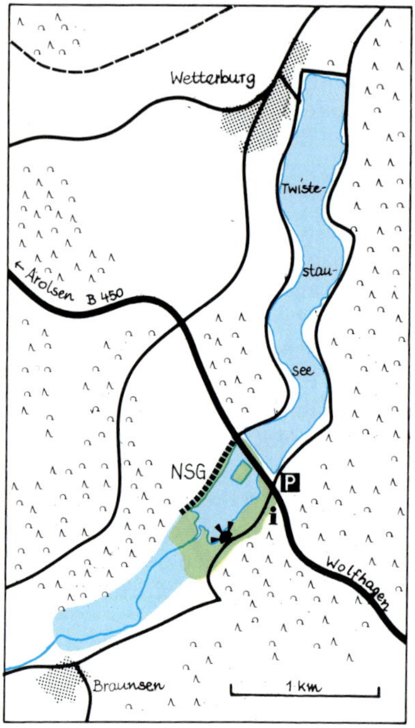

Im NSG ist der für die Wasservögel so wichtige offene Charakter der Landschaft gewahrt. Nur stellenweise wachsen Weidengebüsch, einzelne Bäume oder kleine Röhrichte.

Obwohl auch die Vorsperre als Regenwasser-Rückhaltebecken dem Hochwasserschutz dient, ist sie doch von Anfang an gezielt auch als Lebensraum für Wasservögel geplant und z.B. mit entsprechenden, höchstens 2–4 m tiefen, meist jedoch wesentlich flacheren Wasserzonen und abwechslungsreicher Uferlinie gestaltet worden. Die DBV-Ortsgruppe Arolsen und die Hessische Gesellschaft für Ornithologie und Naturschutz waren an der Planung maßgeblich beteiligt.

Die Vorsperre bietet im gewässerarmen Nordhessen Wasser- und Feuchtlandvögeln Brutmöglichkeiten, von denen als typisch und bemerkenswert vor allem Krickente, Flußregenpfeifer und Bekassine zu nennen sind. Für den Flußregenpfeifer wurden auf den Inseln eigens Kiesflächen aufgeschüttet.

Außerdem dient die Vorsperre Wat- und Wasservögeln als Rast- und Überwinterungsgebiet. Bei ihrer geringen Größe sind zwar keine imponierenden Zahlen zu erwarten, aber aufgrund der verschiedenen Biotope und des reichen Nahrungsangebots ist die Artenvielfalt höher als z.B. auf tieferen, steilufrigen Stauseen.

Die Vorsperre hat sich außerdem auch hervorragend als Laichgewässer für Amphibien entwickelt. Leider wurden vor 1979 auf der südlich angrenzenden Straße nach Braunsen viele wandernde Lurche überfahren. 1978 fanden die Betreuer des NSG über 700 tote Erdkröten, Grasfrösche, Faden-, Berg- und Teichmolche. Mit Hilfe von Amphibienzäunen können jetzt jährlich mehrere tausend Tiere gerettet werden.

Bedeutung: Die Vorsperre der Twistetalsperre ist bemerkenswert als Experiment. Pflege- und Gestaltungsmaßnahmen für seltene und gefährdete Tiere werden hier entwikkelt, erprobt und langfristig in ihrer Wirkung studiert. – Im Jahr 1977 wurden allein 122 Vogelarten beobachtet, darunter 42 gefährdete. In-

Twiste-Talsperre: Vorbecken mit Insel. *Foto: Staiber*

zwischen dürfte die Gesamtzahl auf 150 gestiegen sein.

Schutz, Gefährdung, Betreuung: Das 1976 ausgewiesene NSG darf nicht betreten werden. Auch Jagd und Fischerei sind untersagt.

Die Mitglieder der DBV-Ortsgruppe Arolsen sind bestrebt, ab Juli den Wasserstand so zu senken, daß für durchziehende Watvögel Schlammflächen freifallen. Sie mähen außerdem Grasland auf den Inseln und Uferböschungen, entfernen zu dichte Gehölze und legten zwei Steilwände als Brutplätze für den Eisvogel an.

Beobachtungsmöglichkeiten: Einblikke in das NSG hat man von Osten (Brücke und Damm der B 450), von einem Feldweg im Norden und von der Südostecke aus. Hier hat das zuständige Forstamt 1978 einen Beobachtungsstand errichtet, der einen ausgezeichneten Überblick über die Wasserfläche und Inseln bietet. Außerdem wurden 6 Tafeln mit Abbildungen heimischer Vögel aufgestellt, die die Waldeckische Jägerschaft gestiftet hat. Ein Besuch lohnt sich am meisten zur Brut und Zugzeit (März bis November).

Herrn Karl Staiber danken wir für die Überprüfung von Text und Listen.

Adressen:

Karl Staiber, Mannelstr. 7,
3548 Arolsen

Eckhard Jedicke, Parkstr. 14,
3548 Arolsen

Literatur:

E. Jedicke (1979 und 1982).

Brutvögel - Twistetalsperre (Stand 1987)

	Brutpaare
Haubentaucher (Podiceps cristatus)	1-4
Zwergtaucher (Podiceps ruficollis)	1
Höckerschwan (Cygnus olor)	1
Krickente (Anas crecca)	3
Stockente (Anas platyrhynchos)	20-25
Teichhuhn (Gallinula chloropus)	2
Bleßhuhn (Fulica atra)	10
Kiebitz (Vanellus vanellus)	8-15
Flußregenpfeifer (Charadrius dubius)	3
Bekassine (Gallinago gallinago)	1-2
Flußuferläufer (Tringa hypoleucos)	1
Wiesenpieper (Anthus pratensis)	1
Sumpfrohrsänger (Acrocephalus pal.)	2
Teichrohrsänger (A. scirpaceus)	2
Rohrammer (Emberiza schoeniclus)	2

Gastvögel - Twistetalsperre (Stand 1987)

	Höchstzahlen
Haubentaucher (Podiceps cristatus)	10
Zwergtaucher (Podiceps ruficollis)	35
Kormoran (Phalacrocorax carbo)	20
Graureiher (Ardea cinerea)	35
Höckerschwan (Cygnus olor)	10
Krickente (Anas crecca)	95
Stockente (Anas platyrhynchos)	1.200
Spießente (Anas acuta)	30
Löffelente (Anas clypeata)	15
Tafelente (Aythya ferina)	30
Reiherente (Aythya fuligula)	...
Bleßhuhn (Fulica atra)	250
Kiebitz (Vanellus vanellus)	100
Bekassine (Gallinago gallinago)	26
Dunkler Wasserläufer (Tringa er.)	13
Rotschenkel (Tringa totanus)	13
Grünschenkel (Tringa nebularia)	10
Waldwasserläufer (Tringa ochropus)	19
Flußuferläufer (Tringa hypoleucos)	19
Zwergstrandläufer (Calidris minuta)	12
Lachmöwe (Larus ridibundus)	100
Trauerseeschwalbe (Chlidonias niger)	13

3/13 Der Eder-Stausee bei Affoldern

Lage: Das Beobachtungsgebiet liegt im Edertal südlich der Edertalsperre. Kassel ist rund 40 km in nordöstlicher Richtung entfernt. Zum Stausee führt die B 485 (Korbach-Bad Wildungen); bei Mehlen zweigt eine Straße nach Affoldern ab, das unmittelbar östlich vom Stausee liegt. Nächster Bahnhof: Bad Wildungen.

Größe: Das NSG ist 165 ha groß.

Landschaft, Lebensräume, Vogelwelt: Der Stausee von Affoldern gilt nach der Edertalsperre als größtes seeartiges Gewässer in Hessen, das sich zu einem ansehnlichen Wasservogel-Rastgebiet entwickelt hat. Der See wurde um 1960 im Edertal durch den Bau einer Staumauer bei Affoldern geschaffen, und 1972 erweitert. Er dient zusammen mit einem Hochspeicherbecken oberhalb von Hemfurth der Erzeugung von elektrischem Strom.

Da durchziehende Wasservögel sogleich von ihm Besitz ergriffen, hatten 1975 Bestrebungen der Hessischen Gesellschaft für Ornithologie und Naturschutz (HGON) Erfolg, den Stausee als Rastgebiet unter Naturschutz zu stellen.

Der See ist der Länge nach von einem Damm durchzogen, der das ältere südliche Becken von dem neuen nördlichen Teil trennt. Seine Ufer sind meist steil und streckenweise mit Schottergestein gesichert. Aus diesem Grund und vor allem wegen

Krickente

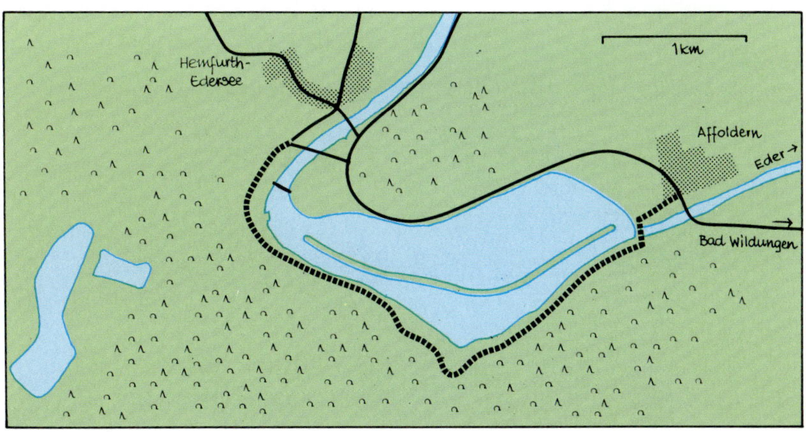

der täglichen Wasserstandsschwankungen hat sich keine Verlandungsvegetation entwickelt.

An dieses kahle, eintönige Gewässer grenzt im Süden ein Hang mit Buchenhochwald, dessen Uferstreifen in das NSG einbezogen wurde. Am Nordufer führen eine Straße, eine Industriebahn und ein Rad- und Wanderweg entlang.

Als Brutgebiet für Wasservögel ist der Stausee von Affoldern weitgehend ungeeignet. In dem an ruhigen Seen vergleichsweise armen Hessischen Bergland bildet er jedoch ein immer wichtiger werdendes Rast- und Überwinterungsgebiet. Taucherarten, Stockenten, Tauchenten (z. B. Tafel- und Reiherenten), Gänsesäger und Bleßhuhn herrschen vor; die übrigen Gründelenten, Schwäne, Gänse, Watvögel und andere ans Wasser gebundene Gastvögel erscheinen nur in geringer Zahl.

Schon vier Jahre nach dem Einstau war die Zahl der nachgewiesenen Wasservögel auf 26 gestiegen. Bei der Tafelente ließ sich sehr schön die Herausbildung einer Rasttradition verfolgen: Zunächst höchstens 30, dann im Winter 1977/78 über 100, 1978/79 146, 1979/80 220 und ein Jahr später 300 Vögel. Auch bei anderen Vögeln stiegen die Zahlen von Jahr zu Jahr. 1979 und 1980 blieben einzelne Gänsesäger sogar zur Brutzeit dem Stausee treu. Da die Voraussetzungen für eine Ansiedlung vorliegen, wurden 1981 Nistkästen aufgehängt.

Als der Stausee nach fünf Jahren Betrieb 1977 eine Woche lang völlig abgelassen wurde, zeigte sich, daß die Wandermuschel als wichtigstes

Erderstau bei Affoldern. *Foto: Lübcke*

Nährtier der Tauchenten noch nicht heimisch war. Als dominierende Pflanze wurde Brunnenmoos in größeren Mengen gefunden.

Bedeutung: Der Stausee von Affoldern stellt für durchziehende und überwinternde Wasservögel einen Trittstein regionaler Bedeutung in Hessen dar. Auf ihm rasten weitaus mehr Wasservögel als auf der etwa siebenmal größeren Edertalsperre. Er ist ein wichtiger Überwinterungsplatz des Gänsesägers sowie Nahrungs- und Ruheplatz der Graureiherpopulation im Ederseegebiet. Es wurden bisher 33 Wasservogelarten beobachtet, maximal über 1.000 Exemplare.

Schutz, Gefährdung, Betreuung: Am Stausee von Affoldern gelang eine Kompromißlösung zum Schutz der Wasservögel: Das NSG gliedert sich in zwei Zonen nördlich und südlich vom Damm. Im Norden wird der See vom 16.3. bis 15.10. von Booten und Surfbrettern befahren. Vom Ufer aus darf auch im Winter geangelt werden. Im südlichen Drittel des Stausees herrscht hingegen völliges Befahrens- und Betretungsverbot.

Der Damm als einzig möglicher Brutplatz für Enten wird trotz Verbot ab und zu von Anglern und Surfern betreten, so daß Brutversuche immer wieder scheitern. Positiv ist, daß die Jagd vom 1.10. bis 30.4. ruht.

Beobachtungsmöglichkeiten: Der Besuch des Stausees lohnt sich nur im Winterhalbjahr von Ende Oktober bis Mitte März. Vom Nordufer (Straßenseite) aus ist ein guter Überblick möglich.

Bleßhuhn

Herrn Paul Schüßler danken wir für die Durchsicht dieses Kapitels.

Adressen:

Paul Schüßler, Quellenstr. 5,
3593 Edertal-Kleinern

Wolfgang Lübcke, Rathausweg 1,
3593 Edertal-Giflitz

Literatur:

F. Emde (1976); U. Hillesheim-Kimmel u. a. (1978); W. Lübcke (1981).

Gastvögel - Stausee von Affoldern (1974-86)

	Höchstzahlen	
Haubentaucher (Podiceps cr.)	13	Okt.
Zwergtaucher (P. ruficollis)	25	Sept.
Kormoran (Phalacrocorax c.)	24	Apr.
Graureiher (Ardea cinerea)	48	...
Höckerschwan (Cygnus olor)	51	Juli
Singschwan (Cygnus cygnus)	8	...
Graugans (Anser anser)	10	...
Stockente (Anas platyr.)	1.000	Nov.
Tafelente (Aythya ferina)	380	Dez.
Reiherente (Aythya fuligula)	213	Dez.
Schellente (Bucephala cl.)	10	März
Gänsesäger (Mergus merganser)	92	März
Bleßhuhn (Fulica atra)	1.120	Nov.

3/14 Vögel beobachten in Berlin

Wenn eine Stadt wie Westberlin auch wohl kaum ihrer Vogelwelt wegen besucht wird, so bietet sie doch dem, der ohnehin dort weilt, eine erstaunliche Vielfalt. In einer Bestandsaufnahme aller in Berlin brütenden Vogelarten zwischen 1976 und 1984 konnten in Westberlin 120 Brutvogelarten (bei insgesamt 260 Vogelarten) festgestellt werden, von denen 44 zu den Nichtsingvögeln (Nonpasseres) gehören. Nur 10 Arten kommen freilich nahezu überall vor (Verteilungsgrad von über 75%). Nach den Besonderheiten muß man also schon gezielt Ausschau halten.

Bei einer mittleren Artenvielfalt von 28 brütenden Vogelarten pro Quadratkilometer findet man auf den unterschiedlich genutzten Flächen ganz verschiedene Artenvielfalt: In den grünflächenarmen Wohnblockzonen brüten durchschnittlich nur 16 verschiedene Vogelarten. In den Gartenstadtteilen sind es über 27. In Gegenden mit großen Parkanlagen und Friedhöfen 35 und in reich strukturierten Feuchtgebieten können bis zu 51 verschiedene Vogelarten auf dem Qaudratkilometer brüten.

Gewußt wo, ist also auch in Berlin für den Vogelbeobachter und Naturfreund die entscheidende Frage. Da kommen zunächst einmal allgemein die artenreicheren Brutbiotope infrage. Mitten im Zentrum Westberlins liegt der Große Tiergarten, die größte Grünanlage der Stadt mit 212 ha. Raritäten wird man hier freilich kaum finden, da der Tiergarten von zu vielen Menschen ständig frequentiert wird. Ruhiger und entsprechend vogelreicher ist der Park auf der Pfaueninsel. Über ihn werden wir ausführlicher berichten.

Wälder bedecken etwa 16% der Stadtfläche, machen also bei weitem den größten Teil der nicht bebauten Flächen aus. Vor allem im Norden Berlins sind viele Wälder zu finden, sie erstrecken sich von Frohnau über den Tegeler, den Spandauer und den Jungfernheide Forst im Nordwesten zum Grunewald und ziehen sich über Gatower und Düppeler Forst nach Südwesten hin. Die Berliner Wälder werden nicht primär nach forstwirtschaftlichen Gesichtspunkten bewirtschaftet, sondern plenterartig mit dem Ziel, ihre Erholungsfunktion zu erhalten. Die dadurch

Schellente

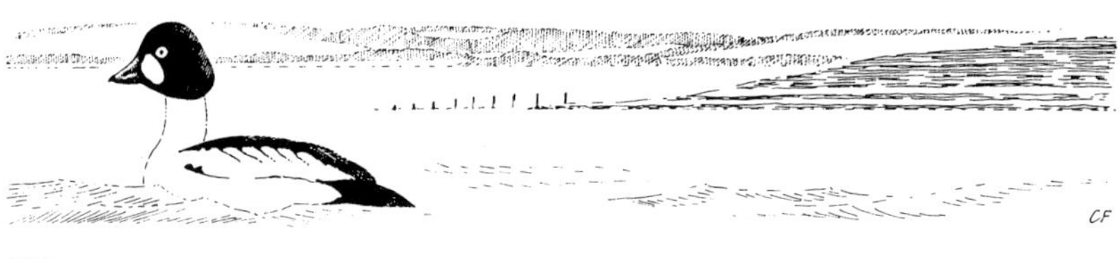

gewonnene Strukturvielfalt wirkt sich auf die Vogelwelt positiv aus.

Felder und Wiesen haben in Berlin Seltenheitswert. Man muß schon die Rasenflächen und Flugplätze dazuzählen, um auf magere 2% der Gesamtfläche zu kommen. Besonders wertvoll für die Vogelwelt sind Feuchtwiesen, wie man sie am Nordwestrand des Spandauer Forstes, am Südrand Zehlendorfs und am Tegeler Fließ findet. Über die Feuchtwiesen am Tegeler Fließ werden wir näher berichten.

Zu den feuchten Flächen mit niedriger Vegetation gehört auch das Rieselfeld Gatow, das früher Hauptanziehungspunkt für rastende Limikolen und Wasservögel war – entsprechen attraktiv auch für Vogelbeobachter. Heute werden nur noch kleine Parzellen berieselt, während große Teile zur Grünlandnutzung verpachtet sind. Das Gebiet wird außerdem durch Modellflieger und Hunderennen stark beunruhigt.

Schließlich sind noch die Gewässer Berlins als besonders interessanter Vogellebensraum zu erwähnen; mit 7% der Stadtfläche stellen sie ein wesentliches Element der Berliner Landschaft dar. Die Hauptachsen bilden in Nord-Süd-Richtung die Havel mit ihren seenartigen Erweiterungen und in Ost-West-Richtung die Spree. Verständlicherweise ist der Druck durch intensive Freizeitnutzung an allen Gewässern groß. Auch die Gewässergüte läßt sehr zu wünschen übrig. Als Folge beider Beeinträchtigungen sind überall die Röhrichtbestände bis auf geringe Reste verschwunden. Schwerpunkte noch intakter Röhrichte finden sich am Nordende des Nieder-

Gartenrotschwanz

Neuendorfer Sees, im Südteil des Tegeler Sees, an der Unterhavel sowie am Groß-Glienicker See.

Erhebliche Bedeutung für die Vogelwelt besitzt auch die Seenkette, die sich vom Lietzensee in Charlottenburg über die Wilmersdorfer Seenkette bis in den Grunewald hineinzieht. Zu einer Attraktion für Wasservögel haben sich zwei künstliche größere Gewässer entwickelt, die durch Sand- und Kiesabbau entstanden sind: der See in den Laßzinswiesen nördlich des Spandauer Forstes und der Flughafensee am Tegeler Flughafen. Beide sind inzwischen als Schutzgebiete ausgewiesen. Vom DBV betreut wird die Kiesgrube am Dachsbau in Heiligensee.

Der Brachpieper ist heute eine der am meisten gefährdeten Brutvogelarten Berlins. Er brütet nur noch auf einigen ehemaligen Müllkippen. Wer dies und andere Details über die Vögel Berlins erfahren will, sollte sich den vorzüglichen Brutvogelatlas kaufen, den die Ornithologische Arbeitsgruppe Berlin 1984 herausgebracht hat. (Bezug: W. D. Loetzke, Eislebenerstr. 6, 1000 Berlin 30.)

3/15 Das Tegeler Fließ

Lage: Das Tegeler Fließ entwässert im Norden Berlins Teile des Barnim-Höhenzuges zum Tegeler See. Bei Lübars bildet es streckenweise die Grenze zu Ostberlin, schlängelt sich dann zwischen Hermsdorf und Waidmannslust nach Südwesten und mündet schließlich in den Tegeler See.

Größe: Die Luftlinie Lübars - Tegeler See beträgt etwa 8 km. Die vogelkundlich interessanten Teilgebiete sind:

- Lübarser Wiesen: 107 ha (2,6 ha Wasserflächen)
- Großer Hermsdorfer See: 68 ha (8,7 ha Wasserflächen)
- Waidmannsluster Wiesen: 47 ha (3,9 ha Wasserflächen)

Landschaft, Lebensräume, Vogelwelt: Das Tegeler Fließ zieht sich stark mäandrierend durch ein Wiesental, in dem es ursprünglich verschiedene Seebecken glazialer Herkunft gab. Sie sind bis auf den Hermsdorfer See alle verlandet; dieser wurde

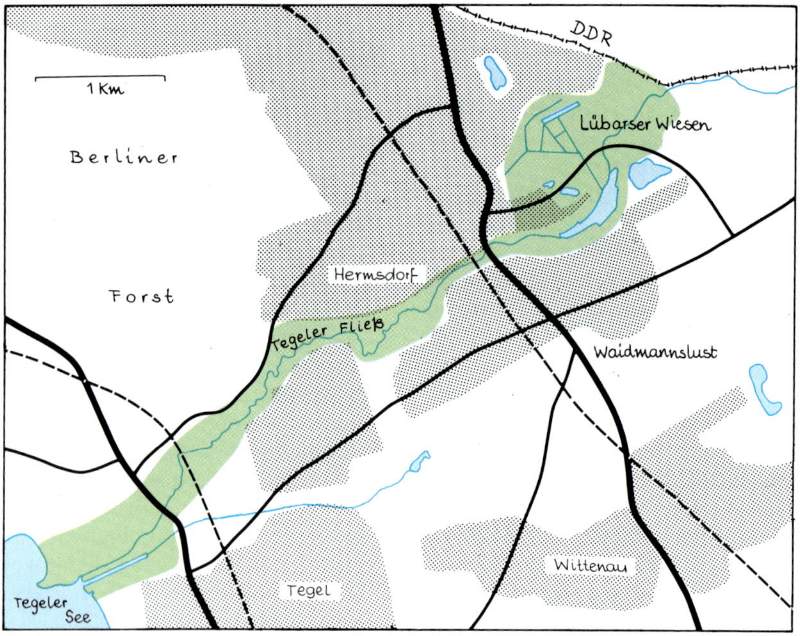

durch Ausbaggern vergrößert. Weite Talflächen wurden früher gemäht, heute sind viele sich selbst überlassen und befinden sich in verschiedenen Stadien der Verwilderung. Andere werden vom Gartenbauamt (Untere Naturschutzbehörde) durch einmalige Mahd im Jahr offengehalten. So hat sich eine sehr wechselvolle Landschaft ausgebildet mit Äkkern, Mähwiesen, Hochstaudenflächen und Erlenbruch-Schilf-Komplexen.

Die Lübarser Wiesen erstrecken sich bei einer Breite von 100–550 m über eine Länge von 2 km. Es handelt sich um zusammenhängende Wiesenflächen einschließlich des bis zu 100 m breiten Grenzstreifens. Verwilderte Kohldistelwiesen mit Mädesüß, Weidenröschen, Wiesenkerbel, Brennessel, Schilf und eingestreuten Weiden- und Holunderbüschen finden sich neben gemähten oder beweideten Flächen unterschiedlicher Feuchtigkeit. Einige Baumgruppen beleben das Bild. Die Hauptwasserfläche ist ein kleiner, befischter Teich. Das Tegeler Fließ ist Grenze zur DDR; nördlich schließt sich ein unberührter schilf- und hochstauden-bestandener Streifen an. Im Süden grenzen Getreide- und Kartoffelfelder an und eine Baumschule mit niedrigen Nadelhölzern. – Am Wochenende besuchen viele Ausflügler das Gebiet.

Am Hermsdorfer See erweitert sich das Fließtal auf 1 km Länge bis zu einer Breite von 500 m. Das Zentrum bildet ein Schilf- Erlenbruch. Die angrenzenden Wiesen sind teils gemäht, teils verwildert. Pfeifengras und Seggen dominieren. An vielen Gräben ziehen sich Erlenstreifen

Pirol

und Gebüsch hin; die Gräben sind großenteils völlig zugewachsen. An den Talrändern gedeihen Trockengebüsche und Baumgruppen.

Im Bereich der Waidmannsluster Wiesen ist das Tal des Tegeler Fließes bald weiter, bald enger; verwilderte Pfeifengraswiesen wechseln mit Erlenbruchkomplexen und Hochstaudenfluren. An feuchteren Stellen treten Schilf oder Seggen hervor. Der steile Talrand ist von einem Gebüsch-Baumstreifen bestanden.

In der Brutvogelliste sind einige Vogelarten mit ihren Siedlungsschwerpunkten aufgeführt. Bemerkenswert ist die recht große Zahl von Brutvogelarten (75) bei einer hohen Besiedlungsdichte. Einige Arten sind allerdings auch hier, trotz insgesamt ökologisch erfreulicher Entwicklung (Verwilderung), in den letzten Jahren als Brutvögel verschwunden: Bis 1945 war der Weißstorch in Lübars Brutvogel; ein Ansiedlungsversuch 1983 mißlang wegen Störungen im Nahrungsbiotop. Als Nahrungsgast kommt ein Paar aus Ostberlin (Blankenfelde). Das Rebhuhn ist nach starker Bejagung praktisch verschwunden. Vom Wachtelkönig fehlen konkrete Bruthinweise. Eisvogel und Neuntöter brüten unregelmäßig oder unsicher; gleiches gilt für Rohrschwirl und Sprosser.

Schutz, Gefährdung, Betreuung: Das Landschaftsschutzgebiet soll wegen seiner Bedeutung zum NSG erhoben werden. Durch den starken Ausflugsverkehr zum einzigen „heilen Dorf" Lübars kommt es zu erheblicher Beunruhigung, vor allem an den Wochenenden. Störend wirkt sich auch die Reiterei am Talrand aus. Die Wiesen werden mit Pferdemist und Gülle überdüngt, was zur Belastung der Gewässer beiträgt. Paddelboote stören die Wasser- und Ufervögel. - Das Gebiet wird durch die Untere Naturschutzbehörde (Gartenbauamt) betreut.

Graureiher

Bedeutung: Die Auenlandschaft des Tegeler Fließes stellt für den Berliner Raum ein seltenes und vielfältiges Feuchtbiotop dar. Vor allem als Brutgebiet für eine Reihe von bedrohten Vogelarten trägt es wesentlich zum ökologischen Reichtum der Stadt bei.

Tegeler Fließ: Überschwemmte Lübarser Wiesen. *Foto: Stork*

Beobachtungsmöglichkeiten: In den Lübarser Wiesen kann man die Vogelwelt vom Wanderweg durch die Wiesen aus beobachten. Am Hermsdorfer See bieten die Wanderwege am Talrand und eine lange Stegbrükke gute Ausblicke. Auch in den Waidmannsluster Wiesen braucht man die Wanderwege nicht zu verlassen, um die Vogelwelt beobachten zu können.

Die beste Beobachtungszeit am Tegeler Fließ sind Frühjahr und Spätsommer bis Herbst. Im Mittwinter sind die meisten Wasserflächen zugefroren, und die Vogelwelt präsentiert sich arten- und individuenarm.

Herrn Dr. H.J. Stork sind wir für vielerlei Hilfen bei diesem Kapitel dankbar.

Dohle

Adressen:

Deutscher Bund für Vogelschutz, Landesverband Berlin, Abbestr. 13,
1000 Berlin 10 (030-7523079)

Dr. H.J. Stork, Lotosweg 58,
1000 Berlin 28

Dr. Klaus Witt, Hortensienstr. 25,
1000 Berlin 45

Literatur:

A. Bruch u.a. (1978); K. Witt (1972); Ornithologische Arbeitsgemeinschaft Berlin (1984); R. Böcker (1978).

Brutvögel - Tegeler Fließ (Stand 1987)
(1) = Lübarser Wiesen,
(2) = Hermsdorfer See,
(3) = Waidmannsluster Wiesen

	Brutpaare
Haubentaucher (Podiceps crist.)	1-3 (2)
Stockente (Anas platyrhynchos)	20-40 (2)
Tafelente (Aythya ferina)	1 (2)
Rohrweihe (Circus aeruginosus)	1-2 (1/2)
Wasserralle (Rallus aquaticus)	2-3 (1/2)
Tüpfelsumpfhuhn (Porzana p.)	1-2 Rufer
Wachtelkönig (Crex crex)	2-3 (1/3)
Teichhuhn (Gallinula chloropus)	5-7 (1-3)
Bleßhuhn (Fulica atra)	20 (2/3)
Kiebitz (Vanellus vanellus)	1-2 (1)
Bekassine (Gallinago gallinago)	1-2 (2)
Eisvogel (Alcedo atthis)	0-1 (1)
Kleinspecht (Dendrocopus minor)	5-10 (1-3)
Schafstelze (Motacilla flava)	6 (1)
Neuntöter (Lanius collurio)	1-3 (2)
Rohrschwirl (Locustella lusc.)	4 (2)
Schlagschwirl (L. fluviatilis)	1-3 (2/3)
Feldschwirl (Locustella naevia)	7-9 (2/3)
Schilfrohrsänger (Acroc. sch.)	16 (1/2)
Sumpfrohrsänger (A. palustris)	80-90 (1-3)
Teichrohrsänger (A. scirpaceus)	40-50 (2/3)
Dorngrasmücke (Sylvia communis)	25-30 (3)
Trauerschnäpper (Ficedula hypol.)	3-4 (2/3)
Braunkehlchen (Saxicola rubetra)	2-3 (1)
Gartenrotschwanz (Phoenicurus p.)	20-30 (1-3)
Nachtigall (Luscinia megar.)	30 (2/3)
Sprosser (Luscinia luscinia)	1 (2)
Steinschmätzer (Oenanthe oe.)	3-5 (1)
Beutelmeise (Remiz pendulinus)	1-6 (1)
Pirol (Oriolus oriolus)	2-3 (2/3)

3/16 Die Pfaueninsel

Lage: Die Pfaueninsel liegt in der Unterhavel, ganz im Südwesten Berlins, zwischen Gatow, Zehlendorf und Potsdam.

Größe: Die Insel besitzt eine Fläche von 68 ha. Zum NSG Pfaueninsel gehört auch eine 98 ha große Wasserfläche.

Landschaft, Lebensräume, Vogelwelt: Die Umgebung der Pfaueninsel ist durch den ausgedehnten Düppeler Forst am Ostufer der Unterhavel gekennzeichnet. Die Insel besteht aus zwei einst getrennten eiszeitlichen Kernen, der Hauptinsel und der Nordinsel, die heute durch die anmoorige Laichwiese miteinander verbunden sind. Die Hauptinsel überragt den Havelspiegel um mehr als 10 m; die Nordinsel ist flacher und feuchter.

Zu Beginn des 19. Jahrhunderts wurde die ganze Insel nach Plänen von P.J. Lenné als Landschaftspark gestaltet. Das prägt noch heute mit weiten Rasen- und Wiesenflächen, großen Baumkulissen und den Sichtachsen, die die umgebende Landschaft optisch mit einbeziehen, das Gesicht der Insel. Die Vegetation ist inzwischen natürlich viel üppiger geworden und hat im mittleren Teil der Hauptinsel wieder waldähnlichen Charakter angenommen. Die vielfältigen Landschaftsformen beherbergen eine artenreiche Vogelwelt – wobei die etwa 50 Pfauen, die auf der Insel leben, nicht einmal berücksichtigt sind.

Insgesamt sind 70 Brutvogelarten (seit 1926) auf der Insel nachgewiesen worden. Viele davon gehören allerdings heute nicht mehr dazu. Bereits vor dem Krieg verschwanden Turmfalke, Eisvogel, Bachstelze, Schilfrohrsänger und Tannenmeise. Nur die Bachstelze kam inzwischen wieder. Zwischen 1938 und 1968 verschwanden weitere Arten, vor allem Nicht-Singvögel, wie Gänsesäger und Zwergdommel (die heute in ganz Berlin nicht mehr brüten) sowie Hohltaube und Schwarzer Milan (die überall in Berlin deutlich abnehmen). Außerdem verschwanden Mäusebussard, Fasan, Teichhuhn, Neuntöter, Hausrotschwanz und Gimpel als Brutvögel der Pfaueninsel. Als neue Brutvogelarten konnten nur Schwarzspecht und Sommergoldhähnchen (und die wiedergekehrte Bachstelze) in diesem Zeitraum registriert werden. Zwischen 1968 und 1983 hat sich die Brutvogelwelt kaum noch verändert. Zu den unsicheren und unregelmäßigen Brutvögeln der Insel gehören Heckenbraunelle, Zwergschnäpper und Weidenmeise.

Auf den Gewässern, die die Pfaueninsel umgeben, finden sich regelmäßig Schwimmvögel zur Rast ein, die hier nicht brüten. Vor allem zwischen November und März treten im Bereich von Sakrow als häufigste Gäste Reiherente und Gänsesäger auf. Im Hochwinter gesellen sich oft einige Zwergsäger dazu. Zu den auffälligen Gästen gehört auch der Graureiher, den man das ganze Jahr über auf Bäumen am Ufer sitzend antreffen kann; die Vögel kommen hauptsächlich aus einer Kolonie bei Potsdam. Im April und Mai jagen manchmal Rohrweihe und Fischadler über den Wasserflächen. Weitere z.T. regelmäßige Gäste sind Kolkrabe, Weißstorch, Lach- und Sturmmöwe.

Bedeutung: Die Pfaueninsel ist Berlins größtes NSG. Ihre Vogelwelt ist durch ein recht großes Artenspektrum an Brutvögeln gekennzeichnet (55 Arten in den letzten 10 Jahren). Eine ähnlich große Artenvielfalt findet man in Westberlin nur noch im Spandauer Forst. - Über Durchzügler und Wintergäste liegen uns keine Zahlen vor.

Schutz, Gefährdung, Betreuung: Die Pfaueninsel steht zusammen mit fast 100 ha umgebender Wasserfläche unter Naturschutz. Die Wälder und Wiesen der Parklandschaft werden nicht nach wirtschaftlichen Gesichtspunkten genutzt, sondern mit dem Ziel gepflegt, der Erholung und dem Naturschutz zu dienen.

Die Betreuung der Pfaueninsel untersteht dem Gartenbauamt, das gleichzeitig Naturschutzbehörde ist.

Beobachtungsmöglichkeiten: Die zahlreichen, gut unterhaltenen Wanderwege der Insel bieten überall günstige Beobachtungsmöglichkeiten. Besondere Beobachtungseinrichtungen sind nicht vorhanden.

Wir danken Herrn D.H.J. Stork für Ergänzungen und Korrekturen.

Adressen:

DBV-Landesverband Berlin, Abbestr. 13, 1000 Berlin 10

J.H. Elvers, Bergengruenstr. 64, 1000 Berlin 38

Literatur:

H. Elvers (1983).

Die Pfaueninsel in der Havel. Plan: Museumspädagogischer Dienst Berlin

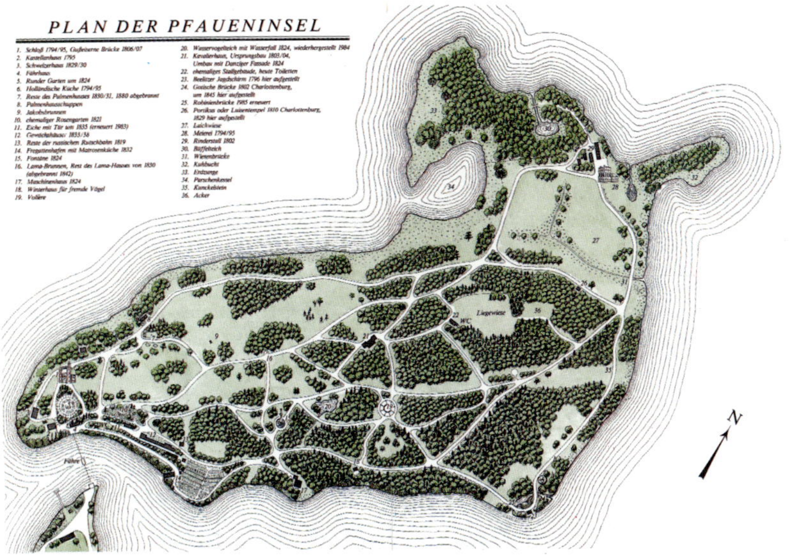

Adressen

Bundesweit tätige Institutionen

Bundesforschungsanstalt für Naturschutz und Landschaftsökologie, Konstantinstr. 110, 5300 Bonn 2 (0228-84910)

BUND-Bundesgeschäftsstelle, In der Raste 2, 5300 Bonn 1 (0228-211421)

DBV-Bundesgeschäftsstelle, Am Hofgarten 4, 5300 Bonn 1 (0228-221411)

DBV-Verwaltungsgeschäftsstelle, Max-Planck-Str. 10, 7014 Kornwestheim (07154-13180)

DBV-Bundesjugendgeschäftsstelle, Königsträßle 74, 7000 Stuttgart 70 (0711-7656612)

Deutscher Naturschutzring (DNR), Kalkuhlstr. 24, 5300 Bonn 3 (0228-441505)

Umweltstiftung WWF-Deutschland (World Wildlife Fund), Hedderichstr. 110, 6000 Frankfurt 70 (069-6050030)

Berlin

BUND-Landesverband Berlin, Jagowstr. 12, 1000 Berlin 21 (030-3928280)

DBV-Landesverband Berlin, Bosestr. 30a, 1000 Berlin 42 (030-7523079)

Orn. Arbeitsgruppe Berlin (West), D. K. Witt, Tietzenweg 81, 1000 Berlin 45

Bremen

BUND-Landesverband Bremen, Schmidtstr. 9, 2800 Bremen 1 (0421-71003)

Schutz- und Forschungsgemeinschaft Knechtsand, Hohenstaufenstr. 9, 2850 Bremerhaven

WWF-Projekt Wümmewiesen, C. Zöckler, Schmidtstr. 9, 2800 Bremen 1 (0421-71006)

WWF-Wattenmeerstelle Niedersachsen Bremen, Am Güthpol 9, 2820 Bremen 70 (0421-658460)

Hamburg

Staatliche Vogelschutzwarte Hamburg, Steindamm 22, 2000 Hamburg 1 (040-248251)

BUND-Landesverband Hamburg, Lange Reihe 29, 2000 Hamburg 1 (040-244411)

DBV-Landesverband Hamburg, Habichtstr. 125, 2000 Hamburg 60 (040-616664)

Naturschutzgebiet Duvenstedter Brook, Duvenstedter Triftweg 203, 2000 Hamburg 65 (040-6072239)

Hessen

Hessisches Landesanstalt für Umwelt - Abt. Landschaft, Unter den Eichen 7, 6200 Wiesbaden (06121-5810)

BUND-Landesverband Hessen, David-Stempel-Str. 1, 6000 Frankfurt 70 (069-614444)

DBV-Landesverband Hessen, Friedenstr. 25, 6330 Wetzlar (06441-24028)

Hessische Gesellschaft für Ornithologie und Naturschutz (HGON), Kantstr. 7, 6050 Offenbach

Orn. AG Main-Tauber-Kreis, W. Dornberger, Rathausgasse 8, 6994 Niederstetten

Niedersachsen

Biologische Schutzgemeinschaft Hunte Weser-Ems (Naturschutzverband Niedersachsen), Friedrichstr. 43, 2906 Wardenburg (04407-5111)

BUND-Landesverband Niedersachsen, Goebenstr. 3 a, 3000 Hannover 1 (0511-663095)

DBV-Landesverband Niedersachsen, Calenberger Str. 24, 3000 Hannover 1 (0511-131166)

DBV-Naturschutzseminar Sunder, Gut Sunder, 3101 Winsen-Meißendorf

Faun. AG Moore (FAM) im Reg.-Bez. Hannover, H. Heckenroth, Hoppegartenring 90, 3012 Langenhagen

Mellum Rat e. V., Würzburgerstr. 10, 2900 Oldenburg

Orn. AG Göttingen im DBV, P. Barthel, Gartenstr. 3, 3400 Göttingen

Orn. AG für Populationsforschung, Dr. J. Wittenberg, Maienstr. 13, 3300 Braunschweig

Orn. AG Stade, D. Klaehn, Karl-Kühlke-Str. 56, 2160 Stade

Orn. AG Südheide, Dr. H. Langbehn, Bernstorffstr. 33, 3100 Celle

Orn. Verein zu Hildesheim, B. Galland, Sohnreystr. 6, 3220 Alfeld

Peiner Biologische AG, Prof. Dr. H. Oelke, Kastanienallee 13,
3150 Peine

Vereinigung Avifauna Niedersachsen, Dr. J. Press, Grenzweg 39, 3011 Laatzen-Grasdorf

Vogelschutzstation Braunschweig, Bauernstr. 13, 3302 Cremlingen

WWF-Wattenmeerstelle Niedersachsen-Bremen, c/o Ökologiestation, Am Güthpol 9, 2820 Bremen 70 (0421-658460)

Schleswig-Holstein

Landesamt für Naturschutz und Landschaftspflege SH - Höhere Landschaftspflegebehörde, Hansaring 1, 2300 Kiel-Wellsee (0431-711069)

Stiftung Naturschutz Schleswig-Holstein, Düsternbrookerweg 104, 2300 Kiel 1 (0431-5961)

BUND-Landesverband Schleswig-Holstein, Lerchenstr. 22, 2300 Kiel (0431-673031)

DBV-Landesverband Schleswig-Holstein, Forsthof Friedrichsholz, 2211 Oelixdorf (04821-93444)

Landesamt für den Nationalpark Schleswig-Holsteinisches Wattenmeer, Am Hafen 40a, 2253 Tönning (04861-758)

Orn. AG für Schleswig-Holstein und Hamburg, R. K. Berndt, Helsinkistr. 68, 2300 Kiel

Schutzstation Wattenmeer, Königstr. 11, 2370 Rendsburg

Söl'ring Foriining - Sylter Verein, Mittelstieg, 2285 Kampen

Staatliche Vogelschutzwarte Schleswig-Holstein, Olshausenstr. 40-60, 2300 Kiel (0431-8804502)

WWF-Wattenmeerstelle Schleswig-Holstein, Dr. P. Prokosch, Norderstr. 22, 2250 Husum (04841-65944)

Regional tätige Institutionen

Orn. Arbeitskreis Wattenmeer im BfL, Weiherallee 29, 6229 Schlangenbad 5

Verein Jordsand, Haus der Natur Wulfsdorf, 2070 Ahrensburg

WWF-Naturschutzstelle Nord, Th. Neumann, Kuckuckusredder 8,
2413 Breitenfelde (04542-6267)

WWF-Naturschutzstelle West, J. Mooij, Diersfordterstr. 9,
4230 Wesel (0281-62440)

WWF-Auen-Institut, Dr. E. Dister, Josefstr. 1, 7550 Rastatt (07222-32065)

Zentralstelle für Seevogelschutz, Vogelwarte Helgoland, 2940 Wilhelmhaven-Rüstersiel

Literatur

Behmann, H. (1983): Das NSG Bottand - Nehrungshaken an der Kieler Außenförde. - Jb. Heimatkunde Kr. Plön XIII, 103-117

Behmann, H. (1988): Der Bottsand - ein Nehrungshaken an der Kieler Außenförde; in O. G. Meier (Hrsg.): Die Naturschutzgebiete im Kreis Plön und in der Stadt Kiel. Boyens, Heide (Band 6 der Reihe Naturschutzgebiete in Schleswig-Holstein)

Bergmann, H.-H., H. Ringleben u. H. Zucchi (1982): Brutzeitliche Vogelbestandsaufnahmen auf der ostfriesischen Insel Baltrum... - Vogelk. Ber. Nieders. **14** (3), 65-100

Berndt, R. K. (1983): Die Bedeutung der Gewässer des östlichen Schleswig-Holstein als Rast- und Winterquartier für Wasservögel - mit ergänzenden Angaben zum Mauser- und Brutbestand. Corax **10**/1, 1-248

Berndt, R. (1976): Das Europareservat Riddaghausen-Weddeler Teichgebiet als Brutplatz für bestandsgefährdete Vogelarten von Naß- und Feuchtbiotopen. - Braunschw. Heimat **62** (2), 38-46

Biol. Schutzgem. Hunte-Weser-Ems (Hrsg. 1981): Die Tunxdorfer Schleife. - BSH Biotope 1, 6 S.

Blaszyk, P. u. a. (1975): Naturschutzgebiete im Oldenburger Land. - H. Holzberg Vlg., Oldenburg, 128 S.

Blindow, H. (1987): Salzwiesen Frieslands. - WAU-Eigenverlag, Jever

Boller, G. (1982): Die Vogelwelt des NSGes Fuldaaue. - Naturschutz in Nordhessen, H. 5, 3-14

Bräger, S. u. G. Nehls (1987): Die Bedeutung der schleswig-holsteinischen Flachgründe für überwinternde Meeresenten. Corax **12**/3, 234-254

Brehm, K. (1971): Seevogelschutzgebiet Hauke-Haien-Koog. Tier und Umwelt N. F. H. 6/7, Kurth, Barmstedt, 52 S.

Bremer Naturführer. Pflanzen und Tiere kennen und schützen. - Döll Vlg. Bremen, 168 S.

Bruch, A. u. a. (1978): Die Vögel in Berlin (West).

Brüchmann, D. u. W. Pflugradt (o. J.): NSG Duvenstedter Brook. - DBV Hamburg, 23 S.

Brunken, G. (1978): Avifaunistischer Jahresbericht 1976 und 1977 Seeburger See und Umgebung. - Faun. Mitteilungen Süd-Niedersachsen **1**, 15-41 und 135-258

Bruns, H. (1975): Sylt. Natur, Erholung, Forschung und Lehre, Umwelt, Inselplanung und Bürgerinitiative. - Biologie Vlg. Wiesbaden, 490 S.

Bruns, H. (1980): Vogelbeobachtung auf Sylt. - Biologie Vlg. Wiesbaden, 24 S.

Bruns. H. u. G. Vauk (1985): Das Wasserwildreservat Entenfang-Boye - Celle. - Jordsand-Buch Nr. 4, Niederelbe-Vlg. Otterndorf, 119 S.

Bruster, K.-H. u. J. Dien (1985): Die Mittwinterzählung 1985 auf Fehmarn. - Mitteilungsblatt DBV Hamburg, Sonderh. 13, 130-144

Busche, G. (1980): Vogelbestände des Wattenmeers von Schleswig-Holstein. - Vogekundl. Bibliothek Bd. 10, Kilda-Vlg. Greven, 157 S.

Carstens, M. u. a. (1983): Wasservogelreservat Wallnau. Vogel und Heimat, Oelixdorf, 47 S.

Costabel, C. u. C. Foeth (1983): Aufgaben des Naturschutzes am Beispiel der Lengeder Erzklärteiche. - Beitr. Naturk. Niedersachsens **36**/2, 89-102

Degn, C., U. Muuß u. H.-P. Jorzick (1984): Luftbildatlas von Schleswig-Holstein und Hamburg. - Wachholtz Vlg. Neumünster

Diehl, M. u. D. Diehl (1986): NSG an der Ostseeküste Schleswig-Holsteins. - Ber. Ver. Natur u. Heimat u. naturhist. Museums Lübeck, H. 19/20, 164 S.

Dien, J. (1984): Die Mittwinterzählung 1984 auf Fehmarn. - Mitteilungsblatt DBV Hamburg, Sonderh. 12, 89-102

Dirks, W., L. Frye u. P. Südbeck (1983): Die Vogelwelt des NSG Thülsfelder Talsperre. - Naturschutzjugend Niedersachsen. Naturkundl. Jb., H. 1, 5-23

Dürkop, K. (1975): Naturschutz an der Vogelfluglinie. Jahrb. f. Heimatkunde Oldenburg/Holstein, 19. Jg.

Dürkop, K. (1981): Brandseeschwalben im Heiligenhafener „Seevogelparadies Graswarder". - Jahrb. F. Heimatkunde, Oldenburg/Holstein, 25. Jg.

Dürkop, K. (1986): Erfolge eines mutigen Projektes. - Naturschutz heute 4/86, 6-10

Eikhorst, W. (1984): Avifaunistische Bedeutung der Borgfelder Wümmewiesen. - Ber. Dt. Sekt. Int. Rat Vogelsch. **24**, 77-91

Elvers, H. (1983): Die Vogelwelt der Pfaueninsel. - Brennpunkte des Naturschutzes 4, 47 S.

Emde, F. (1976): Ein neues NSG für Schwimmvögel. Der Stausee von Affoldern. - Vogekundl. Hefte Edertal 2, 151-153

Erfurt, H.-J. u. W. Meise (1962): Die Vogelhallig Noderoog in Atlasbildern. - Abh. u. Verh. Naturwiss. Ver. Hamburg, N. F. 7, 173-188

Erz, W. (1972): Nationalpark Wattenmeer. - Parey Vlg. Hamb. 140 S.

Friedrich, E. A. (1980): Naturdenkmale Niedersachsens. Landbuch-Vlg. Hannover, 27-29

Gaberding, K.-H. und K.-H. Nagel (1984): Die Bedeutung und Entwicklung des Steinhuder Meers als Lebensraum für Brut- und Gastvögel. - Natursch. u. Landschaftspfl. in Niedersachsen, Beiheft 11, 120 S.

Garve, E. (1977): Die Vögel der Südheide und der Allerniederung. 1. Teil. - Celler Ber. z. Vogelkunde H. 3, 336 S.

Garve, E. u. M. Flade (1983): Die Vögel der Südheide und der Allerniederung. 2. Teil. - Celler Ber. z. Vogelkunde H. 4, 174 S.

Gerdes, K. (1975): Probleme des Natur- und Vogelschutzes im westlichen Ostfriesland (Raum Borkum-Dollart). - Orn. Mitt. **27**, 97-104

Gerdes, K. u. a. (Hrsg. 1987): Mellum - Portrait einer Insel. - Senckenbergbuch 63, W. Kramer Frankfurt, 344 S.

Großkopf, G. (1968): Die Vögel der Insel Wangerooge. - Mettcker Vlg. Jever, 293 S.

Großkopf, G. u. D. Klaehn (1983): Die Vogelwelt des Landkreises Stade. Seetaucher bis Spechte. - Stade, 304 S.

Haarmann, K. (1983): Drei neue Feuchtgebiete internationaler Bedeutung in der BRD. - Ber. Dt. Sekt. Int. Rat Vogelschutz, H. 23, 51-56

Hälterlein, B. (1984): Wedeler Marsch 1983. - Mitt. Bl. DBV Hamburg, Sonderh. 12, 11-24

Hälterlein, B. (1986): Laro-Limikolen-Brutbestände an der schleswig-holsteinischen Nordseeküste 1983-1985. - Corax **11**/4, 332-398

Hammerschmidt, R. (1965): Tunxdorfer Schleife; ein Wasserwildreservat im Emsland. - Gottlieb-Vlg. Bramsche, 91 S.

Hartung, W. (1950): Ein Vogelparadies in der Nordsee. Dieckmann Oldenburg, 96 S.

Gänsesäger

Heike, F. (1966): Die Vogelwelt des Kreises Osterholz. Saade Osterholz-Scharmbeck, 76S.
Helm, G. (1986): Land hinterm Deich. Haseldorfer und Wedeler Marsch. - Christians Vlg. Hamburg, 105S.
Heydemann, B.u.J. Müller-Karch (1980): Biologischer Atlas Schleswig-Holstein. - Wachholz Vlg. Neumünster, 263S.
Hillesheim-Kimmel, U. u.a. (1978): Die NSGe in Hessen. Inst. Natursch. Darmstadt, Schr.R. XI/3
Holzapfel, C, O.Hüppop u. R. Mulsow (1984): Die Vogelwelt von Hamburg und Umgebung, Bd.1u.2.- Wachholz Vlg. Neumünster, 305 und 259S.
Jacobi, H. u. V. Dinse (1985): Wedeler Marsch. - Mitt.Bl. DBV Hamburg, Sonderh.13, 61-65
Janus, H. (1983): Das Watt. - Kosmos, Stuttgart, 80S.
Jedicke, E. (1979): Das NSG Vorsperre Twistetalsperre - ein gestalteter Feuchtbiotop. - Naturschutz in Nordhessen, H.3, 117-127
Jedicke, E. (1982): Das Wasservogelparadies Twistesee. Ein Schutzgbiet aus Menschenhand. - Naturschutz in Nordhessen, Sonderh.3, 35S.
Jorns, A., R.Kratz u. H. Pudack (1986): Der Drömling: Grünes Grenzland mit grauer Zukunft. - Kosmos 7/86, 10-17
Klamma, G. (1970): Ornithologische Notizen über das NSG Tunxdorfer Schleife. - Veröff. Naturw. Ver. Osnabrück **33**, 117-121
Knake, M.H. (1987): Nationalpark Wattenmeer: ein unzureichendes Naturschutzkonzept. - Natur und Landschaft **62**/2, 53-56
König, D. (1983): Das Küstengebiet von St. Peter-Ording, naturkundlich betrachtet. - Seevögel **4**/4, 49-56
Kranz, M., P.Schwennsen u. H.-J. Tech (1978): An der Küste Angelns und Nordschwanses. - Schlesw. Druck- und Verlagshaus Schleswig, 111S.
Krapf, G.u. D. Schipper (1984): Sunder und die Meißendorfer Teiche. In: E.Eickenrodt u.a.: Pflanzen und Tiere im Landkreis Celle. Hrsg. DBV-Kreisgr. Celle, S.19-37
Kratz, R.u.G. Pudack (1987): Der Drömling - Feuchtgebiet ohne Wasser? In: Jahrbuch 1988 Naturschutz Norddeutschland (Hrsg. DBV). - Kallmeyer Wolfenbüttel, S.37-41
Kuschert, H. (1983): Wiesenvögel in Schleswig-Holstein. Druck- und Verlagsges. Husum, 120S.
Landelijke Vereiniging tot Behoud van de Waddenzee (Hrsg., 1976): Wattenmeer, ein Naturraum der Niederlande, Deutschlands und Dänemarks. - Wachholtz Vlg. Neumünster, 371S.
Landkreis Wesermarsch (Hrsg., 1977): Naturschutz am Jadebusen. - 74S.
Lemke, W. (1982): Die Vögel Neuwerks. - Verein Jordsand (Hrsg.), Cuxhaven, 247S.
Lübcke, W. (1981): Ausgleichsbecken Affoldern: Schwimmvogelparadies aus Menschenhand. - Preußenelektra-Magazin **4**, 24-27
Lucan, V., L. Nitsche u. G. Schumann (1974): Vogelwelt des Land- und Stadtkreises Kassel. Eigenvlg. Kassel, 280S.
Meier, O.G. (1962): Trischen, die wandernde Insel. - Boyens Heide, 87S.
Meier, O.G. (1982): Die NSGe in Dithmarschen. In: Die NSGe in Schleswig-Holstein, Bd.1.- Boyens Heide, 122-132

Schwarzkehlchen

Meier, O.G. (1987): Der Speicherkoog Dithmarschen. - Boyens, Heide
Meier, O.G. u. E.Lüthje (1980): Vogelschutz zwischen Nord- und Ostsee. Die Betreuungsgebiete des DBV in Schleswig-Holstein. - Vlg. Vogel und Heimat Oelixdorf, 64S.
Meier, W. (1969): Die Taube Elbe, ein Schaufenster seltener Wasser- und Watvögel. - Jahresheft Heimatkundl. AK Lüchow-Dannenberg **1**, 113-117
Meier, W. (1969): Die Vögel des Kreises Lüchow-Dannenberg. Übersicht. - Lüchow-Danneberger Orn. Jahresberichte **1**, 102S.
Meier, W. (1974): Über jahresperiodisches Auftreten der Wasser- und Watvögel an dem Elbabschnitt zwischen Penkefitz und Hitzacker. - Vogelk. Ber. Nieders. **6**/2, 33-76
Meier-Peithmann, W., F. Neuschulz u. W. Plinz (1986): Lebensbilder aus der Vogelwelt zwischen Elbe und Drawehn. - Avifaun. AG für Lüchow und Dannenberg, Lüchow, 208S.
Meijering, M.P.D. u. H. Meyer-Deepen (1974): Verbreitung von Brutvogelarten in ... Spiekeroog. - Vogelwelt **95**/3, 81-88
Meyer-Deepen, J. u. M.P.D. Meijering (1979): Spiekeroog. Naturkunde einer ostfriesischen Insel. - Kurverw. Spiekeroog, 223S.
Moritz, D. (1984): Gutachten zur Entwicklung des NSG Vogelfreistätte Oehe-Schleimünde. - Seevögel **5**, 4-19
Muuß, U., M.Petersen u. D. König (1973): Die Binnengewässer Schleswig-Holsteins. - Wachholtz Vlg. Neumünster, 162S.
Naturmagazin draußen (1987): Ostfriesland zwischen Weser und Ems. - H.48, 97S.
Naturmagazin draußen (1986): Nationalparks der Nordsee. - H. 44, 97S.
Naturmagazin draußen (1983): Ostfriesland, Küste und Inseln. - H.25, 100S.
Naturmagazin draußen (1982): Naturpark Lauenburgische Seen. - H.18, 98S.
Naturmagazin draußen (o.J.): Der Naturpark Elbufer-Drawehn.
Niemeier, G. (1972): Ostfriesische Inseln. - Borntraeger Berlin-Stgt., 189S.
Niermann, H.-G. u. G. Ziegler (1975): Durchzug und Brutvorkommen der Laro-Limikolen im Nordteil des Altkreises Minden/Westfalen. - Alcedo **2**, 1-33
Oelke, H.(1963): Die Vogelwelt des Peiner Moränen- und Lößgebietes. - Diss. Göttingen.
Orn. Arb. Gruppe Berlin (1984): Brutvogelatlas Berlin (West). - Ornithologischer Bericht f.Berlin (West), Jg.9, Sonderheft, 384S.
Panzer, W.u.H. Rauhe (1978): Die Vogelwelt an Elb- und Wesermündung. - Bremerhaven, 336S.
Petersen, W. (1987): Landschaftsökologische Probleme bei der Gestaltung eingedeichter Flächen des Wattenmeers. - Diss. Univ. Kiel
Pichler, H. (1978): Wasservögel als Wintergäste im Ahlhorner Fischteichgebiet. - Blockhausbrief, Evang. Jugendheim 22/78
Plaisier, F. (1983): Die Vögel Langeoogs. Untersuchungen zur Avifauna einer küstennahen Düneninsel. - Drosera, H.1, 21-48
Plinz, W. (1978): Über die Vogelwelt der Gartower Elbniederung. - 7.Jahresber. Heimatkdl. AK Lüchow-Dannenberg, 25-29
Plinz, W. (1986): Hilfe für den Kranich. Biotopschutz im Elbniederungsgebiet Gartow-Höhbeck. - Naturschutz heute 4/86, 25-27
Prokosch, P. u. K. Kirchhoff (1983): Feuchtgebiete internationaler Bedeutung für Wasservögel in Schleswig-Holstein. - Corax **9**/3, 178-204
Quedens, G.(1983): Die Zugvögel der Insel Amrum. - Buske Vlg. Hamburg, 251S.
Reitmann, C.J. (1983): Die Hamburger Hallig, ein Natur- und Vogelschutzgebiet im Nordfr. Wattenmeer. - Beklumer Vlg.

Rettig, K. (1986): Drastischer Rückgang des Brutvogelbestandes am Großen Meer - Orn. Mitt. 1986, 233
Rettig, K. (1982): Der Limikolen-Durchzug auf küstennahen Spülfeldern. - Ostfriesland H. 3, 10-13
Rettig, K. (1981): Aus der Vogelwelt vom Großen Meer/Ostfriesland. Veränderungen im Brutvogelbestand zwischen 1971 und 1979. - Orn. Mitt. **33**/9, 247-249
Rettig, K. (1978): Die Brutvögel der Nordseeinsel Juist im Jahre 1978. - Orn. Mitt. **30**/11, 270-272
Rettig, K. (1973): Die Knock - ein Vogelparadies an der Emsmündung. - Orn. Mitt. **25**, 207-215
Rettig, K. (1970): Die Brutvogelwelt am Sandwater. - Mitt. Arb. Gr. Ostfries. Landschaft, Nr. 2/3, 16-19
Riecken, G. (1982): Die Halligen im Wandel. - Husumer Druck- und Verlagsges., Husum, 160 S.
Riedel, W. u. R. Polensky (1986): Die NSGe des Kreises Schleswig-Flensburg. - Boyens Heide, 111-120
Rösner, H.-U. u. P. Prokosch. (1986): Nordstrand: Deichschluß naht. - Wattenmeer international, H. 3, 10-11
Runge, F. (1972): Kleiner Langeoog-Führer. - Altmeppen Rheine, 48 S.
Runge, F. (1972): Kleiner Borkum-Führer. - Altmeppen Rheine, 56 S.
Rutsch, C. u. J. Seitz (19..): Niedervieland. Bedrohter Lebensraum in Bremen. - BUND Bremen (Hrsg.), 28 S.
Schmidt, G. A. J. u. K. Brehm (1974): Vogelleben zwischen Nord- und Ostsee. - Wachholtz Neumünster, 980 S.
Schmidt-Moser, R. (1986): Die Vogelwelt im Hauke-Haien-Koog. - Seevögel **7**
Schneider, U. (1984): Norderoog im Bild 1907-1984. - Seevögel **5** 13-22
Schoennagel, E. (1977): Bemerkenswerte Brut- und Gastvögel der Nordseeinsel Borkum. - Orn. Mitt. **29**, 143-157
Scholl, D. (1970): Zur Vogelwelt der östlich Kiel gelegenen Gewässer Kasseteich, Passader, Dobersdorfer und Selenter See. - Corax **3**, 129-137
Schonart, E. u. F. (1969): Zusammenstellung der Brut- und Gastvögel im Ahlhorner Fischteichgebiet... - Oldenburger Jahrbuch **68**, 283-292
Schopf, R. (1979): Die Vogelinsel Memmert im Wattenmeer. Soltau Norden, 207 S.
Schröder, X. u. J. Seitz (1985): Naturschutz in Bremen. BUND Bremen, 160 S.
Schultz, W. (1981): Forschungsvorhaben „Vogelkundliche Bedeutung der Nordstrander Bucht." In: Gutachten zur geplanten Vordeichung der Nordstrander Bucht. - Schr. R. Landesreg. Schleswig-Holstein H. 12, 197-235
Schulz, H. (1957): Norderoog - Geschichte, Schicksal und Verwaltung. In: W. Meise (Hrsg.): 50 Jahre Seevogelschutz. -Verein Jordsand Hamburg 37-59
Schulz, H. (1947): Die Welt der Seevögel. - Lettenbauer Verlag, Hamburg, 129-143
Schwarthoff, H. (1968): Hallig Südfall, Jordsand-Schutzgebiet im historischen Rungholtwatt. - Jordsand Mitt. **2** (3/4), 1-38
Spitzenberger, H.-J. (1984): Konzeption für das naturkundliche Beobachtungs- und Informationszentrum Wedeler Marsch. - Mitt. Bl. DBV Hamburg, Sonderh. 12, 5-9
Stühmer, H. H., C. Späth u. F. Schmid (1982): Fossilien Helgolands, Teil 1. - Niederelbe Vlg. Otterndorf, 184 S.
Szijj, J., W. Erz u. P. Pretscher (1974): Feuchtgebiete von internationaler Bedeutung für Wat- und Wasservögel in der Bundesrepublik Deutschland. - Orn. Mitt. **26**/12, 239-258
Taux, K. (1986): Brutvogelbestände an der deutschen Nordseeküste im Jahre 1984. - Seevögel **7**, 21-31
Taux, K. (1986): Die Oldenburgischen NSGe. - Holzberg-Vlg. Oldenburg, 289-298
Taux, K. (1984): Brutvogelbestände an der deutschen Nordseeküste 1982. - Seevögel **5**, 27-37

Tech, H.-J. (1987): Von der Vogelwelt im Gebiet der Langballigau/Flensburger Außenförde. - Die Heimat **94** (11/12), 413-420

Temme, H. (1967): Vogelfreistätte Scharhörn. - Jordsand-Mitt. **3**, 180 S.

Vauk, G. (1972): Die Vögel Helgolands. - Parey Hamburg, 101 S.

Vauk, G. (1985): Geschichte der Vogelwarte Helgoland. - 160 S.

Vauk, G. (1985): Naturdenkmal Lummenfels Helgoland. - Jordsand-Buch Nr. 5, Niederelbe Vlg. Otterndorf, 104 S.

Vögel des Wattenmeers (ab 1986): Sylt - Romö - Amrum - Föhr - Halligen. Berichte der Orn. AG Wattenmeer. Hrsg. Biol. Station List, Biologie Vlg. Wiesbaden

Wagner, R. (1984): Die Wedeler Marsch. - DBV Hamburg (Hrsg.), 24 S.

WAU (Hrsg., o. J.): Im Watt und vor den Deichen. Geologie, Pflanzen und Vogelwelt im NSG Elisabeth-Außengroden. - Jever, 64 S.

Weißköppel, P. (1975): Die Vogelwelt am Steinhuder Meer und seiner weiteren Umgebung. - Eigenv. Wunstorf, 168 S.

Werkgroep Dollard (1974): Dollard, portret van een landschap. - Harlingen

Wilkens H. (1983): Faunistisch-ökologische Analyse einer Flußmarsch der Mittleren Elbe. - Abh. naturwiss. Verein Hamburg (NF) **25**, 151-167

Winkler, M. (1981): Vielfalt statt Monotonie. - Umweltforum (2), 30-35

Winkler, R. (1984): Avifauna der Schweiz, eine Kommentierte Artenliste. I. Passeriformes. - Der Orn. Beob., Beiheft 5

Witt, K. (1972): Sommervögel am Tegeler Fließ in Westberlin 1971. - Berliner Naturschutz-Bl. **16**

Wohlfahrt, U. u. a. (1986): Ahlhorner Fischteiche. - BSH (Hrsg.), Niedersächs. Biotope **7**, 8 S.

Zang, H. (1977): Die Vogelwelt der Kiesteiche im Steinfeld nordöstlich von Goslar. - 125 Jahre Naturw. Verein Goslar, 135-157

Zang, H. u. P. Kunze (1983): 2. Bericht zur Vogelwelt der Vienenburger Kiesteiche nordöstlich von Goslar. - Mitt. Naturw. Ver. Goslar **1**, 140-156

Ziegler, G. (1972): Das Auftreten von Tauchenten und Sägern an der Staustufe Schlüsselburg ... - Abh. Landesmuseum Naturkunde Münster **34**/4, 71-78

Ziegler, G. (1976): Die Weserstaustufe Schlüsselburg... Alcedo **3**/4, 65-74

Ziegler, G. (1981): Durchzug und Wintervorkommen der Entenvögel im Bereich der Weserstaustufe Schlüsselburg. - Charadrius **17**/1, 1-22

Ziegler, G. (1983): Die Seetaucher, Lappentaucher und Kormorane im Gebiet der Weserstaustufe Schlüsselburg. - Charadrius **19**/2, 117-123

Ziegler, G. (1987): Zur Entstehung eines Mauserplatzes der Reiherente von überregionaler Bedeutung im nördlichen Westfalen. - Die Vogelwelt **108**, 67-70

Zwergtaucher

Verzeichnis der Vogelabbildungen